CB128704

A Reconfiguração dos Modos de Trabalhar

Olhares Diversos

COORDENAÇÃO
BENIZETE RAMOS DE MEDEIROS

LTr®

A Reconfiguração dos Modos de Trabalhar

Olhares Diversos

2023

LTr®

LTr Editora Ltda.

© Todos os direitos reservados

Rua Jaguaribe, 571
CEP 01224-003
São Paulo, SP — Brasil
Fone (11) 2167-1101
www.ltr.com.br
Outubro, 2023

Produção Gráfica e Editoração Eletrônica: GRAPHIEN DIAGRAMAÇÃO E ARTE
Obra da Capa: (título) "CONSTRUINDO CAMINHOS" (óleo s/tela. 60 x 40 cm) Autoria: BENIZETE RAMOS
Projeto de Capa: DANILO REBELLO
Impressão: META BRASIL

versão impressa — LTr 6422.4 — ISBN 978-65-5883-267-6
versão digital — LTr 9897-2 — ISBN 978-65-5883-268-3

Dados Internacionais de Catalogação na Publicação (CIP)
(Câmara Brasileira do Livro, SP, Brasil)

A Reconfiguração dos modos de trabalhar : olhares diversos / Benizete Ramos de Medeiros, coordenadora. — São Paulo : LTr, 2023.

Vários autores.
Bibliografia.
ISBN 978-65-5883-267-6

1. Direito do trabalho — Brasil 2. Reforma trabalhista — Brasil 3. Teletrabalho 4. Trabalhadores — Direitos 5. Trabalhadores — Saúde I. Medeiros, Benizete Ramos de.

23-173341 CDU-34:331(81)

Índices para catálogo sistemático:

1. Brasil : Direito do trabalho 34:331(81)

Cibele Maria Dias — Bibliotecária — CRB-8/9427

Essa obra é dedicada a todos aqueles que vivem do trabalho e que diariamente buscam um lugar e um espaço para reafirmarem sua dignidade e o valor social do trabalho.

Sumário

Prefácio

Se a era digital em que vivemos já vinha interpelando fortemente o Direito do Trabalho, pelas mudanças registradas na forma de todos nós vivermos, comunicarmos e trabalharmos, pelo predomínio dos serviços e do trabalho intelectual sobre a indústria e o trabalho manual, pelas transformações sentidas, a todos os níveis, na estrutura e funcionamento das empresas, pode dizer-se que a pandemia que atravessamos nos últimos anos acelerou drasticamente todos esses processos, lançando desafios de grande magnitude ao Direito do Trabalho.

Sim, o teletrabalho já existia antes da pandemia, já era, inclusive, alvo de expressa regulação jurídica por parte das leis do trabalho, tanto no Brasil como em Portugal. Mas, convenhamos, era um fenômeno marginal. Com a pandemia e por força do confinamento ditado pela necessidade de combater a difusão do vírus, o teletrabalho, trabalho à distância, remoto, amiúde prestado a partir do domicílio do trabalhador, assumiu proporções nunca vistas. E tornou-se, como então se disse, no "novo normal". O teletrabalho chegou e parece que chegou para ficar, muito para além da pandemia, segundo os dados estatísticos disponíveis. O trabalho, agora, entra-nos em casa, ou, como alguém sugeriu, nós passamos a viver no emprego. E, parece, sobretudo entre os jovens, já existem muitos candidatos que só aceitam trabalhar se o fizerem, total ou parcialmente, à distância...

Um novo mundo, este, em que os problemas mudam, mas não desaparecem. Como garantir a privacidade do teletrabalhador, ao mesmo tempo que se tem de reconhecer o poder diretivo e fiscalizador da atividade por banda do empregador? Como garantir o respeito pelos tempos de trabalho e de descanso, com a efetiva desconexão profissional do teletrabalhador? Como regular aspectos como por exemplo, o dos acidentes de trabalho, quando o trabalhador labora a partir de sua casa? Será o teletrabalho um instrumento de flexibilização, potenciando a conciliação entre vida profissional e vida pessoal e familiar do trabalhador? Ou o teletrabalho potencia, isso sim, a confusão entre estas várias esferas da vida do trabalhador? Como forjar sentimentos de solidariedade entre os teletrabalhadores, quando estes trabalham solitariamente, a partir do seu domicílio, sem o convívio presencial, ombro a ombro, que sempre estimulou a solidariedade?

Por outro lado, a uberização do trabalho e o trabalho prestado via aplicativos, no âmbito de plataformas digitais, também já eram conhecidos antes da pandemia, sobretudo no domínio do transporte de passageiros. Mas a pandemia acelerou a plataformização e tornou esse fenômeno ainda mais visível, sobretudo no que tange ao trabalho dos entregadores, essas pessoas que, tantas vezes, nos trouxeram a casa a refeição que deixamos de poder tomar no restaurante. Quem são essas pessoas? Prestadores de serviços realmente autônomos? Empreendedores, que exploram o seu negócio? Ou, afinal, são, por regra, trabalhadores dependentes, ou trabalhadores dependentes do séc. XXI? A plataformização do trabalho está aí, em crescendo, cada vez mais presente e diversificada, nos vários serviços que são prestados via *apps*, lançando desafios enormes ao Direito do Trabalho, pensado formas de prestar trabalho em tempos analógicos, pré-digitais.

Disto e de muito mais — de trabalho digno, de terceirização, de igualdade de gênero, de autonomia privada, etc. — trata este livro, que tenho a honra e o gosto de prefaciar. Um trabalho coletivo, de equipa, coordenado pela mão sábia da Professora Benizete Ramos de Medeiros. Numa época em que o Direito do Trabalho vem sofrendo transformações profundas, recomendo vivamente a leitura desta obra. O Direito do Trabalho precisa se adaptar, se modernizar, se diversificar, mas, ao meu ver, sem perder a alma, sem se desviar do fundamento normativo e axiológico que, desde a primeira hora, o anima — o princípio da proteção do trabalhador e a consideração de que o trabalho não é, não é mesmo, uma mercadoria.

João Leal Amado
Professor Catedrático da Faculdade de Direito da Universidade de Coimbra.

A agenda 2030 da ONU. Reflexões sobre o trabalho decente e a sustentabilidade econômica

The UN 2030 agenda. Reflections on decent work and economic sustainability

Benizete Ramos de Medeiros(*)

"o fato de a economia ter se distanciado da ética empobreceu a economia de bem-estar" (Amartya Sen)

Resumo: O presente texto tem por objetivo dialogar com a agenda 2030 proposta pela ONU com seus 17 Objetivos de Desenvolvimento Sustentável, tratando em especial do ODS 08 que propõe o Trabalho decente e crescimento econômico, com sustentabilidade. O texto busca elaborar a compreensão do capitalismo moderno na perspectiva do mundo do trabalho, fazendo incursões na proposta de Economia sustentável, utilizando-se para isso revisão bibliográfica com autores nacionais e internacionais como Amartya Sen, prêmio Nobel e Economia em 1998, pelo trabalho em economia e bem estar social. O texto faz uma interface com os direitos fundamentais, o princípio da vedação do retrocesso social, oferecendo ferramentas de compreensão acerca das propostas da ONU em confronto com os dispositivos constitucionais brasileiros que tratam dos direitos fundamentais em especial ao trabalho decente e a vedação do retrocesso social, indicando os desafios a serem enfrentados na implementação dos objetivos da ONU para 2030, por diversos fatores, em especial pela recente Lei da reforma trabalhista, pela existência de trabalho análogo à escravidão, trabalho infantil, subemprego, dentre outros.

Palavras-chave: Agenda 2030 da ONU; Princípio do retrocesso social; Trabalho decente; Sustentabilidade econômica.

Summary: This text aims to dialogue the 2030 agenda proposed by the UN with its 17 Sustainable Development Goals, dealing in particular with SDG 08, which proposes decent work and economic growth, with sustainability. The text seeks to elaborate the understanding of modern capitalism in the perspective of the world of work, making incursions in the proposal of sustainable Economy, using for this bibliographical review with national and international authors such as Amartya Sen, Nobel prize and Economy in 1998, for the work in economy and social welfare. The text makes an interface with fundamental rights, the principle of the prohibition of social regression, offering tools for understanding the UN proposals in confrontation with the Brazilian constitutional provisions that deal with fundamental rights, in particular to decent work and the prohibition of social regression, indicating the challenges to be

(*) Advogada Trabalhista; Doutora em Direito e Sociologia; mestre em Direito; professora de graduação e pós-graduação *stricto sensu* (PPGD/UVA); diretora da Escola Superior da Advocacia Trabalhista da ABRAT; diretora de Educação do IAB e membro da Comissão de Direito do Trabalho do IAB; diretora e ex-presidente da Associação Luso-brasileira de Juristas do Trabalho: JUTRA.

faced in the implementation of the UN goals for 2030, due to several factors, in particular the recent Labor Reform Law, the existence of work analogous to slavery, child labor, underemployment, among others.

KEYWORDS: UN Agenda 2030. Principle of social retrogression. Decent work. Economic sustainability.

INTRODUÇÃO

Assembleia Geral das Nações Unidas, realizada em Nova York, em setembro de 2015, com a participação de 193 estados membros, estabeleceu 17 Objetivos de Desenvolvimento Sustentável (ODS), criando, assim a chamada agenda 2030 (2015-2030), como um plano objetivando um mundo melhor. Ao assumirem o compromisso, os países, pactuaram a promoção do Estado de Direito; dos direitos humanos e a responsabilidade das instituições políticas.

Esse pacto subscrito pelos países membros, inclusive o Brasil, vem estabelecendo métodos de análises de dados na economia, em especial, em um panorama social e antropológico pelo viés econômico. Portanto, fazer uma breve revisão bibliográfica sobre o tema da economia, direitos fundamentais ao trabalho digno e princípio do não retrocesso no Brasil, é fundamental para mapear a real condição em que nos encontramos em confronto com legislações precarizantes.

Dessa forma trabalhar-se-á o objetivo oito, ou seja, o "ODS 8 que tem por escopo "Trabalho decente e crescimento econômico: promover o crescimento econômico sustentado, inclusivo e sustentável, emprego pleno e produtivo, e trabalho decente para todos", a partir da análise do capitalismo mais moderno e do trabalho decente na perspectiva dos direitos humanos e a vedação do não retrocesso.

Far-se-á uma imersão no capitalismo na perspectiva do trabalho, na sustentabilidade econômica alinhada com o trabalho decente, trazendo reflexões a partir de diversos autores que se debruçam sobre tais temas. Desenvolve, inicialmente a ideia pautada nas preocupações da ONU nessa reunião ocorrida em 2015 com 193 estados-membros, os quais, ao pactuarem a promoção do Estado de Direito; dos direitos humanos, também propõe responsabilidade das instituições políticas que assumem compromissos de políticas públicas que efetivem tais pactos.

No Brasil, os desafios são muitos, pois há ainda altos índices de trabalho infantil, trabalho análogo à escravidão e a precarizações e retrocessos trazidos com a chamada reforma trabalhista de 2017, ou seja, a Lei n. 13.467/2017.

1. O MARCO DA AGENDA 2030 E OS ODS

Com a preocupação com a fome, pobreza, aquecimento global, concentração de riquezas e tendo como objetivo a melhoria das condições da população mundial nas diversas dimensões, a ONU se reúne em assembleia em Nova York (EUA), em setembro de 2015 com a participação de cento e noventa e três Estados-membros. Nessa assembleia, foram criados dezessete Objetivos para o Desenvolvimento Sustentável (ODS) no mundo, estabelecendo, com isso, a chamada agenda 2030 (2015-2030). Portanto, ao assumirem o compromisso, os países, pactuaram a promoção do Estado de Direito; dos direitos humanos e a responsabilidade das instituições políticas.

Faz parte dos 17 ODS estimularem ações relacionadas às necessidades humanas, como a saúde e a educação. Tendo adotado o conceito de desenvolvimento sustentável, com seus três eixos — ecológico-ambiental, econômico e social — e cinco elementos de sustentação — pessoas, paz, planeta, parcerias e prosperidade. Por definição, a sustentabilidade social é um conjunto de medidas voltadas para a melhoria do bem-estar da população como um todo.[1]

Além disso, alguns ODS buscam reduzir as desigualdades sociais e ampliar o acesso a direitos e serviços básicos. São eles:

ODS 1 — Erradicação da pobreza: acabar com a pobreza em todas as suas formas, em todos os lugares.

ODS 2 — Fome zero e agricultura sustentável: acabar com a fome, alcançar a segurança alimentar e melhoria da nutrição e promover a agricultura sustentável.

ODS 3 — Saúde e bem-estar: assegurar uma vida saudável e promover o bem-estar para todos, em todas as idades.

ODS 4 — Educação de qualidade: assegurar a educação inclusiva, equitativa e de qualidade, e promover oportunidades de aprendizagem ao longo da vida para todos.

ODS 5 — Igualdade de gênero: alcançar a igualdade de gênero e empoderar todas as mulheres e meninas.

ODS 6 — Água potável e saneamento: garantir disponibilidade e manejo sustentável da água e saneamento para todos.

ODS 7 — Energia limpa e acessível: garantir acesso à energia barata, confiável, sustentável e renovável para todos.

ODS 8 — Trabalho decente e crescimento econômico: promover o crescimento econômico sustentado, inclusivo e sustentável, emprego pleno e produtivo, e trabalho decente para todos.

ODS 9 — Indústria, inovação e infraestrutura: construir infraestrutura resiliente, promover a industrialização inclusiva e sustentável, e fomentar a inovação.

ODS 10 — Redução das desigualdades: reduzir as desigualdades dentro dos países e entre eles.

ODS 11 — Cidades e comunidades sustentáveis: tornar as cidades e os assentamentos humanos inclusivos, seguros, resilientes e sustentáveis.

ODS 12 — Consumo e produção responsáveis: assegurar padrões de produção e de consumo sustentáveis.

ODS 13 — Ação contra a mudança global do clima: tomar medidas urgentes para combater a mudança climática e seus impactos.

ODS 14 — Vida na água: conservação e uso sustentável dos oceanos, dos mares e dos recursos marinhos para o desenvolvimento sustentável.

ODS 15 — Vida terrestre: proteger, recuperar e promover o uso sustentável dos ecossistemas terrestres, gerir de forma sustentável as florestas, combater a desertificação, deter e reverter a degradação da Terra e deter a perda da biodiversidade.

ODS 16 — Paz, justiça e instituições eficazes: promover sociedades pacíficas e inclusivas para o desenvolvimento sustentável, proporcionar o acesso à justiça para todos e construir instituições eficazes, responsáveis e inclusivas em todos os níveis.

ODS 17 — Parcerias e meios de implementação: fortalecer os meios de implementação e revitalizar a parceria global para o desenvolvimento sustentável.[2]

---

(1) https://brasil.un.org/pt-br. Acesso em: 20 jul. 2023.

(2) https://brasil.un.org/pt-br. Acesso em: 20 jul. 2023.

Nota-se uma perfeita interligação, pois os objetivos não são isolados, ao contrário, são interconectados e mais interessante que estão relacionados com os problemas enfrentados por pessoas no Brasil e no mundo.

Embora todos os objetivos estejam interconectados rumo a um mundo melhor, sem pobreza, com paz e prosperidade, o foco deste texto é o Objetivo de número 8, que tem por escopo "Promover o crescimento econômico sustentado, inclusivo e sustentável, emprego pleno e produtivo e trabalho decente para todas e todos". Os desdobramentos no plano da ONU, são os seguintes:

> 8.1. Sustentar o crescimento econômico per capita de acordo com as circunstâncias nacionais e, em particular, um crescimento anual de pelo menos 7% do produto interno bruto [PIB] nos países menos desenvolvidos
>
> 8.2. Atingir níveis mais elevados de produtividade das economias por meio da diversificação, modernização tecnológica e inovação, inclusive por meio de um foco em setores de alto valor agregado e dos setores intensivos em mão de obra
>
> 8.3. Promover políticas orientadas para o desenvolvimento que apoiem as atividades produtivas, geração de emprego decente, empreendedorismo, criatividade e inovação, e incentivar a formalização e o crescimento das micro, pequenas e médias empresas, inclusive por meio do acesso a serviços financeiros
>
> 8.4. Melhorar progressivamente, até 2030, a eficiência dos recursos globais no consumo e na produção, e empenhar-se para dissociar o crescimento econômico da degradação ambiental, de acordo com o Plano Decenal de Programas sobre Produção e Consumo Sustentáveis, com os países desenvolvidos assumindo a liderança
>
> 8.5. Até 2030, alcançar o emprego pleno e produtivo e trabalho decente para todas as mulheres e homens, inclusive para os jovens e as pessoas com deficiência, e remuneração igual para trabalho de igual valor
>
> 8.6. Até 2020, reduzir substancialmente a proporção de jovens sem emprego, educação ou formação
>
> 8.7. Tomar medidas imediatas e eficazes para erradicar o trabalho forçado, acabar com a escravidão moderna e o tráfico de pessoas, e assegurar a proibição e eliminação das piores formas de trabalho infantil, incluindo recrutamento e utilização de crianças-soldado, e até 2025 acabar com o trabalho infantil em todas as suas formas
>
> 8.8. Proteger os direitos trabalhistas e promover ambientes de trabalho seguros e protegidos para todos os trabalhadores, incluindo os trabalhadores migrantes, em particular as mulheres migrantes, e pessoas em empregos precários
>
> 8.9. Até 2030, elaborar e implementar políticas para promover o turismo sustentável, que gera empregos e promove a cultura e os produtos locais
>
> 8.10. Fortalecer a capacidade das instituições financeiras nacionais para incentivar a expansão do acesso aos serviços bancários, de seguros e financeiros para todos
>
> 8.a. Aumentar o apoio da Iniciativa de Ajuda para o Comércio [Aid for Trade] para os países em desenvolvimento, particularmente os países menos desenvolvidos, inclusive por meio do Quadro Integrado Reforçado para a Assistência Técnica Relacionada com o Comércio para os países menos desenvolvidos
>
> 8.b. Até 2020, desenvolver e operacionalizar uma estratégia global para o emprego dos jovens e implementar o Pacto Mundial para o Emprego da Organização Internacional do Trabalho [OIT][3]

Além da parceria e Paz, a sustentabilidade realça a dimensão crítica da construção de parcerias, com novas formas de trabalho, extinção do trabalho escravo e infantil, dentre outros, porque segundo os ODS, não há sociedade igualitária e justa sem a atuação do mercado e das empresas, pois a qualidade de vida e o crescimento econômico ocorrem, também, por meio da geração de empregos e inovação.

---

(3) https://brasil.un.org/pt-br/sdgs/8. Acesso em: 23 jul. 2023.

Não somente o governo como as empresas têm a obrigação de buscar a geração de empregos e condições dignas de trabalho, destacando-se que após anos de negociação entre os diversos atores, nos mais diferentes níveis de consulta resultaram numa convergência de entendimento entre a ONU e a OIT sobre a importância do trabalho protegido em uma concepção alargada da dimensão social do desenvolvimento sustentável.

Portanto, não é demais dialogar com o trabalho decente com o capitalismo, com a economia sustentável, em face à interligação numa verdadeira aldeia global, cujo peso maior de ocupação e percepção está nos países em desenvolvimento como o Brasil.

2. ELABORANDO A COMPREENSÃO DO CAPITALISMO NA PERSPECTIVA DO TRABALHO

O capitalismo moderno, segundo Max Weber[(4)], tem por característica fundamental a competitividade decorrente da acumulação de capital (que passa a ser um fim em si) e a flexibilidade produtiva e comercial objetivando sempre o lucro em um contexto de empresas grandes e transnacionais. As políticas do Estado capitalista são construídas e conduzidas no interesse do mercado.

Com o capitalismo moderno e a globalização surgiram empresas transnacionais e com elas um importante fluxo migratório de produção e empregos. Segundo Bauman[(5)], "o significado mais profundo transmitido pela ideia da globalização é o do caráter indeterminado, indisciplinado e de autopropulsão dos assuntos mundiais; a ausência de um centro, de um painel de controle, de uma comissão diretora, de um gabinete administrativo", o que seria totalmente diferente de universalização. Essa globalização, segundo ele, teria sido benéfica para a pequena parcela mais rica da população mundial, deixando de fora as classes mais pobres, especialmente o trabalhador que somente detém sua força de trabalho para vender por subsistência.

Já em 2016, no auge de uma crise no Brasil, asseveravam Oseias Ferreira e Zuleica Vicente o cenário do mundo capitalista e globalizado que agravou o desemprego e o trabalho informal:

> O mundo do trabalho sofreu uma significativa mudança, no final do século XX e início do século XXI, devido à nova configuração do capitalismo, em sua versão neoliberal, financeirizada e globalizada, pois uma série de mudanças ocorrem nos meios de produção para atender às novas regras do capital.
>
> Em uma busca incessante por lucros, o capital financeiro investiu fortemente contra o mercado de trabalho e transferiu parte de suas atividades para países onde não existe nenhum tipo de proteção do trabalho, das relações e direitos. Mercados em que as relações laborais eram mais frágeis/precarizadas.
>
> Nesse sentido, países de economia periférica, que já são fragilizados em sua estrutura política e econômica, submetem-se às condições impostas pelas superpotências e afundam em crises que, dentre outras consequências, coloca

(4) WEBER, Max. *A gênese do capitalismo moderno*. Tradução Rainer Domschke. São Paulo: Ática, 2006. p. 5.
(5) BAUMAN, Zygmunt. *Globalização:* As consequências humanas. Tradução Plinio Dentzien. Rio de Janeiro: Zahar, 2008. p. 56.

(*sic*) a classe trabalhadora em condição de extrema dificuldade para tentar fazer valer seus direitos. [6]

Com isso, muitos trabalhadores buscam sua sobrevivência no mercado informal, crescendo assustadoramente o número de trabalhadores autônomos, ambulantes e terceirizados, dentre outras categorias de trabalhadores, até mesmo o trabalho análogo à escravidão e infantil.

Vale citar que o Direito do Trabalho surgiu como resposta do Estado aos problemas sociais gerados pelo capitalismo liberal, "diante das agitações dos trabalhadores e das lutas sociais no continente europeu"[7]. Contudo, a ideia de um Estado paternalista, que oferecia proteção e garantias aos trabalhadores, foi entrando em declínio com a crise econômica do início da década de 70 (Crise do Petróleo), a nova forma de organização da produção e as inovações tecnológicas. Tais mudanças desencadearam a discussão sobre a flexibilização nas relações contratuais do trabalho que perdurou até o advento da chamada reforma trabalhista, que atingiu esse objeto. Como analisa Alice Monteiro de Barros,

> A flexibilização no campo do trabalho, historicamente, tem sido uma reivindicação empresarial identificável como uma explícita solicitação de menores custos sociais e maior governabilidade do fator trabalho. Para a realização dessa reivindicação, reclama-se uma flexibilidade normativa, que poderá ser atingida sob o prisma legal, regulamentar e convencional, mas assegurando-se garantias mínimas ao empregado.[8]

Voltando-se a Bauman o que "parece flexibilidade do lado da procura vem a ser para todos aqueles jogados no lado da oferta um destino duro, cruel, inexpugnável: os empregos surgem e somem assim que aparecem, são fragmentados e eliminados sem aviso prévio"[9]. O mercado de trabalho tornou-se "mais volátil, favorecendo ao capital, que passa a impor novas formas de trabalho, contratações parciais, temporárias e subcontratações, desestruturando o trabalho de forma definitiva"[10]. Além disso, essa nova organização empresarial e econômica trouxe o desemprego estrutural, pois muitos empregos deixaram de existir, formando uma massa de excluídos que não possuíam qualificação. Isso resulta em intensas pressões do mercado para o aumento da produtividade e, por óbvio, lucratividade, numa disparidade entre capital acumulado e força de trabalho. Nessa esteira, importa trazer as reflexões de Marcio Pochmann, para quem,

> [...] a gradual alteração da estrutura social tornou-se cada vez mais compatível com a ascensão de uma economia desmaterializada, cuja diferenciação das formas de ocupação fez crescer também as noções de inside (protegido) e outside (desprotegido) no interior do próprio assalariamento.

(6) FERREIRA, Oseias Soares e VICENTE, Zuleica Cristina Mizael. Capitalismo financeiro, globalização e transformações no mundo do trabalho. *Revista Pensar Acadêmico*, Manhuaçu, v. 14, n. 2, p. 137-142, julho/ dezembro, 2016. p. 139-140.

(7) BARROS, Alice Monteiro de. *Curso de direito do trabalho*. 10. ed. São Paulo: LTr, 2016. p. 63.

(8) BARROS, *op. cit.* p. 65.

(9) BAUMAN, *op. cit.* p. 98.

(10) TREFF, Marcelo Antonio, GONÇALVES, Luiz Claudio e CAMAROTTO, Marcio Roberto. Os impactos da globalização no perfil do trabalho e do trabalhador do século XXI. *Revista Científica Hermes*. n. 8, p. 208-222, jan. /jun. 2013. p. 212.

> O antigo movimento de estruturação do mercado de trabalho passou, inclusive, a dar lugar a trajetórias de desemprego, de contrato parcial de trabalho, entre outras formas de ocupação precária. Em grande medida, a passagem do fordismo para o novo sistema de produção (toyotista) terminou sendo acompanhada de crescente instabilidade nos destinos ocupacionais diante da incorporação dos ganhos de produtividade, sem proteção do Estado e ausência de regulação pública.(11)

Considerando que esse é um movimento irreversível sob as óticas econômica e social, a Assembleia Geral das Nações Unidas, estabeleceu a agenda 2030 com a intenção de redução das desigualdades e sustentabilidade, encontrada em todos os 17 Objetivos de Desenvolvimento Sustentável (ODS), criando, assim, a chamada agenda 2030, repita-se. O plano tem como meta, como já se disse acima, um mundo melhor. Ao assumirem o compromisso, os países pactuaram a promoção do Estado de Direito e dos direitos humanos e a responsabilidade das instituições políticas, claro em todos os ODS.

Mas, é necessário para o implemento do pleno emprego e decente que haja sustentabilidade econômica e responsabilidade social, então prevista na constituição Brasileira

3. A SUSTENTABILIDADE ECONÔMICA ALINHADA COM O TRABALHO DECENTE

A sustentabilidade econômica se mostra como um dos três principais pilares para o desenvolvimento sustentável, junto ao pilar social e ao ambiental que complementam rumo a uma sociedade mais igualitária e pacífica.

Mesmo nos países de economia capitalista, deve-se manter em vista que é a sustentabilidade econômica que pauta um conjunto de práticas financeiras e administrativas que possibilitam e almejam a um desenvolvimento de país ou empresa, que tenham como objetivo garantir e preservar o meio ambiente, possibilitando também a manutenção de recursos naturais para futuras gerações.

Entretanto é na função social e concorrência que faço o destaque deste tópico para construção do texto. A primeira trata-se de uma forma de manter a atividade econômica, fornecendo padrões mínimos de distribuição de riqueza e redução de desigualdade. Já a concorrência é vista como a possibilidade de oferecimento de produtos e serviços por diversas empresas, o que possibilitaria um desenvolvimento de preços competitivos, atingindo o público em geral, além de possibilitar uma melhor e mais bem desenvolvida atividade funcional por parte da classe trabalhadora na sua multifuncionalidade e alcance de metas, extremamente exigida no mundo do trabalho moderno, honrando assim as atividades empresariais consolidadas pela CLT e as questões de direito privatizado a luz da Constituição, como a constitucionalização do direito civil.(12)

---

(11) POCHMANN, Marcio. *O mito da grande classe média* — capitalismo e estrutura social. 1. ed. São Paulo: Editora Boitempo, 2014. p. 32.

(12) SARTORI, Simone; LATRÔNICO, Fernanda; CAMPOS, L.M.S. Sustentabilidade e desenvolvimento sustentável: uma taxonomia no campo da literatura. In: *Ambiente & Sociedade.* São Paulo v. XVII, n. 1. p. 1-22. jan.-mar. 2014. Disponível em: https://www.scielo.br/j/asoc/a/yJ9gFdvcwTxMR5hyWtRR6SL/?format=pdf&lang=pt. Acesso em: 26 mar. 2022. p. 2-4.

Há, contudo, diferenças entre sustentabilidade e desenvolvimento sustentável, o desenvolvimento sustentável é considerado uma via de mudança intencional e melhoria que mantém ou aumenta esse atributo do sistema, ao responder às necessidades da população presente. Em um primeiro momento, o desenvolvimento sustentável é a via de acesso para que se alcance a sustentabilidade, ou seja, a sustentabilidade como meta final.

Amartya Sen, em sua fantástica obra "Sobre Ética e Economia[13] trata de diversos eixos que perfeitamente se alinham com o ODS 8, como o comportamento econômico e Sentimentos Morais, tratado no cap. 1; juízos Econômicos e filosofia Moral, no cap. 2 e Liberdade e Consequências, no cap. 3. Mas, o grande destaque, em nosso sentir, é efetivamente a questão da ética na economia que carrega no significado da repartição de riquezas, a condição de bem-estar, a utilidade e bem-estar, desenvolvendo a partir daí, vários temas em diálogo com autores clássicos e mais modernos.

Para Sen, a noção de utilitarismo como reconhecimento do caráter supraindividual ou intersubjetivo do prazer como móvel, de tal modo que o fim de qualquer atividade humana é a maior felicidade possível, compartilhada pelo maior número possível de pessoas. Ainda,

> Na economia política clássica não existiam fronteiras definidas entre a análise econômica do bem-estar e outros tipos de investigação econômica.
>
> [...] A economia do bem-estar tem sido uma espécie de equivalente econômico do "buraco negro" — ali as coisas podem entrar, mas de lá nada pode escapar. [14]

Segundo ele, um bom exemplo do autointeresse e bem-estar é a busca de trabalhadores com melhores salários e condições de trabalho. Portanto, as proposições típicas da moderna economia do bem-estar dependem de combinar comportamento autointeressado, de um lado, e julgar a realização social segundo algum critério fundamentado na utilidade, de outro. De fato, o critério tradicional da economia do bem-estar era o critério utilitarista simples, julgando o êxito segundo a magnitude da soma total de utilidade criada.

Usando a métrica do "ótimo de pareto", segundo a qual determinado estado social atingiu um ótimo de Pareto se, e somente se, for impossível aumentar a utilidade de uma pessoa sem reduzir a utilidade de alguma outra pessoa. Mas, nessa análise, ele mesmo, traz antítese e crítica a esse critério, pois ao ser aplicado, a tônica vai se desenvolver no sentido que mesmo que haja miseráveis na sociedade e milionários, o miserável pode melhorar sua condição, mas, desde que não afete a do milionário[15]. E, portanto, o critério é extremamente limitado de avaliar a realização social, porque, "É fácil perceber que se considerações da economia do bem-estar afetam o comportamento real, então a natureza da economia do bem-estar aceitável deve ser de enorme importância para a descrição, explicação e previsão de ocorrências econômicas."[16]

---

(13) SEN. Amartya. *Sobre Ética e Economia*. Trad. Laura Teixeira Motta. SP; Companhia das Letras. 2017. *passim*.

(14) SEN. Ob. cit. p. 45.

(15) SEN. Ob. cit. p. 48

(16) SEN. Ob. cit. p. 68.

4. O TRABALHO DECENTE E A VEDAÇÃO AO PRINCÍPIO DO RETROCESSO SOCIAL

A legislação brasileira acompanhou até certo momento, a tendência macro de proteção aos trabalhadores, iniciando com a proteção contra acidentes de trabalho em 1919, seguida por regulamentações simultâneas sobre velhice, invalidez, morte, doença e auxílio-maternidade em 1923, abonos familiares em 1941 e, finalmente, um tipo de auxílio-desemprego em 1965. A primeira constituição brasileira, de 1824, não abordava a problemática social, e muitas décadas se passaram até que as elites dominantes reconhecessem a existência de um problema social que precisava ser administrado pelo Estado. Embora os efeitos negativos da acumulação econômica fossem visíveis em outros países, a inexistência de movimentos reivindicatórios organizados no Brasil facilitou a crença na eficiência do mercado como mecanismo para combinar altas taxas de acumulação de riquezas com justa distribuição de benefícios econômicos e sociais[(17)].

Mas, foi a partir de 1988 com a promulgação da Constituição Federal, o Estado de Bem-Estar Social foi positivado com normas relacionadas aos direitos sociais, liberdades civis e políticas, saúde e educação em um só documento, proteção social, direito ao trabalho decente.

Em seu artigo 6º a Carta Magna refere-se aos direitos sociais, o trabalho e a previdência social, e, também: educação, saúde, alimentação, moradia, transporte, lazer, segurança, proteção à maternidade e à infância, assistência aos desamparados, formando um arcabouço protetivo. No art. 3º, IV, como objetivos fundamentais da República Federativa do Brasil, a promoção do bem de todos, sem preconceitos de origem, raça, sexo, cor, idade e quaisquer outras formas de discriminação.

O alinhamento está com o art. 170[(18)] da Constituição Federal de 1988, que estabelece que a ordem econômica está "fundada na valorização do trabalho humano e na livre iniciativa" e tem por objetivo "assegurar a todos uma existência digna, de conforme os ditames da justiça social" e a partir daí elenca os princípios que estabelecem a ordem econômica constitucional.

Seguindo, em consonância com o disposto nos arts. 1º e 3º[(19)] é possível uma melhor compreensão acerca do pilar sobre o qual a ordem econômica brasileira está

---

(17) SANTOS, Vanderlei Guilherme dos. SANTOS, Marisa Ferreira dos. *Direito previdenciário*. In: LENZA, Pedro (Coord.). 4. ed. São Paulo: Saraiva, 2019.

(18) Art. 170. A ordem econômica, fundada na valorização do trabalho humano e na livre-iniciativa, tem por fim assegurar a todos existência digna, conforme os ditames da justiça social, observados os seguintes princípios:
(...)
III — função social da propriedade;
IV — livre concorrência;

(19) Art. 1º A República Federativa do Brasil, formada pela união indissolúvel dos Estados e Municípios e do Distrito Federal, constitui-se em Estado Democrático de Direito e tem como fundamentos:
I — a soberania;
II — a cidadania
III — a dignidade da pessoa humana;
IV — os valores sociais do trabalho e da livre-iniciativa;
V — o pluralismo político.
Art. 3º Constituem objetivos fundamentais da República Federativa do Brasil:
I — construir uma sociedade livre, justa e solidária;
II — garantir o desenvolvimento nacional;
III — erradicar a pobreza e a marginalização e reduzir as desigualdades sociais e regionais;
IV — promover o bem de todos, sem preconceitos de origem, raça, sexo, cor, idade e quaisquer outras formas de discriminação.

estruturada. Nota-se, por conseguinte, uma afirmação da garantia à propriedade diretamente associada ao atendimento de sua função social da mesma vinculada à ordem econômica.

Na perspectiva de proteção aos trabalhadores, consubstanciada pela busca ao pleno emprego, previsto pelo art. 170, inciso VIII(20), e no rol de direitos fundamentais previstos no art. 7º ambos da CF/88, a função social age no sentido de legitimar ou promover a implementação de mecanismos para a distribuição dos resultados da atividade empresarial e a viabilização de iniciativas de cogestão, de um pensar coletivo. Nessa linha de pensamento, "não se pode olvidar que as empresas sejam também responsáveis, nas relações de trabalho, pela qualidade de vida, pela valorização da dignidade da pessoa humana, em ação conjunta com o Estado"(21).

Percebe-se que a preocupação com o trabalhador diz respeito não somente aos aspectos puramente legislativos, mas também a uma busca por efetivar direitos e consolidar as garantias e princípio. É, contudo, no caput do art. 7º que o Legislador constituinte, estabeleceu o valor do princípio do não retrocesso, segundo qual "São direitos dos trabalhadores urbanos e rurais, além de outros que visem à melhoria de sua condição social"(22).

O princípio da vedação ao retrocesso social, significa dizer que o Estado, após implementar um direito fundamental, não pode retroceder, ou seja, não pode praticar algum ato que vulnere um direito que estava passível de fruição, sem que haja uma compensação efetiva correspondente (23).

Não busca, portanto, somente a concretização dos direitos fundamentais sociais, mas abrange também mecanismos de proteção ao assegurar a concretização de tais direitos para que não sejam reprimidos por legislação posterior, ou seja, é uma forma de garantir as proteções alcançadas pelo Estado Social, inclusive diante de posterior reforma constitucional(24).

Nesse sentido, Geraldo Magela Melo, assegura:

> Os direitos constitucionais fundamentais são o alicerce do Estado contemporâneo na medida em que asseguram e evitam abusos dos dirigentes em face dos cidadãos, por isso todo direito fundamental implementado na realidade prática não pode sofrer abalo no que concerne à sua efetividade, por nenhuma medida estatal, haja vista o caráter progressivo desses direitos e, principalmente, em razão de sua essência de fundamentalidade, o que traz, por consequência, a vedação ao retrocesso na fruição dos direitos. Sendo dos direitos dos trabalhadores um direito fundamental social, merecem proteção

(20) Art. 170. A ordem econômica, fundada na valorização do trabalho humano e na livre-iniciativa, tem por fim assegurar a todos existência digna, conforme os ditames da justiça social, observados os seguintes princípios:
(..) VIII — busca do pleno emprego;

(21) SILVEIRA, Clariana Oliveira da. A Função Social da empresa e o Direito do Trabalho. *In: Boletim Jurídico,* Uberaba/MG, a. 14, n. 752. Disponível em: https://www.boletimjuridico.com.br/artigos/direito--do-trabalho/2162/a-funcao-social-empresa-direito-trabalho. Acesso em: 26 mar. 2022.

(22) BRASIL. *Constituição (1988).* Constituição da República Federativa do Brasil. Brasília, DF: Senado Federal: Centro Gráfico, 1988.

(23) SILVA, José Afonso da. Aplicabilidade das normas constitucionais. 2. ed. rev. e atual. São Paulo: 2019, p. 12.

(24) SILVA, *op. cit.* p. 13.

> jurídica eficiente contra atos estatais que visem suprimi-los ou alterá-los, sem que ocorram medidas compensatórias similares.[25]

Alinha-se com isso, o pensamento de que nenhuma alteração legislativa poderá reprimir ou revogar um direito social constitucional já existente sem apresentar alternativa que restabeleça o direito ou garantia já outorgado, compensando, assim, a perda oriunda da mudança e, em o fazendo é forçoso entender que reverbera retrocesso social.

Para Silva[26], o princípio da vedação ao retrocesso é uma garantia constitucional implícita decorrente do denominado bloco de constitucionalidade, tendo sua matriz axiológica nos princípios da segurança jurídica, da máxima efetividade dos direitos constitucionais e da dignidade da pessoa humana, mas se constitui em um princípio autônomo, com carga valorativa eficiente própria.

Por isso, deve-se entender que o retrocesso social ocorre quando há uma supressão a direitos sociais já existentes e efetivados, considerando-se inconstitucionais leis ou outras medidas que os revoguem, já que negar o princípio da proibição do retrocesso significa admitir que os órgãos legislativos possuam o poder de tomar livremente suas decisões mesmo em flagrante desrespeito à vontade expressa do constituinte.

Por isso que José Afonso da Silva entende que o princípio da vedação ao retrocesso social foi criado para controlar o legislador, servindo como um limitador para que ele não atue livremente no que concerne a querer revogar direitos fundamentais já adquiridos, conforme podemos observar:

> Desta forma, é uma maneira de controlar o legislador, servindo como um limitador para que ele não atue livremente no que concerne a querer revogar direitos fundamentais já adquiridos, por novas legislações, ou seja, serve como uma espécie de controle à atuação do legislativo. O objetivo primordial é promover as conquistas sociais e a um status de garantia que não seja suscetível a posterior mudanças regressivas, de forma que possua um mecanismo que assegure a construção de uma sociedade livre, justa e solidária, que realmente efetive os direitos fundamentais sociais [27]

Portanto, em sua essência, o não retrocesso é um garantidor da segurança jurídica, não somente para não se perderem as conquistas, como também para garantir a eficácia das normas de direitos fundamentais.

Nota-se que, apesar dos argumentos de fomentação da economia e de atualização das leis trabalhistas, ocorreu o inverso, a partir da Lei n. 13.467/2017, chamada de Reforma Trabalhista, que trouxe retrocessos, na medida em que violou em vários aspectos esse princípio tanto no campo individual quanto coletivo e, com isso, uma gama de direitos protecionistas foi extinta ou reduzida.

A construção do trabalho decente dentro de uma perspectiva de vedação ao retrocesso social parece inexorável, pois o trabalho decente suscita a promoção de melhoria da condição social como direitos humanos e, portanto, direito fundamental.

---

(25) MELO, Geraldo Magela. A vedação ao retrocesso e o direito do trabalho. *Revista do Tribunal Regional do Trabalho da 3ª Região*, Belo Horizonte, v. 52, n. 82, p. 65-74, jul./dez. 2010. p. 1.

(26) SILVA, *op. cit.* p. 12.

(27) SILVA. *op. cit.* p. 14.

Não é possível haver trabalho decente em convivência com retrocessos que tragam vilipendio às conquistas sociais no campo do trabalho.

Apesar da imprecisão quanto *à* origem dos direitos humanos, não se pode negar que a Organização das Nações Unidas (ONU) *é* de extrema relevância para tais direitos, posto que o principal objetivo *é* a promoção da fraternidade e cooperação internacional, além do respeito aos Direitos Humanos, fazendo surgir a Declaração Universal de Direitos Humanos de 1948.

Com a evolução dos direitos fundamentais, nascem diversos conceitos e estruturas. No Ordenamento Jurídico brasileiro, a Constituição Federal de 1988, marca posição com diversas nomenclaturas para os direitos fundamentais: "direitos humanos" no artigo 4º, II; "direitos e garantias fundamentais" no Título II; "direitos e liberdades fundamentais" no artigo 5º, § 1º; "direitos e liberdades constitucionais, no artigo 5º, inciso LXXI; "direitos da pessoa humana" no artigo 34 e; "direitos e garantias individuais" no artigo 60, § 4º ao falar de cláusulas pétreas.

Essa construção de conceitos e ideias serve para demonstrar a importância do Direito do Trabalho e a necessária proteção em época de mudanças políticas que impactam nas legislações protetivas, como ocorreu em 2017 com a chamada reforma trabalhista, que vem sendo arduamente questionada em sua constitucionalidades e que pior, sob a anuência do Governo e da casa legislativa revisora que nada fizeram para barrar os pontos retrocedentes.

E nesse diálogo entre a agenda 2030 da ONU e direitos fundamentais, nota-se que alterações legislativas que causem retrocesso social, desafiam estudos e alinhamentos em todos os países signatários. No Brasil, especialmente em razão da citada lei da (L. n. 13.467/2017), da existência de trabalho análogo a escravidão, do trabalho infantil e o subemprego.

Nessa perspectiva, vale a pena uma breve análise nas ondas ou dimensões dos direitos. Nos direitos de primeira dimensão chamados de liberdade, têm como titular o indivíduo, sendo uma proteção contra arbítrios estatais, sendo oponíveis ao Estado. Traduzem como faculdades ou atributos da pessoa e contém uma subjetividade que, nas lições de Bonavides, é o traço mais característico. São dotados de*status negativus* de Jellinek.[(28)]

É o direito à liberdade e se encontra relacionada à dignidade da pessoa humana, fato que torna possível uma conexão entre a liberdade e a igualdade nos membros da sociedade.[(29)]

A segunda dimensão dos direitos fundamentais tem como principal direito, a igualdade, caracterizando-se pelos direitos sociais, econômicos e culturais. Os direitos sociais representam direitos de grupos desfavorecidos, os quais impõem ao Estado uma obrigação de prestar direitos positivos, ou seja, garantir direitos mínimos essenciais para a vida humana, como exemplo a saúde, educação e o trabalho. Procura-se, com esses direitos, a igualdade material, com redução das desigualdades e garantia

(28) BONAVIDES, Paulo. *Curso de Direito Constitucional*. 26. ed. São Paulo: Malheiros, 2011. p. 563-564.

(29) LAZARI, Rafael de; GARCIA, Bruna Pinotti. *Manual de direitos humanos*. 2. ed. Salvador: Juspodivm, 2015. p. 112.

do mínimo existencial. Veja-se aqui o alinhamento com proposta contida no ODS 08 da agenda 2030 da ONU.

Na terceira dimensão, encontra-se a fraternidade, com foco na coletividade, buscando-se uma solidariedade entre os povos, com a consagração de direitos de todos, para o bem de todos, como exemplo o direito ao meio ambiente ecologicamente equilibrado.(30)

Quanto o de segunda geração, José Afonso da Silva conceitua os direitos fundamentais sociais no âmbito do constitucionalismo brasileiro:

> (...) os direitos sociais, como dimensão dos direitos fundamentais do homem, são prestações positivas proporcionadas pelo Estado direta ou indiretamente, enunciadas em normas constitucionais, que possibilitam melhores condições de vida aos mais fracos, direitos que tendem a realizar a igualização de situações sociais desiguais. São, portanto, direitos que se ligam ao direito de igualdade. Valem como pressupostos do gozo dos direitos individuais na medida em que criam condições materiais mais propícias ao auferimento da igualdade real, o que, por sua vez, proporciona condição mais compatível com o exercício efetivo da liberdade.(31)

Robert Alexy diz, em sua obra Teoria dos Direitos Fundamentais ensina que os direitos fundamentais sociais são direitos a prestação em sentido estrito

> Direitos a prestação em sentido estrito são direitos do particular perante o Estado a algo que o particular, dispusesse ele somente de meios financeiros suficientes e encontrasse-se no mercado uma oferta suficiente, também de privados poderia ganhar. Quando se trata de direitos fundamentais sociais, portanto, por exemplo, de direitos à assistência, ao trabalho, à habitação e à formação, são considerados, em primeiro lugar, direitos a prestação em sentido estrito.(32)

No que se refere à importância dos direitos sociais e na sua fundamentalidade, tem-se que os direitos e garantias fundamentais que estão dispostos no título II da Constituição Federal compreendem também os direitos sociais do capítulo II do mesmo título. Neste sentido:

> A Constituição da República Federativa do Brasil de 1988 tomou partido e incluiu os direitos sociais, expressamente, entre os Direitos Fundamentais do Título II de seu texto, pretendendo, evitar o esvaziamento dos Direitos

---

(30) LAZARI, Rafael de. *Manual de Direito Constitucional*. Belo Horizonte: Editora D' Plácido, 2017. p. 370.

(31) BONAVIDES, ob. cit., p. 563-564.

(32) ALEXY, Robert. Theorie der Grundrechte. 2. Aufl. Frankfurt am Main: Suhrkamp, 1994, S. 454. No original: "Leistungs rechteimengeren Sinnesind Rechte des einzelnen gegenüber dem Staat auf etwas, was der einzelne, verfügteer nurüberhin reichende finanzielle Mittel und fändesich auf dem Marktein hinreichendes Angebot, auch von Privatener haltenkönnte. Wenn von sozialen Grundrechten die Redeist, also etwa von Rechten auf Fürsorge, Arbeit, Wohnung und Bildung, sind in erster Linie Leistungsrechte im engeren Sinnegemeint."

> Fundamentais, impedindo que se tornem letra morta na constituição, garantindo sua aplicação aos casos concretos e gerando efeitos jurídicos que lhe são instintos.(33)

Inegável que direitos sociais são direitos fundamentais estabelecidos pelo art. 5º, § 1º, da Constituição Federal, com aplicabilidade ou eficácia imediata. Assim, torna-se incontestável a abrangência de todos os direitos fundamentais relacionados no Título II pelo termo Estado Democrático de Direito.

Com essa interpretação, revigora-se que os direitos sociais estão protegidos dentre outros, pelo artigo 60, § 4º, IV da Constituição Federal, sendo consideradas cláusulas pétreas dotadas de seus "poderes" e nesse sentido está o bem estar social que se vincula ao trabalho decente e protegido contra os desmandos gananciosos do capital.

Aqui, volta-se a Sen para quem, na teoria econômica tradicional (por exemplo, na análise do equilíbrio geral predominante), por exemplo, o bem-estar de uma pessoa pode não depender apenas do que ela própria consome, muito embora seu único objetivo possa ser a maximização do próprio bem-estar, e todas as suas escolhas possam refletir esse objetivo: "*Bem-estar autoconcentrado*: *Objetivos limitados ao próprio bem-estar*: *Escolha orientada para o próprio objetivo*:

> Procurei mostrar que a economia do bem-estar pode ser substancialmente enriquecida atentando-se mais para a ética. [...] beneficiar-se de um contato mais estreito com a economia. Também demonstrei que pode ser vantajoso até mesmo para a economia preditiva e descritiva abrir mais espaço para considerações da economia do bem estar na determinação do comportamento. Não tentei provar que qualquer um desses exercícios seria particularmente fácil. Eles encerram ambiguidades profundamente arraigadas, e muitos dos problemas são inerentemente complexos. Mas o argumento em favor de aproximar mais a economia da ética não depende da facilidade em consegui-lo. Fundamenta-se, antes, nas recompensas advindas do exercício. Procurei mostrar que as recompensas possivelmente serão imensas.
>
> Uma das características interessantes que emergem das análises precedentes é que afastamentos das suposições de comportamento tradicionais da teoria econômica — incorporando todos os três componentes do comportamento autocentrado — podem originar-se de muitas considerações éticas distintas.(34)

E segue, com a teoria de que o "empobrecimento da economia relacionado a seu distanciamento da ética afeta tanto a *economia do bem-estar* (restringindo seu alcance e relevância) como a *economia preditiva* (enfraquecendo seus alicerces nas suposições de comportamento)."

Sen que foi prêmio Nobel de Economia em 1998, é reconhecido por combater a pobreza, suas teorias, notadamente na obra utilizada neste texto, dialogam perfeitamente com a agenda 2030, em especial a ODS de número 08, uma vez que somente pode haver trabalho decente e crescimento econômico se for sustentável, inclusivo e com pleno emprego.

---

(33) SIQUEIRA, Dirceu Pereira; LEÃO JÚNIOR, Teófilo Marcelo de. *Direitos sociais*, Editora: Boreal, 2011. p. 3.

(34) SEN. Ob. cit. p. 105.

Nota-se que, apesar dos argumentos de fomentação da economia e de atualização das leis trabalhistas, ocorreu o inverso, a partir da chamada de Reforma Trabalhista, que violou em vários aspectos esse princípio, tanto no campo individual quanto coletivo e, com isso, uma gama de direitos protecionistas foi extinta ou reduzida.

Com isso, a construção do trabalho decente dentro de uma perspectiva de vedação ao retrocesso social parece inexorável, pois o trabalho decente suscita a promoção de melhoria da condição social estampada na Constituição Federal de 1988 como direito fundamental e, nessa perspectiva o Brasil deverá buscar políticas prestacionais positivas para garantir implementação da agenda 2030 da ONU, quanto ao tema proposto que é o trabalho decente e sustentabilidade, o que não será fácil diante do nosso sistema capitalista e do Congresso Nacional.

CONCLUSÃO

Não há trabalho decente com retrocesso social e a vedação encontra-se no ordenamento jurídico brasileiro, no *caput* do artigo 7º da CF/88, quando estabelece que "São direitos dos trabalhadores urbanos e rurais, além de outros que visem à melhoria de sua condição social".

Nessa construção e diálogo com a agenda 2030 da ONU, importa trazer reflexões sobre a garantia com responsabilidade econômica, porque é importante notar que os direitos sociais podem ajudar as sociedades politicamente organizadas a reduzir as disparidades geradas pelo capitalismo.

Os direitos constitucionais fundamentais são o alicerce do Estado contemporâneo na medida em que asseguram e evitam abusos dos dirigentes em face dos cidadãos, por isso todo direito fundamental implementado na realidade prática não pode sofrer abalo no que concerne à sua efetividade, nem vedação a fruição. Sendo dos direitos dos trabalhadores um direito fundamental social, merecem proteção jurídica eficiente contra atos estatais que visem suprimi-los ou alterá-los, sem que ocorram medidas compensatórias similares.

Com a evolução dos direitos fundamentais, nascem diversos conceitos e estruturas. No Ordenamento Jurídico brasileiro, a Constituição Federal de 1988, marca posição com diversas nomenclaturas para os direitos fundamentais: "direitos humanos" no artigo 4º, II; "direitos e garantias fundamentais" no Título II; "direitos e liberdades fundamentais" no artigo 5º, § 1º; "direitos e liberdades constitucionais, no artigo 5º, inciso LXXI; "direitos da pessoa humana" no artigo 34 e; "direitos e garantias individuais" no artigo 60, § 4º ao falar de cláusulas pétreas.

Esses direitos sociais estão protegidos dentre outros, pelo artigo 60, § 4º, IV da Constituição Federal, sendo consideradas cláusulas pétreas dotadas de seus "poderes" e nesse sentido está o bem estar social que se vincula ao trabalho decente e protegido contra os desmandos gananciosos do capital

Mas, por outro lado há pressão reducionista do capital, que passa a impor novas formas de trabalho resultando em intensas pressões do mercado para o aumento da produtividade e, por óbvio, lucratividade, numa disparidade entre capital acumulado e força de trabalho, precarizando condições de trabalho.

O retrocesso social ocorre quando há uma supressão a direitos sociais já existentes e efetivados, considerando-se inconstitucionais leis ou outras medidas que os revoguem, já que negar o princípio da proibição do retrocesso significa admitir que os órgãos legislativos possuem o poder de tomar livremente suas decisões mesmo em flagrante desrespeito à vontade expressa do constituinte.

Citado acima, Amartya Sen, trata de diversos eixos que perfeitamente se alinham com a ODS 8, como o comportamento econômico e Sentimentos Morais, no cap. 1; juízos Econômicos e filosofia Moral, no cap. 2 e Liberdade e Consequências, no cap. 3. Mas, o grande destaque, em nosso sentir, é efetivamente a questão da ética na economia que carrega no significado da repartição de riquezas, a condição de bem-estar, a utilidade e bem-estar, desenvolvendo a partir daí, vários temas em diálogo com autores clássicos e mais modernos.

Porque para ele, prêmio Nobel de economia em 1998 "[...]A economia do bem-estar tem sido uma espécie de equivalente econômico do "buraco negro" — ali as coisas podem entrar, mas de lá nada pode escapar".

O Brasil que ainda tem trabalho infantil, trabalho análogo a escravidão, precarização do trabalho e subempregos, com o avanço de legislações atuais que afrontam o princípio da vedação ao retrocesso social em descompasso com direitos fundamentais, vai precisar fazer muito esforço, com políticas prestacionais positivas para vencer a grande demanda que tem pela frente.

REFERÊNCIAS

ALEXY, Robert. *Theorie der Grundrechte.* 2. Aufl. Frankfurt am Main: Suhrkamp, 1994, S. 454. No original: "LeistungsrechteimengerenSinnesindRechte des einzelnengegenüberdemStaat auf etwas, was der einzelne, verfügteernurüberhinreichendefinanzielleMittel und fändesich auf demMarkteinhinreichendesAngebot, auch von Privatenerhaltenkönnte. Wenn von sozialenGrundrechten die Redeist, also etwa von Rechten auf Fürsorge, Arbeit, Wohnung und Bildung, sind in ersterLinieLeistungsrechteimengerenSinnegemeint."

BARROS, Alice Monteiro de. *Curso de direito do trabalho.* 10. ed. São Paulo: LTr, 2016.

BAUMAN, Zygmunt. *Globalização:* As consequências humanas. Tradução Plinio Dentzien. Rio de Janeiro: Zahar, 2008.

BONAVIDES, Paulo. *Curso de Direito Constitucional.* 26. ed. São Paulo: Malheiros, 2011.

BRASIL. *Constituição (1988).* Constituição da República Federativa do Brasil. Brasília, DF: Senado Federal: Centro Gráfico, 1988.

BRASIL. ONU https://brasil.un.org/pt-br. Acesso em: 20 jul. 2023.

FERREIRA, Oseias Soares e VICENTE, Zuleica Cristina Mizael. Capitalismo financeiro, globalização e transformações no mundo do trabalho. *Revista Pensar Acadêmico,* Manhuaçu, v. 14, n. 2, p. 137-142, julho/ dezembro, 2016.

LAZARI, Rafael de.; GARCIA, Bruna Pinotti. *Manual de direitos humanos.* 2. ed. Salvador: Juspodium, 2015.

LAZARI, Rafael de. *Manual de Direito Constitucional.* Belo Horizonte: Editora D' Plácido, 2017.

MELO, Geraldo Magela. A vedação ao retrocesso e o direito do trabalho. *Revista do Tribunal Regional do Trabalho da 3ª Região,* Belo Horizonte, v. 52, n. 82, p. 65-74, jul./dez. 2010.

POCHMANN, Marcio. *O mito da grande classe média* — capitalismo e estrutura social. 1. ed. São Paulo: Editora Boitempo, 2014.

SANTOS, Marisa Ferreira dos. *Direito previdenciário*. In: LENZA, Pedro (Coord). 4. ed. São Paulo: Saraiva, 2019.

SARTORI, Simone; LATRÔNICO, Fernanda; CAMPOS, L.M.S. Sustentabilidade e desenvolvimento sustentável: uma taxonomia no campo da literatura. In: *Ambiente & Sociedade*. São Paulo v. XVII, n. 1. p. 1-22. jan.-mar. 2014. Disponível em: https://www.scielo.br/j/asoc/a/yJ9gFdvcwTxMR5hyWtRR6SL/?format=pdf&lang=pt. Acesso em: 26 mar. 2022.

SILVA, José Afonso da. *Aplicabilidade das normas constitucionais*. 2. ed. rev. e atual. São Paulo: 2019, p. 12.

SILVA, José Afonso da. *Curso de Direito Constitucional Positivo*. 33. ed. atual. São Paulo: Malheiros, 2010. p. 286-287.

SILVEIRA, Clariana Oliveira da. A Função Social da empresa e o Direito do Trabalho. *In: Boletim Jurídico*, Uberaba/MG, a. 14, n. 752. Disponível em: https://www.boletimjuridico.com.br/artigos/direito-do-trabalho/2162/a-funcao-social-empresa-direito-trabalho. Acesso em: 26 mar. 2022.

SIQUEIRA, Dirceu Pereira; LEÃO JÚNIOR, Teófilo Marcelo de. *Direitos sociais*, Editora: Boreal, 2011.

SEN. Amartya. *Sobre* ***Ética*** *e Economia*. Trad. Laura Teixeira Motta. SP; Companhia das Letras. 2017.

TREFF, Marcelo Antonio, GONÇALVES, Luiz Claudio e CAMAROTTO, Marcio Roberto. Os impactos da globalização no perfil do trabalho e do trabalhador do século XXI. *Revista Científica Hermes*. n. 8.

WEBER, Max. *A gênese do capitalismo moderno*. Tradução Rainer Domschke. São Paulo: Ática, 2006.

O fenômeno da uberização e a crise do estado-nação

Camilla de Lima Ferreira Netto(*)

RESUMO: O presente trabalho busca perspectivas analíticas que identifiquem como a crise dos anos de 1970 e o longo processo de reestruturação produtiva percebido no mundo capitalista, diante da ruptura com o pensamento econômico keynesiano e do esgotamento do modelo fordista, importaram, na atualidade, na ascensão do fenômeno da uberização. Nesse sentido, a tese foi desenvolvida abordando como a globalização da economia e o ideal neoliberal afetam a atuação do Estado-Nação e, consequentemente, a legislação trabalhista pátria.

PALAVRAS-CHAVE: Uberização, Neoliberalismo, Globalização, Fordismo, Acumulação Flexível.

ABSTRACT: The present work seeks analytical perspectives that identify how the crisis of the 1970s and the long process of productive restructuring perceived in the capitalist world, in view of the break with economic thinking in force at the time and the exhaustion of the Fordist model, implied in the present, in the rise of the phenomenon of uberization. In this sense, the thesis was developed addressing how the globalization of the economy and the neoliberal ideal affect the performance of the National State and, consequently, the labor legislation of the country.

KEYWORDS: Uberization, Neoliberalism, Globalization, Fordism, Flexible Accumulation.

INTRODUÇÃO

O modelo de desenvolvimento fordista, atrelado às políticas keynesianas, foi responsável pelo período de grande crescimento econômico observado nas principais economias capitalistas, ao fim da Segunda Guerra Mundial.

Na década de 1970, no entanto, o encarecimento da produção, a estagnação do consumo, somados à crise do petróleo, levaram ao esgotamento do modelo fordista e à insuficiência do Estado de Bem-Estar Social em gerar bens e serviços à população.

Nesse cenário de crise, desenvolveu-se o ideário neoliberal que, objetivando a retomada do crescimento econômico, propõe a releitura do liberalismo clássico, tendo como base uma visão conservadora e a limitação da influência estatal sobre a economia e a sociedade.

A pregação do livre comércio e do não intervencionismo estatal, elementos basilares do neoliberalismo, foi propagada junto ao processo de globalização, dando ensejo a um novo modelo mundial de gestão produtiva, reconhecido por alguns teóricos como acumulação flexível.

(*) Advogada; Mestranda em Direito pela Universidade Veiga de Almeida (PPGD\UVA); Pós-graduada em Direito Civil pela Pontifícia Universidade Católica de Minas Gerais. Email: camilla.netto@hotmail.com. Membro do Grupo de Pesquisa vinculado à FUNADESP, sob a coordenação da Profa. Benizete Ramos de Medeiros, vinculado ao PPGD/UVA.

O conjunto de práticas associadas ao modelo se manifesta na flexibilidade dos processos de trabalho, nas novas estratégias de produção e nas constantes inovações tecnológicas, o que explica, na atual quadra histórica, o assentamento da uberização.

Observa-se que a empresa Uber, para além da economia digital, propagou formas ainda mais flexíveis de trabalho, consolidando trabalhadores sem contrato, jornadas intensificadas e ganhos minimizados.

Assim, o fenômeno da uberização tornou-se expressão máxima da desregulamentação e precarização do trabalho, abarcando outras modalidades que não só o tradicional conceito vinculado a transporte e plataformas digitais.

Sob este prisma, o Estado-Nação, amplamente dependente do capital e das forças produtivas predominantes em escala global, tem sido forçado a renunciar de sua capacidade decisória, dispondo de escassas condições de manifestar sua soberania, principalmente no que tange ao fortalecimento das legislações trabalhistas.

Pela ótica neoliberal, o Estado se torna muito mais comprometido com as leis de mercado, o que, consequentemente, reduz o compromisso com seus cidadãos.

Neste caminhar, em que pesem os direitos consagrados na Constituição Federal, o Estado perde espaço como fonte única de normas, sendo patente a influência do capital na consagração de novas regras, em que o trabalhador é colocado em situação de extrema precarização.

Sendo assim, é possível que se reconheça as transformações econômicas e sociais da pós-modernidade mantendo o conteúdo protetivo mínimo ao cidadão-trabalhador? Ou se torna necessário que se aceite a nova forma da extração da mais-valia, alterando-se os parâmetros jurídicos protetivos da relação de trabalho em face da hegemonia do poder do capital?

Em um cenário que prepondera o poder econômico capitalista, é necessário enfatizar a importância da proteção da pessoa humana, com destaque para as situações que envolvam a sua condição de hipossuficiência, entendendo as raízes do processo de flexibilização de direitos e as experiências históricas que conduzem ao tempo presente.

1. O DECLÍNIO DO FORDISMO E A RESPOSTA NEOLIBERAL

O advento do fordismo foi uma das mudanças mais relevantes da história do capitalismo. O modelo desenvolvido nos Estados Unidos por Henry Ford, inspirado pelas ideias de Frederick Taylor, foi a base do crescimento econômico percebido no mundo no período pós-guerra (1945).(1)

Os princípios organizacionais, adotados por Ford em suas fábricas automobilísticas, consistiam em operações sistematizadas e hierarquizadas, divididas entre os trabalhadores fabris, proporcionando maior produtividade em um menor lapso temporal. O modelo organizacional de produção industrial se alastrou para outros países, influindo no expressivo crescimento econômico mundial. Para David Harvey:

> O que havia de especial em Ford era sua visão, seu reconhecimento explícito de que a produção de massa significava consumo de massa, um novo sistema de reprodução da força de trabalho, uma nova política de controle e gerência

(1) HARVEY, David. *A condição pós-moderna*. 17. ed. São Paulo: Edições Loyola, 2008, p. 121.

> do trabalho, uma nova estética e uma nova psicologia, em suma, um novo tipo de sociedade democrática, racionalizada, modernista e populista.[2]

Mais do que um aperfeiçoado processo de linha de montagem, Ford entendeu que a produção massiva não poderia subsistir sem que houvesse expressivo consumo, o que implicava em condições sociais melhores aos trabalhadores para que operassem como ávidos consumidores, razão pela qual aumentou salários de colaboradores e introduziu seu dia de oito horas de trabalho.[3]

Em paralelo, o Estado de Bem-Estar Social operava como executor das necessidades sociais, de modo que os direitos de liberdade e igualdade materiais eram usufruídos perante e por meio do Estado.

Tal conjuntura inaugurou a fase áurea do capitalismo, o que refletiu diretamente nas relações de emprego, garantindo-se altos níveis de empregabilidade, melhores condições de trabalho e consecução do bem-estar social.

Entrementes, na década de 70, as maiores economias do mundo se viram diante de forte crise de acumulação, desemprego e inflação, razão pela qual o Estado de Bem-Estar Social começou a dar sinais de sua insuficiência.

> A profunda recessão de 1973, exacerbada pelo choque do petróleo, evidentemente retirou o mundo capitalista do sufocante torpor da estagflação (estagnação da produção de bens e alta inflação de preços) e pôs em movimento um conjunto de processos que solaparam o compromisso fordista. Em consequência as décadas de 70 e 80 foram um conturbado período de reestruturação econômica e reajustamento social e político.[4]

As mudanças instauradas pelo período de crise fizeram surgir elementos determinantes de um novo capitalismo, principalmente diante da disseminação do ideário neoliberal. Essa nova forma de pensar, como nos ensina David Harvey:

> É marcada pelo confronto direto com a rigidez do fordismo. Ela se apoia na flexibilidade dos processos de trabalho, dos mercados de trabalho, dos produtos e padrões de consumo. Caracteriza-se pelo surgimento de setores de produção inteiramente novos, novas maneiras de fornecimento de serviços financeiros, novos mercados, e sobretudo, taxas altamente intensificadas de inovação comercial, tecnológica e organizacional.[5]

Restaurou-se, por meio do neoliberalismo, a pretensão de redução do aparato estatal, por meio da privatização dos serviços públicos, da não intervenção no mercado econômico, bem como a terceirização da prestação de serviço e a redução dos direitos trabalhistas, no intuito de promover a redução do custo de produção e, consequentemente, possibilitar a competição do mercado de economia globalizada.

---

(2) HARVEY, *op. cit., loc. cit.*

(3) HARVEY, *op. cit., loc. cit.*

(4) HARVEY, David. *A condição pós-moderna*. 17. ed. São Paulo: Edições Loyola, 2008, p. 140.

(5) HARVEY, *op. cit., loc. cit.*

Dessa forma, segundo Harvey, "[...] a gradual retirada de apoio ao Estado do Bem-Estar Social e o ataque ao salário real e ao poder e ao poder sindical organizado, que começaram como necessidade econômica na crise de 1973-1975, foram simplesmente transformados pelos neoconservadores numa virtude governamental".(6)

O dito sistema neoliberal foi primeiramente implantado na Inglaterra e nos Estados Unidos, vindo em seguida a ser adotado e disseminado para as nações capitalistas e, com a queda do muro de Berlim e do regime político soviético, consolidou-se no âmbito mundial.

Em 1989, foi ratificado o consenso de Washington, o fio condutor da agenda neoliberal, fundado na desregulamentação das relações econômicas, notadamente das relações de mercado, de capital e de trabalho; nas privatizações e na abertura dos mercados.(7)

Para além disso, é preciso destacar que a política neoliberal veio atrelada à superveniência do modelo de acumulação flexível, que abandona a rigidez, a produção em massa e em série do fordismo, dando vez a novos padrões de gestão, mudanças produtivas e avanços tecnológicos, sendo certas as consequências prejudiciais no espaço social e todas as incertezas e oscilações criadas por essa forma de organização.

2. A CRISE DO ESTADO-NAÇÃO E SUA INFLUÊNCIA NAS RELAÇÕES DE TRABALHO

A soberania, entendida como o autogoverno de um Estado Nacional sob a economia, finanças e políticas, há anos sofre com os efeitos da globalização, colocando em xeque o controle estatal sob sua comunidade.(8)

As mudanças econômicas oriundas da globalização abalaram a tradicional configuração do Estado-Nação, havendo a transferência de muitos poderes institucionais para agentes externos, instalando assim uma crise de legitimidade do poder centrado na figura estatal. Segundo Bauman:

> O tripé da soberania foi abalado nos três pés. Claro, a perna econômica foi a mais afetada. Já incapazes de se manter guiados apenas pelos interesses politicamente articulados da população do reino político soberano, as Nações-Estado tornam-se cada vez mais executoras e plenipotenciárias de forças que não esperam controlar politicamente.(9)

Tal conjuntura tem impactado diretamente o mundo do trabalho, tendo em vista que o Estado Nacional tem sido coagido a compor seus interesses com os de instituições financeiras internacionais e empresas transnacionais, diante de sua insuficiência e dependência perante o poder econômico externo. Nas palavras de Ferrajoli: "[...] o direito deriva do fato e, precisamente, da vontade e dos interesses dos sujeitos mais fortes da comunidade internacional".(10)

---

(6) HARVEY, *op. cit.*, p. 158.

(7) HARVEY, David. *A condição pós-moderna*. 17. ed. São Paulo: Edições Loyola, 2008.

(8) BAUMAN, Zygmunt. *Globalização, as consequências humanas*. Rio de Janeiro: Zahar, 2001, p. 70.

(9) *Ibid.*, p. 72.

(10) FERRAJOLI, Luigi. *A soberania do mundo moderno*. Nascimento e crise do Estado Nacional. 1. ed. São Paulo: Martins Fontes, 2002, p. 18.

Neste prisma, os direitos sociais são fortemente ameaçados, eis que o Estado, seu grande fiador, se mostra impotente e sem recursos suficientes para suportar a pressão e o poderio externo. Assim, afirma José Murilo de Carvalho:

> A internacionalização do sistema capitalista iniciada há séculos, mas muito acelerada pelos avanços tecnológicos recentes, a criação de blocos econômicos e políticos têm causado uma redução do poder dos Estados e uma mudança das identidades nacionais existentes. A redução do poder do Estado afeta a natureza dos antigos direitos, sobretudo dos direitos políticos e sociais. Se os direitos políticos significam participação no governo, uma diminuição no poder do governo reduz também a relevância do direito de participar. Por outro lado, a ampliação da competição internacional coloca pressão sobre o custo da mão de obra e sobre as finanças estatais, o que acaba afetando o emprego e os gastos do governo, do qual dependem os direitos sociais.(11)

Diante do grande poder econômico das empresas, o Estado acaba cedendo às novas modalidades de trabalho surgidas na pós-modernidade, essas cada vez mais precárias, fortalecendo assim a política neoliberal, ainda que essa não seja a mais favorável aos seus cidadãos.

Para David Harvey, hoje, o Estado se encontra em uma situação problemática, vez que:

> É chamado a regular as atividades do capital corporativo no interesse da nação e é forçado, ao mesmo tempo, também no interesse nacional, a criar um "bom clima de negócios", para atrair o capital financeiro transnacional e global e conter (por meios distintos dos controles de câmbio) a fuga de capital para pastagens mais verdes e mais lucrativas.(12)

Fica bastante evidente o encolhimento do Estado-Nação diante das articulações do capital globalizado. O Estado perde o poder na regulamentação e, por mais que a formação econômica, política e cultural da nação seja de suma importância, mantém-se subordinado aos interesses globais.

São diversas as pressões de corporações, blocos e instituições transnacionais para que o Estado opere reformas políticas e econômicas, a fim de favorecer a dinâmica capitalista. Trata-se de promover o Estado mínimo, a privatização e a desregulamentação, o que impacta sobremaneira aqueles que são obrigados a vender sua força de trabalho. Para Ferrajoli, "na contemporaneidade o Estado Nacional é apenas uma das fontes de poder dentro do contexto planetário, de modo que, a soberania se torna descentralizada e sujeita às interferências externas".(13)

Sob estes termos, o Estado é levado a se comprometer com o dinamismo do capital, com as novas tecnologias e as constantes reestruturações do mundo do trabalho. Trata-se de um Estado alinhado com as imposições transnacionais e incapaz de fazer frente ao agravamento das questões sociais de seus cidadãos.

---

(11) CARVALHO, José Murilo de. *Cidadania no Brasil*: o longo caminho. 14. ed. Rio de Janeiro: Civilização Brasileira, 2011, p. 13.

(12) HARVEY, David. *A condição pós-moderna*. 17. ed. São Paulo: Edições Loyola, 2008, p. 160.

(13) FERRAJOLI, *op. cit.*, p. 20.

Portanto, o Estado Nacional, como fora originalmente difundido, fundamentado em territórios formalmente delimitados, economia e produção territorialmente atrelados e dependentes, encontrou outra configuração com o fenômeno da globalização, o que tem permitido a flexibilização das legislações trabalhistas, sob a ótica de um suposto crescimento econômico que, na verdade, só faz aumentar a exclusão social e a concentração de renda.

2.1 Os recentes impactos do neoliberalismo no ordenamento jurídico brasileiro

Em vigor desde 2017, a Lei n. 13.467, também conhecida como Reforma Trabalhista, promoveu diversas mudanças na CLT, a fim de flexibilizar o mercado e reformular as relações de trabalho.[14]

Reformas deste viés, também observadas em outros países ao redor do mundo, fundam-se no corpo teórico do neoliberalismo, surgido, como visto, na década de 1970, em um momento histórico em que se verificava a insuficiência do Estado de Bem-Estar Social e o esgotamento do modelo fordista.

No Brasil, a modernização pressuposta pela Reforma Trabalhista foi justificada por seus defensores como necessária, sob a premissa de que os principais regramentos presentes na CLT foram editados na década de 1940 e, portanto, ultrapassados. A rigidez das leis trabalhistas seria outro fator a favorecer as alterações, vez que o engessamento das relações trabalhistas teria o condão de perpetuar o desemprego e a crise econômica.

Esses naturalizam as relações flexíveis de trabalho, defendendo o fim de regramentos rígidos, a fim de incluir o maior número de trabalhadores à formalidade, combatendo, assim, o desemprego.

Dito de outra maneira, os defensores da Reforma Trabalhista entendem que, com o fim do modelo fordista, as relações de trabalho encontraram nova conformação, essas de teor mais flexível e incerto, não cabendo as inarredáveis amarras legislativas.

Entretanto, críticos à reforma apontam a transferência aos mais pobres, a responsabilidade e os custos da crise econômica, alertando que a suposta modernização da legislação aos novos elementos sociais e de mercado não se sustenta, apenas suprime direitos e enseja maior precarização. Para Mauricio Godinho:

> Ao invés de respeitar o patamar jurídico fixado na Constituição da República, a Lei n. 13.467/2017 simplesmente faz emergir parâmetro jurídico sepultado há décadas no campo do Direito, isto é, a desmedida prevalência do poder econômico na principal relação de poder existente no âmbito da economia e da sociedade, a relação de emprego.[15]

Sob o ponto de vista neoliberal, os defensores da Reforma desconsideram, e não de maneira ingênua, a assimetria entre os sujeitos da relação de trabalho, advogando pela alteração dos parâmetros jurídicos protetivos em favor da hegemonia do poder do capital.

---

(14) BRASIL. Lei n. 13.467, de 13 de julho de 2017.

(15) DELGADO, Mauricio Godinho; Delgado, Gabriela Neves. *A Reforma Trabalhista no Brasil*: com os comentários à Lei n. 13.467/2017. São Paulo: LTr, 2017, p. 41.

Estudiosos contrários à Reforma entendem que as alterações apenas precarizam o trabalho humano, sem trazer nenhum ganho legislativo que atenda aos mais necessitados e diminua, de fato, o índice de desemprego. Como assinala Godinho:

> [...] estes novos arranjos legislativos desconsideram o princípio constitucional da igualdade em sentido material. [...] que conforme se sabe, propõe o tratamento jurídico diferenciado aos indivíduos na medida de sua desigualdade, como fórmula civilizatória voltada a propiciar maior igualdade entre eles.(16)

As mudanças na legislação ordinária afetaram não só a dinâmica do direito material, mas também os procedimentos a ele afetos. Houve a flexibilização de forma extensiva das formas de contratação, remuneração, tempo de trabalho, condições, assim como o acesso à justiça e a atuação sindical.

No campo material, a despeito de todas as formas de mercadorização do trabalho humano instauradas pela nova Lei, o enfoque aqui será dado ao trabalho autônomo e ao processo de uberização do mercado de trabalho, que, como visto, resulta de um processo global em curso há décadas.

O trabalho autônomo, enquanto atividade exercida de forma liberal, refere-se ao prestador que exerce atividade profissional remunerada por conta própria, sem que haja subordinação e caracterização de vínculo empregatício.

Inserido pela Reforma, o art. 442-B da CLT dispõe que a "contratação do autônomo, cumpridas por este todas as formalidades legais, de forma contínua ou não, afasta a qualidade de empregado prevista no art. 3º desta Consolidação."(17)

Nota-se que a nova redação da CLT introduz um trabalhador autônomo que, mesmo realizando suas atividades de forma contínua e exclusiva, não possui vínculo empregatício.

A exemplo temos os milhares de trabalhadores plataformizados que, com ganhos incertos, falta de benefícios, segurança em risco, exercem suas jornadas de trabalho exaustivas, sem que haja qualquer contraprestação legislativa.

De modo geral, a problemática incide sobre a contínua desqualificação de direitos, infligindo ao trabalhador autônomo os ônus e encargos de uma atividade que só gera lucros ao empresariado.

2.2 Fenômeno da uberização

No atual contexto de avanços tecnológicos e tendências globais, muito falamos do fenômeno da uberização. A palavra faz referência ao nome da empresa Uber, fundada em 2009 por Travis Kalanick e Garrett Camp.(18)

O serviço surgiu agregando motoristas a passageiros por meio de aplicativo móvel, bastando contar como ferramentas de trabalho um carro e um celular com acesso à internet. Todavia, dada a vertiginosa aceitação pelo mercado consumidor, o serviço extrapolou o transporte individual, alcançando outros segmentos do mercado.

---

(16) DELGADO, Mauricio Godinho; Delgado, Gabriela Neves. *A Reforma Trabalhista no Brasil*: com os comentários à Lei n. 13.467/2017. São Paulo: LTr, 2017, p. 42.

(17) BRASIL. Lei n. 13.467, de 13 de julho de 2017.

(18) SLEE, Tom. *Uberização*: a nova onda do trabalho precarizado. São Paulo: Editora Elefante, 2017, p. 112.

Observa-se que a empresa Uber, para além da economia digital, propagou formas ainda mais flexíveis de trabalho, consolidando trabalhadores sem contrato, jornadas intensificadas e ganhos minimizados.

Desta forma, o fenômeno da uberização tornou-se expressão máxima da desregulamentação e precarização do trabalho, abarcando outras modalidades que não só o tradicional conceito vinculado ao transporte.

Nas palavras de Ricardo Antunes: "A uberização é um processo no qual as relações de trabalho são crescentemente individualizadas e invisibilizadas, assumindo, assim, a aparência de "prestação de serviços" e obliterando as relações de assalariamento e de exploração do trabalho".[19]

Se o aplicativo propaga a ideia do trabalhador sob demanda, esse, além de precisar estar disponível, está sujeito a longos períodos laborais, não havendo vinculação trabalhista, e, portanto, ausência de qualquer garantia como férias, auxílio-doença, aposentadoria, FGTS e, no caso das mulheres, licença-maternidade, o que dimensiona mais ainda os custos e riscos ao contingente feminino. Para Antunes:

> [...] se essa tendência destrutiva em relação ao trabalho não for fortemente confrontada e recusada e obstada, sob todas as formas possíveis, teremos, além da ampliação exponencial da informalidade no mundo digital, a expansão dos trabalhos "autônomos", dos "empreendedorismos" etc., configurando-se cada vez mais como uma forma oculta de assalariamento do trabalho que introduz o véu ideológico para obliterar um mundo incapaz de oferecer vida digna para a humanidade.[20]

As empresas-aplicativo, procedidas pela gigante Uber, apresentam-se como meras intermediadoras de serviços, enquanto exploram e detêm total controle sobre o serviço realizado pelos uberizados.

A falsa noção de empreendedor atribuída ao trabalhador uberizado só mascara grandes redes de subcontratação e exploração, aonde o indivíduo controlado, pago e avaliado por meio de gestão algorítmica pela empresa-aplicativo, gera lucros, mas encontra-se inteiramente sem garantias.

Apesar das empresas reforçarem o papel de meras intermediadoras de serviço, os trabalhadores são controlados e condicionados ao cumprimento de diversos objetivos programados, não há liberdade de escolha de clientes, assim como de valores. Há ainda a punição do trabalhador em caso de insuficiência de metas ou desobediência aos termos estabelecidos pela empresa-aplicativo.

De fato, as inovações tecnológicas vêm transformando a forma de trabalhar, rompendo com os parâmetros e classificações delineados na Consolidação das Leis de Trabalho (CLT), o que não justifica, dada a falta de enquadramento legal, deixar milhões de cidadãos à mercê da exploração.

---

(19) ANTUNES, Ricardo. Trabalho digital, "indústria 4.0" e uberização do trabalho. In: *O futuro do trabalho*: os efeitos da revolução digital na sociedade. CARELLI, Rodrigo Lacerda; CAVALCANTI, Tiago Muniz; FONSECA, Vanesse Patriota (org.). Brasília: Escola Superior do Ministério Público da União, 2020, p. 347.

(20) ANTUNES, *op. cit.*, p. 352.

É importante ressaltar que o caminho à solução não está em adequar a todo custo o trabalhador uberizado à clássica legislação celetista, cabe a intelecção dos fatos sociais e jurídicos por meio de princípios e valores constitucionais.

Certo é que a falta de regulamentação dos trabalhadores uberizados não pode ser obstáculo para que o Estado modere conflitos provocados pela tecnologia na seara trabalhista. Ainda que não haja vínculo regido pela CLT, diferentemente do atual entendimento jurisprudencial, é possível sim que o uberizado obtenha o mínimo de proteção social por meio de regramento próprio.

Portanto, em que pesem as polêmicas discussões que escampam a flexibilização dos direitos trabalhistas, não se pode permitir que os interesses privados prevaleçam sobre o interesse público-social que permeia as relações de trabalho, desumanizando e precarizando as condições laborais.

CONCLUSÃO

O conjunto de mudanças observadas nas últimas décadas no modo de produção capitalista representa o caráter cíclico do capital, que, por meio do uso de novas tecnologias e rebaixamento da remuneração da classe trabalhadora, encontra o caminho para sair de crises econômicas.(21)

A passagem do fordismo ao modelo de acumulação flexível, assim como a superação da política keynesiana, não só implicou em alterações na dinâmica do trabalho, como na forma de intervenção do Estado na economia e na perda de autonomia do Estado-Nação frente aos estímulos e pressões internacionais.

Nessa senda, o surgimento de novos agentes de poder no contexto global tem forçado o Estado a sucumbir ao processo desregulamentador da legislação trabalhista, escancarando um retrocesso diante das tantas conquistas pelos direitos fundamentais do homem e sua positivação.

As relações de trabalho contemporâneas, a exemplo da uberização, evidenciam a precarização do trabalho humano e sua contínua exploração em favor de um suposto progresso econômico, que, na verdade, só dinamiza a desigualdade social. Assim, a verificação da constitucionalidade das atividades interventivas e conformadoras dos direitos depende da irrestrita proteção dos direitos fundamentais.

Nas palavras de Süssekind, para que haja o alcançar da justiça social, cumpre ao jurista: "[...] procurar soluções para o aperfeiçoamento das relações humanas, individuais e coletivas. [...] não é possível conceber a civilização à margem do direito; mas tão pouco haverá civilização se o direito for iníquo. Urge pôr a economia ao serviço do ser humano e do bem-estar social".(22)

Dessa forma, a compreensão da uberização como tendência não obstaculiza que o Estado reconheça direitos. O Direito do Trabalho deve evoluir com os fatos sociais, e não se subjugar as leis de mercado, assim, a base teórica e fundante da flexibilização

(21) MARX, Karl. *O Capital*. São Paulo: Boitempo, 2013.

(22) SÜSSEKIND, Arnaldo Lopes. Globalização da economia e o confronto entre os neoliberais e os adeptos do estado social. In: *Revista do TRT 1ª Região*. Edição Especial 100 anos, homenagem ao centenário de seu nascimento, p. 47.

dos direitos não pode conflitar com a materialidade principiológica fundamental dos direitos sociais, cabendo ao Estado o exercício contínuo de compreensão e resguardo.

REFERÊNCIAS

ANTUNES, Ricardo. Trabalho digital, "indústria 4.0" e uberização do trabalho. In: *O futuro do trabalho*: os efeitos da revolução digital na sociedade. CARELLI, Rodrigo Lacerda; CAVALCANTI, Tiago Muniz; FONSECA, Vanesse Patriota (org.). Brasília: Escola Superior do Ministério Público da União, 2020.

BAUMAN, Zygmunt. *Globalização, as consequências humanas*. Rio de Janeiro: Zahar, 2001.

BONAVIDES, Paulo. *Curso de Direito Constitucional*. 9. ed. São Paulo: Malheiros, 2000.

CARRELI, Rodrigo de Lacerda. O trabalho em plataformas e vínculo de emprego: desfazendo mitos e mostrando a nudez do rei. In: *O futuro do trabalho*: os efeitos da revolução digital na sociedade. CARELLI, Rodrigo Lacerda; CAVALCANTI, Tiago Muniz; FONSECA, Vanesse Patriota (org.). Brasília: Escola Superior do Ministério Público da União, 2020.

CARVALHO, José Murilo de. *Cidadania no Brasil*: o longo caminho. 14. ed. Rio de Janeiro: Civilização Brasileira, 2011.

FERRAJOLI. Luigi. *A soberania do mundo moderno*. Nascimento e crise do Estado Nacional. 1. ed. São Paulo: Martins Fontes, 2002.

HARVEY, David. *A condição pós-moderna*. 17. ed. São Paulo: Edições Loyola, 2008.

MARX, Karl. *O Capital*. São Paulo: Boitempo, 2013.

SLEE, Tom. *Uberização*: a nova onda do trabalho precarizado. São Paulo: Editora Elefante, 2017, p. 110.

SÜSSEKIND, Arnaldo Lopes. Globalização da economia e o confronto entre os neoliberais e os adeptos do estado social. In: *Revista do TRT 1ª Região*. Edição Especial 100 anos, homenagem ao centenário de seu nascimento.

O *home office* e o teletrabalho na pandemia: Uma reflexão sobre o direito de desconexão com fundamento na Lei Geral de Proteção de Dados

Home office and teleworking during the pandemic: A reflection on the right to disconnect based on the General Data Protection Law

Camila Martins de Carvalho (*)

Resumo: O presente artigo aborda a importância da Lei Geral de Proteção de Dados Pessoais (LGPD) na tutela do direito de desconexão dos empregados, notadamente daqueles que trabalham em regime de teletrabalho e *home office*, modalidades de trabalho intensificadas durante a pandemia. Sustenta-se que a ausência de previsão legal específica para o direito de desconexão não impede a sua tutela, porquanto os direitos à saúde, ao lazer e ao repouso semanal remunerado são direitos constitucionais e igualmente assegurados na Consolidação das Leis Trabalhistas. Da mesma forma, o direito de desconexão encontra amparo na LGPD, que indica como fundamentos, entre outros, o direito à privacidade e à dignidade, utilizada como cláusula geral de tutela da pessoa humana. Ademais, a LGPD aponta a base legal para o tratamento dos dados pessoais dos empregados, bem como estabelece regras de boas práticas e de governança, as quais poderão ser implementadas pelos empregadores para viabilizar o exercício do direito de desconexão. Referido direito também poderá ser instituído por meio de recursos tecnológicos ou de *softwares* desenvolvidos por profissionais ou, ainda, por contrato celebrado com o empregado. A metodologia utilizada foi a interpretativa-dedutiva, apresentando-se o tema com lastro em legislações e fontes bibliográficas.

Palavras-chave: LGPD; teletrabalho; *home office*; desconexão.

Abstract: This article addresses the importance of the General Law for the Protection of Personal Data (LGPD) in protecting the right of employees to disconnect, notably those who work in a telecommuting and home office regime, work modalities intensified during the pandemic. It is argued that the absence of a specific legal provision for the right of disconnection does not prevent its protection, since the right to health, leisure and paid weekly rest are constitutional rights and equally guaranteed in the Consolidation of Labor Laws. Likewise, the right to disconnect is supported by the LGPD, which indicates as fundamentals, among others, the right to privacy and dignity, used as a general clause for the protection

---

(*) Advogada pós-graduada em Processo Civil e Contratos; Mestra em Direito pela Universidade Veiga de Almeida, dissertação voltada ao estudo da LGPD — Lei Geral de Proteção de Dados e *Legal Design*; Presidente/Diretora da Comissão da LGPD na OAB/SG-RJ. Membro do Grupo de Pesquisa vinculado à FUNADESP, sob a coordenação da Profa. Benizete Ramos de Medeiros, vinculado ao PPGD/UVA.

of the human person. In addition, the LGPD points out the legal basis for the processing of employees' personal data, as well as establishing rules of good practices and governance, which may be implemented by employers to enable the exercise of the right of disconnection. Said right may also be established through technological resources or software developed by professionals or, even, through a contract entered into with the employee. The methodology used was interpretative-deductive, presenting the theme based on legislation and bibliographical sources.

KEYWORDS: LGPD; telework; home office; disconnection.

INTRODUÇÃO

Durante a pandemia causada pelo Sars-CoV-2 (coronavírus), declarada no início de 2020 pela Organização Mundial de Saúde, foi necessária a adoção de uma série de mudanças no convívio social das pessoas, com o fim de reduzir a propagação da Covid-19, doença provocada pelo vírus. Entre elas, destacaram-se a quarentena e o isolamento social[(1)], instituídos pela Lei n. 13.979/2020 (BRASIL, 2020), que estabeleceu medidas para o enfrentamento da emergência de saúde pública de importância internacional.

Neste cenário, era imprescindível que as atividades laborativas fossem prestadas de forma virtual, para conter a ampliação do contágio. Assim, outra medida adotada como regra no âmbito das organizações públicas e privadas foi o *home office*, para que os empregados pudessem desempenhar suas atividades em suas residências.

Assinale-se que, nessa época (2020), já havia previsão legal para o desempenho de atividades laborativas com a utilização de tecnologias de informação e de comunicação, o teletrabalho, que se distingue do regime de *home office*, embora o efeito prático seja o mesmo, isto é, as atividades são desempenhadas pelos empregados fora do estabelecimento do empregador, com a utilização dos meios telemáticos e informatizados.

Nesse período, muitos empregados permaneceram conectados à internet, em tempo excessivamente longo, no exercício de suas atividades laborais. Esta circunstância deu azo à discussão acerca da existência de um 'direito de desconexão' (ou 'direito à desconexão'), que assegura ao empregado um período de tempo necessário ao seu descanso e à sua recuperação física e psicológica após suas atividades.

Em setembro de 2020, meses após o início da pandemia, entrou em vigor Lei n. 13.709/18 (BRASIL, 2018), Lei Geral de Proteção de Dados Pessoais, doravante chamada LGPD, estabelecendo diretrizes às pessoas naturais e jurídicas que realizarem tratamento de dados pessoais no âmbito físico e digital. São fundamentos da LGPD, entre outros, os direitos humanos, o respeito à privacidade, a liberdade de expressão e a dignidade da pessoa humana, que também constitui fundamento da República Federativa do Brasil, nos termos do art. 1º, inciso III, da Constituição da República (BRASIL, 1988), e que pode ser utilizada como cláusula geral de tutela da pessoa humana. Destacam-se princípios norteadores da atividade de tratamento de dados pessoais, entre eles, a finalidade, a adequação e a transparência. Trata-se de uma lei

---

(1) Art. 2º (Lei n. 13.979/20). Para fins do disposto nesta Lei, considera-se: I — **isolamento**: separação de pessoas doentes ou contaminadas, ou de bagagens, meios de transporte, mercadorias ou encomendas postais afetadas, de outros, de maneira a evitar a contaminação ou a propagação do coronavírus; e II — **quarentena**: restrição de atividades ou separação de pessoas suspeitas de contaminação das pessoas que não estejam doentes, ou de bagagens, contêineres, animais, meios de transporte ou mercadorias suspeitos de contaminação, de maneira a evitar a possível contaminação ou a propagação do coronavírus. (grifos nossos).

de natureza principiológica, que disciplina o tratamento dos dados pessoais, inclusive do empregado, e que também poderá servir de base para o resguardo de seus direitos trabalhistas, entre eles o direito de desconexão.

1. O TELETRABALHO E O *HOME OFFICE* NA PANDEMIA

A tecnologia fomentou uma nova realidade nas relações de trabalho, permitindo ao empregado o exercício de suas atividades laborais em qualquer parte do mundo, com uso da tecnologia, por meio da internet. A proposta era de promover maior qualidade de vida e comodidade ao empregado, assim como um aumento da convivência familiar e lazer, já que perderia menos tempo com o deslocamento até o local de trabalho. Neste contexto, surgem modalidades de trabalho à distância, em que os empregados desempenham suas atividades laborais fora do estabelecimento do empregador, com a utilização de recursos informatizados: o teletrabalho e o *home office*.

Nesta senda, o Decreto-lei n. 5.452/43 (BRASIL, 1943), da Consolidação das Leis Trabalhistas (CLT), foi alterado pela Lei n. 12.551/2011 (BRASIL, 2011) para estabelecer que não havia distinção entre o trabalho realizado no estabelecimento do empregador e o realizado à distância, desde que presentes os pressupostos da relação de emprego (art. 6º), equiparando, para fins de subordinação jurídica, os meios telemáticos e informatizados de comando, controle e supervisão aos meios pessoais diretos de comando do trabalho alheio (p. único do art. 6º).

Em 2017, a Lei n. 13.467/17 (BRASIL, 2017) positivou o teletrabalho(2) na CLT, regulamentando a possibilidade de prestação de serviços pelo empregado principalmente fora do estabelecimento do empregador, por meio de previsão contratual(3). As regras do teletrabalho foram bem delimitadas na CLT, inclusive quanto à responsabilidade pela aquisição, manutenção ou fornecimento dos equipamentos tecnológicos e da infraestrutura necessária e adequada à prestação do trabalho remoto e ao reembolso de despesas arcadas pelo empregado, assuntos estes que deverão ser objeto de contrato escrito(4). Atualmente, o teletrabalho está definido no art. 75-B, da Consolidação das Leis Trabalhistas (CLT), com a redação dada pela Lei n. 14.442/2022 (BRASIL, 2022).

Paralelamente, existe o *home office*, outra modalidade de trabalho em que os empregados executam suas tarefas fora do ambiente tradicional da organização pública ou privada. Este regime de trabalho carece, porém, de previsão legal(5). Da mesma forma, não há exigência legal para celebração de contrato para que as atividades sejam desempenhadas por meio desta modalidade. Inexiste, igualmente, óbice a que o *home office* seja instituído por meio de contrato celebrado entre empregador e empregado.

---

(2) Art. 75-B. Considera-se teletrabalho ou trabalho remoto a prestação de serviços fora das dependências do empregador, de maneira preponderante ou não, com a utilização de tecnologias de informação e de comunicação, que, por sua natureza, não configure trabalho externo.

(3) Art. 75-C. A prestação de serviços na modalidade de teletrabalho deverá constar expressamente do instrumento de contrato individual de trabalho. § 1º Poderá ser realizada a alteração entre regime presencial e de teletrabalho desde que haja mútuo acordo entre as partes, registrado em aditivo contratual. (...)

(4) Art. 75-D. As disposições relativas à responsabilidade pela aquisição, manutenção ou fornecimento dos equipamentos tecnológicos e da infraestrutura necessária e adequada à prestação do trabalho remoto, bem como ao reembolso de despesas arcadas pelo empregado, serão previstas em contrato escrito.

(5) Não obstante a ausência de previsão legal, o *home office* foi intensamente utilizado durante a pandemia, principalmente visando à redução da propagação da doença Covid-19, bem como para não paralisar as atividades produtivas.

Registre-se que, embora estas modalidades de trabalho à distância proporcionem diversas vantagens, como a flexibilidade de horários e a redução do tempo e do estresse relacionados ao deslocamento diário[6], apresentam, por outro lado, desafios, como a dificuldade em estabelecer limites claros entre o tempo dedicado ao trabalho e a vida pessoal.

Cumpre salientar que, durante a pandemia, em que se verificou a necessidade de isolamento social como tentativa de evitar a propagação da Covid-19, operou-se uma transformação significativa na sociedade, em especial no que tange à utilização das tecnologias de informação e comunicação. Essa nova realidade, voltada predominantemente à utilização de recursos tecnológicos, tornou-se o "novo normal".

João Leal Amado[7][8] faz uma reflexão sobre o futuro desse "novo normal":

> O virtual e o digital ganharão cada vez mais terreno ao real e ao presencial. Nada voltará a ser como antes, o relógio não para nem recua. Mas talvez venham a predominar regimes mistos ou híbridos, com alternância entre o trabalho à distância e o trabalho presencial. (AMADO, 2021, p. 5)

Menciona o autor supracitado que o período pós-pandêmico deixou nítida a necessidade de uma reestruturação para a consolidação do teletrabalho como modalidade de trabalho, afirmando que esse "novo normal" demanda uma regulamentação clara e precisa acerca do tema. Pontua o autor questões como controle de vigilância, com câmeras ligadas a todo instante, fiscalização de condições de trabalho, instrumentos de trabalho, privacidade, tempo de trabalho e direito de desconexão.

No Reino Unido, foi realizado um teste de jornada de trabalho reduzida a 4 (quatro) dias na semana, sem corte de salário. O resultado obtido foi no sentido de que a produtividade dos empregados em regime de trabalho *home office*, com carga horária menor, obtém maior êxito em seu ofício[9].

No Brasil, a exemplo do Reino Unido, há notícias de que se pretende realizar teste de jornada de trabalho reduzida[10].

Durante e após a pandemia, o *home office* foi um dos exemplos desse "novo normal" no Brasil, porquanto a maioria das atividades laborais foram exercidas nas residências dos empregados. Naquele período, o sistema tecnológico utilizado era vulnerável, acarretando riscos para a privacidade do empregado e de seus familiares. Além disso, em diversas ocasiões, a jornada de trabalho não foi respeitada e praticamente não havia desconexão do empregado.

---

(6) Juliana Bracks Duarte (2005) menciona outras vantagens proporcionadas pelo teletrabalho, tais como aumento do bem-estar, maior disponibilidade para a família, diminuição de despesas com vestuário, alimentação, transporte, controle do próprio ritmo pessoal e de trabalho e o aumento da produtividade.

(7) AMADO, João Leal. *Teletrabalho*: o "novo normal" dos tempos pós-pandémicos e a sua nova lei. Disponível em: https://observatorio.almedina.net/index.php/2021/12/29/teletrabalho-o-novo-normal-dos-tempos-pos-pandemicos-e-a-sua-nova-lei/. Acesso em: 25 abr. 23.

(8) João Leal Amado é professor da faculdade de Direito da Universidade de Coimbra, em Portugal.

(9) *Reino Unido testa semana de trabalho menor sem corte de salário*. Poder 360, 2022. Disponível em: https://www.poder360.com.br/internacional/reino-unido-testa-semana-de-trabalho-menor-sem-corte-de-salario/. Acesso em: 26 jun. 2023.

(10) *Brasil terá teste para semana de 4 dias de trabalho. Saiba como vai funcionar*. Brasil, Guia do Cidadão, 2023. Disponível em: https://exame.com/brasil/brasil-tera-teste-para-semana-de-4-dias-de-trabalho-veja-como-vai-funcionar/. Acesso em: 26 jun. 2023.

Acerca dessas novas modalidades de trabalho, a SOBRATT (Sociedade Brasileira de Teletrabalho), sociedade civil sem fins lucrativos, que se tornou a única e acreditada fonte sobre os temas do teletrabalho e diversas formas flexíveis de realização do trabalho no Brasil, sustenta a necessidade de se observar as características e o perfil do empregado e de seus supervisores para a instituição do modelo de trabalho não presencial nas organizações empresariais. Em dezembro de 2022, a SOBRATT[11] realizou a pesquisa "*Home Office* 2022", com vários apoiadores, restando demonstrado que a maioria das organizações adota o regime teletrabalho, principalmente no formato híbrido.

Para implementação dessas modalidades de trabalho, além do perfil do empregado e dos supervisores, deve-se observar a implantação de meios técnicos adequados, estabelecendo uma estruturação sistêmica de tratamento de dados, com medidas técnicas seguras. Conforme alertam Sant'ana e Gouveia[12], "ter consciência dos riscos existentes é fundamental para tomar decisões sobre que medidas de controle devem ser implementadas pelas equipes de informática e de segurança da informação". Certamente, estas providências evitarão o ajuizamento de demandas e a imposição de multas e, consequentemente, prejuízos às organizações empresariais.

Ao lado dessas questões de ordem tecnológica, exsurge a discussão acerca do "direito de desconexão" do empregado. Não obstante a ausência de previsão legal desse direito no Brasil, trata-se de direito fundamental e deve ser tutelado no ordenamento jurídico, evitando-se eventuais abusos por parte do empregador e garantindo ao empregado meios para desempenhar um trabalho digno.

2. O DIREITO DE DESCONEXÃO OU DIREITO À DESCONEXÃO

Diante da possibilidade de danos à saúde do empregado, que desempenha suas atividades laborais, sem interrupções, durante longo período de tempo, surge a discussão acerca da existência do chamado "direito de desconexão", que pode ser definido como o direito que o empregado tem de se "afastar totalmente do ambiente de trabalho, preservando seus momentos de relaxamento, de lazer, seu ambiente domiciliar, contra as novas técnicas invasivas que penetram na vida íntima (...)"[13]. Quanto aos empregados que trabalham remotamente, o direito de desconexão corresponde ao direito de se desligar dos dispositivos de tecnologias de informação e comunicação utilizados para o desempenho de suas funções laborativas. Assim, por exemplo, o empregado não poderá ser compelido a atender chamados telefônicos fora do horário de trabalho preestabelecido ou nos finais de semana, salvo em situações estritamente necessárias.

Em Portugal, a Lei n. 83/2021 (PORTUGAL, 2021) estabeleceu regras para o direito de desconexão, tais como a proibição ao empregador de impor conexão permanente, durante a jornada de trabalho, por meio de imagem ou som (art. 169-A, item 5) e o dever de abstenção do empregador, que será proibido de contactar com o empregado no período de descanso (art. 169-B, item 1, alínea 'b').

---

(11) SOBRATT. Sociedade Brasileira de Teletrabalho. Disponível em: https://www.sobratt.org.br/category/eventos/2-semestre-de-2022-eventos/. Acesso em: 26 jun. 2023.

(12) SANT`ANA, Simão; GOUVEIA, Vitorino. *O RGPD e os recursos humanos — Guia prático para a conformidade.* Manuais Universitários. Coimbra: Edições Almedina, S.A., 2. ed., 2022, p. 271.

(13) VÓLIA, Bomfim Cassar. *Direito do trabalho*. 6. ed. Niterói: Impetus, 2012, p. 660.

Em 2016, uma lei francesa assegurava o direito de desconexão aos empregados, ficando eles legalmente amparados para não responderem mensagens eletrônicas de seus empregadores depois do horário de expediente[14].

Conforme mencionado alhures, não há legislação para regular o direito de desconexão no Brasil, porém, verificou-se um crescimento do debate acerca do tema, notadamente em razão da pandemia, em que os empregados tiveram que trabalhar em regime de *home office* como medida implementada para reduzir a propagação da doença Covid-19.

Dessa forma, na esfera judicial, foram propostas ações por empregados, cuja violação ao direito de desconexão foi reconhecida pelos magistrados. A título exemplificativo, vale a pena a transcrição de excerto do julgado da 10ª Turma do Tribunal Regional do Trabalho da 3ª Região, publicado em 2022, o qual assegurou direito à compensação por danos morais ao empregado, por violação ao direito de desconexão:

> TRT — 3ª Reg. 0010285-79.2021.5.03.0043 — 10ª Turma — j. 1/7/2022 — julgado por Mauro César Silva — DEJT 4/7/2022 — Área do Direito: Trabalho. DANO MORAL. DIREITO À DESCONEXÃO. GARANTIAS CONSTITUCIONAIS À SAÚDE E AO LAZER. BENS JURÍDICOS TUTELADOS INERENTES AO EMPREGADO. ART. 223-C DA CLT[15]. Nos termos do art. 223-B da CLT, o dano extrapatrimonial se configura quando há ofensa de ordem moral ou existencial à pessoa física ou jurídica, decorrente de ação ou omissão, sendo que a saúde e o lazer se encontram elencados no rol dos bens juridicamente tutelados inerentes ao empregado (art. 223-C, CLT). Nesse aspecto, o direito à desconexão do trabalho se insere no âmbito das **garantias fundamentais à saúde e ao lazer** (art. 6º, *caput*, e art. 7º, IV, da Constituição da República), **consectárias do Princípio da Dignidade da Pessoa Humana** (art. 1º, III, CR), pelas quais o labor não pode ser um fim em si mesmo, mas sim o meio para o trabalhador promover sua subsistência e satisfazer suas necessidades e anseios pessoais, sem prejuízo ao repouso e ao convívio familiar e social. **Violado o direito do empregado de se desconectar do trabalho, privando-lhe do devido descanso e do lazer**, é cabível a reparação civil, consoante artigos 186 e 927 do Código Civil (grifos nossos).

Em 2017, decisão proferida pelo Ministro Cláudio Brandão, relator do Agravo de Instrumento em Recurso de Revista (AIRR) n. 2058-43.2012.5.02.0464, da 7ª Turma do E. Tribunal Superior do Trabalho, já havia assegurado direito à indenização do empregado por ofensa ao direito de desconexão pelo empregador. Reconheceu o Relator que a evolução da tecnologia refletiu diretamente nas relações de trabalho, mas que é essencial que o trabalhador se desconecte a fim de preservar sua integridade física e mental. Ademais, ressaltou que "o avanço tecnológico e o aprimoramento das ferramentas de comunicação devem servir para a melhoria das relações de trabalho e otimização das atividades, jamais para escravizar o trabalhador". Ainda segundo o Ministro, trabalho à distância, pela exclusão do tempo à disposição, em situações relacionadas à permanente conexão por meio do uso da comunicação telemática ou de regimes de plantão, pode representar uma precarização de direitos trabalhistas. Destacou, por fim, que o excesso de jornada já aparece em estudos como uma das razões para doenças ocupacionais relacionadas à depressão e ao transtorno de ansiedade, "o que leva a crer que essa conexão demasiada contribui, em muito, para que o empregado, cada vez mais, fique privado de ter uma vida saudável e prazerosa".

---

(14) GRILLO, Brenno. *Aprovado na França, direito à desconexão é discutido em tribunais brasileiros*. Consultor jurídico, 2017. Disponível em: https://www.conjur.com.br/2017-jan-24/aprovado-franca-direito-desconexao-discutido-brasil. Acesso em: 26 jun. 2023.

(15) Art. 223-C (CLT). A honra, a imagem, a intimidade, a liberdade de ação, a autoestima, a sexualidade, **a saúde**, **o lazer** e a integridade física são os bens juridicamente tutelados inerentes à pessoa física (grifos nossos).

Por fim, vale frisar que, em 2012, foi editado o enunciado da Súmula n. 428, do Tribunal Superior do Trabalho[16], para, em aplicação analógica ao art. 244, § 2º, CLT[17], considerar em sobreaviso o empregado que, à distância e submetido a controle do empregador por instrumentos telemáticos ou informatizados, permanecer em regime de plantão.

Em que pese a ausência de previsão legal específica para o direito de desconexão, observa-se que referido direito possui assento constitucional e já é objeto de reconhecimento na esfera judicial, inclusive no âmbito do Tribunal Superior do Trabalho, o que revela uma tendência a uma futura positivação desse direito.

3. A IMPORTÂNCIA DA LGPD COMO FUNDAMENTO DO DIREITO DE DESCONEXÃO

Na década de 1990, com a intensificação dos fluxos de informação, a internet despontou como um novo modelo de comunicação. A Constituição da República (BRASIL, 1988) já estabelecia como dever do Estado o incentivo à inovação[18].

Em 2014, a Lei n. 12.965/14 (BRASIL, 2014), considerada o "Marco Civil da Internet", buscou ampliar a proteção à atividade econômica, a segurança das operações financeiras e a proteção aos direitos dos usuários, em razão dos serviços virtuais. Estabeleceu o reconhecimento da escala mundial da rede, os direitos humanos e a finalidade social da rede, entre outros, como seus fundamentos.

Em 2018, foi publicada a Lei n. 13.709/18, a LGPD, que representa muito mais do que uma legislação capaz de proteger os dados pessoais e preservar a privacidade dos indivíduos: a lei estabelece uma disciplina voltada a gerar mudança comportamental dos membros da sociedade, que são titulares dos dados pessoais, a partir de sua conscientização quanto à necessidade de proteção de seus dados pessoais, prevendo, outrossim, regras de boas práticas e de governança.

Embora publicada em 2018, a LGPD entrou em vigor somente em 2020, em razão de previsão de *vacacio legis*. Neste período, foram realizadas adequações de níveis técnicos, de gestão e jurídico, o que foi efetivado posteriormente, com a estruturação de programas para a utilização da segurança e aplicação da lei.

A LGPD dispõe sobre normas de proteção aos dados pessoais[19], aplicáveis a todos setores da economia, nas mais diversas relações, inclusive entre empregado e empregador, consumidor e fornecedor de produtos e serviços, ou em qualquer relação que implique o uso de dado pessoal, seja no âmbito digital ou fora dele, conforme

(16) Súmula n. 428, do TST: I — O uso de instrumentos telemáticos ou informatizados fornecidos pela empresa ao empregado, por si só, não caracteriza o regime de sobreaviso. II — Considera-se em sobreaviso o empregado que, à distância e submetido a controle patronal por instrumentos telemáticos ou informatizados, permanecer em regime de plantão ou equivalente, aguardando a qualquer momento o chamado para o serviço durante o período de descanso.

(17) Art. 244. (...) § 2º, CLT. Considera-se de "sobre-aviso" o empregado efetivo, que permanecer em sua própria casa, aguardando a qualquer momento o chamado para o serviço. Cada escala de "sobre-aviso" será, no máximo, de vinte e quatro horas. As horas de "sobre-aviso", para todos os efeitos, serão contadas à razão de 1/3 (um terço) do salário normal.

(18) Art. 218, Constituição da República (BRASIL, 1988). O Estado promoverá e incentivará o desenvolvimento científico, a pesquisa, a capacitação científica e tecnológica e a inovação.

(19) Gize-se, por oportuno, que o direito à proteção de dados pessoais, inclusive por meios digitais, é direito fundamental, e foi inserido no rol do art. 5º, da Constituição da República (BRASIL, 1988), pela EC n. 115/22 (BRASIL, 2022).

dispõe o art. 1º da lei[20]. No caso de empregado, pessoa física, titular de dados pessoais, a base legal para o tratamento de seus dados pelo empregador é o cumprimento de obrigação legal, nos termos do art. 7º, inciso II, da LGPD[21].

Na aplicação da LGPD pelas pessoas naturais e pessoas jurídicas de direito público e privado que realizam tratamento de dados pessoais, os controladores e operadores[22] poderão formular regras de boas práticas e de governança que estabeleçam normas de segurança, padrões técnicos, mecanismos internos de supervisão e de mitigação de riscos, visando à segurança dos dados pessoais (art. 50, LGPD).

Neste mesmo sentido, o art. 46 da LGPD prescreve que os agentes de tratamento deverão adotar medidas de segurança, técnicas e administrativas, aptas a proteger os dados pessoais de acessos não autorizados ou qualquer forma de tratamento inadequado ou ilícito. Estas medidas deverão ser observadas desde a fase de concepção do produto ou do serviço até a sua execução (§ 2º). As regras de boas práticas e de governança, bem como as providências destinadas a dar efetividade aos ditames principiológicos previstos na lei, deverão ser adotadas pelos agentes de tratamento de dados pessoais, sob pena de aplicação das sanções administrativas previstas na lei (art. 52), que, por sua vez, somente entraram em vigor em 2021.

Note-se que a LGPD é uma legislação inovadora, cujas diretrizes demandam a construção de uma mudança de comportamento, seja pela pessoa natural ou jurídica (de direito público ou privado), que realizará o tratamento dos dados pessoais, seja pelos titulares desses dados, que terão que invocá-la na defesa de seus direitos fundamentais e, concomitantemente, deverão repensar sobre seus hábitos, notadamente sobre suas condutas no espaço cibernético.

Dada a sua imperatividade e coercibilidade, a adequação à LGPD é obrigatória, cabendo a cada organização empresarial ou pessoa natural que realize tratamento de dados pessoais a escolha de meios técnicos e administrativos seguros para a referida atividade. Assim, os empregadores que implementarem tecnologias de informação e de comunicação para o desempenho de teletrabalho e *home office* pelos empregados deverão estar atentos à adoção de medidas de segurança destinadas à proteção dos dados pessoais de seus empregados, bem como à aplicação dos princípios e diretrizes estabelecidos na lei.

No tocante ao direito de desconexão, trata-se de direito tutelado constitucionalmente, vez que os direitos à saúde e ao lazer do empregado, intrinsecamente atrelados àquele, estão assegurados no art. 7º, inciso IV, da Constituição da República (BRASIL, 1988). Ademais, a Carta Magna garante o direito ao repouso semanal remunerado (art. 7º, inciso XV), o que, *mutatis mutandis*, poderá servir de base para a tutela do direito de desconexão, notadamente aos empregados que trabalham em regime de

(20) Art. 1º (LGPD). Esta Lei dispõe sobre o tratamento de dados pessoais, **inclusive nos meios digitais**, por pessoa natural ou por pessoa jurídica de direito público ou privado, com o objetivo de proteger os direitos fundamentais de liberdade e de privacidade e o livre desenvolvimento da personalidade da pessoa natural (grifo nosso).

(21) Art. 7º (LGPD). O tratamento de dados pessoais somente poderá ser realizado nas seguintes hipóteses: (...) II — para o cumprimento de obrigação legal ou regulatória pelo controlador; (...)

(22) Art. 5º (LGPD). (...) VI — **controlador:** pessoa natural ou jurídica, de direito público ou privado, a quem competem as decisões referentes ao tratamento de dados pessoais; VII — **operador:** pessoa natural ou jurídica, de direito público ou privado, que realiza o tratamento de dados pessoais em nome do controlador; (...) (grifos nossos).

teletrabalho e *home office*. Na esfera infraconstitucional, o art. 223-C, da CLT, coloca a saúde e o lazer como bens juridicamente tutelados inerentes à pessoa física.

O direito de desconexão também encontra amparo na LGPD, que estabelece como fundamentos, entre outros, o respeito à privacidade, os direitos humanos e a dignidade da pessoa humana (art. 2º, incisos I e VII, LGPD), o que autoriza, igualmente, reconhecer que o empregado tem o direito de preservar seu tempo livre e descanso, com respaldo nesta lei infraconstitucional.

Acentue-se que o respeito a esses direitos não pode estar subordinado às demandas do trabalho, sendo imperioso o equilíbrio saudável entre este e a vida pessoal do empregado. Ademais, a sobrecarga constante de trabalho e a falta de tempo para descanso poderão prejudicar sua integridade psicofísica — um dos corolários da dignidade humana —, razão pela qual o direito de desconexão deve ser considerado um dos direitos trabalhistas que busca garantir ao empregado condições de trabalho justas.

Destarte, o direito de desconexão deverá ser assegurado aos empregados, seja por meio de recursos tecnológicos a serem implementados pelos empregadores ou com *softwares* desenvolvidos por profissionais, seja por meio de regras de boas práticas e de governança, nos termos do art. 50, da LGPD, seja com base em contrato celebrado entre empregador e empregado. A título exemplificativo, citam Sant'ana e Gouveia[23]:

> (...) uma vez estabelecido o horário de trabalho, o empregador poderá controlar os tempos de trabalho dos seus trabalhadores em teletrabalho, criando regras internas específicas para o efeito. Estas regras podem incluir a obrigação de envio de um e-mail, SMS, ou de qualquer outro tipo de contacto, inclusivamente telefônico, o qual vise informar do início e do fim do dia de trabalho. (...) poderá o empregador instalar, mediante informação prévia aos seus visados, ferramenta informática que registre os tempos de trabalho — mas tal ferramenta/*software* deverá registrar somente tais dados relativos ao início e término de cada jornada laboral, e não outros aspetos acessórios que possam ser considerados invasivos da privacidade dos trabalhadores. (SANT`ANA; GOUVEIA, 2022, p. 275).

Destaque-se a possibilidade de instalação de ferramentas tecnológicas visando ao controle do horário de trabalho do empregado pelo empregador, bem como para viabilizar o direito de desconexão, em especial daquele que trabalha em regime de teletrabalho ou *home office*. No entanto, estas ferramentas não poderão ingressar na privacidade do empregado, que deve ser preservada.

Enfatize-se, por fim, a necessidade de instituição de uma política voltada a treinamentos de empregadores e de empregados — além de uma rotina de adaptação voltada principalmente a estes últimos —, para que o direito de desconexão seja efetivamente assegurado como direito trabalhista.

---

(23) SANT`ANA, Simão; GOUVEIA, Vitorino. *O RGPD e os recursos humanos — Guia prático para a conformidade.* Manuais Universitários. Coimbra: Edições Almedina, S.A., 2. ed., 2022, p. 275.

4. CONSIDERAÇÕES FINAIS

Reconhece-se, a cada dia, a importância dos dados e da informação na sociedade moderna, que se apresenta veloz, mutante e instantânea, sendo impulsionada por novas tecnologias, cada vez mais aprimoradas, que conectam pessoas e lugares e criam realidades inovadoras e sem precedentes.

Durante a pandemia causada pelo coronavírus, que, no Brasil, teve início no ano de 2020, as transformações sociais foram intensas. Na esfera trabalhista, o trabalho remoto (teletrabalho e *home office*) tornou-se o "novo normal". As pessoas foram compelidas a desempenhar suas funções laborativas em suas residências e obrigadas a aprender a utilização de ferramentas tecnológicas com grande rapidez.

Com essas novas modalidades de trabalho à distância, os empregados puderam desempenhar suas atividades laborais sem colocar em risco a si próprio e a sua família. Também foi possível ao empregado a redução de custos relacionados a transporte, alimentação e vestuário e, em tese, a organização de seus afazeres. Igualmente, houve redução de custos ao empregador, tendo em vista a ausência dos empregados no estabelecimento empresarial.

Por outro lado, as longas horas de trabalho diário dos empregados, conectados à internet, e os excessos praticados por alguns empregadores — em especial, relativamente ao direito ao repouso — geraram violações de direitos constitucionais, como os direitos à saúde e ao lazer do empregado. Incrementou-se o debate acerca do direito de desconexão.

Com a vigência da LGPD a partir de setembro de 2020, e, posteriormente, em 2022, com o reconhecimento da proteção de dados pessoais como direito fundamental, o uso de instrumentos tecnológicos pelos empregados que trabalhavam em regime de teletrabalho ou *home office* passou a enfrentar um novo desafio: a necessária adequação à lei e o tratamento de dados pessoais à luz de seus fundamentos e princípios norteadores. A preocupação com a proteção de dados pessoais passou a ser constante, principalmente após a entrada em vigor das sanções administrativas aplicáveis aos agentes de tratamento de dados por violação à LGPD.

A necessidade de rápida aprendizagem para a utilização das tecnologias de informação e comunicação no teletrabalho e no *home office*, a adaptação quanto ao manuseio desses instrumentos tecnológicos pelos empregadores e empregados, a indispensável proteção de dados pessoais, a adequação às alterações legislativas, a imprescindibilidade de assegurar o direito à saúde, ao lazer e à privacidade do empregado — o que, muitas vezes, não era respeitado pelo empregador -, tudo ocorreu de forma simultânea. Paralelamente a isso, o vírus circulava em grande velocidade e muitas pessoas morriam.

Verificou-se que ações judiciais foram propostas por empregados em razão de certos abusos praticados por seus empregadores. Alguns magistrados reconheceram o direito à compensação por danos morais por violação do direito de desconexão.

Certo é que, tratando-se de direito com fundamento na Constituição da República e com alicerce na legislação trabalhista e na LGPD, é dever do empregador assegurar o direito de desconexão, preservando o direito à saúde e ao lazer dos empregados. Da mesma forma, tem o empregado direito à proteção de seus dados pessoais e à privacidade.

Esses direitos, vale ressaltar, são corolários da dignidade da pessoa humana, que constitui um dos fundamentos da República Federativa do Brasil e, na seara infraconstitucional, é um dos fundamentos da LGPD. Além disso, a dignidade da pessoa humana pode ser utilizada como cláusula geral de tutela da pessoa humana, na ausência de norma específica que efetive outros direitos fundamentais.

A proteção desses direitos — com ênfase, aqui, ao direito de desconexão — é, portanto, medida que se impõe aos empregadores. A forma de efetivar esta proteção aos empregados é, no entanto, variável, porquanto poderá ocorrer mediante a implementação de ferramentas tecnológicas e com o desenvolvimento de *softwares* capazes de assegurar aqueles direitos e/ou por meio da instituição de regras de boas práticas e de governança e/ou com base em contrato celebrado entre empregador e empregado, sem que reste qualquer dúvida quanto às cláusulas do acordo celebrado, evitando-se, assim, a propositura de demandas judiciais para a sua discussão.

5. REFERÊNCIAS

AMADO, João Leal. *Teletrabalho*: o "novo normal" dos tempos pós-pandémicos e a sua nova lei. Disponível em: https://observatorio.almedina.net/index.php/2021/12/29/teletrabalho-o-novo-normal-dos-tempos-pos-pandemicos-e-a-sua-nova-lei/. Acesso em: 25 abr. 23.

BRASIL. Constituição (1988). *Constituição da República Federal do Brasil*. Brasília, DF: Senado Federal, 1988. Disponível em: http://www.planalto.gov.br/ccivil_03/constituicao/constituicao.htm. Acesso em: 12 jun. 2023.

BRASIL. Decreto-lei n. 5.452/43. *Aprova a Consolidação das Leis do Trabalho*. Disponível em: https://www.planalto.gov.br/ccivil_03/decreto-lei/Del5452.htm. Acesso em: 23 jun. 2023.

BRASIL. Emenda Constitucional n. 115, de 10 de fevereiro de 2022. *Altera a Constituição Federal para incluir a proteção de dados pessoais entre os direitos e garantias fundamentais e para fixar a competência privativa da União para legislar sobre proteção e tratamento de dados pessoais*. Disponível em: http://www.planalto.gov.br/ccivil_03/Constituicao/Emendas/Emc/emc115.htm#art2. Acesso em: 16 jun. 2023.

BRASIL. Lei n. 12.551, de 15 de dezembro de 2011. *Altera o art. 6º da Consolidação das Leis do Trabalho (CLT), aprovada pelo Decreto-lei n. 5.452, de 1º de maio de 1943, para equiparar os efeitos jurídicos da subordinação exercida por meios telemáticos e informatizados à exercida por meios pessoais e diretos*. Disponível em: https://www.planalto.gov.br/ccivil_03/_ato2011-2014/2011/lei/l12551.htm. Acesso em: 16 jun. 2023.

BRASIL. Lei n. 13.467, de 13 de julho de 2017. *Altera a Consolidação das Leis do Trabalho (CLT), aprovada pelo Decreto-lei n. 5.452, de 1º de maio de 1943 e outras legislações, a fim de adequar a legislação às novas relações de trabalho*. Disponível em: https://www.planalto.gov.br/ccivil_03/_Ato2015-2018/2017/Lei/L13467.htm#art1. Acesso em: 23 jun. 2023.

BRASIL. Lei n. 13.709, de 14 de agosto de 2018. *Lei Geral de Proteção de Dados*. Disponível em: http://www.planalto.gov.br/ccivil_03/_ato2015-2018/2018/lei/L13709.htm. Acesso em: 16 jun. 2023.

BRASIL, Lei n. 13.979, de 6 de fevereiro de 2020. *Dispõe sobre as medidas para enfrentamento da emergência de saúde pública de importância internacional decorrente do coronavírus responsável pelo surto de 2019*. Disponível em: http://www.planalto.gov.br/ccivil_03/_ato2019-2022/2020/Lei/L13979.htm. Acesso em: 16 jun. 2023.

BRASIL. Lei n. 14.442, de 2 de setembro de 2022. *Dispõe sobre o pagamento de auxílio-alimentação ao empregado e altera a Lei n. 6.321, de 14 de abril de 1976, e a Consolidação das Leis do Trabalho, aprovada pelo Decreto-lei n. 5.452, de 1 de maio de 1943.* Disponível em: https://www.planalto.gov.br/ccivil_03/_Ato2019-2022/2022/Lei/L14442.htm#art6. Acesso em: 23 jun. 2023.

BRASIL terá teste para semana de 4 dias de trabalho. Saiba como vai funcionar. Brasil, Guia do Cidadão, 2023. Disponível em: https://exame.com/brasil/brasil-tera-teste-para-semana-de-4-dias-de-trabalho-veja-como-vai-funcionar/. Acesso em: 26 jun. 2023.

BRASIL. Tribunal Regional do Trabalho — 3ª Região. Recurso Ordinário Trabalhista n. 0010285-79.2021.5.03.0043 (10ª Turma). Dano moral. Direito à desconexão. Garantias constitucionais à saúde e ao lazer. Bens jurídicos tutelados inerentes ao empregado. Art. 223-C da CLT. Recorrentes: Luana Cristina Sena Maciel, Adição Distribuição Express Ltda. e Alisson Domingos Berto. Recorridos: Adição Distribuição Express Ltda., Alisson Dominos Berto e Luana Cristina Sena Maciel. Julgado por Mauro César Silva, 1 de julho de 2022. Disponível em: https://pje-consulta.trt3.jus.br/consultaprocessual/detalhe-processo/0010285-79.2021.5.03.0043/2#-53c6ef8. Acesso em: 7 jul. 2023.

BRASIL. Tribunal Superior do Trabalho. Agravo de Instrumento em Recurso de Revista (AIRR) n. 2058-43.2012.5.02.0464 (7ª Turma). Jornada de trabalho. Horas de sobreaviso. Responsabilidade civil do empregador. Danos morais causados ao empregado. Caracterização. Direito à desconexão. Horas de sobreaviso. Plantões habituais longos e desgastantes. Direito ao lazer assegurado na Constituição e em normas internacionais. Comprometimento diante da ausência de desconexão do trabalho. Negado provimento ao agravo. Agravante: Hewlett-Packard Brasil Ltda. Agravado: Ramiro de Freitas Diz. Relator: Min. Cláudio Brandão, 18 de outubro de 2017. Disponível em: https://consultaprocessual.tst.jus.br/consultaProcessual/consultaTstNumUnica.do?consulta=Consultar&conscsjt=&numeroTst=2058&digitoTst=43&anoTst=2012&orgaoTst=5&tribunalTst=02&varaTst=464&submit=Consultar. Acesso em: 7 jul. 2023.

DUARTE, Juliana Bracks. *O trabalho no domicílio do empregado: controle da jornada e responsabilidade.* Migalhas, 2005. Disponível em: https://www.migalhas.com.br/depeso/12333/o-trabalho-no-domicilio-do-empregado--controle-da-jornada-e-responsabilidade. Acesso em: 16 jun. 2023.

GRILLO, Brenno. *Aprovado na França, direito à desconexão é discutido em tribunais brasileiros.* Consultor jurídico, 2017. Disponível em: https://www.conjur.com.br/2017-jan-24/aprovado-franca-direito-desconexao-discutido-brasil. Acesso em: 26 jun. 2023.

MULHOLLAND, Caitlin. (org.). *A LGPD e o novo marco normativo no Brasil.* Porto Alegre: Arquipélago, 2020.

PORTUGAL. Lei n. 83, de 6 de dezembro de 2021. *Modifica o regime de teletrabalho, alterando o Código do Trabalho e a Lei n. 98/2009, de 4 de setembro, que regulamenta o regime de reparação de acidentes de trabalho e de doenças profissionais.* Disponível em: https://www.pgdlisboa.pt/leis/lei_mostra_articulado.php?nid=3483&tabela=leis&ficha=1. Acesso em: 14 jun. 2023.

REINO UNIDO testa semana de trabalho menor sem corte de salário. Poder 360, 2022. Disponível em: https://www.poder360.com.br/internacional/reino-unido-testa-semana-de-trabalho-menor-sem-corte-de-salario/. Acesso em: 26 jun. 2023.

SANT`ANA, Simão; GOUVEIA, Vitorino. *O RGPD e os recursos humanos — Guia prático para a conformidade.* Manuais Universitários. Coimbra: Edições Almedina, S.A., 2. ed., 2022.

SOBRATT. Sociedade Brasileira de Teletrabalho. Disponível em: https://www.sobratt.org.br/category/eventos/2-semestre-de-2022-eventos/. Acesso em: 26 jun. 2023.

VÓLIA, Bomfim Cassar. *Direito do trabalho*. 6. ed. Niterói: Impetus, 2012.

Terceirização: porta de entrada para o trabalho escravo e desafios da contemporaneidade

Outsourcing: entry door for slave labor and contemporary challenges

Cesar de Souza Lima Júnior (*)

Resumo: Diante da necessidade de se aprofundar, compreender e sinalizar os impactos da terceirização no Direito do Trabalho e na sociedade brasileira é que o presente estudo tem por objetivo analisar suas múltiplas facetas e desdobramentos nos campos sociais e jurídicos. Para tanto, o trabalho realizado por meio de revisão bibliográfica aborda os aspectos históricos do tema. Por conseguinte, traça um panorama geral de onde surgiu, onde estamos e os desafios da contemporaneidade, enfatizando os mecanismos jurídico-ratificadores. Não há como falar de terceirização sem associá-la à precarização das relações de trabalho que culminam com a escravidão moderna cuja *ratio* da nação brasileira está intimamente umbilicada ao contexto exploratório, razão pela qual o estudo do tema se faz tão pertinente, atual e necessário.

Palavras-chave: Terceirização; Direito do Trabalho; Escravidão Moderna.

Abstract: Given the need to delve into, comprehend, and signal the impacts of outsourcing on Labor Law and Brazilian society, the present study aims to analyze its multiple facets and developments in social and legal fields. To this end, the work conducted through a literature review addresses the historical aspects of the topic. Consequently, it provides a general overview of its origins, current state, and contemporary challenges, with a focus on legal ratification mechanisms. It is impossible to discuss outsourcing without associating it with the precariousness of labor relations, which culminate in modern slavery, intimately connected to the exploitative context of the Brazilian nation. This is why studying this topic is so relevant, timely, and necessary.

Keywords: Outsourcing; Labor Law; Modern slavery.

INTRODUÇÃO

Sabe-se que a ideia da terceirização não se iniciou na pós-modernidade, entretanto, seus desdobramentos permanecem até os tempos atuais permeados pela ideia do pseudo neoliberalismo econômico.

Não existe a possibilidade de tratar desse fenômeno sem mencionar sobre a precarização das condições de trabalho e suas várias ramificações no seio social, como baixos salários, perda do poder de compra, dentre outras, afrontando inclusive Direitos Fundamentais previstos na Constituinte de 1988.

Nesse contexto cabe aos profissionais das ciências sociais, e dentre eles os do Direito, uma ampla reflexão e compreensão dos primórdios da Terceirização, os passos em que se encontra esse projeto e tecer considerações para que se desenvolvam

(*) Advogado Trabalhista e pós-graduado em Direito e Processo do Trabalho pela UniAmérica. E-mail: cesar.junior.adv5@gmail.com. Membro do Grupo de Pesquisa vinculado à FUNADESP, sob a coordenação da Profa. Benizete Ramos de Medeiro, vinculado ao PPGD/UVA.

mecanismos que visem melhoras nas estruturas sociais e a própria (r)existência do Direito do Trabalho frente à exploração desenfreada trazida pela ferocidade do capitalismo.

Para tanto, inicialmente, o trabalho realizado por meio de revisão bibliográfica aborda os aspectos históricos da terceirização em um contexto geral até recair sobre a sociedade brasileira. Por conseguinte, trata acerca de como andam os efeitos desse fenômeno no seio social, principalmente após a Lei n. 13.467/2017, a chamada Reforma Trabalhista, e como esses abrem portas para o trabalho análogo à escravidão.

Em um segundo momento, o estudo busca traçar os mecanismos jurídico-ratificadores da ideia de permanência da terceirização no Brasil apontando para onde o Direito do Trabalho está caminhando.

Com efeito, faz-se extremamente necessária a compreensão de como a terceirização precarizou o labor e contribui para que o trabalho análogo à escravidão possa coexistir no seio social.

1. A TERCEIRIZAÇÃO COMO PORTA DE ENTRADA PARA O TRABALHO ESCRAVO

Em março deste ano (2023), o Brasil e o mundo tiveram ciência de mais uma prática nefasta que veio à tona quando mais de 200 trabalhadores foram encontrados em situação análoga à escravidão em uma operação realizada pela Polícia Rodoviária Federal, o Ministério do Trabalho e a Polícia Federal.

O alojamento e o caso foram descortinados após a procura da PRF por três trabalhadores que tinham fugido de um alojamento onde eram mantidos contra a sua vontade, além de sofrerem agressões com choques elétricos e spray de pimenta. Foi noticiado que a maioria deles havia viajado da Bahia para o Rio Grande do Sul na promessa de bons salários e boas condições de trabalho, o que de fato nunca veio a acontecer.

Ficou constatado que a empresa para a qual os trabalhadores laboravam se tratava de mais um caso, não por coincidência, de terceirização, uma vez que essa tende a ser um modelo de precarização das relações de trabalho.

Conforme dados do próprio Portal da Inspeção do Trabalho, ligados ao Governo Federal desde 1995, quando foram criados os grupos especiais de fiscalização móvel, houve o resgate de mais de 61 mil trabalhadores em condições análogas à escravidão, dos quais constam mais de 3.050 estabelecimentos fiscalizados, mais de 41.140 guias de seguro-desemprego emitidas e cerca de R$ 137.041.930,22 pagos em verbas rescisórias recebidas pelos trabalhadores.

FIGURA 1 — Quantidade de Trabalhadores em Condições Análogas à Trabalho Escravo em Todos os Anos no Brasil

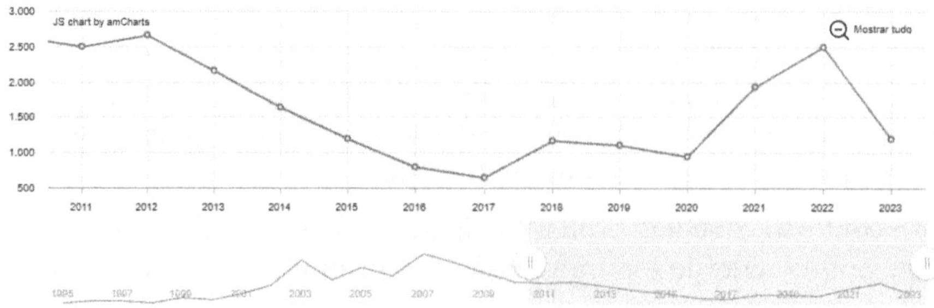

FONTE: Portal da Inspeção do Trabalho, 2023.[1]

(1) Disponível em: <SIT Abas (trabalho.gov.br)>. Acesso em: 28 maio 2023.

A terceirização já existe no Brasil há décadas e ganhou fôlego com o Enunciado n. 331 do Tribunal Superior do Trabalho em 1993 regulamentando as atividades-meio. E, após a aprovação da Lei n. 13.467/2017 — Reforma Trabalhista, foi elastecida a possibilidade a trabalhadores para a atividade-fim da empresa, cuja ratificação pelo STF ocorreu em 2018, mesmo em meio a tanta objeção pelos Sindicatos e movimentos sociais.

Apesar das mudanças legislativas, o referido modelo de contratação de trabalhadores já avançava no Brasil de tal modo que apresentava um crescimento exponencial das novas vagas de emprego geradas. Segundo pesquisa divulgada pelo IBGE em 2017, a contratação de terceirizados em 2015 era cerca de 18,96% do total de vínculos empregatícios formais no país, e em 2018, após a promulgação e entrada em vigor da Lei n. 13.467/2017, esse número era de 22%.

Esse movimento, não por coincidência, está intimamente ligado à precarização das condições de trabalho e a abertura para a perpetuação das formas análogas de escravidão, ao passo em que, além dos baixos salários para mão de obra especializada, o sentimento de não pertencimento do trabalhador à empresa contratante, maior índice de acidentes de trabalho e a negação, ou mesmo objeção, à concessão de Direitos Trabalhistas primordiais.

Dados do DIEESE[(2)] — Departamento Intersindical de Estatística e Estudos Socioeconômicos — de 2017 revelaram que "nas atividades tipicamente terceirizadas, as condições de trabalho e a remuneração são inferiores às verificadas nas atividades tipicamente contratantes". Além disso "os salários nas atividades tipicamente terceirizadas eram, em média, 23,4% menor do que nas atividades tipicamente contratantes".

Por criar piores condições de emprego e empurrar os trabalhadores para que aceitem os baixos salários sob pena de serem jogados à margem da sociedade e submetidos ao desemprego latente, se evidencia o abismo e a exploração social existentes no Brasil.

Nesse sentido, a contratação de terceirizados é mais vantajoso para o capital pela ideia de lucro sobre a exploração humana, o que ocasiona imensos prejuízos, não só para quem depende do trabalho como forma de sobrevivência, mas também para toda a economia.

O trabalhador é totalmente dependente da venda de sua força de trabalho para sobreviver frente à ferocidade do Capitalismo e é com base no salário que recebe que consegue subsistir (ou existir) ao passo em que compra sua alimentação, arca com o valor de um aluguel, paga as suas despesas com as companhias elétrica e de água etc.

Se há redução nos proventos, consequentemente, não haverá disponível para o mercado tanto dinheiro para que se gaste com bens, insumos, serviços etc. O que acarreta a estagnação (ou mesmo a redução) da economia, uma vez que seu crescimento está intimamente ligado ao aumento da atividade econômica quando se leva em conta os setores produtivos.

Nesse sentido, a pesquisa do DIEESE ainda complementa, quanto à terceirização, que:

> A taxa de rotatividade descontada é duas vezes maior nas atividades tipicamente terceirizadas (57,7%, contra 28,8% nas atividades tipicamente contratantes); Nas atividades tipicamente terceirizadas, 44,1% dos vínculos de trabalho

(2) DIEESE. Nota Técnica 172: Terceirização. Disponível em: <https://www.dieese.org.br/notatecnica/2017/notaTec172Terceirizacao.pdf>. Acesso em: 18 jun. 2023.

> foram contratados no mesmo ano, enquanto nas tipicamente contratantes, o percentual foi de 29,3%; 85,9% dos vínculos; Nas atividades tipicamente terceirizadas tinham jornada contratada entre 41 e 44 horas semanais. Já nos setores tipicamente contratantes, a proporção era de 61,6%; Os salários pagos nas atividades tipicamente terceirizadas fora da região Sudeste eram menores, o que reforça as desigualdades regionais; O percentual de afastamentos por acidentes de trabalho típicos nas atividades tipicamente terceirizadas é maior do que nas atividades tipicamente contratantes — 9,6% contra 6,1%.

Além da grande rotatividade da mão de obra, no setor público também se verifica um fenômeno da negação do acesso à estabilidade e, consequentemente, ao Inquérito para Apuração de Falta Grave, disciplinado entre os artigos 853 a 855 da CLT.

Esses últimos fatores nutrem a ideia de uma subclasse de trabalhadores distante do espírito protecionista emanado pela Constituinte de 1988 e das regras da CLT, havendo uma junção basilar entre a proteção e a exploração, se imiscuindo tanto quanto um feto está intimamente umbilicado à mãe.

A terceirização tende, além de invisibilizar, também a enfraquecer os laços existentes entre os trabalhadores, dividindo-os e gerando uma fragmentação sindical, o que torna mais árduas quaisquer fiscalizações para verificação das condições de trabalho e da própria defesa de seus direitos, seja em juízo ou mesmo no exercício do seu direito de se opor.

Nesse compasso não é árduo entender por que em pleno século XXI o trabalho análogo à escravidão cresce. Após a análise dos dez maiores resgates de trabalhadores em situações análogas à escravidão em cada ano entre 2010 e 2014, o pesquisador Vitor Araújo Filgueiras(3) evidenciou que 44 eram de terceirizados e complementou que "nessas ações apurou-se que, dos 4.183 trabalhadores submetidos à exploração criminosa, 3.382 eram terceirizados, o que equivale a 81% do total de trabalhadores vitimados".

Ainda, segundo dados apontados pelo IBGE(4) em 2015, "cerca de 1,5 milhão de trabalhadores brasileiros eram impedidos de sair do trabalho por terem dívidas com o empregador. O número representa 2,9% do total de 51,7 milhões de empregados no setor privado". Na descrição do tipo de débitos que impediam a saída desses empregados do local de trabalho, apurou-se que "948 mil tinham algum tipo de débito relacionado com alimentação; 774 mil estavam relacionados com transporte, 373 mil com instrumentos de trabalho, 266 mil com aluguel; e 156 mil com outro tipo de débito".

Por meio da terceirização, as empresas denominadas de contratantes tendem a minimizar os seus custos e os delegam às empresas terceirizadas que em diversos casos somem, são trocadas ou mesmo se negam a concessão dos Direitos Trabalhistas basilares.

---

(3) FILGUEIRAS, Vitor Araújo. *Terceirização gera trabalho análogo à escravidão*. Disponível em: <https://www.viomundo.com.br/voce-escreve/vitor-araujo-filgueiras-terceirizacao-gera-trabalho-analogo-a-escravidao.html>. Acesso em: 25 jun. 2023.

(4) PNAD 2015: dívida com empregador impedia 1,5 milhão de trabalhadores de sair do emprego. *Agência de Notícias do Instituto Brasileiro de Geografia e Estatística (IBGE)*. Disponível em: <https://agenciadenoticias.ibge.gov.br/agencia-sala-de-imprensa/2013-agencia-de-noticias/releases/9404-pnad-2015-divida-com-empregador-impedia-1-5-milhao-de-trabalhadores-de-sair-do-emprego>. Acesso em: 25 jun. 2023.

Desse modo, as empresas se beneficiam do trabalho análogo à escravidão, esquivando-se das responsabilizações legais e contribuindo para que se perpetue tal prática, sem abrir mão do lucro auferido.

Segundo enunciou o Procurador Geral do Trabalho Ronaldo Fleury[(5)], em entrevista em 2017, "a terceirização é hoje condição *sine qua non* para o trabalho escravo".

2. DESAFIOS DA CONTEMPORANEIDADE

Tratar acerca de terceirização por si só já é um aspecto abrangente cujos desdobramentos recaem sobre diversas áreas do Direito, constituindo uma análise multidisciplinar e multifocal, cuja "ponta do iceberg" seria a proporção em que a vida do obreiro será afetada pela exploração do capitalismo desenfreado e seus reflexos no seio econômico.

Entender os referidos reflexos e como se dá e se dará essa antiga, porém reformada, forma de exploração humana é tema de inúmeros debates, seminários e discussões doutrinárias.

É imprescindível mais uma vez esclarecer que os aspectos da terceirização sempre existiram em território brasileiro após 1500, desde o modelo escravagista de exploração dos povos africanos e indígenas, onde se retiravam pessoas do seu livre convívio na sociedade para ir trabalhar forçadamente sob condições degradantes em outro local.

Se antes a escravidão terceirizada se dava em troca de roupa, comida, habitação e pela própria vida, hoje a mesma não se aparelha diferentemente, apenas com aspectos modernizados ao passo em que a troca agora se dá por um mísero salário.

Ainda quando perpassa por um modelo fordista, onde não era comum que em uma indústria automobilística se produzisse os pneus, vidros e acessórios específicos para um carro, é alterado e a responsabilidade a terceiros de tarefas específicas oriundas da produção, intrinsicamente necessárias ao seu funcionamento, passa a ser adquirida fora dos limites fabris.

Nesse aspecto leciona Henrique Macedo Hinz[(6)] ao dispor que:

> [...] estudiosos do setor automotivo demonstram que nas indústrias mais avançadas a quase totalidade da produção, atualmente, está delegada a terceiros, para não dizer a própria montagem, cabendo à montadora propriamente dita apenas os setores de marketing, projetos e financeiro.

E ainda complementa que:

> Mas, diferentemente do que entendem muitos, a terceirização não visa a especialização ou qualificação dos bens ou produtos oferecidos — isso já é exigível em face do contrato celebrado entre comprador e fornecedor! A

(5) BEDINELLI, Talita. *El País*. Brasil. São Paulo, 3 de abril de 2017. Disponível em: <Trabalho escravo: "Há fazendas com hospitais para o gado, mas o trabalhador não tem nem água tratada" | Brasil | EL PAÍS Brasil (elpais.com)>. Acesso em: 22 jul. 2023.

(6) HINZ, Henrique Macedo (2021). *A terceirização trabalhista e as responsabilidades do fornecedor e do tomador dos serviços*: Um enfoque multidisciplinar. Disponível em: <https://core.ac.uk/works/39310572>. Acesso em: 2 jul. 2023.

vantagem da terceirização é que as oscilações na demanda por produtos ou serviços não será mais arcada pelo tomador, mas sim por quem fornece, de forma terceirizada, os bens ou serviços.

Nessa perspectiva, compreender o fenômeno partindo de uma análise histórico evolutiva e perpassando pela figurativização de sua regulamentação às custas de uma "sadia" relação de emprego, que tende por ser a porta de entrada para uma exploração maior do capital sobre o trabalho, constitui tarefa árdua, mas não impossível, prevermos ou antevermos seus reflexos futuristas sob uma ótica multidisciplinar.

Conforme abordado no item II, esse modelo de contratação sofreu uma ampliação após a Lei n. 13.467/2017 que ficou conhecida como Reforma Trabalhista. Antes havia o entendimento que estava limitada às atividades-meio da empresa, hoje vigora a amplitude e não mais uma restrição.

Se antes uma empresa que tinha por objeto a venda de roupas poderia terceirizar o setor de limpeza, por exemplo, por não constituir atividade-fim, hoje é possível terceirizar e até mesmo quarteirizar a mão de obra humana e, por conseguinte, os serviços prestados.

Há quem muito não importe com o vilipêndio das estruturas normativas do Direito do Trabalho ao passo em que o retrocesso nos direitos sociais se torna comum, inclusive quando corroborado pelo próprio Estado.

Esse que possui a incumbência de proteger e garantir a construção de uma sociedade livre, justa e igualitária, conforme preconiza a Constituição, permite a chancela da comercialização e perpetuação da exploração do homem pelo homem.

No tema de repercussão geral do STF de n. 725(7), foi fixada a seguinte tese de que "é lícita a terceirização ou qualquer outra forma de divisão do trabalho entre pessoas jurídicas distintas" e "independentemente do objeto social das empresas envolvidas, mantida a responsabilidade subsidiária da empresa contratante".

Na ocasião de seu voto vencido, a Ministra Rosa Weber(8) destacou que:

> Por todos esses fundamentos, a redução do amparo ao trabalhador, abaixo dos patamares historicamente construídos e cristalizados na Súmula n. 331 do TST, para permitir a terceirização também das denominadas atividades-fim, o que equivaleria viabilizar — no contexto jurídico atual, em que ausente lei, além daquelas já citadas, que excepcione o modelo bilateral clássico — mera intermediação de mão de obra em prol do tomador dos serviços, significa chancelar, à margem da lei, a mercantilização do trabalho humano, configuradora de repugnante exploração do homem pelo homem e desprestígio da lei pátria e da Constituição da República.

(7) BRASIL. Supremo Tribunal Federal. Tema de Repercussão Geral n. 725. Brasília, 2018. Disponível em: <Supremo Tribunal Federal (stf.jus.br)>. Acesso em: 15 jul. 2023.

(8) WEIBER, Rosa. Supremo Tribunal Federal. Recurso Extraordinário n. 958.252. Celulose Nipo Brasileira S/A — CENIBRA, Ministério Público do Trabalho e Sindicato dos Trabalhadores nas Indústrias Extrativas de Ganhães e Região Sitiextra. Relator: Ministro Luiz Fux. Acórdão. 30 de agosto de 2018. Disponível em: <Supremo Tribunal Federal (stf.jus.br)>. Acesso em: 10 jun. 2023.

> Tal intermediação em que o trabalho humano se torna produto suscetível de ser comprado e vendido constitui uma das piores fraudes à aplicação dos direitos trabalhistas, pois visa a retirar a incidência de todo o arcabouço da respectiva legislação, de ordem pública, que tutela as relações de emprego. Essa fraude implica não apenas afronta a dois dos cinco fundamentos da República a dignidade da pessoa humana e o valor social do trabalho, mas também ofensa aos direitos sociais da coletividade dos trabalhadores e à organização geral do trabalho como um todo.

Contrário a esse entendimento da Ministra, a Suprema Corte Brasileira vem admitindo outras formas de se contratar trabalhadores, ainda que preenchidos os requisitos do vínculo de emprego, como, por exemplo, por meio da Reclamação de n. 59.836(9) que cassou a decisão do Tribunal Superior do Trabalho permitindo que:

> Ao julgar procedente a Reclamação (RCL) 59.836, ajuizada pelo escritório de advocacia, o relator lembrou que o STF **reconheceu a licitude de outras formas de organização da produção e de pactuação da força de trabalho além do regime da Consolidação das Leis do Trabalho (CLT).** Esse entendimento se deu nos julgamentos da Arguição de Descumprimento de Preceito Fundamental (ADPF) 324, da Ação Declaratória de Constitucionalidade (ADC) 48, das Ações Diretas de Inconstitucionalidade (ADIs) 3961 e 5625 e do Recurso Extraordinário (RE) 958.252 (Tema 725 da repercussão geral). (grifos nossos)

Dessa e de muitas outras formas, podemos perceber que o enfraquecimento do Direito do Trabalho está intimamente ligado não apenas às modernas formas de contratação, mas também à intensificação da exploração do capital sobre o trabalho humano.

Segundo identificou uma pesquisa realizada pela empresa Pulses(10), "81% dos trabalhadores estão se sentindo explorados, esgotados e cansados". O levantamento mostrou ainda que 60% relatam estar se sentindo sem disposição para trabalhar, e 67% sentem que precisam provar seu valor no emprego.

Portanto, o pós-modernismo nos revela que o enfraquecimento e o questionamento da necessidade do Direito do Trabalho frente ao Capital, somados ao fator da pressão pela permissão da terceirização irrestrita e seus atuais reflexos, ocasionam mais do que o abalo na roda social econômica, mas também e, principalmente, o adoecimento daquele que labuta diariamente, sua diminuição do percentual de renda e de sua liberdade e, consequentemente, o distanciamento da ordem social tão preconizada pela Constituinte de 1988.

CONCLUSÃO

Diante do exposto, pode-se inferir que as discussões sobre terceirização vão muito além de apenas aspectos teóricos englobando, pois, o pragmatismo de tal realidade, observada a dualidade existente entre os preceitos protecionistas constitucionais e os anseios da exploração capitalista desenfreada.

---

(9) BRASIL. Supremo Tribunal Federal. Reclamação n. 59.836. Relator: Roberto Barroso. Data de Julgamento: 24/05/2023. Disponível em:<RCL59836.pdf (stf.jus.br)>. Acesso em: 28 maio 2023.

(10) CAVALLINI, Marta. Você se sente esgotado? Mais de 80% dos trabalhadores estão assim, mostra pesquisa. *G1*. Disponível em: <Você se sente esgotado? Mais de 80% dos trabalhadores estão assim, mostra pesquisa | Trabalho e Carreira | G1 (globo.com)>. Acesso em: 15 jul. 2023.

O tema em pauta, conforme se pôde verificar, contribuiu para uma maior precarização das condições de trabalho e para a manutenção do trabalho escravo sob efeitos mitigados e concorrentes no Brasil. Seja pela contratação de mão de obra barata, ou mesmo pela deficitária rede de contribuição, afrontando diretamente vários princípios insculpidos na Constituinte de 1988.

A possibilidade da contratação de trabalhadores terceirizados, seja para a atividade-meio ou não, executando qualquer tarefa, aliada ao fato de as pesquisas mostrarem a significativa redução salarial em comparação ao contrato de emprego bilateral e, ainda, as condições mais precárias com relação ao ambiente em que passam a serem inseridos, promove a perpetuação do trabalho escravo e facilita, ou ao menos não dificulta, a sua coexistência social.

Nesse compasso, o obreiro não mais se sente pertencido ao local em que presta seus serviços, uma vez que, de fato, não é o seu empregador direto. As pesquisas apontam para maiores índices de acidentes de trabalho e de vulnerabilidade social, em uma sociedade em que o capitalismo se comporta com voracidade, desemprego latente, baixa remuneração e ausência de ascendência, não é forçoso reconhecer que o lucro auferido com a exploração humana compensa.

No mundo pós-moderno já se consegue verificar que o questionamento sobre a real necessidade das regras protecionistas do Direito do Trabalho tem se tornado comum, inclusive para os que possuem a incumbência do resguardo dos anseios constitucionais.

Se pode verificar que, nas recentes decisões judiciais sobre o referido tema, há a mitigação das regras de proteção, desembocando em uma interpretação forçosa e, a contrário senso, longe de beneficiar a quem mais precisa e depende da labuta diária para sobreviver, passando a reconhecer formas alternativas ao contrato do emprego e mais uma vez perpetuando a exploração do capital sobre o humano.

Portanto, o tema terceirização acabou por contribuir não apenas com a perpetuação do trabalho escravo, mas também com o enfraquecimento do Direito do Trabalho na pós-modernidade.

REFERÊNCIAS

BEDINELLI, Talita. *El País*. Brasil. São Paulo, 3 de abril de 2017. Disponível em: <Trabalho escravo: "Há fazendas com hospitais para o gado, mas o trabalhador não tem nem água tratada" | Brasil | EL PAÍS Brasil (elpais.com)>. Acesso em: 22 jul. 2023.

BOMFIM, Vólia. *Direito do Trabalho*. 14. ed. Ver., atual. e ampl. Rio de Janeiro: Forense; São Paulo: Método, 2018.

BRASIL. Quantidade de Trabalhadores em Condições Análogas à Trabalho Escravo em Todos os Anos no Brasil. *Portal da Inspeção do Trabalho*. Disponível em: <SIT Abas (trabalho.gov.br)>. Acesso em: 28 maio 2023.

BRASIL. Supremo Tribunal Federal. Reclamação n. 59.836. Relator: Roberto Barroso. Data de Julgamento: 24/05/2023. Disponível em: <RCL59836.pdf (stf.jus.br)>. Acesso em: 28 maio 2023.

BRASIL. Supremo Tribunal Federal. Tema de Repercussão Geral n. 725. Brasília, 2018. Disponível em: <Supremo Tribunal Federal (stf.jus.br)>. Acesso em: 15 jul. 2023.

BRASIL. Tribunal Superior do Trabalho. Súmula n. 256. Disponível em: <Súmulas do TST>. Acesso em: 22 jul. 2023.

BRASIL. Tribunal Superior do Trabalho. Súmula n. 331. Disponível em: <Súmulas do TST>. Acesso em: 22 jul. 2023.

CAVALLINI, Marta. Você se sente esgotado? Mais de 80% dos trabalhadores estão assim, mostra pesquisa. *G1*. Disponível em: <Você se sente esgotado? Mais de 80% dos trabalhadores estão assim, mostra pesquisa | Trabalho e Carreira | G1 (globo.com)>. Acesso em: 15 jul. 2023.

DELGADO, Mauricio Godinho. *Curso de Direito do Trabalho*. 9. ed. São Paulo: LTr, 2010.

DIEESE. Nota Técnica 172: Terceirização. Disponível em: <https://www.dieese.org.br/notatecnica/2017/notaTec172Terceirizacao.pdf.> Acesso em: 18 jun. 2023.

FILGUEIRAS, Vitor Araújo. *Terceirização gera trabalho análogo à escravidão*. Disponível em: <https://www.viomundo.com.br/voce-escreve/vitor-araujo-filgueiras-terceirizacao-gera-trabalho-analogo-a-escravidao.html>. Acesso em: 25 jun. 2023.

HINZ, Henrique Macedo. *A terceirização trabalhista e as responsabilidades do fornecedor e do tomador dos serviços*: Um enfoque multidisciplinar. Disponível em: <https://core.ac.uk/works/39310572>. Acesso em: 2 jul. 2023.

OLIVEIRA, Pedro. A Terceirização Como Porta de Entrada para o Trabalho Escravo. *Esquerda Diário*. Disponível em: <A terceirização como porta de entrada para o trabalho escravo (esquerdadiario.com.br)>. Acesso em: 18 jun. 2023.

PETRIN, Natália. Terceirização. *Estudo Prático*. Disponível em: <Terceirização — História e modelo de funcionamento (estudopratico.com.br)>. Acesso em: 22 jul. 2023.

PNAD 2015: dívida com empregador impedia 1,5 milhão de trabalhadores de sair do emprego. Agência de Notícias do Instituto Brasileiro de Geografia e Estatística (IBGE). Disponível em: <https://agenciadenoticias.ibge.gov.br/agencia-sala-de-imprensa/2013-agencia-de-noticias/releases/9404-pnad-2015-divida-com-empregador-impedia-1-5-milhao-de-trabalhadores-de-sair-do-emprego>. Acesso em: 25 jun. 2023.

PROCÓPIO, Alberto. Com crescimento na pandemia e forte tendência na pós, terceirização exige controles. *Estadão*, 2021. Disponível em: <Com crescimento na pandemia e forte tendência na pós, terceirização exige controles — Estadão (estadao.com.br)>. Acesso em: 15 jun. 2023.

Trabalhadores resgatados em situação de escravidão no RS: o que se sabe e o que falta saber. *Portal G1*, 2023. Disponível em: <Trabalhadores resgatados em situação de escravidão no RS: o que se sabe e o que falta saber | Rio Grande do Sul | G1 (globo.com)>. Acesso em: 20 jun. 2023.

WEIBER, Rosa. Supremo Tribunal Federal. Recurso Extraordinário n. 958.252. Celulose Nipo Brasileira S/A — CENIBRA, Ministério Público do Trabalho e Sindicato dos Trabalhadores nas Indústrias Extrativas de Ganhães e Região Sitiextra. Relator: Ministro Luiz Fux. Acórdão. 30 de agosto de 2018. Disponível em: <Supremo Tribunal Federal (stf.jus.br)>. Acesso em: 10 jun. 2023.

O vício de consentimento do trabalhador pós Reforma Trabalhista: uma visão privatística do Direito do Trabalho

Clarisse Inês de Oliveira (*)

Resumo: A Lei n. 13.467 de 2017 alterou diversos dispositivos da Consolidação das Leis do Trabalho e em diversas passagens do novel texto encontra-se a condição elementar para aprovação de eventual alteração contratual: a prévia e necessária anuência do empregado. Até que ponto esse consentimento é, de fato e de direito, fruto do livre arbítrio do trabalhador é o ponto nodal do presente artigo.

Palavras-chave: Reforma, privatístico, flexibilização.

Abstract: Law 13,467 of 2017 amended several provisions of the Consolidation of Labor Laws and in several passages of the new text, the elementary condition for approval of any contractual amendment is found: the prior and necessary consent of the employee. To what extent this consent is, in fact and in law, the result of the worker's free will is the core point of this article.

Keywords: Reform, privatization, flexibility.

INTRODUÇÃO

A Lei n. 13.457 de 2017, denominada Reforma Trabalhista, entrou em vigência aos 11.11.17, completando mais de cinco anos no corrente ano (2023), com a promessa de modernização da Consolidação das Leis Trabalhistas, datada de 1943 e alardeada na mídia como uma normatização anacrônica, que impedia o desenvolvimento econômico e a alavancagem de empregos no Brasil.

Paralelamente à promessa de modernização da legislação trabalhista adveio a tramitação célere da Lei n. 13.467 de 2017, antecedida pelo Projeto de Lei n. 38 de 2017, iniciado aos 28.04.17 na Câmara dos Deputados, precedido pelo Projeto de Lei n. 6.787 de 2016, aos 23.12.16.

Em uma aprovação de menos de um ano, a Lei n. 13.467 de 2017 foi aprovada em tramitação recorde comparada a outros diplomas legais, como o Código Civil de 2002 que tardou por três décadas até sua promulgação pelo Congresso Nacional, ou o Código de Processo Civil de 2015, que demorou quase cinco anos para sua promulgação, iniciada pelo Projeto de Lei n. 8.046 de 2010 aos 22.12.20.

A aprovação açodada de uma nova legislação trabalhista traz questionamentos sobre a formação de Grupos de Trabalho técnicos com a participação de pesquisadores, professores, juristas e atores sociais representativos da Sociedade Civil diretamente

(*) Professora Adjunta de Direito do Trabalho 1 e 2 e Coordenadora do curso de Direito da Universidade Federal Fluminense polo de Volta Redonda — RJ. Mestre e Doutora pelo Programa de Pós-Graduação em Direito e Sociologia da Universidade Federal Fluminense.

atingidos pela novel lei, que sequer foram consultados ou tiveram sugestões incorporadas ao Projeto de Lei.

Registre-se que, para a promulgação do novo Código de Processo Civil Brasileiro, uma plêiade de juristas processualistas foi consultada para acatar sugestões e emendas de modo a agilizar o Processo Civil em curso.

Já no novo Código Civil Brasileiro, a tramitação foi postergada por tanto tempo que no ano de 2002 dizia-se que o diploma legal já havia nascido velho, após trinta anos de idas e vindas de discussões dos congressistas.

Causa estranheza, portanto, a celeridade que se fez acompanhar na tramitação da Reforma Trabalhista, desacompanhada dos mesmos estudos técnicos que balizaram os outros diplomas legais brasileiros.

Os anseios de modernização das "relações de trabalho" impulsionaram a modificação da Consolidação das Leis Trabalhistas cujo mote foi o "negociado pelo legislado".

A ideia de um afastamento das leis protetivas do Estado, de caráter cogente, normas de natureza estatal e de ordem pública, para se sobreporem à livre pactuação entre as partes, derivada originariamente pela natureza civilista e privatística entre indivíduos considerados juridicamente em pé de igualdade, é o mote para a presente pesquisa, onde o Princípio da Proteção, arcabouço doutrinário de toda a construção *ius*laboral, paulatinamente é afastado por normativas de natureza infraconstitucional que colocam em xeque toda a estrutura do Direito Laboral.

1. O PRINCÍPIO DA PROTEÇÃO *VERSUS* O NEGOCIADO SOBRE O LEGISLADO

O contexto histórico da gênese do Direito do Trabalho não pode ser dissociado do histórico de lutas dos trabalhadores do início do século XVIII, com o advento da Revolução Industrial.

Nesse sentido era necessário haver uma codificação mínima que nivelasse as relações havidas entre patrões e empregados, aqueles inicialmente representados pelos industriais do século XVIII.

Da mesma forma que o Código de Defesa do Consumidor de 1990 visava a balizar as relações desproporcionais entre consumidores e fornecedores de serviços, em uma relação de vulnerabilidade, a Consolidação das Leis do Trabalho visava a minimamente proporcionar um mínimo existencial de dignidade humana à parte economicamente mais fraca, de modo que a mão pesada do mercado não regulasse de forma irrestrita as relações entre os particulares, massacrando e oprimindo os trabalhadores.

Para Américo Plá Rodriguez, temos que, *verbis*:

> Historicamente, o Direito do Trabalho surgiu como consequência de que a liberdade de contrato entre pessoas com poder e capacidade econômica desiguais conduzia a diferentes formas de exploração. Inclusive, mais abusivas e iníquas.
>
> O legislador não pôde mais manter a ficção de igualdade existente entre as partes do contrato de trabalho e inclinou-se para uma compensação dessa

desigualdade econômica desfavorável ao trabalhador com uma proteção jurídica a ele favorável.(1)

Assim é que toda a construção doutrinária do Direito Laboral se fulcra no denominado Princípio da Proteção, sendo um contrassenso a aprovação de uma legislação que flexibilize justamente seu alicerce.

O art. 8º, parágrafo 3º, da CLT, modificado pela Lei n. 13.467 de 2017 preleciona:

> § 3º No exame de convenção coletiva ou acordo coletivo de trabalho, a Justiça do Trabalho analisará exclusivamente a conformidade dos elementos essenciais do negócio jurídico, respeitado o disposto no art. 104 da Lei n. 10.406, de 10 de janeiro de 2002 (Código Civil), e balizará sua atuação pelo princípio da intervenção mínima na autonomia da vontade coletiva.

Já o art. 104 do Código Civil Brasileiro preleciona que:

> § 3º No exame de convenção coletiva ou acordo coletivo de trabalho, a Justiça do Trabalho analisará exclusivamente a conformidade dos elementos essenciais do negócio jurídico, respeitado o disposto no art. 104 da Lei n. 10.406, de 10 de janeiro de 2002 (Código Civil), e balizará sua atuação pelo princípio da intervenção mínima na autonomia da vontade coletiva.

Verifica-se que a intenção do legislador reformista foi fazer remição direta e literal a um dispositivo civilista, o que causa estranheza a toda Doutrina de construção protecionista do Direito do Trabalho.

Por décadas, a construção do parágrafo único do art. 8º da Consolidação das Leis do Trabalho possuía a seguinte redação:

> "§ 8º O Direito comum será fonte subsidiária do Direito do Trabalho, naquilo em que não for incompatível com os princípios fundamentais deste".

A Lei n. 13.467 de 2017, de forma bastante questionável do ponto de vista de modernização das relações de trabalho, alterou o indigitado parágrafo 8º para abolir a parte final "naquilo em que não for incompatível com os princípios fundamentais deste".

Questiona-se, sob o prisma da modernização das relações de trabalho e geração de empregos, em que medida a supressão da compatibilidade com os Princípios Protetivos poderia alavancar a Economia, salvo na hipótese de se fomentar falsos índices de empregabilidade, com postos de trabalho informais e ocupações sem carteira assinada.

Questiona-se, sob o prisma do Direito Material, em que medida o afastamento da compatibilidade dos Princípios que norteiam todo o Direito do Trabalho pode modernizar a legislação do Trabalho ao se permitir a aplicação ampla e irrestrita de norma alienígena sem qualquer crivo de compatibilidade.

É de sabença geral que o Direito do Trabalho se rege pelo Princípio da Proteção, onde as normas de natureza cogente não podem ser flexibilizadas, minoradas, renunciadas ou transacionadas naquilo em que o Estado determina a garantia do mínimo existencial do trabalhador, sendo exemplos o piso salarial e a jornada de trabalho.

---

(1) RODRIGUES, Américo Plá. *Princípios do Direito do Trabalho*. 3. ed. São Paulo: LTr, 2000.

Ao abolir a parte final do parágrafo único do art. 8º da CLT, a Reforma Trabalhista permitiu a adoção de legislação civilista, processualista, tributária, administrativa, e foi exatamente o que se sucedeu com a adoção do art. 104 do Código Civil Brasileiro, que possui em sua premissa de aplicação o livre consentimento adotado entre as partes para pactuarem o que melhor lhes aprouver, sem intervenção do Estado, em uma visão que privilegia o indivíduo.

Não se pode olvidar que o trabalhador na relação patrão x empregado é a parte economicamente mais fraca e não raras vezes o trabalhador pode se aquietar ou mesmo consentir de forma viciada com algo que não concorda em seu íntimo, mas que prefere permitir a somar os índices de desemprego no Brasil.

O balizamento de que trata o art. 104 do Código Civil Brasileiro são as matrizes elementares de qualquer negócio jurídico entabulado entre particulares, o que difere, e muito, do contrato de trabalho, que possui em seu bojo normas de proteção estatal cogente.

A interpretação civilista incorporada para o Direito do Trabalho inclusive distorce a melhor interpretação dos contratos na própria seara civilista, a teor do disposto no art. 421 do Código Civil Brasileiro.

Veja-se nesse diapasão o disposto no art. 421 do Código Civil Brasileiro:

> Art. 421. A liberdade contratual será exercida nos limites da função social do contrato.
>
> Parágrafo único. Nas relações contratuais privadas prevalecerão o princípio da intervenção mínima e a excepcionalidade da revisão contratual.

A função social do contrato é elemento essencial para convalidação do negócio jurídico e tal não se dissocia da intencionalidade dos pactuantes, teoria já há muito pacificada na esfera civilista.

A Lei n. 13.467 de 2017, ao revés, trouxe para a interpretação trabalhista o núcleo duro do art. 104 do Código Civil sem nada abordar sobre a função social do contrato ou a verdadeira intenção comum das partes, teoria amplamente utilizada no Direito Civil e que nada obsta — e tudo recomenda — sua aplicação ao Direito Laboral.

Isto porque o legislador reformista pautou diversas passagens do texto consolidado para flexibilizar a antiga norma, trazendo em seu bojo sempre a prévia e necessária anuência do trabalhador. Mas até que ponto essa anuência é válida e não viciada?

Registre-se que a Lei n. 13.467 de 2017 alterou diversos incisos do art. 611-A da CLT de modo a referendar o negociado sobre o legislado, vejamos:

> Art. 611-A. A convenção coletiva e o acordo coletivo de trabalho têm prevalência sobre a lei quando, entre outros, dispuserem sobre:
>
> I — pacto quanto à jornada de trabalho, observados os limites constitucionais;
>
> II — banco de horas anual;
>
> III — intervalo intrajornada, respeitado o limite mínimo de trinta minutos para jornadas superiores a seis horas;
>
> IV — adesão ao Programa Seguro-Emprego (PSE), de que trata a Lei n. 13.189, de 19 de novembro de 2015;
>
> V — plano de cargos, salários e funções compatíveis com a condição pessoal do empregado, bem como identificação dos cargos que se enquadram como funções de confiança;
>
> VI — regulamento empresarial;
>
> VII — representante dos trabalhadores no local de trabalho;

> VIII — teletrabalho, regime de sobreaviso, e trabalho intermitente;
>
> IX — remuneração por produtividade, incluídas as gorjetas percebidas pelo empregado, e remuneração por desempenho individual;
>
> X — modalidade de registro de jornada de trabalho;
>
> XI — troca do dia de feriado;
>
> XII — enquadramento do grau de insalubridade;
>
> XIII — prorrogação de jornada em ambientes insalubres, sem licença prévia das autoridades competentes do Ministério do Trabalho;
>
> XIV — prêmios de incentivo em bens ou serviços, eventualmente concedidos em programas de incentivo;
>
> XV — participação nos lucros ou resultados da empresa;
>
> § 1º No exame da convenção coletiva ou do acordo coletivo de trabalho, a Justiça do Trabalho observará o disposto no § 3º do art. 8º desta Consolidação;
>
> § 2º A inexistência de expressa indicação de contrapartidas recíprocas em convenção coletiva ou acordo coletivo de trabalho não ensejará sua nulidade por não caracterizar um vício do negócio jurídico;
>
> § 3º Se for pactuada cláusula que reduza o salário ou a jornada, a convenção coletiva ou o acordo coletivo de trabalho deverão prever a proteção dos empregados contra dispensa imotivada durante o prazo de vigência do instrumento coletivo.

A uma breve análise do novel comando legal verifica-se a flexibilização de um dos alicerces do Direito Laboral, qual seja, a jornada de trabalho, que passou a ser objeto de negociação coletiva de modo a prevalecer sobre a legislação vigente.

Em que pese o art. 611-A da CLT introduzido pela Reforma Trabalhista tratar sobre a negociação coletiva, é certo que o fruto do objeto das tratativas entre os sujeitos coletivos de trabalho sempre visou à melhoria das condições sociais dos trabalhadores, na forma do art. 7º, *caput*, da Constituição da República.

A modificação trazida permite a alteração do texto legal para flexibilizar *in pejus*, prova disso é o inciso XII, enquadramento do grau de insalubridade, pedido eminentemente técnico que necessita de produção de prova tarifada médica para se saber o grau e agente insalubre, sendo inviável repassar à negociação medidas de segurança e medicina do trabalhador, que podem culminar até mesmo em sua aposentação de forma antecipada, dependendo do adoecimento que possa a ser acometido pelo agente insalubre exposto.

Verifica-se que tais alterações a nível coletivo possuem reflexo na esfera individual dos contratos, como se verifica por exemplo no instituto das férias. Vejamos o disposto no art. 134 da Consolidação das Leis do Trabalho:

> Art. 134. As férias serão concedidas por ato do empregador, em um só período, nos 12 (doze) meses subsequentes à data em que o empregado tiver adquirido o direito.
>
> § 1º Desde que haja concordância do empregado, as férias poderão ser usufruídas em até três períodos, sendo que um deles não poderá ser inferior a quatorze dias corridos e os demais não poderão ser inferiores a cinco dias corridos, cada um.

Diversas são as passagens do texto reformista onde a concordância do empregado é condicionante para a validade do ato jurídico, contudo, considerando a hipossuficiência do trabalhador, o consentimento do empregado pode muitas vezes restar viciado, ante o receio de perder o emprego.

A cisão das férias por iniciativa do empregador muito dificilmente será contestada pelo empregado, que se submete às deliberações do polo passivo da relação ante o fundado receio de se perder uma vaga de emprego em um cenário de 9,4 milhões de desempregados de acordo com o IBGE.[2]

Outra mudança significativa trazida pela Reforma Trabalhista e que representou um duro golpe no poder de barganha dos Sindicatos foi a possibilidade de se instituir o denominado "banco de horas" por meio de acordo individual de trabalho, na forma do art. 59, parágrafos 2º e 5º, da CLT.

Trata-se de prática desejada por parte dos empregadores, uma vez que instituir um regime de compensação de jornada de modo a fornecer folgas compensatórias ao empregado, na data que melhor lhe aprouver, ao invés de quitar-lhe em pecúnia as horas excedentes trabalhadas com acréscimo de 50% e ainda repercussão nas demais verbas de natureza salarial, certamente se torna mais atrativo do ponto de vista financeiro.

A possibilidade de se entabular um banco de horas diretamente com o empregado por meio de acordo individual era um dos grandes reclamos dos empregadores, o que colocaria por terra os incômodos e agravantes de que resultam uma negociação coletiva intermediada pelo Sujeito Coletivo de Direito.

A exposição individual do trabalhador ao se submeter às várias alterações da Reforma Trabalhista sem a devida ingerência sindical propiciou um consentimento de vontade viciado pela imposição do empregador, parte economicamente mais forte do contrato de trabalho.

A intenção em qualquer contrato — e com o contrato de trabalho não pode ser diferente — há de ser investigada para o regular deslinde de eventuais entreveros entre as partes e a manutenção do equilíbrio, realizando a manutenção do equilíbrio de paridade de armas entre os pactuantes.

CONCLUSÃO

O grande legado que a Lei n. 13.467 de 2017 nos traz após cinco anos de sua vigência é a ideia de que o consentimento como condicionante do ato jurídico pode estar eivado de vício em uma relação balizada pelo modelo econômico capitalista, onde de forma inexorável o trabalhador ocupa o lado mais fragilizado da gangorra, na posição de hipossuficiente.

Nenhum trabalhador em sã consciência vai se negar a subscrever determinada alteração contratual determinada por seu empregador, se é de seu emprego que retira sua subsistência e de sua família.

Com a aprovação da alteração do texto Celetista de forma açodada, se comparada a outros textos jurídicos como o Código de Processo Civil ou Código Civil Brasileiro, temos que as alterações trazidas se destinaram muito mais a atender os anseios de parte dos empregadores do que para fomentar uma política de empregos durante o Governo de Michel Temer, que não se comprovou até a presente data.

O velho remédio amargo conhecido de brasileiros de longa data que consiste na redução e/ou flexibilização de direitos trabalhistas e sociais não possui paralelo com o recrudescimento de postos de trabalho, conforme revela a pesquisa contínua PNAD do IBGE[3].

(2) Fonte: <https://www.ibge.gov.br/explica/desemprego.php>. Acesso em: 25 jul. 2023.
(3) Fonte: <https://www.ibge.gov.br/explica/desemprego.php>. Acesso em: 25 jul. 2023.

As mudanças trazidas no texto celetista, para muito aquém de modernizarem as relações de trabalho, trouxeram insegurança jurídica nas relações laborais, uma vez que os trabalhadores não se sentem mais seguros em optar por algo que existe na lei mas que lhes é desfavorável no mundo físico.

Direitos erigidos à categoria constitucional previstos no art. 7º, *caput*, da Constituição Federal deveriam ser preservados e estimulados a seu elastecimento e nunca sua minoração ou restrição, escamoteado pela falsa chancela de um consentimento aniquilado pela Lei do mais forte economicamente.

REFERÊNCIAS

BRASIL. Constituição (1988). Constituição da República Federativa do Brasil de 1988. Brasília, DF: Presidência da República, 2023. Disponível em: <https://www.planalto.gov.br/ccivil_03/constituicao/constituicao.htm>. Acesso em: 24 jul. 2023.

BRASIL. Decreto-Lei n. 5.452, de 1 de maio de 1943. Consolidação das Leis do Trabalho. Rio de Janeiro, RJ. Disponível em: https://tinyurl.com/42ha5t48. Acesso em: 24 jul. 2023.

BRASIL. Lei n. 13.467, de 13 de julho de 2017. Brasília, DF. Disponível em: https://tinyurl.com/yvw8cunt. Acesso em: 24 jul. 2023.

BRASIL. Câmara dos Deputados. Projeto de Lei n. 6.787, de 2016. Altera o texto do Decreto Lei n. 5.452, de 1 de maio de 1943. Disponível em: https://tinyurl.com/39kcscvf. Acesso em: 18 fev. 2019.

CASSAR, Vólia Bomfim. *Direito do Trabalho*: de acordo com a Reforma Trabalhista. 16. ed. Rio de Janeiro: Forense, 2018.

DELGADO, Mauricio Godinho. A jornada no Direito do Trabalho brasileiro. *Revista do Tribunal Regional do Trabalho 3ª Região*, Belo Horizonte, v. 25, n. 54, p. 173-203, jul. 1994/jun. 1995.

DELGADO, Mauricio Godinho; DELGADO, Gabriela Neves. *A Reforma Trabalhista no Brasil*: com os comentários à Lei n. 13.467/2017. São Paulo: LTr, 2017.

DELGADO, Maurício Godinho. *Curso de Direito do Trabalho*: obra revista e atualizada conforme Lei da Reforma Trabalhista e inovações normativas e jurisprudenciais posteriores. 18. ed. São Paulo: LTr, 2019.

FERRARI, Irany; NASCIMENTO, Amauri Mascaro; MARTINS FILHO, Ives Gandra da Silva. *História do trabalho, do Direito do Trabalho e da Justiça do Trabalho*. 3. ed. São Paulo: LTr, 2011.

FERREIRA, Jorge; DELGADO, Lucilia de Almeida Neves (org.). O Brasil Republicano: O tempo do nacional-estatismo. Vol. 2: *Do início da década de 1930 ao apogeu do Estado Novo — Segunda República*. Rio de Janeiro: Civilização Brasileira, 2019.

GARCIA, Octávio Henrique Dias. *A política externa do Governo Sarney*: o início da reformulação de diretrizes para a inserção internacional do Brasil sob o signo da democracia. Brasília: Funag, 2010.

HARVEY, David. *A loucura da razão econômica*: Marx e O Capital no século XXI. 1. ed. São Paulo: Boitempo, 2018.

KREIN, José Dari. A Reforma Trabalhista de FHC: análise de sua efetividade. *Revista do Tribunal Regional do Trabalho da 15ª Região*. Direção e coordenação da escola da magistratura, n. 24, p. 270-299, jun. 2004.

NASCIMENTO, Amauri Mascaro; NASCIMENTO, Sônia Mascaro. *Curso de Direito do Trabalho*. 29. ed. São Paulo: Saraiva, 2014.

ORGANIZAÇÃO INTERNACIONAL DO TRABALHO (org.). *Futuro do trabalho no Brasil*: perspectivas e diálogos tripartites. Perspectivas e diálogos tripartites. 2018. Elaborada por Patricia Oliveira. Disponível em: https://tinyurl.com/msnxfakw.

RODRIGUES, Américo Plá. *Princípios do Direito do Trabalho*. 3. ed. São Paulo: LTr, 2000.

SEVERO, Valdete Souto; MAIOR, Jorge Luiz Souto. *Manual da Reforma Trabalhista*: pontos e contrapontos. São Paulo: Sensus, 2017.

SÜSSEKIND, Arnaldo Lopes *et al*. *Instituições de Direito do Trabalho*. 22. ed. São Paulo: LTr, 2005.

VOGEL, Luiz Henrique. *Negociar direitos?* Legislação trabalhista e reforma neoliberal no governo FHC (1995-2002). 2010. 322 f. Tese (Doutorado) — Curso de Ciência Política, Instituto de Estudos Sociais e Políticos, Universidade do Estado do Rio de Janeiro, Rio de Janeiro, 2010.

Dignidade da Pessoa Humana e *homo humanus* como epicentro do Direito

Dignity of the Human Person and homo humanus as the epicenter of Law

Cleyson de Moraes Mello (*)

Resumo: O artigo pretende apresentar argumentos que justifiquem a necessidade de se (re)pensar o direito na busca de seus fundamentos mais originários. A dignidade da pessoa humana está alinhada à exposição da questão principal sobre o que é o direito e seus fundamentos.

Palavras-chave: Hermenêutica; Filosofia; Dignidade

Abstract: The article intends to present arguments that justify the need to (re)think law in search of its most original foundations. Dignity of the human person is aligned with the exposition of the main question about what law is and its foundations.

Keywords: Hermeneutics; Philosophy; Dignity

1. INTRODUÇÃO

Pensar o direito a partir da Verdade do Ser é pensar a partir da ec-sistência do homem, ou seja, no decurso de sua historicidade. A hermenêutica, com o viés da ontologia fundamental (baseada nos teoremas da diferença ontológica e da circularidade hermenêutica), procura interrogar o ser por meio da historicidade e da temporalidade do ser-aí, ou seja, compreender a questão do ser fora do contexto da tradição metafísica.

2. (RE)PENSANDO O DIREITO

Heidegger explica que a Verdade do Ser está relacionada à ec-sistência. "Pois é ec-sistindo que ele está no destino do Ser. A ec-sistência do homem é, como ec-sistência,

---

(*) Vice-Diretor da Faculdade de Direito da UERJ; Professor do PPGD da Universidade Veiga de Almeida e UERJ; Professor Associado do Departamento de Teorias e Fundamentos do Direito da Faculdade de Direito da UERJ.

Histórica e não somente ou até mesmo exclusivamente, porque, no curso do tempo, acontece com o homem e com as coisas humanas toda sorte de ocorrências. Porque se trata de pensar a ec-sistência do *Da-sein*, por isso importa também ao pensamento de *Ser e Tempo*, que a Historicidade do Dasein seja experimentada."[(1)]

Nesse sentido, o Ser não é; mas dá-se Ser. No mesmo caminho, *o direito não é; mas dá-se direito* quando este é visto e pensado em sua forma mais originária, ou seja, o fundamento a partir da ec-sistência do homem como centro irradiador de efeitos jurídicos.

O Direito se torna decadente quando pensado e repousado no abandono do Ser (*Seinsverlassenheit*) em que se encontra o ente. É, pois, o sinal do esquecimento do Ser na esfera do pensamento jurídico. Daí que a Verdade do Ser continua não sendo pensada quando o julgador foca seus olhos apenas para o ente (coisa, objeto) e não percebe que o Ser-Direito está adormecido, não-pensado, escondido, velado atrás do ente. Nesse afã de dizer o direito, especialmente, envolvido no cumprimento de metas, o jugador se afasta do mais nobre a ser pensado e decidido. "Ao mesmo tempo, e isso de há muito, 'o Ser' é tomado pelo 'ente' e vice-versa o ente pelo Ser, ambos como empurrados no redemoinho de uma confusão estranha e ainda não pensada."[(2)]

A Essência do homem como fundamento do direito é o caminho mais originário, em sua própria essência. É ver o "homem mais do que *animal rationale* na medida em que ele é menos do que o homem que se apreende e concebe pela subjetividade. O homem não é o amo e senhor do ente. O homem é o pastor do Ser. Nesse 'menos' o homem não perde nada. Ele ganha por chegar à Verdade do Ser. Ganha a pobreza Essencial do pastor, cuja dignidade consiste em ser convocado pelo próprio Ser para a guarda e proteção de sua Verdade. Essa convocação advém no lançamento (*Wurf*), donde provém o ser-lançado (*die Geworfenheit*) do *Da-sein*. Em sua Essência no plano da História do Ser, o homem é o ente, cujo ser consiste, como ec-sistência, em morar na vizinhança do Ser. O homem é o vizinho do Ser".[(3)]

Ora, Heidegger procura destacar a importância da *Humanitas* do *homo humanus*! É, pois, um humanismo no sentido mais elevado. É o humanismo que pensa o homem pela proximidade do Ser. É nesse sentido que a partir da apropriação dessas lições, o fundamento do direito ganha um colorido todo especial, pois aproxima o *homo humanus* ao epicentro do ordenamento jurídico. Melhor dizendo: a prestação jurisdicional dita a partir da proveniência do Ser.

As relações jurídicas compreendidas a partir da *hermenêutica do tu* (do outro). E toda esta dificuldade tem origem no afastamento do direito com a filosofia existencialista que faz o pensamento ingressar num esquecimento do Ser, provocando decisões judiciais distanciadas da ec-sistência do homem. Por isso um abismo separa o "filosofar" do "decidir" sobre um fracasso de um pensamento silente, especialmente, quando o julgador decide distanciado da Verdade do Ser.

Só depois de abrir as portas e procurado percorrer o caminho indicado por Heidegger (procurado abrir um caminho melhor), os "operadores do direito" encontrarão um caminho livre para descortinar a Essência do homem na esfera jurídica.

(1) HEIDEGGER, Martin. *Sobre o Humanismo*. Tradução de Emmanuel Carneiro Leão. 2. ed. Rio de Janeiro: Tempo Brasileiro, 1995. p. 59.

(2) *Ibid.*, p.64.

(3) *Ibid.*, p.68.

É preciso esclarecer, desde logo, que esta forma de pensar não está alinhada aos valores (nível axiológico), senão caminha em direção à ec-sistência do homem (nível ontológico). Vejamos, abaixo, os ensinamentos heideggerianos:

> Porque se fala contra os 'valores' surge uma indignação em face de uma filosofia que — assim se pretende — se atreve a desprezar os bens mais elevados da humanidade. Pois, o que é 'mais lógico' do que isto: um pensamento que nega os valores, terá necessariamente que declarar tudo sem valor? [...]
>
> O pensamento contra 'os valores' não afirma ser sem valor tudo que se considera como 'valores', a saber, a 'cultura', a 'arte', a 'ciência', a 'dignidade humana', o 'mundo', e 'Deus'. Ao contrário. **Trata-se de se compreender de uma vez por todas, que, ao caracterizar algo como um 'valor', se lhe rouba a dignidade.** O que quer dizer: ao se avaliar uma coisa como valor, só se admite o que assim se valoriza, como objeto de avaliação do homem. Ora, o que uma coisa é, em seu ser, não se esgota em sua ob-jetividade e principalmente quando a ob-jetividade possui o caráter de valor. Toda valorização, mesmo quando valoriza positivamente, é uma subjetivação. Pois ela não deixa o ente ser mas deixa apenas que o ente valha, como objeto de sua atividade (*Tun*). **O esforço extravagante, de se provar a objetividade dos valores, não sabe o que faz.** Dizer-se que "Deus" é o "valor supremo", é uma degradação da Essência de Deus. Pensar em termos de valor é aqui — como alhures — a maior blasfêmia, que jamais se possa pensar em relação ao Ser. Pensar contra os valores não significa, por conseguinte, tocar os tambores da desvalorização (*Wertlosigkeit*) e da nulidade (*Nichtigkeit*) do ente mas significa: pro-pôr ao pensamento, contra a subjetivação do ente, como simples ob-jeto, a clareira da Verdade do Ser. (grifo nosso)(4)

O direito deve ser ontologicamente analisado a partir da hermenêutica ligada ao modo de ser-no-mundo, a uma essência do Ser que é a Essência do homem, ao *homo humanus;* é realizada de forma originária, através de uma pré-compreensão jurídica em que o intérprete está inserido numa tradição histórica na qual se insere (círculo hermenêutico). Isto representa que o julgador somente poderá atingir o significado dos entes a partir de seu horizonte histórico, a partir de uma *situação hermenêutica.*

O importante é destacar a pretensão de se renunciar a lógica formal (lógica apofântica, lógica dos entes) no pensamento jurídico para entronizar em seu lugar a lógica do Ser (a lógica da diferença ontológica) e, assim, proclamar, o lugar de destaque da dignidade da pessoa humana. Lançado deste modo, o pensamento jurídico deve apontar para a abertura do Ser, cujo homem na sua ec-sistência está no epicentro do ordenamento jurídico. Heidegger afirma que "o homem é, em sua Essência, primeiro-ec-sistente na abertura do Ser".(5)

Dessa maneira, pensar o direito a partir da questão sobre a Verdade do Ser, questiona de modo mais originário e profundo os seus fundamentos. Somente a partir da Verdade do Ser, o direito pode ser pensado à luz da dignidade da pessoa humana.

---

(4) HEIDEGGER, Martin. *Sobre o Humanismo*. Tradução de Emmanuel Carneiro Leão. 2. ed. Rio de Janeiro: Tempo Brasileiro, 1995. p. 77-78.

(5) *Ibid.*, p. 79.

Heidegger afirma que:

> "Na ec-sistência abando-na-se o âmbito do *homo animalis* da metafísica. [...]. Pensar a Verdade do Ser significa igualmente: pensar a *humanitas* do *homo humanus*. Trata-se de por a *humanitas* a serviço da Verdade do Ser, mas sem o humanismo em sentido metafísico.
>
> Se, porém, a *humanitas* estão tão Essencialmente no campo de visão do pensamento do Ser, não terá então a "ontologia" de ser completada pela "ética"?"[6]

Será, portanto, que o pensamento jurídico pode continuar esquivando-se a pensar o homem na sua ec-sistência como o modo mais originário e nobre de ser pensado no Direito? A origem da palavra ética vem do grego *ethos*, que quer dizer o modo de ser, o caráter. Heidegger afirma que *ethos* significa estada (*Aufenthalt*), "lugar de morada. Evoca o espaço aberto onde mora o homem. É a abertura da estada que faz aparecer o que ad-vém, con-venientemente, à Essência do homem e, assim ad-vindo, se mantém em sua proximidade. A estada do homem retém o ad-vento daquilo, ao qual o homem, em sua Essência, pertence".[7]

Parece estranho, mas o que se procura é a recolocação do "dizer o direito" no caminho da Verdade do Ser, ou seja, que esteja apontando para um fundamento que seja "efetivamente fundamental". Ora, enquanto o direito não for pensado com as cores e luzes da Verdade do Ser, ele fica, pois, sem fundamento. Por isso essa necessidade de recolocação do fundamento do direito na direção do fundamento Essencial donde provém o pensamento da Verdade do Ser.

É, pois, um pensamento mais rigoroso do que o conceitual. O pensamento que procura pensar o direito numa dimensão totalmente diferente, a partir do horizonte da *humanitas do homu humanus*.

Neste ponto, mais uma vez, as lições heideggerianas indicam a importância desse pensamento que pode ser apropriado pelo direito. Vejamos:

> Pois se tem de perguntar: Se o pensamento, pensando a Verdade do Ser, determina a Essência da *humanitas*, como ec-sistência, a partir da dependência (*Zugehõrigkeit*) dessa para com o Ser, será que um tal pensamento permanece apenas uma representação teórica do Ser e do homem? Ou será que, desse conhecimento, se pode retirar e prescrever indicações para a vida prática?
>
> A resposta é uma só: um tal pensamento não é nem teórico nem prático. É antes dessa distinção do teórico e prático que se a-propria. Na medida em que ele é ele mesmo, um tal pensamento não é senão a memória do Ser e nada mais. Pertencendo ao Ser, por ter sido lançado pelo Ser na guarda e proteção de sua Verdade e assim para ela requisitado, pensa ele o Ser. Um tal pensar não dá resultado. Não tem efeito. Ele se basta à sua Essência, *sendo*. [...]
>
> O pensamento constrói na casa do Ser. Nessa, e como tal, as junturas (*die Fuge*) do Ser dis-põem numa com-juntura, sempre de acordo com o destino

(6) HEIDEGGER, Martin. *Sobre o Humanismo*. Tradução de Emmanuel Carneiro Leão. 2. ed. Rio de Janeiro: Tempo Brasileiro, 1995. p. 82-83.

(7) *Ibid.*, p. 85.

> Histórico, a Essência do homem a morar na Verdade do Ser. Esse morar constitui a *Essência* do ser-no-mundo. [...]
>
> Sem embargo, o pensamento nunca cria a casa do Ser. Ele apenas acompanha a ec-sistência Histórica, isto é, a *humanistas* do *homu humanus*. [...]"[8]

A seguir, Heidegger aponta a relação da Verdade do Ser com a recomendação das prescrições que se tornam leis e regras para o homem. Vejamos:

> Somente na medida em que o homem, ec-sistindo na Verdade do Ser, pertence ao Ser, é que pode provir do próprio Ser a recomendação das prescrições que tornar-se-ão para o homem lei e regra. Em grego, recomendar é *némein*. **O *nómos* não é apenas a lei, porém, mais originariamente, a recomendação protegida pelo destinar-se do Ser**. Só essa recomendação pode dispor o homem para o Ser. E somente essa disposição pode trazer e instaurar obrigações. Do contrário, toda a lei permanecerá e continuará apenas um produto (*das Gemächte*) da razão humana. **Mais essencial para o homem do que todo e qualquer estabelecimento de regras é encontrar um caminho para a morada na Verdade do Ser**. [...] O Ser é a guarda que resguarda o homem, em sua Essência ec-sistente, para a Verdade do Ser a ponto de fazer a ec-sistência habitar (*behausen*) na linguagem. Por isso a linguagem é conjuntamente (*zumal*) a casa do Ser e a habitação da Essência do homem." (grifo nosso).[9]

Heidegger ainda explica a relação do pensamento do Ser com o comportamento teórico e prático ao afirmar que "ele ultrapassa qualquer consideração, por se ocupar da luz na qual se pode mover e manter a visão da teoria. O pensamento se atém à clareira do Ser, inserindo seu dizer do Ser na linguagem, como a habitação da ec-sistência. Assim **o pensamento é um atuar**. Mas um atuar que, ao mesmo tempo, ultrapassa toda a prática"[10] (grifo nosso). Dessa maneira, "a primeira lei do pensamento não são as regras da lógica. A primeira lei do pensamento é destinar o dizer do Ser, como o destino da Verdade".[11]

3. CONCLUSÕES

Isto significa dizer que a compreensão hermenêutica do direito tem seu fundamento posto na pessoa, a partir de um viés ontológico (Verdade do Ser), historicamente situado. Ora, uma das finalidades precípuas do direito é a pacificação social, daí a necessidade de apresentar respostas à questão quanto à diferenciação do direito e do "não-direito". É, pois, esse fundamento ontológico que dará legitimidade e compreensão da própria realização do direito.

A procura do significado da compreensão da existência humana (o homem na sua ec-sistência) se traduz, portanto, na viragem da fundamentalidade do ordenamento jurídico alinhada à condição de possibilidade da compreensão (devir). A hermenêutica

---

(8) HEIDEGGER, Martin. *Sobre o Humanismo*. Tradução de Emmanuel Carneiro Leão. 2. ed. Rio de Janeiro: Tempo Brasileiro, 1995. p. 90-91.

(9) *Ibid.*, p. 94-95.

(10) *Ibid.*, p. 95.

(11) *Ibid.*, p. 99.

filosófica, nesta perspectiva, ganha maior sentido, uma vez que supera a hermenêutica "metodológica" como paradigma de compreensão do direito. É uma compreensão realizada a partir de uma certa situação atual (caso concreto *decidendo*) no contexto de uma tradição histórico-cultural que se traduz numa fusão de horizontes.

Existe, pois, um entrelaçamento entre a norma, a hermenêutica e o caso concreto *decidendo*, com o firme propósito de obter uma adequada e justa decisão judicial. A perspectiva fundamental tem como ponto de partida e ponto de chegada a dignidade da pessoa humana vista e compreendida a partir da ec-sistência do homem.

A decisão judicial não depende de uma escolha do magistrado, mas antes o precede e o constitui. Isto significa dizer que o fundamento e a compreensão do direito já estão lançados em certa abertura histórica, ou seja, já dispõe de um conjunto historicamente dado de normas (de pre-juízos) que possibilita o acesso aos entes. Toda a exegese jurídica está condicionada pelo fato de dispormos de certos pré-juízos. Daí que, quando nos pomos a analisar e refletir criticamente as normas jurídicas (direito posto), é necessária a utilização de certos instrumentos conceituais historicamente situados.

É uma espécie de pré-compreensão que o magistrado não escolhe ao percorrer o ordenamento jurídico, senão que o constitui enquanto *Dasein*. É abertura do *Dasein* ao ente, abertura na qual o *Dasein se encontra já antes de qualquer decisão*.

Cabe, pois, ao magistrado evitar a deformação e a inautencidade em dizer o direito, na medida em que deixa aparecer o seu fundamento como ele é. A *essência do direito* não é uma propriedade do homem, mas dele se apropria. É o deixar-ser o direito, é um (des)velamento do direito na estreita relação entre ser e ente.

A hermenêutica jurídica clássica (tradicional, metodológica) tem a característica de um esquecimento do ser (esquecimento da essência do direito). Este esquecimento da essência do direito manifesta-se no fato de que para a maioria dos juízes e operadores jurídicos a noção de direito é uma noção óbvia que não requer ulteriores explicações ou justificações. Isto equivale a afirmar que a noção de direito é condicionada à mera subsunção do fato à norma.

Ora, a compreensão do direito e a consequente decisão jurídica não dependem da concepção do magistrado ou da simples aplicação da norma. Ao contrário, toda a decisão só pode ocorrer dentro de uma abertura de possibilidades já aberta; é a essência da verdade ou, mais amplamente, o *ser* do direito. O fundamento do direito não é outra coisa que a abertura histórica que o constitui. Esta abertura que não pertence à consciência do magistrado, mas a qual ele próprio pertence, é a história do ser. É uma espécie de espiral hermenêutica, a qual o magistrado se insere, produzindo, pois, profundas alterações no modo de entender e realizar o Direito.

O que o direito já *é* quando o determinamos em enunciados é a maneira de lidar com ele. Nesse contexto, ele é "algo como algo"; portanto, "algo como utilizável desta ou daquela maneira". O saber utilizar, usar e dizer o direito implica uma descoberta segundo o "como hermenêutico". É, pois, uma espécie de "dar sentido", "esclarecer", "explicitar", "desenvolver" ou "pôr em obra". Assim, é possível afirmar que o dizer o direito sempre está relacionado com o "como hermenêutico", uma vez que o direito é um realizar-se, um acontecer.

Os enunciados jurídicos apenas ganham expressão na medida em que são construídos na familiaridade do contexto da experiência jurídica. É um descobrir mais originário do ordenamento jurídico. A norma jurídica possuirá sua determinabilidade tão somente no contexto do caso concreto *decidendo* e, ademais, também não se pode simplesmente interpretá-la e delimitá-la em sua mesmidade ante às demais normas em jogo.

O homem não pode ser visto como um homem abstrato inserido nos padrões normativos de uma dada sociedade, mas devemos considerá-lo no processo hermenêutico como ser-no-mundo (Dasein, estar-aí). Assim, o processo de interpretação judicial deve ser construtivo, prospectivo, alinhado com a dinâmica do homem, ou seja, no seu modo de poder ser.

Pensar o direito na sua forma mais originária significa concretizar o direito (concretude judicial) com lastro na analítica existencial, libertando-o de toda a possibilidade de interpretação inautêntica do direito. É um **salto hermenêutico** em direção à indagação do sentido e da **essência do direito**. Pensar assim significa dizer que a essência do direito não se desenvolve objetivamente (coisificação do direito; relação sujeito-objeto) aos olhos da sociedade; ao revés, a essência do direito é sempre a essência da história do homem, já que a relação com o ser jamais poderá ser concebida como uma relação entre um *sujeito* e um *objeto*.

Daí que com o conceito de *ser-no-mundo*, Heidegger caminha para uma análise hermenêutico-existencial da estrutura prévia de qualquer compreensão do mundo (mundo em sentido diverso da relação ôntico-empírico, mas sim ontológico)[(12)], afastando-se, pois, das teorias da representação e da filosofia da consciência, já que a compreensão estaria sustentada na abertura do *ser-no-mundo*. A constituição do sentido será permeada pela *historicização* da questão da condição de possibilidade.

No § 6 (A tarefa de uma destruição da história da ontologia) de *Ser e Tempo*, Heidegger defende a necessidade de desconstrução da metafísica ocidental. É, pois, uma superação da filosofia transcendental kantiana, no sentido de caminhar em direção de uma ontologia fundamental, visando o estabelecimento, no horizonte da compreensão do ser, de uma analítica existencial para explicar a estrutura prévia de sentido.

O ser do ser-aí (*Dasein*, pre-sença) tem o seu sentido na temporalidade, ou seja, a historicidade indica a constituição ontológica do "acontecer" próprio do ser-aí como tal.[(13)] Heidegger procura destruir (ou recolocar) a questão clássica da ontologia. O filósofo explica que Kant fracassou na tentativa de penetrar na problemática da temporalidade. Duas coisas o impediram: "em primeiro lugar, a falta da questão do ser e, em íntima conexão com isso, a falta de uma ontologia explícita da pre-sença ou, em terminologia kantiana, a falta de uma analítica prévia das estruturas que integram a subjetividade do sujeito".[(14)]

Heidegger trata a questão do ser no plano da possibilidade (caráter de transcendentalidade) como o modo de *ser-no-mundo*. Heidegger procura desconstruir (não visa destruir) a metafísica ocidental revendo os conceitos da ontologia.

Assim, o plano da possibilidade (plano que fundamenta a questão do ser) está acima do plano da realidade. Daí que para analisarmos o caso concreto *decidendo* na esfera jurídica, torna-se necessário dar conta das condições de possibilidade da verdade.

---

(12) Heidegger, em *Ser e Tempo*, afirma que "o mundo ele mesmo não é um ente intramundano, embora o determine de tal modo que, ao ser descoberto e encontrado em seu ser, o ente intramundano só pode se mostrar porque mundo "se dá"". HEIDEGGER, Martin. *Ser e Tempo*: Parte I. Tradução de Marcia Sá Cavalcante Schuback. 12. ed. Petrópolis: Vozes, 2002. p. 114.

(13) *Ibid.*, p. 48.

(14) *Ibid.*, p. 52-53.

Nos dias de hoje, as discussões jurídicas acerca das condições sobre as quais se torna decidível uma norma jurídica são de fundamental importância. Especialmente diante de princípios e cláusulas abertas, o magistrado não tem o condão de dizer o direito de qualquer forma. O que nos interessa é relacionar o *direito* à *verdade* (aquela pautada na analítica existencial), dando conta do mundo concreto do direito. Daí que mais importante que a intencionalidade é a revelação posta pela compreensão no seio do ordenamento jurídico. O conceito de consciência é, pois, substituído pelo de abertura.

No direito é necessário encontrarmos uma condição de possibilidade da ordem jurídica que seja anterior à própria linguagem, enunciados e proposições jurídicas. Algo que seja revelado como fundamento do direito em sua co-originalidade, isto é, um elemento que seja posto como fundamento de toda a ordem jurídica que não represente um fundamento da tradição metafísica. *Ser-no-mundo* indica esse elemento heideggeriano. A problemática da verdade em Heidegger não é simplesmente a questão da referência ou do significado, senão uma discussão mais profunda e originária do conceito de *mundo* em que propriamente se desvela a significância ou a significabilidade. Daí a importância do modelo da verdade manifestativa (analítica existencial) sobre a verdade proposicional. No direito devemos encontrar, então, um espaço anterior de fundamentalidade com o firme propósito de compreendermos e justificarmos a aplicação das normas jurídicas.

O conceito de *Dasein* é um constructo heideggeriano onde os elementos de totalidade (*cuidado, cura, Sorge*), revelação, significância, mundo etc. vão receber destaque no processo de interpretação constitucional e compreensão do direito. Ora, é a partir da analítica existencial que a problemática fundamentação jurídica ganha significância, enquanto *Auslegung* ("como" hermenêutico), que é o *locus* de emergência da expressividade da linguagem do direito. É um lugar mais originário de desvelamento do direito. Daí que o direito é um acontecer.

A norma jurídica não pode ser mais vista como um objeto (*quid*) de análise do intérprete, senão como um "como" hermenêutico (*Wie*). É, pois, o *como hermenêutico* que deve anteceder o *como apofântico*. É um *como hermenêutico* lastreado pelos teoremas da diferença ontológica e da circularidade hermenêutica. A questão do ser deve estar ligada à questão da essência do direito. Seria possível, no âmbito da fundamentação jurídica, a substituição da *Grundnorm* pela *Grundwie* ("um como fundamental")?

Assim, o pensamento heideggero-gadameriano, de cariz ontológico, está na base das perspectivas da metodologia jurídica da atualidade, pondo em crise todos os modelos formais do discurso jurídico. É necessária, pois, uma reflexão sobre a compreensão do direito.

REFERÊNCIAS

HEIDEGGER, Martin. *Sobre o Humanismo*. Tradução de Emmanuel Carneiro Leão. 2. ed. Rio de Janeiro: Tempo Brasileiro, 1995.

HEIDEGGER, Martin. *Ser e Tempo*: Parte I. Tradução de Marcia Sá Cavalcante Schuback. 12. ed. Petrópolis: Vozes, 2002.

Impactos na saúde do trabalhador terceirizado após a Reforma Trabalhista

Impacts on the health of outsourced workers after the Labor Reform

Daniela Andrade da Graça (*)

Resumo: Com o objetivo de demonstrar o crescente desenvolvimento de doenças psicossomáticas e físicas no trabalhador ocasionadas pela flexibilização do trabalho, ocasionada pela terceirização no mundo pós Reforma Trabalhista, demonstraremos a precariedade de condições de trabalho dos trabalhadores terceirizados, em flagrante ruptura aos valores constitucionais previstos na Constituição da República Federativa do Brasil, como forma de desvalorização do trabalho (art. 170). A Constituição da República Federativa do Brasil de 1988 foi constituída com o fim basilar de resguardar bens jurídicos essenciais para uma vida digna, prevendo com isto proteções à dignidade, saúde e condições financeiras do trabalhador. Em busca deste fim, ao decorrer dos anos fora sendo feitas modificações político-sociais para ampliar os direitos dos trabalhadores, surgindo com estas mudanças a Lei n. 13.467/2017. Dentre as mudanças trazidas pela Reforma Trabalhista, nos deparamos com as inovações inerentes ao instituto da terceirização, o qual foi indubitavelmente atingido, podendo inclusive, a partir da promulgação da reforma, terceirizar tanto a atividade-meio quanto a atividade-fim, causando, assim, supressão de direitos dos empregados.

Palavras-chave: terceirização; saúde mental e física; pós reforma trabalhista.

Abstract: With the aim of demonstrating the growing development of psychosomatic and physical illnesses in workers caused by outsourcing in the post-labor reform world, we will demonstrate the precarious working conditions of outsourced workers, in flagrant rupture with the constitutional values provided for in the Constitution of the Federative Republic of Brazil, as a form of devaluation of work (art. 170). The Federal Constitution of 1988 was constituted with the basic purpose of safeguarding essential legal assets for a dignified life, thus providing protections for the dignity, health and financial conditions of the worker. In pursuit of this end, over the years, political and social changes have been made to expand workers' rights, with these changes appearing Law No. 13467/2017. Among the changes brought about by the labor reform, we are faced with innovations regarding the outsourcing institute, which was undoubtedly achieved, and it may even, from the promulgation of the reform, outsource both the core activity and the core activity, thus causing the suppression of employee rights.

Keywords: outsourcing; mental and physical health; post labor reform.

INTRODUÇÃO

As organizações e empresas, para se manterem na acirrada disputa de mercado, estão buscando cada vez mais a crescente forma de flexibilização do trabalho. A ideia de flexibilização está vinculada com o aumento da produtividade e redução de custos

(*) Advogada Previdenciária e Trabalhista. Pós-graduada em Direito do Trabalho e Previdenciário e Direito Público. Membro do Grupo de Pesquisa vinculado à FUNADESP, sob a coordenação da Prof^a^. Benizete Ramos de Medeiros, vinculado ao PPGD/UVA.

diante da alta concorrência do cenário laboral brasileiro, sendo, estas, estratégias para as empresas se manterem no competitivo mercado de trabalho. Em contrapartida da redução de custos e aumento de produtividade, encontramos os impactos que vêm sendo ocasionados na saúde dos trabalhadores, como doenças ocupacionais e graves acidentes de trabalho. Dentre as formas mais utilizadas de flexibilização do trabalho encontramos a terceirização de serviços, que vem refutando valores constitucionais em prol do capital e em prejuízo da saúde dos trabalhadores, os quais estão sendo fortemente impactados com a precarização do trabalho.

Embora a terceirização tenha sido criada com o intuito de facilitar a contratação da mão de obra por empresas, para que estas consigam se manter frente ao cenário competitivo, a parte frágil da relação vem sofrendo com a precarização das condições de trabalho, contudo, para manterem sua subsistência e de suas famílias, aceitam e se subordinam a tais condições.

1. EVOLUÇÃO DA TERCEIRIZAÇÃO NO BRASIL

Com a promulgação da Lei n. 6.019/74, que dispõe sobre o trabalho temporário nas empresas urbanas e outras providências, iniciou-se no ordenamento jurídico brasileiro os principais ideais sobre a terceirização, tratando da terceirização como uma atividade temporária, mas não definiu os seus limites de alcance, ficando sob responsabilidade da Súmula n. 256 do TST, a qual definiu que somente seria lícita a contratação de trabalhadores por empresa interposta nos casos de serviço de vigilância e trabalho temporário; nos demais casos, a contratação configurava vínculo empregatício diretamente com o tomador de serviços.

Posteriormente, com o fim de regulamentar o assunto, o Tribunal Superior do Trabalho (TST) emitiu a Súmula n. 331, a qual aumentou o alcance da terceirização, prevendo a possibilidade de terceirizar atividade-meio. Vindo subsequentemente a Lei n. 13.467/2017, a qual trouxe mudanças significantes, dentre elas, a possibilidade de terceirizar qualquer atividade da empresa, não havendo mais razão para distinguir o que seria atividade-meio ou atividade-fim da empresa.

Assim, a partir da promulgação da Reforma Trabalhista, Lei n. 13.467/2017, o conceito de terceirização foi amplamente modificado, alterando especificamente o artigo 4º, com a inclusão dos artigos 4º-A e 4º-B, e o artigo 5º, que incluiu os artigos 5º-A e 5º-B. Consoante a supracitada lei, a terceirização: "considera-se prestação de serviços a terceiros a transferência feita pela contratante da execução de quaisquer de suas atividades, inclusive sua atividade principal, à pessoa jurídica de direito privado prestadora de serviços que possua capacidade econômica compatível com a sua execução"(1). Embora a reforma tenha aumentado o alcance das atividades, não especificou o que seria atividade-meio ou fim da empresa, motivo pelo qual as empresas vêm terceirizando quaisquer serviços que julguem necessários para o desenvolvimento e melhorias do seu empreendimento.

(1) BRASIL. Artigo 4-A, Lei n. 13.467, de 13 de julho de 2017. Altera a Consolidação das Leis do Trabalho (CLT), aprovada pelo Decreto-Lei n. 5.452, de 1º de maio de 1943, e as Leis ns. 6.019, de 3 de janeiro de 1974, 8.036, de 11 de maio de 1990, e 8.212, de 24 de julho de 1991, a fim de adequar a legislação às novas relações de trabalho. Portal da Legislação do Governo Federal.

José Cairo Júnior[2] explica que tal fenômeno constitui um "procedimento adotado pela empresa que transfere a outrem a execução de uma parcela de sua atividade permanente ou esporádica, dentro ou além dos limites do seu estabelecimento, com a intenção de melhorar a sua competitividade, produtividade e capacidade lucrativa".

A subcontratação de atividades essenciais ao empreendimento, conforme acrescentado pela Lei n. 13.429/2017, modifica o fim primordial da criação do fenômeno da terceirização desde os primórdios da sua inserção no mundo capitalista, a qual seria, a de aumentar a produtividade e qualidade dos produtos e serviços da empresa.

Verifica-se, portanto, que este fenômeno ocasiona uma ruptura do modelo bilateral da relação empregatícia entre empregado e empregador e insere uma relação tripla, com a inserção da empresa tomadora de serviços: empregado, empregador e tomador de serviço.

Com a possibilidade de terceirizar qualquer serviço surgiu o que chamamos de precarização das condições de trabalho, tendo em vista que a empresa tomadora de serviços não tem que arcar com as verbas trabalhistas inerentes ao vínculo empregatício, competindo a aquela apenas o pagamento pelo serviço.

Assim, estamos diante de uma verdadeira regressão social, tendo em vista que os empregadores serão mais beneficiados ao contratarem empresas terceirizadas ao invés do empregado imediato. Com o receio de não terem condições para manterem sua subsistência e de suas famílias, os empegados para não perderem seu emprego ou até mesmo para conseguirem uma fonte de renda, começaram a aceitar valores ínfimos e altas jornadas de trabalho.

2. DA PRECARIZAÇÃO DAS CONDIÇÕES DE TRABALHO

Com a finalidade de denominar o retrocesso trabalhista mediante a terceirização após a Reforma Trabalhista, surgiu a nomenclatura conhecida como "precarização". Sendo esta a palavra encontrada para expressar as péssimas condições de emprego, as quais os empregados vêm se submetendo para se manterem numa relação empregatícia.

A ampliação do alcance da terceirização no ponto de vista de Silva[3] fez com que a empresa contratante visualize o empregado terceirizado como uma ferramenta, apenas uma mão de obra e não mais como um colaborador, não se preocupando, portanto, com o fornecimento de equipamentos, treinamento ou espaço adequado para o desempenho das atividades laborais.

Num mundo onde o cenário encontrado é a força do capital *versus* a fragilidade do empregado, que tenta apenas manter sua subsistência, a possibilidade de não pagar verbas e encargos trabalhistas por meio da terceirização fez com que a parte frágil desta relação aceitasse quaisquer condições de trabalho. Frente a este novo cenário resulta muito mais efeitos lucrativos a contratação de terceirizados ao invés de empregados

---

(2) CAIRO JÚNIOR, José. *Curso de Direito do Trabalho*: direito individual e coletivo do trabalho. 5. ed. Salvador, 2010, p. 311.

(3) PAIXÃO, Caroline Fernandes e SANTOS, Gisele de Almeida. 2021. *O impacto da terceirização na saúde mental do trabalhador*: análise psicossocial do documentário "Dublê de eletricista". Disponível em: <https://repositorio.animaeducacao.com.br/bitstream/ANIMA/14735/10/TCC_O%20IMPACTO%20DA%20TRCEIRIZA%C3%87%C3%83O%20NA%20SA%C3%9ADE%20MENTAL%20DO%20TRABALHADOR%20AN%C3%81LISE%20PSICOSSOCIAL%20DO%20DOCUMENT%C3%81RIO%20DUBL%C3%8A%20DE%20ELETRICISTA%20%283%29.pdf.

diretos. Mediante a contratação do terceirizado, a empresa contratante, tomadora dos serviços, não tem custos com equipamentos de proteção, verbas trabalhistas, nem mesmo os impostos decorrentes desta.

Conforme os estudos realizados pelo Departamento Intersindical de Estatística e Estudos Socioeconômicos (DIEESE), ao analisar a remuneração e jornada de trabalho dos empregados terceirizados, perceberam que 27% dos empregados recebem menos do que os empregados contratados diretamente, além de se subordinarem a jornadas de trabalho 7% maiores do que os demais trabalhadores. Estamos, portanto, frente a uma crise política, econômica e moral que indireta e diretamente enfraquece o princípio da proteção ao trabalhador, visto que passou-se a priorizar a empresa ao invés do empregado.

Quanto à jornada de trabalho, o mesmo estudo realizado pelo DIEESE/CUT constatou que "os trabalhadores terceirizados possuem jornada de 3 horas a mais semanalmente" do que um empregado direito, o que demonstra um aumento de estresse e cansaço por parte dos terceirizados. Além do que, segundo o estudo, "se a jornada dos trabalhadores fosse igual à jornada de trabalho daqueles contratados diretamente, seriam criadas cerca de 801.383 vagas de trabalho a mais"[(4)]. Com isto, confirmamos que há uma falácia ao escutarmos que a terceirização aumenta a quantidade de vagas de emprego.

Se não fosse o bastante, a precarização das condições de trabalho oriunda da Reforma Trabalhista, fora constatado um prejuízo ainda maior aos empregados com o cenário pós pandemia.

Com a pandemia ocasionada pela Covid-19, as empresas passaram a expandir-se rapidamente na retomada do desenvolvimento, tornando-se imprescindível como diferencial competitivo. Entretanto, devido ao prejuízo financeiro ocasionado pela pandemia, as empresas, para manterem os empreendimentos, optaram ainda mais pelas novas modalidades de serviço: terceirização; prazo determinado; prazo indeterminado; *home office*; temporário; tempo parcial; autônomo; horista; mensalista; experiência; intermitente; 12 x 36, dentre outras. Assim, a terceirização ganhou ainda mais força frente a um cenário caótico oriundo da pandemia ocasionada pela Covid-19 e, em contrapartida, aumentaram ainda mais as precarizações das condições de emprego, eis que, para se manterem após a pandemia, os empregados aceitaram condições ainda mais precárias e contrárias à dignidade da pessoa humana.

O impacto ocasionado pela terceirização pós REFORMA TRABALHISTA com a ampliação do seu objeto, alcançando atividades finalísticas, não se findou apenas no retrocesso das condições de trabalho, foi muito mais além, alcançando a saúde do trabalhador.

3. DOS IMPACTOS NA SAÚDE DO TRABALHADOR

A intensificação do trabalho, mediante jornadas de trabalho extraordinárias combinada com baixos salários, vem ocasionando desgastes físicos, intelectual e emocional ao trabalhador. As consequências desses sintomas são o surgimento de doenças como: estresse excessivo, depressão, síndrome do pânico, lesões por esforço repetitivo (LER) e até mesmo acidentes de trabalhado ocasionados pelo cansaço físico e mental.

(4) DIEESE/CUT. *Terceirização e desenvolvimento, uma conta que não fecha*. 2014.

Consoante dados obtidos pela Secretaria Especial de Previdência e Trabalho, houve o registro de aproximadamente 39 mil trabalhadores afastados de suas atividades por adoecimento de alguma das doenças listadas.

Além das jornadas excessivas e das baixas remunerações, a flexibilização do trabalho mediante a terceirização também trouxe consigo um ambiente de trabalho sem segurança adequada (EPI's), com materiais inadequados, ausência de fiscalização, ocasionando aumento nos acidentes de trabalho.

Com o fim de demonstrar quais seriam os motivos do aumento nos últimos anos dos graves acidentes de trabalhado, Costa(5) realizou uma pesquisa com trabalhadores terceirizados que atuam na Procuradoria Geral de Justiça do Estado do Rio Grande do Sul, nas funções de copa, limpeza, telefonia e recepção, constatando que ultimamente a inexistência de treinamentos e equipamentos de segurança têm ocasionado graves acidentes ao trabalhador. Além do que, o trabalho em excesso devido a jornadas excessivas conduz ao cansaço e ao esgotamento físico e mental, contribuindo para uma falta de atenção no desemprenho de atividades, ocasionando graves acidentes.

Dentre os inúmeros estudos realizados para averiguação das doenças e acidentes ocasionados pela terceirização, é relevante trazer à tona o realizado por Chilida e Cocco(6), após entrevistarem alguns trabalhadores do setor de limpeza hospitalar, que declararam sofrer doenças como tendinite e dermatite, inclusive afirmaram que o risco ocasionado pela utilização de produtos de limpeza juntamente com o trabalho repetitivo por longas jornadas aumentam a probabilidade de se envolverem em acidentes, inclusive com instrumentos perfurocortantes e fluídos biológicos, ante a utilização de equipamentos de proteção inadequados e cansaço físico e emocional. Seguindo a linha dos estudos acerca da saúde do trabalhador terceirizado, Petean(7) constatou que estes trabalhadores tendem a se sentir desvalorizados frente aos outros profissionais, sentindo um menor valor social.

A Associação Nacional de Medicina do Trabalho (ANAMT), averiguando o crescente número de doenças e acidente ocupacional, constatou que apenas 18% (dezoito por cento) das empresas empregadoras possuem programas para cuidar da saúde mental dos trabalhadores. Sendo constatado que os transtornos mentais e emocionais estão em segundo lugar como causa de afastamento do trabalho. Esses trabalhadores se sentem inseguros e cada vez mais desvalorizados, aumentando inclusive os problemas de relacionamento que afetam não só a vida profissional mas também a vida pessoal.(8)

O trabalhador terceirizado, após o adoecimento ou acidente, se depara com elevada dificuldade de ser abrangido pelas Políticas Públicas ou até conseguir comprovar sua condição de doença ou acidente ocupacional, fazendo com que muitos trabalhadores,

---

(5) COSTA, S. G. (2007). O pai que não é o patrão: vivências de sujeitos terceirizados no Ministério Público do Estado do Rio Grande do Sul. *Organizações & Sociedade*, 14(42), 97-113. doi: 10.1590/S1984- 92302007000300006.

(6) CHILLIDA, M. S. P. & Cocco, M. I. M. (2004). Saúde do trabalhador e terceirização: perfil de trabalhadores de serviço de limpeza hospitalar. *Revista Latino-Americana de Enfermagem*, 12(2),271-276. doi: 10.1590/S0104-11692004000200018.

(7) PETEAN, E.; COSTA, A. L. R. C. & RIBEIRO, R. L. R. (2014). Repercussões da ambiência hospitalar na perspectiva dos trabalhadores de limpeza. *Trabalho, Educação e Saúde*, 12(3),615-635. doi: 10.1590/1981-7746-sip00005.

(8) ANAMT. Apenas 18% das empresas mantêm um programa para cuidar da saúde mental. Disponível em: https://www.anamt.org.br/portal/2018/11/27/apenas-18-das-empresasmantem-um-programa-para-cuidar-da-saudemental/https://www.scielo.br/pdf/rbso/v41/2317-6369-rbso-41-e23.pdf.

por falta de conhecimento e suporte, enfrentem o desemprego, tendo em vista não terem mais condições físicas e psíquicas de trabalharem, consoante bem mencionado por Ricardo[9]. É de causar estranheza ao verificar que muitos empregados terceirizados acabam desempregados por doenças e acidentes ocupacionais, já que competem aos empregadores e aos gestores manterem um ambiente de trabalho seguro.

Se não fosse o bastante todos os prejuízos oriundos pelo crescimento do fenômeno da terceirização, há outro ponto prejudicial em relação à pulverização da organização sindical, eis que a terceirização dificulta o funcionalismo dos sindicatos que não conseguem negociar melhores condições de trabalho e remuneração, aumentando a desigualdade, podendo ser visivelmente constatada por meio da redução de salários e benefícios dos trabalhadores terceirizados.

O Estado, ao invés de realizar alterações significativas na legislação, de modo a melhorar e resguardar a saúde e condições de trabalho do trabalhador terceirizado, prefere apenas amenizar os danos e prejuízos já ocorridos. Em uma das formas de amenização, o Superior Tribunal de Justiça, por meio do julgamento do REsp 2.052.013[10], concedeu isenção do Imposto de Renda Pessoa Física ao trabalhador que comprovar que desenvolveu a tendinite em decorrência do trabalho. Com isto, ao invés de adotarem políticas e programas de segurança e saúde em prol do trabalhador, esperam os danos serem gerados para de forma paliativa tentarem amenizar o prejuízo ocasionado pela própria administração pública que editou as alterações da Reforma Trabalhista, a geradora do problema.

Assim, inúmeras são as consequências ocasionadas na vida do trabalhador terceirizado que, por não ter outra opção, aceita péssimas condições de trabalho, que colocam em risco sua vida e saúde física e mental por uma questão de sobrevivência. Até porque, conforme bem mencionado, para o empregador é muito mais benéfica a contratação por meio da flexibilização do que por meio do contrato direto e em vista da necessidade do trabalhador que aceita quaisquer condições para não ser dispensado.

CONCLUSÃO

À luz do exposto, tem-se constatado e demonstrado que o fenômeno da terceirização frente ao novo cenário mundial de mercado competitivo trouxe a desvalorização do trabalhador, tendo em vista que o primordial para as empresas contratantes é apenas a redução de gastos e o aumento da mão de obra. Assim, o trabalhador passou a ser utilizado como simples ferramenta, levando-o ao desgaste físico e emocional que vem ocasionando o desenvolvimento de doenças e acidentes ocupacionais. Com essa crescente flexibilização do trabalho, as doenças e acidentes ocupacionais aumentaram significativamente, levando inclusive ao desemprego por parte de muitos trabalhadores. Em contrapartida, devido à necessidade de muitos que necessitam do trabalho para manterem sua subsistência, outros trabalhadores entram no lugar daquele e, com o passar do tempo, o mesmo se repete, se tornando um ciclo vicioso, em prejuízo dos trabalhadores que não possuem amparo para tanto, em flagrante violação aos preceitos constitucionais e direitos trabalhistas.

(9) LARA, Ricardo. *Saúde do trabalhador*: considerações a partir da crítica da economia política. SCIELO: subtítulo da revista, Santa Catarina, v. 5, n. 3, p. 1, jan./2011. Disponível em: https://www.scielo.br/pdf/rk/v14n1/v14n1a09.pdf.

(10) Recurso Especial: Resp. 2.052.013. Relator: Francisco Falcão. DJ: 23.05.2023.

Além do mais, muitos trabalhadores após o adoecimento ou acidente encontram grandes dificuldades de comprovarem a natureza ocupacional e com isso poderem acionar as políticas públicas e benefícios previdenciários que, após seu retorno, lhe daria estabilidade provisória.

Com isto, é de fácil constatação que, com a possibilidade de terceirizar atividade-meio e fim, conforme previsão imposta pela Reforma Trabalhista, passamos a ter uma precarização no mercado de trabalhado, onde o único beneficiário são as empresas e organizações, que, conforme bem mencionado, veem o trabalhador apenas como uma ferramenta para o desenvolvimento da sua sociedade empresarial, sem, contudo, se preocupar com bem-estar, saúde e segurança do trabalhador.

Pode-se, portanto, observar que estamos diante de um retrocesso social, mediante a desvalorização dos direitos sociais, coletivos e individuais conquistados pela Constituição da República Federativa de 1988, em flagrante desrespeito ao Princípio da Dignidade da Pessoa Humana em prol da diminuição de custos para manutenção do capital de empresas e organizações.

REFERÊNCIAS

ANAMT. *Apenas 18% das empresas mantêm um programa para cuidar da saúde mental.* Disponível em: https://www.anamt.org.br/portal/2018/11/27/apenas-18-das-empresasmantem-um-programa-para-cuidar-da-saudemental/https://www.scielo.br/pdf/rbso/v41/2317-6369rbso-41-e23.pdf. Acesso em: 18 jun. 2023.

ARAGÃO, Bernardo Afonso Martins Farias *et al.* A terceirização pós reforma. 21 de novembro de 2018. Disponível em: <https://jus.com.br/artigos/70442/a-terceirizacao-pos-reforma-trabalhista>. Acesso em: 22 jul. 2023.

RECURSO ESPECIAL: Resp. 2.052.013. Relator: Francisco Falcão. DJ: 23.05.2023.

BRASIL. Lei n. 6.019 de 3 de janeiro de1974. Dispõe sobre o Trabalho Temporário nas Empresas Urbanas, e dá outras Providências. Lex: Coletânea de Legislação.

BRASIL. Lei n. 13.467, de 13 de julho de 2017. Altera a Consolidação das Leis do Trabalho (CLT), aprovada pelo Decreto-Lei n. 5.452, de 1º de maio de 1943, e as Leis ns. 6.019, de 3 de janeiro de 1974, 8.036, de 11 de maio de 1990, e 8.212, de 24 de julho de 1991, a fim de adequar a legislação às novas relações de trabalho. Portal da Legislação do Governo Federal.

BRASIL. Artigo 4-A, Lei n. 13.467, de 13 de julho de 2017. Altera a Consolidação das Leis do Trabalho (CLT), aprovada pelo Decreto-Lei n. 5.452, de 1º de maio de 1943, e as Leis ns. 6.019, de 3 de janeiro de 1974, 8.036, de 11 de maio de 1990, e 8.212, de 24 de julho de 1991, a fim de adequar a legislação às novas relações de trabalho. Portal da Legislação do Governo Federal.

CAIRO JÚNIOR, José. *Curso de Direito do Trabalho*: direito individual e coletivo do trabalho. 5. ed. Salvador, 2010, p. 311. 17. ed. Juspodivm, 2021.

CHILLIDA, M. S. P. *et al.* Saúde do trabalhador e terceirização: perfil de trabalhadores de serviço de limpeza hospitalar. *Revista Latino-Americana de Enfermagem*. 2004. doi: 10.1590/S0104-11692004000200018.

COSTA, S. G. O pai que não é o patrão: vivências de sujeitos terceirizados no Ministério Público do Estado do Rio Grande do Sul. *Organizações & Sociedade*, 2007. doi: 10.1590/S1984-92302007000300006.

DIEESE/CUT. *Terceirização e desenvolvimento, uma conta de não fecha*. 2014. Acesso em: 20 jul. 2023.

DIESSE. *Terceirização e precarização das condições de trabalho*: condições de trabalho e remuneração em atividades tipicamente terceirizadas e contratantes. São Paulo, 2017.

DRUCK, G. A terceirização no setor público e a proposta de liberalização da terceirização pelo PL 4330. *Blog da Boitempo*, 1 abr. 2015. Acesso em: 20 jun. 2023.

LARA, Ricardo. *Saúde do trabalhador*: considerações a partir da crítica da economia política. SCIELO: subtítulo da revista, Santa Catarina, v. 5, n. 3, p. 1, jan./2011. Disponível em: https://www.scielo.br/pdf/rk/v14n1/v14n1a09.pdf. Acesso em: 28 jul. 2023.

MANDARINI, Marina Bernado *et al*. *Revista de Psicologia Organizações e Trabalho*. vol. 16 n. 2 Brasília jun. 2016. Disponível em: <http://pepsic.bvsalud.org/scielo.php?script=sci_arttext&pid=S1984-66572016000200004>. Acesso em: 22 jul. 2023.

OLIVAR, Monica Simone Pereira. *Reforma Trabalhista, terceirização e acidentes de trabalho em uma Instituição Pública Federal*. Disponível em: <https://www.arca.fiocruz.br/bitstream/handle/icict/54870/214.pdf?sequence=2&isAllowed=y>. Acesso em: 20 jul. 2023.

PAIXÃO, Caroline Fernandes e SANTOS, Gisele de Almeida. 2021. O impacto da terceirização na saúde mental do trabalhador: análise psicossocial do documentário "Dublê de eletricista. Disponível em: <https://repositorio.animaeducacao.com.br/bitstream/ANIMA/14735/10/TCC_O%20IMPACTO%20A%20TERCEIRIZA%C3%87%C3%83O%20NA%20SA%C3%9ADE%20MENTAL%20DO%20TRABALHADOR%20AN%C3%81LISE%20PSICOSSOCIAL%20DO%20DOCUMENT%C3%81RIO%20DUBL%C3%8A%20DE%20ELETRICISTA%20%283%29.pdf. Acesso em: 20 jun. 2023.

SILVA, Thomás Luís *et al*. *A terceirização e a Reforma Trabalhista*: contribuiu para a precarização do trabalho? Disponível em: <https://repositorio.animaeducacao.com.br/bitstream/ANIMA/14194/4/TCC..pdf>. Acesso em: 18 jun. 2023.

TRIBUNAL SUPERIOR DO TRABALHO. Súmula 331. 2011. Disponível em: https://www3:tst:jus:br/jurisprudencia/Sumulas_com_indice/Sumulas_Ind_301_350:html. Acesso em: 26 abr. 2021.

Apontamentos sobre o trabalho remoto no Tribunal de Justiça do Estado do Rio de Janeiro – Principais normativas e questões controversas

Denise Mizrahi Birenbaum (*)

Resumo: O presente projeto tem por escopo trazer apontamentos sobre os dispositivos normativos que delimitam a atuação do trabalho remoto, precipuamente dos servidores, no âmbito do Tribunal de Justiça do Estado do Rio de Janeiro, trazendo consigo as questões controversas advindas da implementação do referido teletrabalho, tal como a disponibilidade de material de informática por parte dos servidores e o cumprimento de metas de produtividade.

Palavras-chave: teletrabalho; judiciário; normatização; controvérsia; metas; produtividade.

Abstract: The scope of this project is to bring notes on the normative devices that delimit the performance of remote work, mainly of servers, within the scope of the Court of Justice of the State of Rio de Janeiro, bringing with it the controversial issues arising from the implementation of said telework, such as the availability of computer equipment by servers and the fulfillment of productivity goals.

Keywords: telework; judiciary; standardization; controversy; goals; productivity.

1. INTRODUÇÃO

Este projeto visa apresentar apontamentos sobre as normas que disciplinam o trabalho remoto no âmbito do Poder Judiciário do Estado do Rio de Janeiro, precipuamente utilizado após o surgimento da pandemia da Covid-19, bem como evidenciar questões inquietantes decorrentes da implementação das diversas modalidades de teletrabalho no Tribunal de Justiça do Estado do Rio de Janeiro — TJRJ.

Este trabalho parte da premissa que teletrabalho é, segundo conceituação do Conselho Nacional de Justiça[1], a "modalidade de trabalho realizada, em parte ou em sua totalidade, de forma remota, com a utilização de recursos tecnológicos".

Primeiramente, serão abordadas as normas de regulamentação do teletrabalho adotadas pelo Conselho Nacional de Justiça, bem como as regras específicas editadas pelo Tribunal de Justiça do Rio de Janeiro.

(*) Servidora pública do Estado do Rio de Janeiro, Analista Judiciária no Tribunal de Justiça do Rio de Janeiro desde 2010, assessorando Desembargadores de competência cível desde 2009. Mestranda em Direito pelo Programa de Pós-Graduação em Direito da Universidade Veiga de Almeida (PPGD/UVA). Membro do Grupo de Pesquisa vinculado à FUNADESP, sob a coordenação da Profa. Benizete Ramos de Medeiros, vinculado ao PPGD/UVA.

(1) Artigo 2, I da Resolução n. 227, de 2016 do CNJ.

É de fundamental importância verificar-se a normatização existente em período pré-pandêmico, quando o teletrabalho era meio opcional de implementação da jornada de trabalho do servidor, mediante o preenchimento de determinadas condições.

Com o advento da pandemia da Covid-19, e, tendo em vista a necessidade abrupta de continuidade dos serviços judiciários, foi impositiva a implementação do regime de teletrabalho em todo o Poder Judiciário Fluminense, como regra de manutenção da jornada de trabalho regular.

O teletrabalho evidenciou, como indica Richard Sennett(2), a flexibilidade e o ataque às formas rígidas de burocracia, sendo claro indicativo do novo capitalismo flexível, onde de qualquer lugar as atividades podem ser impulsionadas.

Serão analisadas as metas de produtividade dos servidores no trabalho remoto, e no modo presencial, frente ao panorama de metas indicado pelo CNJ e pelo próprio Tribunal de Justiça do Rio de Janeiro para a prestação do trabalho remoto, em suas diversas modalidades.

Inconteste que todas as formas de teletrabalho, sejam elas pré ou pós-pandêmicas, possuem reflexos por deveras benéficos ao andamento dos trâmites judiciários, como bem salientou Antônio Carlos Villen(3) ao indicar a desnecessidade de locomoção ao local de trabalho como um enorme ganho econômico, e também de qualidade de vida para os envolvidos, quais sejam, servidores, magistrados, advogados e jurisdicionados.

2. REGULAMENTAÇÃO DO TRABALHO REMOTO PERANTE O CONSELHO NACIONAL DE JUSTIÇA

A Resolução n. 227(4) de 15 de junho de 2016 do Conselho Nacional de Justiça inaugurou a regulamentação do teletrabalho no âmbito do Poder Judiciário, possibilitando, desde então, a utilização de ferramentas concretas para a implementação do trabalho remoto, parcial ou total.

Domenico De Masi(5) já afirmava que:

> "A quantidade e a qualidade das idéias e bens produzidos são cada vez menos ligadas a um lugar e a um tempo fechados e precisos de produção; os novos meios de transporte e acima de tudo as novas tecnologias informáticas permitem, enfim, anular as distâncias e transformar o trabalho em teletrabalho, realizando (aqui e agora) o sonho antigo da ubiqüidade, porque a matéria-prima do trabalho intelectualizado — a informação — é suscetível, por sua natureza, à máxima transferência em tempo real."

Indica a Resolução n. 227/2016, parâmetros iniciais acerca da quantidade de servidores que podem ser colocados em teletrabalho, a fim, inclusive, de que não deixem

---

(2) SENNETT, Richard. *A corrosão do caráter*: consequências pessoais do trabalho no novo capitalismo. 16. ed. Rio de Janeiro: Record, 2015, p. 12 e 19.

(3) VILLEN, Antonio Carlos. Trabalho Remoto em segunda instância. *Cadernos Jurídicos*, São Paulo, ano 21, n. 55, p. 83-87, julho-setembro/2020.

(4) Disponível em: https://atos.cnj.jus.br/files/resolucao_227_15062016_17062016161058.pdf. Acesso em: 22 jun. 2023.

(5) DE MASI, Domenico. *O futuro do trabalho*: fadiga e ócio na sociedade. Rio de Janeiro: José Olympio, 2001, p. 208.

de experimentar a cultura organizacional presencial, no caso do trabalho remoto não ser total. O CNJ indica o teletrabalho preferencialmente àqueles servidores que desenvolvem atividades que dispensam uma menor interação com colegas de trabalho, e requer um maior esforço individual, com maior concentração, a exemplo de tarefas direcionadas para a elaboração de minutas de decisões e pareceres.

Com efeito, este posicionamento é a ratificação do que Domenico De Masi[(6)] explicitou sobre o teletrabalho:

> "Teletrabalho não é anarquia. Cada teletrabalhador opera dentro de um plano operacional que o interliga a todos os outros colegas, aos chefes e seus dependentes.
>
> O controle, antes de atuar sobre o processo, atua principalmente sobre os resultados; por isso, é menos dispendioso, menos alienante, mais apropriado ao trabalho intelectual — que já prevalece em toda parte sobre o trabalho manual — e mais respeitoso à dignidade do trabalhador. Assim como cada um dos teletrabalhadores pode ser alcançado, interpelado e coordenado pelo dono do trabalho, também pode ser alcançado, informado e organizado pelo sindicato." (grifos nossos)
>
> "Teletrabalho não é isolamento. O número menor de relacionamentos pessoais aqui do que no escritório, com os colegas, é amplamente compensado pelo maior número de relacionamentos pessoais em família, no edifício, no quarteirão. De resto, em cem cidadãos, apenas uns 30 trabalham em empresas; a socialização, portanto, é mais provável e mais "fisiológica" fora da empresa, no mundo das relações não coagidas.
>
> Por causa da atual divisão entre trabalho e vida, quase todos os trabalhadores, hoje, vivem como estranhos, seja no quarteirão onde trabalham de dia, seja no quarteirão onde dormem à noite. De fato, eles são como que desprovidos de cidade.
>
> Graças ao teletrabalho, é provável que o trabalhador hoje tirado de casa possa integrar-se ao quarteirão onde está o seu edifício, no edifício em que se situa o seu apartamento. A participação doméstica, administrativa e política terá tudo a ganhar.
>
> A vida social na empresa, sendo menos continuada e menos forçada, provavelmente passará a ser menos conflituada e mais agradável.
>
> A gestão dos recursos humanos vai-se transformar de função predominantemente legal e administrativa em função encarregada de manter a identidade empresarial e alimentar a cultura da empresa por meio das atividades de lazer e de trabalho."

O teletrabalho traz benefícios, inclusive, no que tange aos relacionamentos interpessoais, assim, considerados não só aqueles existentes no ambiente de trabalho, bem como no ambiente familiar e social.

---

(6) DE MASI, Domenico. *O futuro do trabalho*: fadiga e ócio na sociedade. Rio de Janeiro: José Olympio, 2001. p. 213.

A Resolução n. 227/2016 estabelece que os servidores em regime de teletrabalho terão meta de desempenho superior à dos servidores que desempenham suas funções nas dependências físicas do órgão de lotação. Registre-se que as metas de desempenho não constaram na Resolução n. 227/2016.

Outro ponto de importância a ser destacado refere-se à viabilidade de acesso à estrutura tecnológica para o teletrabalho, pois não basta a mera disposição de vontade do servidor em querer exercer o trabalho remoto, uma vez que deve dispor de condições técnicas para tal, muito embora caibam às unidades de tecnologia da informação dos órgãos do Poder Judiciário informar os requisitos tecnológicos mínimos, e conceder os acessos remotos aos seus servidores.

A Resolução n. 240[7], de 9 de setembro de 2016, por sua vez, veio dispor acerca da Política Nacional de Gestão de Pessoas no âmbito do Poder Judiciário, havendo clara indicação de que a implementação do trabalho à distância, nos termos da Resolução n. 227/2016, é fator de valorização do servidor e de garantia de um bom ambiente de trabalho, de modo a resguardar-se qualidade de vida aos servidores e magistrados.

Diante da regulamentação do teletrabalho na Consolidação das Leis do Trabalho, com as disposições inseridas pela Lei n. 13.467/2017, o CNJ editou a Instrução Normativa n. 74[8] de 19 de fevereiro de 2019 visando dar contornos mais delimitados ao trabalho remoto.

Nesse diapasão, foram indicados o prazo máximo de dois anos de teletrabalho perante o CNJ, podendo ser renovado por igual período, condicionados à observância das metas de desempenho.

Restou estipulada que a meta de desempenho dos servidores em regime de teletrabalho será de, no mínimo, 15% (quinze por cento) superior à estipulada para os servidores em regime de trabalho presencial.

Foi ratificada na Instrução Normativa n. 74 de 2019 ser de competência do servidor a tomada de providências quanto aos anteparos tecnológicos para o desempenho do teletrabalho anteriormente disposta na Resolução n. 227/2016, surgindo, fator curioso, no que tange à adequação de equipamentos, conforme padrões ergonômicos, sem contudo indicar quais seriam estes.

A Resolução n. 481[9] de 22 de novembro de 2022 realizou diversas modificações, seja revogando ou alterando Resoluções anteriores do próprio CNJ, de modo que todo o atuar indica uma clara posição de concretização de acesso à justiça através dos meios de informatização do processo judicial, inclusive, à exemplo da implementação do juízo 100% digital, com esteio na Resolução n. 345[10] de 2020 do Conselho Nacional de Justiça.

Em recente decisão proferida pelo Conselho Nacional de Justiça, no julgamento da consulta n. 0001646-69.2023.2.00.0000[11], apresentada pela Federação Nacional dos

(7) Disponível em: resolucao_comp_240_09092016_25032019150731.pdf (cnj.jus.br). Acesso em: 22 jun. 2023.

(8) Disponível em: https://atos.cnj.jus.br/files/compilado21062020210312604bd7cc451cc.pdf. Acesso em: 22 jun. 2023.

(9) Disponível em: https://atos.cnj.jus.br/files/original125734202211286384b03e81656.pdf. Acesso em: 22 jun. 2023.

(10) Disponível em: https://atos.cnj.jus.br/files/original175500202010145f873b7482503.pdf. Acesso em: 22 jun. 2023.

(11) Disponível em: https://www.cnj.jus.br/pjecnj/ConsultaPublica/DetalheProcessoConsultaPublica/documentoSemLoginHTML.seam?ca=446f3ca50c386801a611e4993c782ce910ad428da0d6892ee41244c-

Trabalhadores do Judiciário nos Estados (Fenajud), decidiu-se, por unanimidade, que os pedidos de trabalho remoto, nos termos da Resolução n. 343/2020 do CNJ, não devem computar servidores com deficiência para fins do percentual de 30% disposto no artigo 5º, III da Resolução n. 227/2016 do CNJ, de modo que é o teletrabalho a ferramenta principal para o servidores nessa condição.

A decisão do CNJ somente corrobora os benefícios manifestos para os servidores deficientes, bem como para os próprios Tribunais. De Masi(12) já prospectara que o teletrabalho traz benefícios para as empresas como a flexibilidade, a produtividade e a criatividade, ao passo que para os trabalhadores, precipuamente os deficientes, há benefícios quanto à autonomia, condições físicas, relações interpessoais e acesso ao trabalho.

3. REGULAMENTAÇÃO DO TRABALHO REMOTO NO TRIBUNAL DE JUSTIÇA DO ESTADO DO RIO DE JANEIRO

A Resolução n. 4 de 2015(13) do Conselho da Magistratura inaugurou a regulamentação do teletrabalho no âmbito deste Tribunal estadual, de modo rudimentar nas serventias judiciais de 1ª instância.

Na realidade, tratava-se de trabalho presencial, desempenhado por servidor vinculado à unidade diversa, na qual efetivamente estava executando suas tarefas. Nesta modalidade, as tarefas da unidade onde o servidor era efetivamente lotado eram executadas em unidade diversa, muitas vezes mais próxima da residência do servidor.

Em outubro de 2019, a Resolução n. 6(14) do Conselho da Magistratura estabeleceu o Regime Especial de Teletrabalho Remoto Externo (RETE) parcial e integral no âmbito da 2ª instância do Tribunal de Justiça do Estado do Rio de Janeiro, cujas metas de desempenho dos servidores lotados nas Secretarias das Câmaras são de, no mínimo, 20% superiores àquelas estipuladas para os servidores em trabalho presencial.

A eventual dificuldade de acesso remoto aos sistemas do TJRJ não foi item considerado capaz de configurar justificativa para o não cumprimento das metas de desempenho, havendo a indicação de comparecimento presencial do servidor para a execução de suas tarefas, sem contudo haver qualquer alusão no referido diploma legal, quanto ao percebimento do auxílio-locomoção nos dias de necessário deslocamento físico às instalações do TJRJ, quando o acesso remoto restar inviabilizado por motivos não imputáveis ao servidor.

Registre-se que, acaso o servidor compareça presencialmente para o desempenho de suas tarefas, poderá ocorrer, como bem salienta Mauricio Godinho Delgado(15), a descaracterização do regime de teletrabalho.

0890550c8166d2b5d4631b8556be5e1e7dedda33d39b484d172d84d8e&idProcessoDoc=5167619. Acesso em: 22 jun. 2023.

(12) DE MASI, Domenico. *O futuro do trabalho*: fadiga e ócio na sociedade. Rio de Janeiro: José Olympio, 2001, p. 212.

(13) Disponível em: http://www4.tjrj.jus.br/biblioteca/index.asp?codigo_sophia=188228&integra=1. Acesso em: 22 jun. 2023.

(14) Disponível em: http://www4.tjrj.jus.br/biblioteca/index.asp?codigo_sophia=218381&integra=1. Acesso em: 22 jun. 2023.

(15) DELGADO, Mauricio Godinho. *A Reforma Trabalhista no Brasil*: com os comentários à Lei n. 13.467/2017. São Paulo: LTr, 2017, p. 138.

Com o advento da pandemia da Covid-19 em março de 2020, foram expedidos os Atos Normativos Conjuntos 4[(16)] e 5[(17)] de 2020, com o fito de normatizar, de forma preambular, as atividades judiciárias, implementando-se o trabalho presencial em escala, denominado de Regime Diferenciado de Atendimento de Urgência (RDAU), e o Regime de Teletrabalho Externo/*home office*.

O Provimento CGJ n. 27[(18)] de 2019 havia disciplinado o teletrabalho na primeira instância, estabelecendo as metas de produtividade mensal que deveriam ser cumpridas para o trabalho remoto externo e para o trabalho à distância, respectivamente em 25% e 20% superior ao do trabalho desenvolvido presencialmente.

Os atendimentos remotos das partes e advogados, a realização de atos processuais por meio eletrônico/virtual e a realização de audiências por videoconferência foram inicialmente viabilizadas pelo Provimento CGJ n. 36/2020[(19)].

Os servidores com deficiência, necessidades especiais ou doença grave, ou que sejam pais ou responsáveis legais por dependentes nessas condições, foram agraciados pela Resolução n. 5/2021[(20)] do Conselho da Magistratura, com a concessão de jornada especial e o regime de teletrabalho.

Registre-se que para os mencionados servidores não foi estabelecida meta de desempenho superior àquela do trabalho presencial, bem como esses servidores não são computados no percentual de 30% disposto no artigo 5º, III da Resolução n. 227/2016 do CNJ, de forma que resta corroborado que o teletrabalho é a modalidade principal para os servidores nessa condição.

Diante da durabilidade da pandemia da Covid-19, em abril de 2021, foi editado o Ato Executivo n. 73/2021[(21)], autorizando a retirada de equipamentos de informática pelos servidores, incluindo CPU's, monitores, mouse, teclado e respectivos cabos, instalados na serventia de lotação, para finalidade exclusiva de trabalho em sua residência.

Malgrado o acesso a equipamentos de informática à parte de servidores do TJRJ seja dificultosa e onerosa, verifica-se que o atuar da instituição no sentido de conceder seus equipamentos em comodato restou por deveras demorado, tendo em vista que o isolamento social iniciou-se em meados de março de 2020, impondo a todo o Poder Judiciário o trabalho remoto, ao passo que apenas mais de um ano após foi concedida a permissão de uso dos equipamentos subutilizados nas instalações físicas, diante da ausência de retorno às atividades presenciais.

---

(16) Disponível em: http://www4.tjrj.jus.br/biblioteca/index.asp?codigo_sophia=277708&integra=1. Acesso em: 22 jun. 2023.

(17) Disponível em: http://www4.tjrj.jus.br/biblioteca/index.asp?codigo_sophia=277747&integra=1. Acesso em: 22 jun. 2023.

(18) Disponível em: http://www4.tjrj.jus.br/biblioteca/index.asp?codigo_sophia=216722&integra=1. Acesso em: 22 jun. 2023.

(19) Disponível em: http://www4.tjrj.jus.br/biblioteca/index.asp?codigo_sophia=278332&integra=1. Acesso em: 22 jun. 2023.

(20) Disponível em: http://www4.tjrj.jus.br/biblioteca/index.asp?codigo_sophia=285649&integra=1. Acesso em: 22 jun. 2023.

(21) Disponível em: http://www4.tjrj.jus.br/biblioteca/index.asp?codigo_sophia=283009&integra=1. Acesso em: 22 jun. 2023.

O Provimento CGJ n. 12/2021[22] manteve as metas de produtividade para os servidores inseridos no Regime Especial de Teletrabalho Externo (RETE) e no Regime Especial de Teletrabalho Externo Simplificado. Caracterizava-se o RETE Simplificado como uma modalidade de teletrabalho em que as condições são idênticas às do RETE, tendo sido criado para atender às necessidades específicas dos servidores que se enquadram no denominado grupo de risco em relação à pandemia de Covid-19 em função da idade completada ou da existência de enfermidades pré-existentes.

Com efeito, o avanço da vacinação e do combate à Covid-19 possibilitou o retorno das atividades presenciais do Poder Judiciário em março de 2022, determinado pelo Ato Normativo Conjunto n. 1/2022[23].

Em junho de 2022, foi expedido o Provimento CGJ n. 45/2022[24] que deu novos contornos ao Regime Especial de Teletrabalho Externo (RETE) na 1ª instância, delimitando o quantitativo de servidores em teletrabalho por serventia, bem como mantendo a meta de desempenho mensal 25% superior à estipulada para os servidores em trabalho presencial, tal como determinado anteriormente no Provimento CGJ n. 27/2019.

O Provimento da Corregedoria Geral de Justiça n. 59/2022[25], tal qual a Resolução do Conselho da Magistratura n. 06/2019, autorizou, nas serventias de 1ª instância, o regime híbrido de teletrabalho, implementando as modalidades de Regime Especial de Teletrabalho Externo (RETE) parciais de até 3 (três) dias de trabalho remoto, inclusive com a conversão do RETE integral em RETE parcial.

Aos servidores em RETE parcial, passou-se a exigir a produtividade 25% superior à média da serventia, proporcionalmente ao número de dias em teletrabalho.

Com esteio no decidido no processo SEI n. 2022-06029015[26], foi instituído o Provimento CGJ n. 20/2022[27], aprovando o estudo da produtividade média apurada dos servidores da primeira instância.

Registre-se que não há indicação no referido ato ou em qualquer tabela que a instruiu, de que a produtividade média referia-se ao período trimestral de produtividade das serventias da 1ª instância, o que apenas é possível apurar-se mediante a detida análise da planilha disponível no indexador 5788849 do processo SEI n. 2022-06029015.

A Ordem de Serviço CGJ n. 04/2022[28] instituiu a possibilidade do servidor em teletrabalho participar do rodízio de atendimento do balcão virtual, preferencialmente uma vez por semana, ficando neste dia dispensado da realização do excedente de produtividade disposto no Provimento CGJ n. 45/2022.

---

(22) Disponível em: http://www4.tjrj.jus.br/biblioteca/index.asp?codigo_sophia=282703&integra=1. Acesso em: 23 jun. 2023.

(23) Disponível em: http://www4.tjrj.jus.br/biblioteca/index.asp?codigo_sophia=289518&integra=1. Acesso em: 22 jun. 2023.

(24) Disponível em: http://www4.tjrj.jus.br/biblioteca/index.asp?codigo_sophia=291664&integra=1. Acesso em: 22 jun. 2023.

(25) Disponível em: http://www4.tjrj.jus.br/biblioteca/index.asp?codigo_sophia=292805&integra=1. Acesso em: 22 jun. 2023.

(26) Disponível o acesso no Sistema Eletrônico de Informações — Pesquisa Processual (tjrj.jus.br). Acesso em: 22 jun. 2023. Tabela Produtividade Trimestral — processo SEI n. 2022-06029015 — indexador 5788849.

(27) Disponível em: http://www4.tjrj.jus.br/biblioteca/index.asp?codigo_sophia=290264&integra=1. Acesso em: 22 jun. 2023.

(28) Disponível em: http://www4.tjrj.jus.br/biblioteca/index.asp?codigo_sophia=292834&integra=1. Acesso em: 22 jun. 2023.

Essas são as principais normativas acerca do teletrabalho no Tribunal de Justiça do Estado do Rio de Janeiro, as quais ensejam algumas inquietudes decorrentes das falhas e divergências em seu regramento, precipuamente no que tange ao acesso tecnológico, às tarefas que envolvem o teletrabalho e ao cumprimento das metas de produtividade.

4. AS METAS DE PRODUTIVIDADE

A globalização é fator preponderante para este estudo, e como salienta Eric Hobsbawm(29), faz-se necessária a eliminação de obstáculos técnicos, sendo resultado da abolição da distância e do tempo.

A necessidade de estudar acerca do teletrabalho é uma tendência decorrente do processo globalizante que, segundo Zygmunt Bauman(30), afirma: "a globalização tanto divide como une; divide enquanto une — e as causas da divisão são idênticas às que promovem a uniformidade do globo".

O maior desafio para a manutenção e o sucesso do teletrabalho, na atualidade, é o preenchimento das metas de produtividade dos servidores do Tribunal de Justiça do Rio de Janeiro.

Com efeito, diversos fatores são primordiais para possibilitar o alcance das metas traçadas pelo TJRJ, bem como pelo CNJ.

Dentre eles, e sem dúvida, podemos destacar como o principal o material humano, qual seja, o servidor, o item pensante da cadeia produtiva. Posteriormente, o acesso tecnológico, que engloba a parte física/material dos dispositivos eletrônicos, as peças que compõem o computador, bem como os recursos, a mente do dispositivo, tal como os programas que possibilitam a conexão remota.

Entretanto, fator que é abordado de modo rarefeito nas legislações do Poder Judiciário é aquele no que se refere à dificuldade de acesso à conexão remota, mais precisamente, às agruras dos sistemas de informática do TJRJ quanto ao acesso e estabilidade para o desempenho das tarefas processuais.

Cada dia mais, o trabalho remoto mostra-se como ferramenta indispensável para as grandes empresas e instituições e não pode o Poder Judiciário excluir-se deste mundo tecnológico; precipuamente, tendo em vista a melhoria do desempenho das atividades judiciárias(31).

Com efeito, há de serem criadas ferramentas para mitigação das dificuldades de acesso remoto aos sistemas de informática do TJRJ, com o fito de impedir que o servidor permaneça períodos prolongados, sem sucesso, em tentativas para acessar os sistemas remotos, e cumprir não só as metas de desempenho, mas também o excesso decorrente do próprio teletrabalho, o que acaba por gerar grande nervosismo e ansiedade, de modo que o servidor acaba ficando atrelado ao computador muito tempo além daquele que seria o necessário para suas tarefas, se o sistema onde as desempenha funcionasse de forma regular.

(29) HOBSBAWN, Eric. *O novo século — entrevista a Antonio Polito.* Cap. O pequeno mundo global. SP: Ed. Schwarcz Ltda., 2000, p. 61.

(30) BAUMAN, Zygmunt. *Globalização*: as consequências humanas. RJ: Editora Zahar, 1999, introdução.

(31) Disponível em: https://www.cnj.jus.br/pesquisa-destaca-importancia-da-gestao-no-teletrabalho/. Acesso em: 20 jun. 2023.

A pouca legislação existente indica que na impossibilidade de acesso remoto deve o servidor dirigir-se às instalações físicas do TJRJ para o desempenho de suas funções, o que claramente mostra-se como um contrassenso, pois se o servidor optou pelo teletrabalho, com a anuência do Tribunal, tendo que se organizar de modo a fornecer todo o aparato tecnológico, é ônus do empregador suportar a ausência de cumprimento das metas, quando tal fato ocorre em razão da ausência de normalização do acesso remoto. E que aqui sequer se cogite a possibilidade de disposição do servidor por tempo indeterminado, a fim de que cumpra sua jornada quando disponível o sistema.

Frise-se que a jornada de teletrabalho do servidor, em que pese não haja impedimento para que seja cumprida em horário alternativo daquele do expediente forense, inconteste, também, que não se pode impor o cumprimento das metas de desempenho fora do horário forense, quando as dificuldades de acesso aos sistemas de informática se dão por motivos não decorrentes do atuar do servidor, que está a postos e disponível para a atuação no horário regular forense.

Assim como há a verificação pelo próprio TJRJ, de que o sistema de informática está indisponível para os advogados, indicando inclusive o período, de forma que é certificado tal fato, e os prazos iniciados ou vencidos nesse dia ficam prorrogados, manifesta a possibilidade do Tribunal verificar a indisponibilidade do acesso remoto dos sistemas aos servidores em teletrabalho, de modo que, ao menos, seja certificado pelo setor competente o período de indisponibilidade e indicada a redução proporcional da meta de produtividade de teletrabalho do servidor.

A polêmica sobre o tema é, inclusive, objeto do processo SEI n. 2021-0619316, o qual versa sobre pedido de dispensa/suspensão da meta de produtividade quando houver instabilidade dos sistemas de informática. Contudo, estes autos possuem o acesso restrito, em que pese, no processo SEI n. 2021-0627550, o qual possui acesso público ao seu teor, haja determinação para que a questão, tendo em vista a conexão administrativa existente entre os requerimentos, seja apreciada no processo SEI n. 2021-0619316.

Ainda que os sistemas de informática operem de forma regular, verifica-se grande disparidade no que se refere ao excedente de produtividade exigido dos servidores em teletrabalho no TJRJ, qual seja, 25% superior à meta de produtividade dos servidores em trabalho presencial.

Cabe frisar que o pleito do Sindicato dos Servidores do Tribunal de Justiça do Rio de Janeiro, realizado por meio do processo SEI n. 2021-0627550, acerca da redução do percentual excedente de produtividade referente aos servidores em teletrabalho, em razão da dissonância existente na regulamentação expedida pelo CNJ na Instrução Normativa n. 74 de 2019, tendo em vista a existência de inúmeros relatos de servidores informando que "precisam trabalhar em horários esdrúxulos e com uma carga horária que extrapola em muito a jornada legal, para dar conta da produtividade exigida"[(32)], foi indeferido sob a justificativa da necessidade de realização de um estudo para conhecimento dos motivos que geraram o percentual de 25% de excedente de produtividade para os servidores em teletrabalho, bem como da existência de Projeto Piloto em andamento chamado "Quebra de Paradigma", a ausência de demonstração

(32) Motivação exposta no requerimento do Sindjustiça no processo SEI n. 2021-0627550, indexador 1912561.

de quaisquer insatisfações demonstradas pelos servidores convidados a participar do projeto, quanto ao percentual excedente, e a distinção das atividades exercidas no CNJ e no TJRJ.

O Projeto Piloto Quebra de Paradigma foi apresentado no processo SEI n. 2021-0628259, tendo participado do estudo de metas de produtividade de teletrabalho, o total de apenas 6 (seis) servidores, no qual o objetivo era direcionar o percentual excedente para serventias com carência de funcionários.

O referido projeto ainda tinha por escopo avaliar a porcentagem ideal para a realização de excedente em serventia diversa, inicialmente de mesma competência, e em fase mais avançada, de competência diversa, de modo a manter o bem-estar dos serventuários e um aumento da produtividade no processamento de feitos.

O objetivo maior da proposta era ter uma prestação jurisdicional mais célere e eficiente por meio de uma melhor utilização do emprego dos recursos humanos, bem como, com a diminuição do custo fixo do Tribunal.

Contudo, da detida análise dos referidos autos, pode-se perceber que, em que pese haja indicação da Diretora da Divisão de Planejamento de Pessoal — DIPLA no sentido de que o percentual excedente a ser cumprido pelos servidores em teletrabalho deva ser de 10, 15 ou 20%, a depender da produtividade média do servidor e da equipe da unidade judicial a que estiver vinculado(33), inclusive com a indicação de que 83% dos Tribunais de Justiça da Federação estabelecem a produção excedente de até 20%, o Provimento CGJ n. 88/2022(34) foi publicado em sentido diverso, pois desconsiderou os percentuais minorados e manteve o percentual de 25%, este considerado em relação à média de produtividade por servidor, relativa da unidade destinatária do auxílio ou

---

(33) Processo SEI n. 2021-0628259, parecer da Diretora da Divisão de Planejamento de Pessoal — DIPLA no index 2361259, *in fine*:

"Após o estudo realizado através do projeto Quebra de Paradigma de Lotação dos Servidores (SEI 2021-0628259), a solicitação feita pelo Sindicato no processo n. SEI 2021-0627550 e a valorização dos servidores que possuem uma produtividade média acima da produtividade média da equipe da sua serventia, foi possível estabelecer um novo percentual de metas conforme consta na Ordem de Serviço apresentada.

O cálculo do quantitativo excedente a ser cumprido pelos servidores que integram a modalidade de auxílio GAPE/PES será trimestral e seguirá os seguintes parâmetros:

— 20% (vinte por cento), quando a produtividade média do servidor for menor ou igual a produtividade média da equipe;

— 15% (quinze por cento), quando a produtividade do servidor for maior que a produtividade média da equipe em até 25% (vinte e cinco por cento) e

— 10% (dez por cento), quando a produtividade média do servidor for maior de 25% (vinte e cinco por cento) da produtividade média da equipe.

Na modalidade GAPE/CPA, o cálculo do quantitativo excedente a ser cumprido obedecerá ao seguinte critério:

— 20% (vinte por cento), quando a produtividade do servidor for maior que a produtividade média das equipes em até 25% (vinte e cinco por cento) das unidades judiciais ou

— 15% (quinze por cento), quando a produtividade do servidor for acima de 25% (vinte e cinco por cento) da produtividade média das equipes das unidades judiciais.

Ressalta-se que a meta de desempenho obtida será calculada, apenas, sobre os atos de movimentação processual mensuráveis (processamento e digitação), extraídos em relatório do sistema informatizado utilizado pela CGJ. As fórmulas/cálculos que servem como base para a análise do cálculo do excedente a ser produzido pelo servidor em GAPE encontram-se no Anexo I (index 2360918). O excedente que os servidores em RETE e RETD devem produzir no regime GAPE/PES, conforme sugerido na ordem de serviço, encontram-se no index 2361075. Anexamos ainda, no index 2361028, 2 tabelas explicativas, em Excel, e as fórmulas utilizadas para o cálculo do excedente dos servidores destes exemplos."

(34) Disponível em: http://www4.tjrj.jus.br/biblioteca/index.asp?codigo_sophia=294897&integra=1. Acesso em: 28 jun. 2023.

de seu grupo de atribuição, apurada pelo Estudo de Produtividade promovido pela Corregedoria Geral da Justiça, o qual sequer foi anexado ao referido Provimento ou seguido pela Administração.

Questão diversa que indica a necessidade de adequação das metas de produtividade dos servidores em teletrabalho se refere ao atendimento das partes e advogados em sede de balcão virtual[35].

5. BALCÃO VIRTUAL

Por meio de instrumento de videoconferência, permite-se, em tempo real, o atendimento pela serventia das partes e patronos durante o expediente forense, popularmente conhecido como "balcão" virtual.

Registre-se que o atendimento das partes e advogados foi inicialmente autorizado pelo CNJ por meio da Resolução n. 372 de 2021[36] e, posteriormente, pelo TJRJ na Ordem de Serviço CGJ n. 04 de 2022[37].

Contudo, o desempenho das funções atinentes aos atendimentos em sede de balcão virtual enseja acúmulo de tarefas, uma vez que os respectivos atendimentos, em sua maior parte, importam na realização de novos andamentos processuais, o que levou a Administração do TJRJ a determinar que os servidores em teletrabalho que participam do rodízio de atendimento do balcão virtual estão dispensados da realização do excedente de produtividade.

Entretanto, ainda que haja a sugestão na Ordem de Serviço n. 04/2022 de que o balcão virtual seja feito apenas uma vez por semana, inexiste qualquer indicação quanto ao limite de tempo, pois, ainda que o servidor esteja dispensado da realização do excedente de produtividade, a depender do tempo dispendido no balcão virtual, quiçá a meta de produtividade ordinária será passível de alcance.

Importante frisar a total ausência de regulamentação no que tange à limitação temporal acerca dos atendimentos virtuais, a qual fica ao critério de cada serventia, segundo a conveniência e oportunidade do dia do atendimento.

Ademais, foi pleiteado pelo Sindicato dos Servidores do Tribunal de Justiça do Rio de Janeiro, nos autos do processo SEI n. 2021-0628738[38], a normatização pormenorizada das questões envolvendo o balcão virtual, tendo sido o pleito indeferido, sob o argumento de que o Ato Normativo Conjunto TJ/CGJ n. 05/2021[39] sanou a maioria das sugestões realizadas pelo Sindicato, ficando a cargo da serventia a resolução das demais questões, de acordo com a peculiaridade de cada uma.

6. CONCLUSÃO

Por tudo analisado, a conclusão inderrogável a que se chega é que o teletrabalho consubstancia-se em grande avanço para a implementação de uma melhor prestação

(35) Disponível em: https://portaltj.tjrj.jus.br/web/guest/balcao-virtual. Acesso em: 22 jun. 2023.

(36) Disponível em: http://atos.cnj.jus.br/atos/detalhar/3742. Acesso em: 29 jun. 2023.

(37) Disponível em: http://www4.tjrj.jus.br/biblioteca/index.asp?codigo_sophia=292834&integra=1. Acesso em: 29 jun. 2023.

(38) Disponível em: md_pesq_documento_consulta_extern a.php (tjrj.jus.br). Acesso em: 8 jul. 2023.

(39) Disponível em: http://www4.tjrj.jus.br/biblioteca/index.asp?codigo_sophia=282903&integra=1. Acesso em: 8 jul. 2023.

jurisdicional, precipuamente, tendo em vista os avanços no que tange à celeridade do trâmite judiciário.

O teletrabalho foi reconhecido como modo ordinário de prestação do serviço judiciário para os servidores com deficiência, que podem desempenhar suas funções no conforto do seu lar, deixando de despender valioso tempo em dificultoso deslocamento até o local físico de trabalho, considerando-se que a grande maioria dos servidores deficientes depende dos transportes públicos para deslocamento até seu local de trabalho, dos quais, apesar das notícias de investimentos, ainda são extremamente precários para o acesso aos deficientes.

O sistema de metas instituído pelo CNJ e adotado pelo TJRJ, por óbvio, é necessário à manutenção de um bom desempenho no que tange à prestação jurisdicional, sendo o parâmetro de evolução do desempenho acerca do bom andamento dos processos, contudo, merece maior transparência nos estudos e cálculos indicativos das metas de produtividade a serem adotadas, como meio de espelhar a realidade do cotidiano do sistema judiciário fluminense, tendo em vista o grande impacto causado na vida dos mais de onze mil servidores ativos[(40)] do Tribunal de Justiça Fluminense.

A influência de um sistema de acesso remoto estável aos sistemas de informática é fator essencial para a garantia da manutenção das metas de produtividade, uma vez que permite o desempenho das funções no horário forense regular, sem a geração de estresse aos servidores, que deixam de se preocupar com a efetivação da meta de produtividade e seu excedente pela indisponibilidade do sistema.

Louvável a realização de estudos de produtividade e a verificação das metas de produtividade excedente realizadas em outros Estados da Federação, entretanto, estes devem servir de orientação efetiva na implementação de novos projetos no Tribunal de Justiça do Rio de Janeiro, não sendo mera formalização da cientificação da Administração quanto ao que ocorre fora dos limites do Rio de Janeiro.

O balcão virtual foi a ferramenta mais aclamada pelas partes e advogados, em razão da facilitação de acesso ao atendimento cartorário, e, até certo ponto, é instrumento facilitador da vida profissional do servidor. Entretanto, a falta de regulamentação do uso de sua plataforma, com delimitação de número de processos a serem verificados, o tempo a ser despendido pelos servidores, sejam aqueles em trabalho presencial e em teletrabalho, direitos e deveres em geral, bem como eventuais penas decorrentes por comportamentos inadequados, seja de quaisquer interlocutores, servidores e/ou partes e advogados, são fatores extremamente relevantes para a permanência salutar da ferramenta, com a imposição de limites claros para todos os usuários.

Sem dúvida, o teletrabalho, imposto em tempo recorde a todo o Judiciário Fluminense, em virtude da pandemia da Covid-19, e com grande sucesso, demonstrou ganhos arrebatadores, tanto quanto ao desempenho jurisdicional, mas, principalmente, quanto à possibilidade de melhoria de qualidade de vida dos servidores, que podem dedicar o tempo que deixam de gastar em deslocamento para as serventias para investir em bem-estar próprio.

Entretanto, o fator que inspira o servidor a querer estar em teletrabalho é o mesmo que o impulsiona a retornar ao trabalho presencial: o acesso tecnológico remoto intermitente, sem o reconhecimento da Administração quanto à necessidade de dispensa do cumprimento de metas, simplesmente pela inoperância do sistema a

(40) Disponível em: 6d8a2990-3b98-2beb-3d57-085c491c2b62 (tjrj.jus.br). Acesso em: 3 jul. 2023.

impossibilitar movimentações processuais; a existência de metas de produtividade irreais não compatíveis sequer com o restante da Federação, quiçá com a própria realidade do sistema fluminense.

Manuel Castells[41] afirma que a genuína caracterização do Estado e das suas instituições depende do convívio entre poder e contrapoder, e estes influenciam diretamente nas relações entre as pessoas e, consequentemente, em toda a sociedade civil.

Assim, o estabelecimento da transparência nos estudos para a implementação de metas de produtividade justas e compatíveis com a realidade, bem como a melhoria dos sistemas de informática, servirão de mola propulsora para a melhor adaptação do teletrabalho, com avanços nos resultados, sem que maiores gastos públicos sejam despendidos.

REFERÊNCIAS

BAUMAN, Zigmund. *Globalização, as consequências humanas.* RJ: Editora Zahar.

CASTELLS, Manuel. *Redes de indignação e esperança*: movimentos sociais na era da internet. Editora Zahar — edição digital, 2013

DE MASI, Domenico. *O futuro do trabalho*: fadiga e ócio na sociedade. Rio de Janeiro: José Olympio, 2001.

DELGADO, Mauricio Godinho. *A Reforma Trabalhista no Brasil*: com os comentários à Lei n. 13.467/2017. São Paulo: LTr, 2017.

HOBSAWM, Eric. *O novo século — entrevista a Antonio Polito*. Cap. O pequeno mundo global. SP: Ed. Schwarcz Ltda. 2000, p. 61.

JUSTIÇA, CONSELHO NACIONAL DE. Disponível em: atos.cnj.jus.br/index.php. Acesso em: 22 jun. 2023.

RIO DE JANEIRO, TRIBUNAL DE JUSTIÇA DO. Disponível em: SophiA Biblioteca — Terminal Web (tjrj.jus.br). Acesso em: 22 jun. 2023.

SENNETT, Richard. *A corrosão do caráter*: consequências pessoais do trabalho no novo capitalismo. 16. ed. Rio de Janeiro: Record, 2015.

VILLEN, Antonio Carlos. Trabalho Remoto em segunda instância. *Cadernos Jurídicos*, São Paulo, ano 21, n. 55, p. 83-87, julho-setembro/2020.

---

(41) CASTELLS, Manuel. *Redes de indignação e esperança*: movimentos sociais na era da internet. Editora Zahar — edição digital, 2013, fls. 09.

Tempos pandêmicos, trabalho e a angústia pela identidade em risco

Pandemic times, work and the anguish for identity at risk

Elina Eunice Montechiari Pietrani (*)

Resumo: Este capítulo visa refletir sobre os impactos pandêmicos na organização do trabalho e na identidade da pessoa. Discutiu-se inicialmente acerca da noção de identidade, forjada na modernidade a partir da relação do homem com o trabalho, elemento propulsor de seu *status* social. Buscou-se também tecer uma descrição de pandemias marcantes ao longo da história, até chegarmos à Covid-19, com suas consequências econômicas e sociais. Por fim, refletiu-se sobre a condição humana em sua originariedade, de um ser lançado no mundo e tendo que viver neste como um ser de possibilidades, mas também de limitações. O trabalhador, que atualmente vive a angústia gerada por uma crise profissional, ao não conseguir alcançar sempre o desempenho que lhe é determinado, passou a viver também a angústia pela pandemia, que potencializou suas já precárias condições de trabalho. Conclui-se que, em uma análise ontológica que considera que o homem existe, vive e constitui sua identidade imbricado em um mundo geográfico e histórico, as coisas podem se dar ao modo como se planeja, mas também pode se dar sob outras possibilidades. Nesse sentido, a existência é sempre risco, impactando também em nossa identidade profissional.

Palavras-chave: Pandemia; Covid-19; organização do trabalho; identidade; angústia.

Abstract: This chapter aims to reflect on the pandemic impacts on the organization of work and on the identity of the person. Initially, the notion of identity was discussed, forged in modernity from man's relationship with work, the propelling element of his/her social status. We also sought to weave a description of remarkable pandemics throughout history, until we reach Covid-19, with its economic and social consequences. Finally, we reflected on the human condition in its origins, of a human being thrown into the world and having to live in it as a person of possibilities, but also of limitations. The worker, who is currently experiencing the anguish generated by a professional crisis, when he/she is not always able to achieve the performance that is determined for him/her, has also started to experience the anguish caused by the pandemic, which has intensified its already precarious working conditions. We concluded that, in an ontological analysis that considers that human being exists, lives and constitutes his/her identity intertwined in a geographical and historical world, things can happen the way it is planned, but it can also happen under other possibilities. In this sense, existence is always a risk, also impacting our professional identity.

Keywords: Pandemic; Covid-19; work organization; identity, anguish.

INTRODUÇÃO

É notório que a pandemia do novo Coronavírus, que teve seu auge no período 2020-2021, deixou impactos nas várias dimensões humanas, mas, de modo significativo,

(*) Psicóloga, Pós-graduada em Gestão Empresarial, Doutoranda em Psicologia Social, docente na Universidade Veiga de Almeida. Membro da Comunidad para la Investigación y el Estudio Laboral y Ocupacional (CIELO).

na relação do homem com o trabalho, potencializando as fronteiras das políticas neoliberais que sustentam as relações laborais desde as últimas décadas do século XX[(1)(2)]. Com o surto pandêmico e a necessidade do afastamento social, mas também graças à tecnologia, muitos trabalhadores foram transferidos, em suas atividades laborais, para o ambiente privado do lar. O que, em princípio, parecia um arranjo capaz de minimizar os impactos da propagação do vírus, em verdade, segundo Cubrich *et al.*[(3)], demarcaria a diferença entre os que se protegeriam do vírus e aqueles que ficariam expostos, seja por força do próprio trabalho considerado essencial, como os profissionais de saúde, seja por ausência de acesso a garantias trabalhistas, como o caso dos entregadores, motoristas de aplicativos e demais trabalhadores informais.

Fato é que nem a pandemia é um evento novo na trajetória da humanidade, nem as precárias condições de trabalho são específicas desse momento histórico. O que nos faz atribuir então tal ênfase ao período pandêmico que vivemos e sua relação com o trabalho?

O debate acerca da relação homem-trabalho, embora já abarcasse considerações específicas a partir do mundo cristão tardio, adquiriu maior relevância a partir da modernidade, posicionando-se como um aspecto central na existência[(4)] e evidenciando o homem investido do espírito profissional. O trabalho se habilitaria, desde então, ao estabelecimento de um dos mais importantes vínculos do indivíduo com o campo social. Com isso, a relação do homem com o trabalho passaria a se sobrepor aos demais aspectos com os quais ele também se relaciona em sua existência, tornando-se referência enquanto constitutivo do modo de ser humano[(5)].

Nesse sentido, ter um trabalho passou a conferir ao homem um estatuto social, uma identidade, ainda que variável em graus de complexidade e qualificação. Podemos ainda afirmar que o trabalho, a partir da era moderna, passou a se pôr como ordenamento da vida social e do homem em particular, considerado como a mais apreciada das atividades humanas.

Ocorre que nessa dinâmica, na qual o trabalho é marcado como a identidade, ele é também apontado como fonte de sofrimento, dadas as precárias condições que rondam o contexto laboral desde a industrialização do processo de produção: demandas incessantes por produtividade, jornadas laborais prolongadas e a iminência constante do desemprego. A pandemia da Covid-19 surge em um período em que a apreensão da "subjetividade operária"[(6)] passaria também a incorporar o processo produtivo.

(1) SOUZA, D. O. As dimensões da precarização do trabalho em face da pandemia de Covid-19. *Trabalho, Educação e Saúde*. v. 19, p. 1-15, 2021. e00311143. DOI: 10.1590/1981-7746-sol00311.

(2) SEIDL, J.; ANDRADE, A. L.; FRUYT, F. Os impactos da Covid-19 nas carreiras dos trabalhadores. In: MORAES, M. M. (org.). *Os impactos da pandemia para o trabalhador e suas relações com o trabalho*. Porto Alegre: Artmed, 2020. p. 69-77.

(3) CUBRICH, M.; TENGESDAL, J. A.; STAHL, R.; CROW, M. B. Pandemics and precarious work: translating research to practice for marginalized workers. *American Psychological Association*, vol. 8, n. 3, p. 416-430, 2022.

(4) Vale ressaltar que o termo "existência" tem como base, em nosso estudo, a filosofia existencialista, derivado do latim *existentia*, que, por sua vez, deriva de *ex-sistere*, que significa um "movimento para fora". Aplicando-se ao homem, nos trará a noção da relação, sempre em movimento, homem-mundo. Cf: PENHA, J. *O que é Existencialismo*. São Paulo: Ed. Brasiliense, 2001 (Coleção Primeiros Passos). p. 11.

(5) DUBAR, C. A construção de si pela atividade de trabalho: a socialização profissional. (Machado, F., Trad.) *Cadernos de Pesquisa*, vol. 42, n. 146, p. 351-367, maio-agosto, 2012.

(6) ALVES, G. *Trabalho e subjetividade*: o espírito do toyotismo na era do capitalismo manipulatório. São Paulo, SP: Boitempo, 2011. p. 92.

Ricardo Antunes aponta, nesse sentido, para uma nova "morfologia do trabalho"[(7)], presenciada pelo "advento e expansão monumental do *novo proletariado da era digital*"[(8)], em que o trabalho estável, regulamentado, foi sendo gradativamente substituído pelas formas mais diversificadas, como a terceirização (com sua extensa gama e variedades), a intermitência e até mesmo a informalidade. Para Diego de Oliveira Souza[(9)], o trabalho, com a pandemia, se fixaria em um movimento incessante de destituição de direitos do trabalhador, ao mesmo tempo que a exigência por produtividade colocaria em xeque sua permanência no ofício.

Como então compreender esse homem que já vivendo o paradoxo na relação com o trabalho, por um lado, identidade social, por outro, sofrimento, teve essa relação impactada pelo fenômeno de uma pandemia? Estaria o homem fadado a viver em sofrimento?

O objetivo deste capítulo, portanto, é refletir sobre os impactos da pandemia na relação do homem com o trabalho, compreendendo-os a partir da relação constituída na atualidade entre o homem e o seu ofício profissional como identidade. Para alcançar nosso objetivo, iniciaremos nosso estudo analisando a questão da identidade estabelecida entre o homem e o trabalho, para então, na sequência, resgatar registros históricos de algumas pandemias e discorrer acerca de suas repercussões no modo de produção laboral. Tomando como base o pensamento do filósofo existencialista Martin Heidegger, apresentaremos suas noções acerca do homem e do mundo, para, por fim, tecer uma análise das relações laborais com a pandemia e seus impactos na identidade do homem em seu caráter profissional.

TRABALHO, IDENTIDADE E A CONSTITUIÇÃO DO HOMEM MODERNO

A identidade, questão cara à Psicologia Social, vem sendo debatida como um tema significativo do homem moderno. Isso porque a identidade fala de uma constituição de si, da lapidação de um modo de ser, que ocorre na relação com o mundo no qual o homem, desde sempre, é lançado, em sua incontornável inseparabilidade. Trata-se de uma identidade, portanto, que tem o caráter de indeterminação, pois sua constituição está sempre "sendo", não podendo, portanto, ser apreendida nem tampouco considerada definitiva[(10)].

O termo *identidade* surgiria junto com a modernidade e caminharia paralelamente ao termo *subjetividade*. Este diz respeito a uma síntese entre o individual e o social. De acordo com Severiano e Estramiana[(11)], "as subjetividades se constituem a partir de referentes sociais", no sentido de que as normas societárias impactam e definem as identidades, gerando estímulo de traços que promovem a manutenção de um determinado *status quo*.

---

(7) ANTUNES, R. *O privilégio da servidão*: o novo proletariado de serviços na era digital. São Paulo: Boitempo, 2018. p. 27, p. 30.

(8) *Ibidem*, p. 30.

(9) SOUZA, D. O. *Op. cit.*

(10) FEIJOO, A. M. L. C.; PIETRANI, E. E. M. A relação entre identidade profissional e suicídio pela perspectiva da literatura e da psicologia fenomenológico-existencial. *Revista Acta Psiquiátrica y Psicológica de América Latina*. Vol. 68, n. 4, p. 234-246. Dezembro/2022.

(11) SEVERIANO, M. F. V.; ESTRAMIANA, J. L. A. *Consumo, narcisismo e identidades contemporâneas*: uma análise psicossocial. Rio de Janeiro: EdUERJ, 2006. p. 17.

Em nossa era, a identidade, ainda que possa se associar a várias dimensões da existência, tem no trabalho uma de suas maiores expressões. O labor, de acordo com Claude Dubar, desde meados do século XX, vem se associando à noção de "realização de si"[12] e ao "reconhecimento social"[13], contornando-se como aspecto central da existência. Para esse autor, o trabalho vem se estabelecendo como um elemento que vai além do suprimento para a sobrevivência ou da simples comercialização da força de trabalho por salário, para se posicionar como uma atividade social, de elevação de superioridade do homem, chegando a ser reconhecido até mesmo como sua identidade.

O caráter do trabalho como identidade emerge concomitantemente com a denominada *reestruturação produtiva*, que Fernando Gastal de Castro[14] define como a lógica laboral da era atual, caracterizada pela descontinuidade, ruptura e instabilidade das relações de trabalho. Ricardo Antunes[15], por sua vez, como mencionado na Introdução deste estudo, aponta para uma nova morfologia do trabalho, gerada por intensivas terceirizações em toda a estrutura organizacional, ampla diversificação nos contratos de trabalho, entre outros mecanismos que tornariam o trabalho envolvido por uma teia de incertezas.

Essa noção de trabalho como realização pessoal, segundo Alves[16], alinhada com as incertezas nas relações de trabalho e uma crescente demanda por produtividade, vem fomentando um discurso que posiciona o trabalhador no centro da sua trajetória profissional, o que implica ser ele responsável pelo seu desempenho, a despeito das mudanças que possam ocorrer ao seu redor. Trata-se, segundo ele, de uma "captura da subjetividade"[17] que se daria pela articulação de mecanismos nos quais o trabalhador seria envolvido, inspirado e seduzido pelo discurso moderno, que, posicionando o trabalho em um patamar de valoração e *status* social, busca responsabilizar o indivíduo pelo seu fracasso ou pelo seu sucesso profissional. Han[18], por seu turno, alerta que a contemporaneidade propaga a crença de um sujeito livre, que coage a si mesmo, exigindo-se sempre altos desempenhos e disseminando a ideia de carreira profissional guiada pelo próprio sujeito.

O trabalhador vem, assim, segundo Alves[19], vivendo uma relação ambígua com o seu trabalho na atualidade: ao mesmo tempo que é envolvido pelo discurso de sua suposta capacidade e reconhecido esforço para atingir o êxito profissional, ele vê cair por terra seu investimento ao se deparar com os vetores restritivos sempre presentes nesse campo. É no seio esse paradoxo, em que o homem se vê, muitas vezes, "sem saída" em sua relação com o trabalho, que o sofrimento psíquico se instaura. Estudos apontam uma difusão acentuada das denominadas *doenças ocupacionais* desde a reestruturação produtiva, como *Burnout*, depressão e até suicídio, e que estaria relacionada, entre outros aspectos, ao acentuado ritmo de trabalho e à intensificação do que é exigido ao

(12) DUBAR, C. A construção de si pela atividade de trabalho: a socialização profissional. (Machado, F., Trad.) *Cadernos de Pesquisa, vol.* 42, n. 146, p. 351-367, maio-agosto, 2012. p. 354.

(13) *Ibidem*, p. 354.

(14) CASTRO, F. G. *Marx e o século XXI*: notas para uma teoria crítica da sociedade. Marília, SP: Lutas anticapital, 2019.

(15) ANTUNES, R. *Op. cit.*

(16) ALVES, G. *Trabalho e subjetividade*: o espírito do toyotismo na era do capitalismo manipulatório. São Paulo, SP: Boitempo, 2011.

(17) *Ibidem*, p. 114.

(18) HAN, B. C. *Psicopolítica*: o neoliberalismo e as novas técnicas de poder. Belo Horizonte: Ed. Ayiné, 2018. p. 9.

(19) *Op. cit.*

trabalhador na execução de suas atividades laborais[20]. Mas também há aqueles, como Fernando Gastal de Castro[21], citando o sociólogo francês Vincent de Gaulejac, que se refere a essas expressões de mal-estar no trabalho como uma "injunção paradoxal", situação em que a pessoa se vê na iminência de escolher entre duas situações ao mesmo tempo obrigatórias e antagônicas. Ou seja, há uma exigência do trabalhador em estar sempre à altura das demandas, de ser capaz de ultrapassar seus próprios limites, de ter que responder às adversidades com criatividade e motivação, ao mesmo tempo em que ele testemunha a intensificação em ritmo crescente das próprias demandas, da competição (externa e interna), da prioridade pelos resultados, das mudanças de estrutura organizacional. Esse paradoxo seria uma constante fonte de tensão, pois é acompanhado frequentemente da sensação de fracasso e sofrimento por nunca conseguir alcançar uma identidade laboral plena.

Mas algo mais ainda estaria por acontecer. A pandemia chegou.

COVID-19, AS PANDEMIAS AO LONGO DA HISTÓRIA E O MUNDO DO TRABALHO EM QUESTÃO

Atualmente, vivemos ainda as consequências de uma grande pandemia provocada pelo novo Coronavírus, denominada Covid-19, que teve seu auge no período 2020-2021. Entretanto, como é sabido, desde tempos remotos, episódios de pandemias têm existido por todo o planeta, resultando em números significativos de vítimas, com consequências nos âmbitos sanitário, político, social e econômico. Neste último, as pandemias vêm representando, ao longo da história, alguns paradoxos. Isso porque o estabelecimento do homem em comunidades e a sua movimentação no espaço geográfico, geralmente associada à busca de novas formas de sustento, são reconhecidos como significativas fontes de desenvolvimento de vírus. Ao mesmo tempo, doenças propagadas com rapidez e facilidade geram frequentemente instabilidades na organização econômica das cidades e dos países, com escassez na produção de alimentos e perda de empregos, por exemplo. Logo, descreveremos, em nosso estudo, algumas das pandemias que ocorreram ao longo do tempo, até chegarmos à Covid-19, e sua relação com o trabalho.

Na Antiguidade, a maior pandemia da qual se tem conhecimento ocorreu entre 430 a 427 a.C., durante a Guerra do Peloponeso. Sua etiologia não teve uma identificação segura e ficou conhecida como *Peste de Atenas* ou *Peste do Egito*, dizimando em torno de dois terços da população daquela cidade grega[22]. Jaguaribe[23], no Prefácio do livro *História da Guerra do Peloponeso*, escrito por Tucídides, em torno de 410 a.C., narra o surgimento da pandemia em plena guerra.

---

(20) CARDOSO, H. F.; BAPTISTA, M. N.; SOUSA, D. F. A.; GOULART JUNIOR, E. G. Síndrome de burnout: Análise da literatura nacional entre 2006 e 2015. *Revista Psicologia: Organizações e Trabalho*, vol. 17, n. 2, p. 121-128, 2017.

(21) CASTRO, F. G. Suicídio e trabalho nos dias atuais: considerações sobre os paradoxos do mundo do trabalho. In: EWALD, A.; SOARES, J. C.; SEVERIANO, M. F. V.; AQUINO, C. A. B.; MATTOS, A. (orgs.). *Subjetividades e temporalidades*: diálogos impertinentes e transdisciplinares. Rio de Janeiro: Garamond, 2014. (p. 235-284). p. 259.

(22) UJVARI, S. C. *A história e suas epidemias*: a convivência do homem com os microorganismos. Rio de Janeiro: Senac; São Paulo: Senac, 2003.

(23) JAGUARIBE, H. Prefácio. In: TUCÍDIDES. *História da Guerra do Peloponeso*. 4. ed. Brasília: Editora Universidade de Brasília, 2001. p. XXXIII-XXXIX. (Obra publicada originalmente em 410 a.C.).

Algo de imprevisto, mas terrível, entretanto, ocorreu em Atenas: a peste de 430 a 429. A estratégia de proteger a população e seus pertences móveis atrás das grandes muralhas, embora se tenha revelado militarmente eficaz, a concentrou toda num pequeno espaço urbano, sem condições higiênicas minimamente satisfatórias, o que provocou uma grande epidemia.

Em seu livro, Tucídides[24] descreve a pandemia e suas consequências. Ele observa que médicos e leigos procuravam explicar as possíveis causas para aquele estranho mal, tão avassalador. Ao mesmo tempo, ele verificava que se "introduziu na cidade pela primeira vez a anarquia total", pois ricos e pobres buscavam aproveitar a vida da melhor forma que pudessem, já que a efemeridade da vida se mostraria de forma marcante com a pandemia. "Todos resolveram gozar o mais depressa possível todos os prazeres que a existência ainda pudesse proporcionar, e assim satisfaziam os seus caprichos, vendo que suas vidas e riquezas eram efêmeras"[25].

Entre 541 e 750 d.C. ocorreu a *Praga de Justiniano*, sendo o primeiro registro de peste bubônica e a primeira pandemia documentada historicamente. Dizimando cerca de 50 milhões da população da Europa, ela teria se originado no Egito e se espalhado pelo Império Bizantino, em que Justiniano Igovernava[26]. Constantinopla era não apenas a capital do Império Bizantino, mas a sua posição geográfica privilegiada estabelecia uma grande rede de negociações com o norte da África, a Europa e a Ásia. Segundo o professor da Universidade de São Paulo, Julio Cesar M. de Oliveira[27], a expansão de tal pandemia esteve especialmente associada aos portos, onde atracavam navios com ratos infectados. Mas o pesquisador atesta que, apesar de a doença atingir a todos indistintamente, os pobres eram os primeiros a morrer, pois nem todas as pessoas tinham as mesmas condições de responder a doenças e a outros eventos inesperados, como mudanças climáticas, terremotos e guerras. Tal constatação evidencia a desigualdade social presente naquela comunidade, e que, frente a uma crise sanitária, tende a ser potencializada.

Em torno de 1346 acontece a *Peste Negra*, considerada a maior pandemia da história da civilização. Começou na Ásia Central e assolou a Europa, aterrorizando a Europa até 1720, com vários episódios em países diferentes[28]. A *Peste Negra*, pela sua magnitude de quase quatro séculos de duração, impôs um grande retrocesso na economia dos países atingidos, levando a uma das recessões mais críticas da história. No entanto, alguns órgãos públicos de cidades afetadas pela pandemia tentavam manter sua vida comercial e financeira, evitando o isolamento social e outras medidas de evitação do contágio. Para tal, procuravam apresentar informações subnotificadas, omitindo a dimensão do contágio e ocultando o número oficial de contaminados e mortos[29]. Ainda assim, a doença impôs seu ritmo e gerou uma ruptura no tecido social,

---

(24) TUCÍDIDES. *História da Guerra do Peloponeso*. 4. ed. Brasília: Editora Universidade de Brasília, 2001. p. 118. (Obra publicada originalmente em 410 a.C.).

(25) *Ibidem*, p. 118.

(26) UJVARI, S. C. *A história e suas epidemias*: a convivência do homem com os microorganismos. Rio de Janeiro: Senac; São Paulo: Senac, 2003.

(27) OLIVEIRA, J. C. M. Pandemia e desigualdade: o caso da Praga de Justiniano. *Blog História antiga a partir de baixo*. 2021. Disponível em: https://www.subalternosblog.com/post/pandemia-e-desigualdade-o-caso-da-praga-de-justiniano. Acesso em: 16 jul. 2023.

(28) UJVARI, S. C. *Op. cit*.

(29) UJVARI, S. C. *Op. cit*.

estabelecendo o fim do império romano e levando ao surgimento de novos grupos sociais, culminando com a constituição das nações europeias medievais.

Vários episódios de pandemias por gripes ocorreram ao redor do mundo, como o *Cólera*, entre 1817 e 1966, dando origem a oito grandes surtos pandêmicos. Mas uma das mais expressivas, pela extensão e número de vítimas que ocasionou, foi a pandemia da *Gripe Espanhola*, que aconteceu de 1918 a 1919. No Brasil, seu surto foi noticiado em meados de agosto de 1918, nos principais jornais do Rio de Janeiro, então capital da República, sem receber maior importância pelas autoridades em saúde e pela população, a despeito da proliferação da doença pela Europa desde maio daquele ano(30). A *Gripe Espanhola*, ao impor uma crise à economia mundial, ocasionou o fechamento de organizações, diminuição na produção de alimentos, prejuízos à atividade turística, além de desgastes políticos em função de medidas consideradas, por alguns grupos populacionais, inclusive no Brasil, de natureza coercitiva(31).

Nas últimas décadas do século XX, eclode a *Síndrome da Imunodeficiência Adquirida*, ou AIDS. Muito embora a cura ainda não tenha sido encontrada, a medicina detém hoje um certo controle sobre a doença por meio de medicamentos específicos. Ainda assim, milhões de pessoas já morreram de enfermidades a ela relacionadas. A AIDS deixou sua marca no mundo do trabalho em função de a doença ser associada à comunidade LGBTQIA+(32), que já, por si, sofre o preconceito de sua orientação sexual. Nesse sentido, de acordo com Gunther e Baracat(33), as pessoas portadoras do vírus HIV sofrem duplamente, tanto pela doença pela qual são acometidas, quanto pela discriminação que a elas se deflagra. Segundo os autores, a discriminação a trabalhadores com a AIDS aparece tanto no processo da seleção quanto no curso da atividade organizacional. Frequentemente, as empresas tendem a se certificar se a pessoa, em fase de contratação, não apresenta alguma doença, como se fosse possível o ser humano, em um ou outro momento, não ser acometido por alguma enfermidade. Com relação à AIDS, segundo os autores, essa desconfiança tende a se potencializar, ainda que a Recomendação n. 200 da Organização Internacional do Trabalho (OIT) garanta os direitos desses trabalhadores.

A pandemia da Covid-19, mesmo não sendo a primeira pandemia na história, como vimos acima, foi recebida com surpresa. Isso porque, segundo Feijoo *et al.*(34), o homem moderno acreditava, pelos avanços científicos, ter dominado os males que o afligem. De fato, a crise trazida pela pandemia da Covid-19 encontrou uma sociedade digitalizada, em um cenário marcado pela flexibilização das fronteiras internacionais, pela comunicação instantânea e por rupturas de paradigmas no que concerne

---

(30) FEIJOO, A. M. L. C.; PROTÁSIO, M. M.; PIETRANI, E. E. M.; LOPES, E. M. S.; PROTÁSIO, F. M.; NOLETO, M. C. M. F. As enigmáticas expressões do homem moderno frente às pandemias. *HOLOS*, Ano 37, v. 4, e11498, 2021. p. 1-20.

(31) GOULART, A. C. Revisitando a espanhola: a gripe pandêmica de 1918 no Rio de Janeiro. *História, Ciências, Saúde-Manguinhos*. Vol. 12, n. 1, 2005. p. 101-142.

(32) LGBTQIA+ é o movimento político e social que defende a diversidade e busca representatividade e direitos para essa população. O seu nome demonstra a sua luta por igualdade e respeito à diversidade. Cada letra representa um grupo de pessoas e o símbolo "+", no final da sigla, aparece para incluir outras identidades de gênero que não se encaixam no padrão cis-heteronormativo, mas que não compõem a sigla.

(33) GUNTHER, L. E.; BARACAT, E. M. O HIV e a AIDS: preconceito, discriminação e estigma no trabalho. *Revista Jurídica UNICURITIBA*. Vol. 1, n. 30, 2013. p. 398-428. p. 398. Disponível em: http://revista.unicuritiba.edu.br/index.php/RevJur/article/view/569. Acesso em: 22 jul. 2023.

(34) FEIJOO, A. M. L. C.; PROTÁSIO, M. M.; PIETRANI, E. E. M.; LOPES, E. M. S.; PROTÁSIO, F. M.; NOLETO, M. C. M. F. *Op. cit*.

à tecnologia, à economia, à sociedade, enfim, às várias áreas de atuação humana(35), aspectos praticamente escassos em outras pandemias. Diferente de outras épocas, as notícias sobre a pandemia e suas mutações nos chegavam por variadas plataformas comunicacionais, em tempo real. Jornais diários, revistas acadêmicas e órgãos científicos especializados se debruçavam na compreensão do vírus e suas nuanças, buscando minimizar o caráter de incerteza que permeia as situações pandêmicas. Ainda assim, o novo Coronavírus deixou muitas vítimas letais. No Brasil, o número de mortes encontra-se na faixa de 704.488(36) e no mundo esse quantitativo se depara com um número em torno de 6.951.677(37), embora se estime que esse valor possa ser mais elevado, em vista de subnotificações.

Sobre as desigualdades sociais na atual pandemia da Covid-19, o quadro indicou uma certa semelhança com aquela vivenciada no Império Bizantino, conforme apontaria Leite(38), na ocasião, ao destacar um maior avanço de mortalidade entre as pessoas pobres e negras nos EUA e no Brasil:

> Nos EUA, estima-se que haveria três mortes de negros(as) para cada branco(a). [...] Outra questão importante, nos EUA, relaciona-se com a ausência de um sistema público de saúde e a desigualdade de renda entre a população branca e negra (Wiston-Salem, 2020). No Brasil, segundo nota técnica de pesquisadores do NOIS (Núcleo de Operações e Inteligência em Saúde) da PUC (Pontifícia Universidade Católica) do Rio de Janeiro, mais da metade, 54,8%, dos(as) negros(as) que se internaram em hospitais no Brasil para tratar a *Covid-19* morreram, enquanto nos(as) brancos(as) essa letalidade é de 37.9%, explicitando todas as desigualdades geradas pelo racismo estrutural da sociedade brasileira.

Em 2020, o Jornal Extra(39) publicaria, a partir de dados do Instituto Brasileiro de Geografia e Estatística (IBGE), o quantitativo de pessoas que teriam perdido o emprego no Brasil durante os primeiros meses do período pandêmico: 8,9 milhões. A queda, segundo o noticiário, seria a maior na série histórica da pesquisa, iniciada em 2012. É relevante, nesse sentido, lembrar a análise de Cubrich *et al.*(40) acerca do novo Coronavírus, ao constatar que, ontem como hoje, as desigualdades são potencializadas diante de uma crise sanitária. Na atual pandemia, pessoas em condições privilegiadas (como fácil acesso à internet, por exemplo) mantiveram suas ocupações, por meio do teletrabalho, também denominado trabalho remoto ou *home office*, enquanto aquelas

---

(35) SILVA, R. B.; ARAUJO, M. P. M.; CORTE, V. B. A civilização "insustentável" em situação de pandemia de Covid-19: perspectivas de educadores. *Revista Brasileira de Educação Ambiental — Revbea*, São Paulo. Vol. 15, n. 4, 2020, p. 80-94.

(36) BRASIL. Ministério da Saúde. Painel Coronavírus. 19/07/2023. Disponível em: https://covid.saude.gov.br/. Acesso em: 20 jul. 2023.

(37) WHO. World Health Organization. WHO Coronavírus (Covid-19) Dashboard. 19/07/2023. Disponível em: https://covid19.who.int/. Acesso em: 20 jul. 2023.

(38) LEITE, K. C. A (in)esperada pandemia e suas implicações para o mundo do trabalho. *Psicologia & Sociedade*. Vol. 32. 2020. p. 3.

(39) EXTRA. Com pandemia, 8,9 milhões de pessoas perderam emprego, segundo IBGE. *Jornal Extra*. Economia. Finanças. 06/08/2020. Disponível em: https://extra.globo.com/economia-e-financas/com-pandemia-89-milhoes-de-pessoas-perderam-emprego-segundo-ibge-24570488.html. Acesso em: 17 ago. 2020.

(40) CUBRICH, M.; TENGESDAL, J. A.; STAHL, R.; CROW, M. B. Pandemics and precarious work: translating research to practice for marginalized workers. *American Psychological Association*. Vol. 8, n. 3, p. 416-430, 2022.

que atuavam, anteriormente à propagação do novo vírus, em condições precárias, como em ocupações sem garantias trabalhistas ou mesmo em situação de informalidade ou até de desemprego, traços significativos que a reestruturação produtiva, mencionada anteriormente, potencializaria nas últimas décadas, ficariam mais expostos ao risco contínuo do contágio, ao terem que ignorar o isolamento social. Enfim, o surto pandêmico vivido pelo homem contemporâneo abraçou um contexto laboral já precarizado em suas relações.

A propagação do vírus da Covid-19 daria também maior intensidade ao processo de individualização, aspecto presente nas sociedades ocidentais desde a modernidade, de acordo com Sá, Miranda e Magalhães[41]. Tal processo faz recair estritamente no indivíduo a responsabilização pela sua vida e, como tal, pela sua carreira profissional, a partir de um discurso de onipotência, pelo qual ele é amplamente envolvido, conforme apontado neste estudo. Paradoxalmente, durante a pandemia, o discurso da onipotência veio imbuído da ideia da solidariedade para com o outro, encoberta na retórica de que "estamos todos juntos nisto"[42]. No entanto, o que estaria em pauta não seria a medida sanitária de isolamento social pensada em seu conjunto, mas a percepção de que cada pessoa é impelida a lutar por sua própria sobrevivência.

Em síntese, as pandemias, pelo seu caráter vultoso, deixam impactos em vários âmbitos da existência, inclusive no trabalho, tema do nosso estudo. Desse modo, considerando que o homem contemporâneo já sofre com os paradoxos da relação de trabalho em sua identidade, o que ocorre quando uma pandemia potencializa esse cenário?

PANDEMIAS, TRABALHO E A IDENTIDADE DO HOMEM EM VULNERABILIDADE

Martin Heidegger (1889-1976), filósofo e proeminente pensador do século XX, tece importantes considerações a respeito da noção de identidade. Para esse filósofo, o homem é um ser lançado no mundo, e, portanto, se constitui em um campo geográfico, mas também social-histórico, onde se constituem valores e crenças que orientam seu comportamento, de início e na maior parte das vezes. Assim, ao nascer e durante toda sua vida, o indivíduo desenvolve seu existir na imbricação com um mundo, sendo investido continuamente das concepções oriundas do seu contexto histórico[43]. Desse modo, Heidegger reconhece que a questão da compreensão do homem passa sempre pela relação que este empreende *no* e *como* mundo. Contudo, é importante ressaltar que, para Heidegger, essa relação não concerne especificamente a uma relação em que o mundo modelaria nosso comportamento, mas a que se dá em um processo de influência mútua, em que o mundo lança seus impactos sobre a pessoa, e esta, dando sentido ao que recebe, reage, de algum modo, ao recebido. Para ele, essa é nossa condição mais originária, anterior a qualquer evento, categoria ou *status* que possa nos nortear; somos radicalmente nosso fluxo existencial.

Para compreendermos melhor essa relação, Forghieri[44] declara que o *mundo* se constitui por um campo circundante, frequentemente denominado como ambiente, e

(41) SÁ, M. C.; MIRANDA, L.; MAGALHÃES, F. C. Pandemia Covid-19: Catástrofe sanitária e psicossocial. *Caderno de Administração*. Vol. 28, 2020. p. 27-36.

(42) HARVEY, D. Política anticapitalista em tempos de Covid-19. In: BIHR, A.; DAVIS, M.; HARVEY, D.; ZIBECHI, R.; ZIZEK, S. *Coronavírus e a luta de classes*. Brasil: Terra sem Amos, 2020. p. 13-24.

(43) HEIDEGGER, M. *Ser e tempo*. Petrópolis, RJ: Vozes, 2012 (Original publicado em 1927).

(44) FORGHIERI, Y. C. *Psicologia fenomenológica*: fundamentos, método e pesquisa. São Paulo: Cengage Learning, 1993.

que abarca tudo que se encontra concretamente presente, como as estações do ano, as intempéries climáticas, o espaço geográfico em que a pessoa habita, caracterizando-se esse mundo pelo determinismo. Assim, ao existir, o homem é lançado nesse campo geográfico, do qual ele não tem, pelo menos de início, escolha, tendo lhe sido estabelecido.

Mas o mundo também é um mundo histórico, com suas crenças e valores, enfim, suas concepções, caracterizando cada época. Esse campo histórico se insere paralelamente ao campo circundante, e o homem, de início e na maior parte das vezes, se apropria das concepções de seu campo epocal, que são transmitidas a ele de forma ininterrupta e, não raras vezes, de forma atraente. Portanto, todo existir é sempre um existir envolvido por esse campo – geográfico e histórico – em que a pessoa se insere.

A análise da pandemia e seus impactos sobre as relações de trabalho nos remetem a pensar o homem em sua condição originária, a saber, como um ser que é lançado no mundo – circundante e histórico – e que se constitui nessa relação, tal como Heidegger nos apresenta. As pandemias em geral e, em especial, a da Covid-19 referem-se a uma das determinações às quais o homem está sujeito em seu mundo geográfico, e com as quais, de um modo ou de outro, ele tem que lidar de acordo com sua condição de possibilidade. Na era contemporânea, considerando que o aspecto econômico pesa sobre as relações, uma das formas de reação marcantes na atual pandemia se deu nesse âmbito, conforme destacamos deste estudo. Assim, foi possível observar que pessoas com condições de trabalho favoráveis puderam vivenciar a pandemia mantendo seu ofício no interior de sua residência privada, enquanto outros se expuseram ao vírus, uma vez que, em sua relação com o trabalho, não era possível a permanência em casa. Mas também foi possível constatar reações variadas ao vírus pandêmico: algumas pessoas desconsiderando o isolamento social, outras desenvolvendo, até mesmo, um certo pânico ao saírem de casa. Esses variados modos indicam, na concepção de Heidegger[(45)], nosso caráter de possibilidade existencial frente às exigências da vida.

Isso porque, como vimos, o mundo histórico caminha lado a lado com o mundo circundante, e o mundo da pandemia da Covid-19, assim como suas predecessoras, aflorou crenças, valores, concepções que, muitas vezes, nortearam nossa relação com o vírus. Ainda que em nossa era, ela tenha ocorrido dentro de avançadas pesquisas científicas e tecnológicas e de medidas, recomendações e leis para controlar o comportamento das pessoas frente à situação, algumas restrições do próprio campo social fizeram com que algumas pessoas não seguissem as prescrições dos órgãos de saúde. Da mesma forma, alguns mecanismos de comunicação propagavam notícias falsas sobre o vírus, criando confusão e incerteza em muitas pessoas[(46)].

Somando-se a aspectos como ampliação da jornada de trabalho e flexibilização da vida privada e da vida profissional, a perda do emprego ressoou significativamente para o homem da contemporaneidade na relação com o trabalho e a pandemia. Ocorre que a perda do emprego evidentemente impacta em nossa condição de subsistência, conforme descrito anteriormente, mas também impacta em nossa identidade, forjada no mundo moderno pelo espírito profissional, colocando em xeque o *status* social e até o sentido de realização pessoal. Portanto, se o homem já vivia em sofrimento pela ambiguidade na relação com o trabalho, com a pandemia é possível afirmar que tal

(45) HEIDEGGER, M. 2012. *Op. cit.*

(46) FEIJOO, A. M. L. C.; PROTÁSIO, M. M.; PIETRANI, E. E. M.; LOPES, E. M. S.; PROTÁSIO, F. M.; NOLETO, M. C. M. F. *Op. cit.*

ambiguidade se potencializou, dadas as restrições profissionais que se estenderam nesse período.

Ocorre que, em uma análise ontológica, essa relação do homem com o trabalho, potencializada pela pandemia, em verdade, deixa à mostra que a existência é que primariamente é ambígua. Como diz Kierkegaard[(47)], vida é tarefa, é esforço, todo o tempo, uma vez que as incertezas estão presentes originariamente na relação homem-mundo. Existir é existir na incerteza, é lançar-se ao mistério. Desse modo, podemos compreender também as palavras de Heidegger: o homem, como um ser lançado no mundo, requer ter que lidar com as demandas dessa relação a todo momento e, junto com elas, o risco do inesperado.

Mas Heidegger nos chama a atenção ainda para outro ponto de importância para nossas reflexões. Segundo o pensador, a era moderna pode ser denominada a "era da técnica"[(48)]. Para ele, trata-se de uma era compreendida como um tempo caracterizado por um novo projeto metafísico fundamental, que passou a ocorrer a partir do momento em que o homem abandonou a capacidade e a disposição para a reflexão sobre as coisas que aconteciam (como no mundo grego) e se deixou atravessar pelo domínio do pensamento estritamente técnico-científico. Neste, as relações, sejam de que natureza for, se estabelecem por uma orientação de causalidade, uma relação de causa e efeito, em que todas as coisas devem ser explicadas por propriedades e mecanismos. De acordo com Heidegger, entende-se que essa forma de pensar científica, profícua no que concerne às variadas aplicações das ciências físicas e da medicina (inclusive com a vacina contra a Covid-19 obtida em tempo breve, minimizando possivelmente maiores consequências), toma o homem também como algo encerrado dentro de propriedades, como um ente dado, com comportamentos passíveis de serem diagnosticados e prognosticados, e não como alguém em abertura no mundo.

Para Heidegger, o homem moderno, entorpecido pelo modo de pensar técnico-calculante e pelas supostas certezas que provêm dele, passou a pensar a si e às coisas em seu entorno, inclusive as demais pessoas, por um modo tecnicista, acreditando poder, assim, controlar seu comportamento e seu desempenho, assim como as ciências naturais controlam seus objetos de estudo. Ou seja, bastaria a esse homem da modernidade planejar adequadamente, mensurar as possibilidades de sucesso e fracasso, e, assim, orientar a existência.

Entretanto, o homem moderno, de acordo com Heidegger, estaria diante de um grande perigo: o esquecimento de sua relação sensível com o existir, relação que é da ordem do inesperado, do imprevisível, onde os avanços tecnológicos e o modo de pensar técnico-científico nem sempre conseguem alcançar[(49)]. Segundo o pensador, vem ocorrendo, assim, um desenraizamento em relação à condição mais originária da existência humana, a saber: a condição de ser pensante consigo mesmo, de questionamento frente às coisas que acontecem, sem buscar apenas explicá-las por uma lógica causal. Ao refletir sobre si mesmo e sua relação com o outro e com o mundo, o homem poderia

(47) KIERKEGAARD, S. *O conceito de angústia*. Petrópolis, RJ: Vozes, 2011 (Obra publicada originalmente em 1844).

(48) HEIDEGGER, M. A questão da técnica. *Scientiae Studia*, São Paulo: v. 5, n. 3, p. 375-398, 2007. p. 386. (Obra publicada originalmente em 1953). Disponível em: http://www.scientiaestudia.org.br/revista/PDF/05_03_05.pdf. Acesso em: 20 abr. 2021.

(49) Vale ressaltar que não nos referimos apenas ao *pensar* técnico-científico dos cientistas e pesquisadores, mas também do homem moderno comum, que foi absorvido por esse modelo de análise das coisas em seu cotidiano.

se dar conta de sua condição de indigência frente ao mundo, de que, em verdade, vive uma relação de imprevisibilidade, da qual ele não detém total controle.

No que se refere ao trabalho, o homem, ao responder automaticamente às demandas do mundo, acaba por naturalizar o discurso de sua propalada capacidade e esforço para atender às variadas exigências do mundo do trabalho, bem como considera natural o discurso de sua identidade confundir-se com a identidade profissional, mergulhando no que Heidegger(50) denominou como *impessoalidade*, quando o homem toma os sentidos e significados do seu campo histórico, familiarizando-se com eles, acreditando, assim, poder viver sem sobressaltos. Conforme destaca Jurema Barros Dantas(51), "o homem contemporâneo não vê possibilidades para si a não ser adequando-se a essa engrenagem, a qual, se, por um lado, lhe provoca incertezas, por outro é o campo da familiaridade, onde se encontra o universo confortável e seguro do todo mundo".

Vivendo na suposta superioridade da razão tecnológica e, ao mesmo tempo, envolvido pelas contradições do contexto histórico, a relação sujeito-trabalho, acrescida do fenômeno pandêmico, não raras vezes, leva o homem a um profundo sofrimento psíquico. É a angústia de se reconhecer nesse paradoxo, cuja identidade se encontra em jogo, que atordoa o homem moderno.

Segundo Dantas(52), a angústia, "nesse contexto, terá o sentido de estreiteza, aperto, estrangulamento, sufocação". Contudo, atentando-nos para o caráter originário desses sentidos, colocamos em questão: o que a angústia estreita? Do que ela se aproxima? A própria autora chama a atenção de que "na angústia, abertura originária, estreita-se a distância em relação ao vazio de definição que é existir, e quando as referências dadas pelo mundo tornam-se estranhas, aproxima-se a possibilidade mais própria da existência"(53). Feijoo(54) complementa, declarando que a angústia existencial, longe de um mal a ser extirpado, escancara nossa condição paradoxal mais originária. A angústia, em suas variadas demonstrações, instiga a lembrar o homem de suas limitações, que, sendo inerentes à existência, extrapolam os mecanismos de controle com os quais as tentamos acomodar.

Podemos dizer que a pandemia da Covid-19 lançou o homem duplamente na angústia. A primeira foi decorrente da própria crise sanitária gerada pelo vírus, a qual o homem julgava haver dominado, devido às descobertas científicas que trouxeram consigo a certeza de que vivemos no melhor período da história. A outra ocorreu pela relação que o homem estabelece com o trabalho atualmente, que, além de seu caráter de sobrevivência, apresenta-se também como a própria constituição do homem, dando-lhe significado e identidade. Como a pandemia trouxe reverberações múltiplas ao mundo do trabalho, como desemprego, potencialização das desigualdades sociais etc., o homem contemporâneo se dobrou frente ao recente fenômeno pandêmico, resultando em uma crise existencial.

---

(50) HEIDEGGER, M. 2012. *Op. cit.*

(51) DANTAS, J. B. *Angústia e existência na contemporaneidade*. Rio de Janeiro: Ed. Rubio, 2011. p. 55.

(52) *Ibidem*, p. 52.

(53) *Ibidem*, p. 53.

(54) FEIJOO, A. M. L. C. *O homem em crise e a psicoterapia fenomenológico-existencial*. Conferência de abertura do II Encontro Ludovicense de Fenomenologia Psicológica e Filosofias da Existência, realizado no período de 18 a 20 de abril de 2012, no Centro de Ciências Humanas (CCH) da Universidade Federa do Maranhão (UFMA). s/p.

Enfim, podemos dizer que a angústia do homem moderno é o embate constante entre viver no que o mundo orienta (busca de uma identidade profissional, temor pelo fim do emprego, medo da morte etc.) e a voz que clama em sua existência mais originária, a saber, mesmo que o homem faça o que tiver de ser feito, não há viver com garantias. Ainda assim, é preciso viver, ou seja, é preciso cuidar da vida, e, quiçá, conquistar sua identidade mais própria na tarefa do existir.

CONSIDERAÇÕES FINAIS

Buscamos, neste capítulo, refletir sobre os impactos da pandemia no trabalho, trazendo para a discussão nossa condição originária de vulnerabilidade, e, junto com esta, a questão de nossa identidade profissional. Foi possível constatar que pandemias existiram ao longo da história, deixando consequências no modo de produção do homem, de acordo com cada época. Na atualidade, considerando o trabalho como identidade, a pandemia pôs em jogo também nossa condição identitária, deflagrando a angústia.

A angústia, olhada pela relação pandemia-homem-trabalho, em verdade, vem nos dizer que a existência é da ordem do inesperado, do contingente. Entretanto, adormecidos na cadência da técnica moderna, esquecemo-nos de nossa condição humana de vulnerabilidade, da existência como negatividade. E para sufocar a angústia e retornar à cadência de produtividade que o labor impõe, amparamo-nos nos diversos mecanismos que o mundo orienta, como medicalização, manuais que orientam como lidar com o sofrimento etc., com pretensões de manter a angústia afastada, e, assim, o homem vai se mantendo como autômato frente às orientações de mundo.

Heidegger(55) nos lembra que recusar ou aderir ao contexto histórico de produtividade ilimitada que norteia o mundo moderno, sem refletir sobre ele, é manter-se na automatização da existência. Ele propõe então um pensar reflexivo que nos ponha em um livre exercício frente às restrições do horizonte histórico de nossa era. Ao refletir, é possível que o homem amplie sua consciência sobre suas possibilidades mais próprias (sem o jugo da meritocracia), como também possa se apropriar das limitações que contornam sua relação com o trabalho e as questões que o envolvem, seja de natureza ambiental, como a pandemia, seja de natureza social e econômica. Ao ampliar sua reflexão, o homem consente sua participação, sem, contudo, abrir mão de seu si-mesmo, compreendendo os riscos que envolvem a existência e que são inerentes a essa relação. Refletindo, ele pode se colocar na abertura de outros sentidos possíveis na constituição de sua identidade profissional, ainda que dentro de uma realidade técnico-científica.

Como nos faz recordar Albert Camus(56), em seu romance *A peste*, a "alegria estava sempre ameaçada. [...] E sabia também que viria talvez o dia em que, para desgraça e ensinamento dos homens, a peste acordaria os seus ratos e os mandaria morrer numa cidade feliz". Afinal, ainda que nos esqueçamos, vida é risco o tempo todo.

REFERÊNCIAS

ALVES, G. *Trabalho e subjetividade*: o espírito do toyotismo na era do capitalismo manipulatório. São Paulo, SP: Boitempo, 2011.

---

(55) HEIDEGGER, M. 2007. *Op. cit.*

(56) CAMUS, A. *A peste*. 28. ed. Rio de Janeiro: Record, 2020. p. 286-287.

ANTUNES, R. *O privilégio da servidão*: o novo proletariado de serviços na era digital. São Paulo: Boitempo, 2018.

CAMUS, A. *A peste*. 28. ed. Rio de Janeiro: Record, 2020.

CASTRO, F. G. Suicídio e trabalho nos dias atuais: considerações sobre os paradoxos do mundo do trabalho. In: EWALD, A; SOARES, J. C.; SEVERIANO, M. F. V.; AQUINO, C. A. B.; MATTOS, A. (orgs.). *Subjetividades e temporalidades*: diálogos impertinentes e transdisciplinares. Rio de Janeiro: Garamond, 2014. (p. 235-284).

CASTRO, F. G. *Marx e o século XXI*: notas para uma teoria crítica da sociedade. Marília, SP: Lutas anticapital, 2019.

CUBRICH, M.; TENGESDAL, J. A.; STAHL, R.; CROW, M. B. Pandemics and precarious work: translating research to practice for marginalized workers. *American Psychological Association*. Vol. 8, n. 3, p. 416-430, 2022.

DANTAS, J. B. *Angústia e existência na contemporaneidade*. Rio de Janeiro: Ed. Rubio, 2011.

DUBAR, C. A construção de si pela atividade de trabalho: a socialização profissional. (Machado, F., Trad.) *Cadernos de Pesquisa,* vol. 42, n. 146, p. 351-367, maio-agosto, 2012.

EXTRA. Com pandemia, 8,9 milhões de pessoas perderam emprego, segundo IBGE. *Jornal Extra*. Economia. Finanças. 06/08/2020. Disponível em: https://extra.globo.com/economia-e-financas/com-pandemia-89-milhoes-de-pessoas-perderam-emprego-segundo-ibge-24570488.html. Acesso em: 17 ago. 2020.

FEIJOO, A. M. L. C. *O homem em crise e a psicoterapia fenomenológico-existencial.* Conferência de abertura do II Encontro Ludovicense de Fenomenologia Psicológica e Filosofias da Existência, realizado no período de 18 a 20 de abril de 2012, no Centro de Ciências Humanas (CCH) da Universidade Federa do Maranhão (UFMA). 2012.

FEIJOO, A. M. L. C.; PROTÁSIO, M. M.; PIETRANI, E. E. M.; LOPES, E. M. S.; PROTÁSIO, F. M.; NOLETO, M. C. M. F. As enigmáticas expressões do homem moderno frente às pandemias. *HOLOS*, Ano 37, v. 4, e11498, p. 1-20. 2021.

FEIJOO, A. M. L. C.; PIETRANI, E. E. M. A relação entre identidade profissional e suicídio pela perspectiva da literatura e da psicologia fenomenológico-existencial. *Revista Acta Psiquiátrica y Psicológica de América Latina,* vol. 68, n. 4. p. 234-246. Dezembro/2022.

FORGHIERI, Y. C. *Psicologia fenomenológica*: fundamentos, método e pesquisa. São Paulo: Cengage Learning, 1993.

GOULART, A. C. Revisitando a espanhola: a gripe pandêmica de 1918 no Rio de Janeiro. *História, Ciências, Saúde-Manguinhos.* Vol. 12, n. 1, p. 101-142.2005.

GUNTHER, L. E.; BARACAT, E. M. O HIV e a AIDS: preconceito, discriminação e estigma no trabalho. *Revista Jurídica UNICURITIBA*. Vol. 1, n. 30, 2013. p. 398-428. p. 398. Disponível em: http://revista.unicuritiba.edu.br/index.php/RevJur/article/view/569. Acesso em: 22 jul. 2023.

HAN, B. C. *Psicopolítica*: o neoliberalismo e as novas técnicas de poder. Belo Horizonte: Ed. Ayiné, 2018.

HARVEY, D. Política anticapitalista em tempos de Covid-19. In: BIHR, A.; DAVIS, M.; HARVEY, D.; ZIBECHI, R.; ZIZEK, S. *Coronavírus e a luta de classes.* Brasil: Terra sem Amos, 2020 (p. 13-24).

HEIDEGGER, M. *Ser e tempo.* Petrópolis, RJ: Vozes, 2012 (Obra publicada originalmente em 1927).

HEIDEGGER, M. A questão da técnica. *Scientiae Studia,* São Paulo: v. 5, n. 3, p. 375-398, 2007. (Obra publicada originalmente em 1953). Disponível em: http://www.scientiaestudia.org.br/revista/PDF/05_03_05.pdf. Acesso em: 20 abr. 2021.

JAGUARIBE, H. Prefácio. In: TUCÍDIDES. *História da Guerra do Peloponeso.* 4. ed. Brasília: Editora Universidade de Brasília, 2001. p. XXXIV. (Obra publicada originalmente em 410 a.C.). (p. XXIII-XXXIX).

KIERKEGAARD, S. *O conceito de angústia.* Petrópolis, RJ: Vozes, 2011 (Obra publicada originalmente em 1844).

LEITE, K. C. A (in)esperada pandemia e suas implicações para o mundo do trabalho. *Psicologia & Sociedade.* Vol. 32, p. 1-18, 2020.

OLIVEIRA, J. C. M. Pandemia e desigualdade: o caso da Praga de Justiniano. *Blog História antiga a partir de baixo.* 2021. Disponível em: https://www.subalternosblog.com/post/pandemia-e-desigualdade-o-caso-da-praga-de-justiniano. Acesso em: 16 jul. 2023.

PENHA, J. *O que é Existencialismo.* São Paulo: Ed. Brasiliense, 2001 (Coleção Primeiros Passos).

SÁ, M. C.; MIRANDA, L.; MAGALHÃES, F. C. Pandemia Covid-19: catástrofe sanitária e psicossocial. *Caderno de Administração.* Vol. 28, p. 27-36, 2020.

SEIDL, J.; ANDRADE, A. L.; FRUYT, F. Os impactos da Covid-19 nas carreiras dos trabalhadores. In: MORAES, M. M. (org.). *Os impactos da pandemia para o trabalhador e suas relações com o trabalho.* Porto Alegre: Artmed, 2020. (p. 69-77).

SEVERIANO, M. F. V.; ESTRAMIANA, J. L. A. *Consumo, narcisismo e identidades contemporâneas*: uma análise psicossocial. Rio de Janeiro: EdUERJ, 2006.

SILVA, R. B.; ARAUJO, M. P. M.; CORTE, V. B. A civilização "insustentável" em situação de pandemia de Covid-19: perspectivas de educadores. *Revista Brasileira de Educação Ambiental – Revbea.* São Paulo. Vol. 15, n. 4, p. 80-94, 2020.

SOUZA, D. O. As dimensões da precarização do trabalho em face da pandemia de Covid-19. *Trabalho, Educação e Saúde.* v. 19, p. 1-15, 2021. e00311143. DOI: 10.1590/1981-7746-sol00311.

TUCÍDIDES. *História da Guerra do Peloponeso.* 4. ed. Brasília: Editora Universidade de Brasília, 2001. (Obra publicada originalmente em 410 a.C.).

UJVARI, S. C. *A história e suas epidemias*: a convivência do homem com os microorganismos. Rio de Janeiro: Senac; São Paulo: Senac, 2003.

Uberização e direito: uma análise sobre a transformação do trabalho e a invisibilidade do novo perfil de trabalhador de aplicativo

Uberization and law: an analysis of the transformation of work and the invisibility of the new application worker profile

Larissa Lopes Soares(*)

Resumo: O presente artigo dialoga sobre a uberização como fenômeno que inaugurou o novo perfil de trabalhador no meio social: motoristas de aplicativo. No arquétipo jurídico, esse grupo ainda não encontrou lugar específico no âmbito de direitos e garantias, visto que as pesquisas apontam para uma ausência de enquadramento como empregada, tampouco como pessoas jurídicas. A finalidade do texto é demonstrar a imprescindibilidade do Direito — como ciência humana que vai de encontro as necessidades sociais– representar esses trabalhadores desregulamentados, procurando, por meio de debates e reflexões sobre as legislações existentes e os princípios do Direito do Trabalho, confrontando com a jurisprudência e achar o espaço jurídico desse seguimento de trabalhador.

Palavras-chave: Uberização;Transformação social; Motoristas por aplicativos; Princípios protetores

Abstract: This article discusses uberization as a phenomenon that inaugurated the new worker profile in the social environment: app drivers. In the legal archetype, this group has not yet found a specific place in the scope of rights and guarantees, since research points to an absence of classification as an employee, nor as legal entities. The purpose of the text is to demonstrate the indispensability of Law — as a human science that meets social needs– to represent these deregulated workers, seeking, through debates and reflections on existing legislation and the principles of Labor Law, confronting with the jurisprudence and find the legal space for this segment of workers.

Keywords: Uberization; Social transformation; Drivers by apps; protective principles.

Sumario: Introdução. 1. A definição de empregado segundo a CLT. 1.1. O trabalho autônomo. 2. Princípios protetores .2.1. Princípio da Proteção. 2.2. Princípio da primazia da realidade. 2.3. Princípio da Irrenunciabilidade. 2.4. Direitos trabalhistas constitucionalmente garantidos. 3. A transformação no campo trabalhista por meio do movimento de trabalhadores plataformizados. 3.1. O autogerenciamento subordinado. Conclusão. Referências.

INTRODUÇÃO

A história do mundo compreende, desde sempre, um sistema interposto por transformações no campo das pessoas, mudanças na sociedade, remetendo a novas formas de pensar, agir, ser e querer ser e, consequentemente, de trabalhar.

(*) Universidade Veiga de Almeida, Curso de Graduação em Direito (Bacharelado), Cabo Frio, RJ, Brasil.

O trabalho, como conhecido antes da primeira Revolução Industrial, era realizado de forma manual, artesanal que estabelecia uma ligação mais física com o tipo de atividade desenvolvida. A produção era lenta, minuciosa e morosa, e os produtos eram fabricados em um tempo maior, com quantidades limitadas diante do sistema de produção.

Com a mudança da produção manufatureira para a industrializada no século XVIII, na Inglaterra, as máquinas surgiram para facilitar, conferindo produções em alta demanda e com o carvão se tornando essencial para o sistema de produção[(1)].

A época era marcada pela ausência de limitações no que diz respeito ao tempo de trabalho e no modo como eram realizados. Homens, mulheres e até mesmo crianças, eram exploradas por serviços e atividades que extrapolavam suas forças e tempo, além de realizados em locais insalubres. Não possuíam garantias nem proteções, trabalhavam até a exaustão.

Diante desse contexto social degradante e exploratório com o surgimento de revoltas e movimentos — a saber, Ludismo e Cartismo —, novas formas de direitos e proteções começaram a ser pensadas para os trabalhadores, tendo como reivindicação garantia de acordo com o trabalho manifestado por todas essas pessoas.

A elaboração de normas que buscavam preservar, guardar a vida e a saúde do trabalhador em diversas dimensões foi necessária após esse acontecimento do período da Revolução Industrial.

Com essa breve análise do panorama da transformação do trabalho, se permite compreender como a sociedade é marcada por suas transições mediante conglomerado de movimentos que ocorrem de modo lento, mas significativo, com fim de criar condições dignas e amparo legal.

Com um salto histórico, a uberização surge em momento marcado pela globalização e Revolução da Tecnologia, sendo o mundo como é conhecido hoje dominado pela automatização das coisas, em que o real é ligado diretamente ao virtual. As plataformas da internet, os chamados aplicativos, conectam e relacionam pessoas, coisas e lugares. Dados e algoritmos são utilizados para gerenciar informações de forma que seja mais eficiente para as pessoas poderem ter acesso a seus objetivos, fornecendo a informação ou coisas que elas querem ou desejam.

Em 2010, um singular empresário canadense, Garret Camp, após viver experiências negativas envolvendo os transportes da cidade de São Francisco, Estados Unidos, surge com a ideia de desenvolver um sistema de táxis controlados por aplicativos no celular, criando, assim, um novo contexto internacional para o trabalho, transformando a qualidade de vida de muitas pessoas com essa nova tecnologia, tanto no mundo do trabalho, como no dia a dia de quem utilizava o serviço para proveito próprio[(2)].

Camp lidou com os obstáculos em São Francisco envolvendo o sistema de táxis oficiais, pois só era permitido licenças para trafegar com limite de 1.500 táxi. Isso era visto como uma grande defasagem para uma cidade tão potente e com um significativo

(1) CAVALCANTE, Z. V.; SILVA, M. L. S. da. A importância da revolução industrial no mundo da tecnologia. *VII EPCC — Encontro Internacional de Produção Científica*, 2011.

(2) STONE, Brad. *The Upstarts:* Como a Uber, a Airbnb, e as killer companies do novo Vale do Silício estão mudando o mundo. Rio de Janeiro: Intrínseca, 2017. p. 45.

número de pessoas. O fato de não ter uma frota competente de transportes limitava muito as alternativas de locomoção[3].

Com essa barreira, táxis ciganos, representados por sedãs pretos, começaram a transportar pessoas na cidade. Isso deu a Camp margens para ideias transformadoras no campo da tecnologia do transporte[4].

Depois de superados algum obstáculo entorno da questão de desenvolvimento e investimento, a ideia se instrumentalizava em junho de 2010, ano que o aplicativo criado alcançou disponibilidade no sistema IOS da *App Store*, arremetendo a cidade de São Francisco com a nova mobilidade[5].

O serviço da Uber, nesse diapasão, caracteriza o empreendimento de um aplicativo que controla motoristas cadastrados na plataforma, sob regras previstas de inserção e trabalho, que reiteram o ofício de transportar pessoas a seus destinos requisitados, sob o ditame e a promessa de um trabalho tranquilo e autocomandável.

No tocante a tal cenário de inserção tecnológica na perspectiva da atualidade, surge o contexto conhecido como "uberização"[6] a partir dos primórdios da concepção de trabalhos sob os controles de uma plataforma disponibilizada na internet. Esse termo, portanto, é cunhado para compreender todas as transformações referentes a uma nova forma de trabalhar, ou seja, que são subsidiados por um aplicativo no celular.

Com essa inovação no campo da tecnologia do trabalho, é reforçada, entrementes, a contemporaneidade dos tipos de serviço distribuídos, permitindo que opções sejam pensadas em termos de angariação de renda e utilização da disponibilidade.

A Uberização referenda a transformação social indicada pelo fortalecimento de plataformas de viagem e o advento da alta demanda que interpõe um relacionamento com o cliente, criando a facilidade de comunicação, pedido e entregas, além de trabalho para aqueles que se cadastram nos aplicativos.

Com esse cenário de internet e plataformas, serviços como a "99táxi" (similar a sua pioneira, Uber) utiliza também os denominados "motoristas parceiros", assim, os convoca para buscar e transportar pessoas às localidades indicadas no aplicativo.

O "Ifood", por outro lado, é uma plataforma de entrega de alimentos. Restaurantes, estabelecimentos e comércios, inserindo seus negócios em uma plataforma, e com o serviço disponibilizado, as pessoas podem pedir comidas e bebidas sem precisar sair de casa, contando com um dispositivo de entrega eficaz, realizado pela figura dos pilotos de motocicletas, conhecido como motoboys.

Além desses aplicativos citados, há muitos outros responsáveis por desenvolver o mesmo tipo de funcionalidade. Essa forma de trabalhar se apresenta como um novo tipo de gestão, que visa controlar novas forças de trabalho utilizando a facilidade representada pela internet, com sua dinamicidade algorítmica e constância.

---

(3) STONE, Brad. *The Upstarts:* Como a Uber, a Airbnb, e as killer companies do novo Vale do Silício estão mudando o mundo. Rio de Janeiro: Intrínseca, 2017. p. 45.

(4) *Ibid.*, p. 48.

(5) *Ibid.*, p. 61.

(6) A Academia Brasileira de Letras define uberização da seguinte maneira: "Termo usado para indicar a transição para o modelo de negócio sob demanda caracterizado pela relação informal de trabalho, que funciona por meio de um aplicativo criado e gerenciado por uma empresa de tecnologia que conecta os fornecedores de serviços diretamente aos clientes, a custos baixos e alta eficiência."

As plataformas utilizam como marketing para atrair trabalhadores, a deferência em relação a seus aplicativos sob o argumento de que tenham autonomia, já que se "autodirigem". Essa estratégia contribui para atrair aqueles que precisam de uma renda extra, ou mesmo renda principal, acreditando ser esse o tipo de emprego que possa contribuir com relação aos desafios relacionados aos trabalhos formais e seus percalços em referência ao empregador, ou um contorno bem-vindo para o desemprego.

1. A DEFINIÇÃO DE EMPREGADO SEGUNDO A CLT

Importar relembrar os termos conhecidos como "trabalho" e "emprego", ou mesmo "trabalhador" e "empregado".

O trabalho representa a ocupação do indivíduo, aquilo que ele realiza perante a sociedade como forma de ofício, com fins de recebimento de contrapartida. Já ao que se refere o termo emprego, é considerado empregado todo aquele que for pessoa física prestadora de serviços, de forma contínua e não eventual, subordinado a um empregador mediante o pagamento de salário conforme preceitua o art. 3º da Consolidação das Leis do Trabalho.

Portanto, todo empregado é um trabalhador, mas o mesmo não pode ser dito ao contrário, já que para ser considerado como detentor de emprego com o sentido técnico da palavra, o trabalhador, não pode ser pessoa jurídica e deve estar subordinado ao patrão/empregador sob remuneração.

Mostra-se evidente, portanto, a necessidade de reformulação ao que tange as novas formas de serviços prestados. A CLT foi criada e elaborada com o objetivo de proteção de trabalhadores que sustentavam seus empregos sob condições questionáveis, por isso, ela abarcou uma figura legislativa que tem como estrutura e meta o sentido tutelar. Com o surgimento de grupos de trabalho significativos para o contexto tecnológico atual, o vácuo legislativo passa a ficar mais evidente, já que não há norma específica para diversas atividades laborais atuais. O sistema uberização é uma delas.

1.1. O trabalho autônomo

Necessário uma breve análise acerca do trabalho autônomo para melhor fazer o cotejo das figuras. A Lei n. 4.886, de 1965, regula as atividades que envolvem as ações dos representantes comerciais autônomos. É definido por meio do art. 1º da presente legislação:

> Exerce a representação comercial autônoma a pessoa jurídica ou a pessoa física, sem relação de emprego, que desempenha, em caráter não eventual por conta de uma ou mais pessoas, a mediação para a realização de negócios mercantis, agenciando propostas ou pedidos, para, transmiti-los aos representados, praticando ou não atos relacionados com a execução dos negócios.

A ausência de subordinação estabelece a característica primordial para enquadrar o entendimento do trabalhador autônomo e seu prisma na sociedade em confronto com aqueles que são considerados empregados. Isto é, não gera vínculo de emprego com esse tipo de trabalhador, já que não assume o risco de sua própria atividade e tem como características a ausência de subordinação (art. 3º CLT).

Usando de forma comparativa, em relação aos motoristas de aplicativos, não há contrato de trabalho entre eles e a plataforma, segundo o marketing utilizado. Mas, há uma plataforma que controla. O trabalhador, basicamente, assume os riscos por seu trabalho para sua realização. Aplicativos como Uber e 99 corroboram o ideal como forma de garantir adesão a ideia de trabalhadores autônomos e independentes e, com isso, atrair mais "parceiros".

Com isso, o trabalho autônomo na aplicação de motorista de plataforma se habilita como marketing, fundamentando uma dita liberdade no trabalho desempenhado. A tese de autonomia tem como fundamento afastar a responsabilização sobre o serviço prestado por aquele motorista e encargos sociais.

2. PRINCÍPIOS PROTETORES

O contingente histórico dos momentos em que o trabalhador, naturalmente hipossuficiente se via fez com que se agrupasse e lutasse em prol da institucionalização dos princípios especiais para fornecer proteção frente ao empregador/patrão, como tentativa reduzir a precarização. E essas lutas, nunca cessaram, tendo períodos mais acirrados como no início e outros mais brandos.

O novo perfil de trabalhador advindo com desenvolvimento do movimento atrelado a uberização — destacando-se a partir do ano de 2014 — aqueles que desempenham funções específicas dos novos tipos de trabalho, representam exemplos que remetem à importância de se voltar a análise de alguns princípios de garantia do Direito do Trabalho e da proteção, para cotejo com as novas formas de trabalho em plataformas digitais.

2.1. Princípio da Proteção

O princípio basilar da legislação trabalhista é o princípio da proteção, ou tutela. A doutrina majoritária entende que esse princípio se estende pela sua manifestação em três outros princípios, sendo ele a espinha dorsal do Direito do Trabalho: O princípio do *in dubio pro operario*, o princípio da norma mais favorável e o princípio da condição mais benéfica[(7)].

Nenhum desses princípios encontra-se revogado, uma vez que, embora a CLT de 1943, tenha sofrido reformas, notadamente em 2017 pela Lei n. 13.467, que trouxe bastante redução de direitos. A partir de então se tem o norte para utilizar entendimento da norma que seja mais favorável ao empregado. Também, o uso de cláusula contratual que trará mais benefícios para o trabalhador em determinações ou impasses jurídicos, de modo a favorecer sempre a parte que, naturalmente a parte mais fraca da relação.

A estruturação da CLT, se deu com o intuito de garantir que o trabalhador se veja compensado pela sua posição de hipossuficiência, sendo um modo interpretativo e legal de corrigir desigualdades preexistentes.

Mauricio Godinho Delgado elucida acerca da importância da atuação desses princípios nas relações jurídico-trabalhistas para garantir uma teia de proteção ao trabalhador, aludindo que "sem a ideia protetivo-retificadora, o Direito Individual do Trabalho não se justificaria histórica e cientificamente"[(8)].

---

(7) DELGADO, Mauricio Godinho. *Curso de direito do trabalho*: obra revista e atualizada conforme a lei da reforma trabalhista e inovações normativas e jurisprudenciais posteriores. 18. ed. São Paulo: LTr, 2019. p. 235.

(8) *Ibid.* p. 234.

Há autores que sustentam que esses três princípios já seriam suficientes para essa compreensão, sendo desnecessário seu desdobramento.

2.2. Princípio da primazia da realidade

Como segundo plano, há o princípio da primazia da realidade que pesa sobretudo nas decisões e disputas trabalhistas e aparece como forma de assegurar a realidade em detrimento da formalidade contratual estabelecida.

Assim, o que se compreende é que aquilo que realmente importa e faz a diferença no seio jurídico é o que verdadeiramente acontece de fato ou como a atividade se desenvolve, em contraponto aos acordos e pactos, ainda que verbais, que são formulados formalmente.

O Código Civil de 2002 estabelece no art. 112 que: "Nas declarações de vontade se atenderá mais à intenção nelas consubstanciada do que ao sentido literal da linguagem".

Na CLT, esse princípio se materializa no art. 9º e seu principal objetivo é impedir que se mascare a realidade ocorrida no curso do contrato em suas várias cláusulas.

Quanto ao trabalhador em plataformas, veja-se o julgamento no Recurso Ordinário n. 0101291-19.2018.5.01.0015[9], proferido pelo Tribunal Regional do Trabalho da 1º Região, que envolve um motorista da plataforma Uber. No julgado, o trabalhador interpõe recurso postulando vínculo de emprego e subordinação. Nesse caso, o Tribunal considerou que houve a prestação de serviços com pessoalidade, habitualidade, onerosidade e subordinação, impondo o vínculo com base na realidade do trabalhador.

Nesse sentido, o autor Ricardo Resende[10], quando elucida o pensamento do princípio da primazia da realidade ser um importante mecanismo para afastar a "máscara e exigir a conformação dos fatos à figura legal respectiva."

2.3. Princípio da Irrenunciabilidade

A irrenunciabilidade de direitos é um princípio segundo o qual, não cabe ao trabalhador empregado abrir mão de certos direitos, ainda que as partes concordem e mesmo que seja para ele, trabalhador, vantajoso, como por exemplo, não ter a carteira de trabalho assinada por um período para receber o seguro desemprego referente a outro contrato extinto. Há um óbice legislativo, embora bastante mitigado a partir da chamada reforma trabalhista de 2017, pela Lei n. 13.467.

2.4. Direitos trabalhistas constitucionalmente garantidos

Voltando-se a Resende[11] que define a relação de trabalho como gênero, sendo a relação de emprego uma das espécies existentes. Cita ainda que o trabalho autônomo, o eventual e o trabalho avulso funcionam como outras formas de trabalho das espécies coexistentes.

---

(9) 0101291-19.2018.5.01.0015 — Recurso Ordinário. Relator(a). Carina Rodrigues Bicalho — Julgamento: 07/07/2021 — Sétima Turma.

(10) RESENDE, Ricardo. Direito do trabalho. 8. ed. Rio de Janeiro: Forense. São Paulo: MÉTODO 2020. p. 111.

(11) RESENDE, ob. cit. p. 177-178.

Ainda, existe corrente doutrinária que defende os direitos trabalhistas constitucionais para aqueles que trabalham sem subordinação, é o caso do trabalhador avulso. Entretanto, o entendimento clássico diz que tais regalias da lei não a remetem aos trabalhadores sem a relação de emprego.

Isso implica na inexistência do termo "trabalhador" como conceito constitucional passível de normatização, resultando em um límpido e objetivo vácuo desse instituto em toda a legislação trabalhista vigente. Qual a proteção recebida em face do trabalhador que não é empregado?

Teoricamente, a proteção jurídica é conferida ao trabalhador subordinado, determinado pelos preceitos da relação de emprego estabelecidos na CLT. Ou seja, os direitos constitucionais protegem os empregados — e aqui se interpreta aquele que realiza atividade sendo pessoa física, com remuneração, habitualidade, pessoalidade e subordinação.

Os direitos constitucionais basilares ao empregado funcionam como as principais linhas que devem orientar as legislações infraconstitucionais no sentido de garantir os direitos mínimos e os princípios nucleares da proteção.

Em primeiro plano, para efeitos do tema em debate, a jornada de trabalho não deve ser superior a oito horas diárias. Essa é uma das principais e mais importantes normas da Constituição Federal, servindo de base geral para todos aqueles que trabalham.

E ainda, é determinado com base nisso um adicional para todos aqueles que, porventura de algum momento atípico, ultrapassem esse horário determinando, sendo assegurado receber a remuneração adiciona ao mínimo de 50% sobre o valor hora normal de trabalho.

Além disso, há o repouso semanal remunerado, em que a CF/88, preferencialmente aos domingos quando essa prerrogativa for conferida; o gozo necessário de férias anuais que sejam remuneradas. O empregado não fica disponível para o trabalho, mas faz jus a salários quanto ao período não trabalhado.

Há também o estabelecimento de normas de saúde, higiene e segurança, com a finalidade de reduzir os possíveis acidentes de trabalho, especialmente naquelas atividades que se mostrem mais perigosas e passíveis de gerar danos ao indivíduo, evitando também doenças ocupacionais, com direito, inclusive a adicionais.

O seguro contra acidentes é também um importante direito, significando que o empregador/patrão, deve arcar com todas as despesas que possam advir de acidentes que ocorrem no trabalho e realoquem o trabalhador, além da obrigação de recolher a contribuição social.

Fechando o raciocínio construído, por meio do art. 7º, inc. XXXIV da CF/88, é estabelecida a igualdade de direitos entre o trabalhador que é avulso e entre aquele que é considerado empregado pelo CLT. Portanto, recebe o mesmo tratamento daquele conferido numa relação de emprego.

O art. 196 da CF/88 também esclarece que a saúde é um direito reservado a todos, sendo dever do Estado a sua garantia por meio de políticas sociais e econômicas, com a observância da redução dos riscos de doenças, sendo um direito que oferece acesso igualitário aos serviços que visam estabelecer essa proteção.

A proteção a saúde, sobretudo do trabalhador, é necessária para manter as condições que são imprescindíveis para garantir a permanência do empregado no escopo do ambiente de trabalho. Além de ter um teor social garantido, essa proteção também é importante para manter a saúde social.

Dentro dessas perspectivas, a transformação social-econômica com surgimento de novas profissões e novas maneiras de trabalhar, traz reflexões comparativas com a tutela constitucional de outros tipos de trabalhadores, como os avulsos. Com isso, considerando a legislação que tutela empregados e trabalhadores avulsos, percebe-se motoristas e trabalhadores de aplicativos, inviabilizados até mesmo como sujeitos, não são destinatário de garantias constitucionais mínimas.

3. A TRANSFORMAÇÃO NO CAMPO TRABALHISTA POR MEIO DO MOVIMENTO DE TRABALHADORES PLATAFORMIZADOS

As ferramentas tecnológicas e a instrumentalização do telefone-celular, trouxeram serviços que possibilitaram ao imaginário social ter facilidade de realizar compras pela internet, requisitar meios de transporte na porta de casa, solicitar entrega de comida, tudo isso com comodidade para os usuários.

Na era da internet, as plataformas digitais ganham espaço como meios fortes e poderosos, retendo pessoas, demonstrando a força da tecnologia na contemporaneidade, fazendo a diferença e transformando as relações interpessoais. São grandes e importantes empresas-aplicativos, controladoras de forma indireta da mão de obra cadastrada em seu sistema.

O poder dessas plataformas é imenso se colocado em contraponto com outras empresas, sobretudo as físicas. As plataformas recebem o encargo de organizar e explorar os sérvios oferecidos e a forma de trabalho sem realmente se nomearem como empregadores. Isso é algo importante a ser considerado, principalmente quando as legislações, mais atuais são influenciadas pela Reforma Trabalhista (Lei n. 13.467/2017).

No primeiro semestre de 2023, constatou-se que a quantidade de pessoas que trabalham em nome de plataformas de carona e entrega são por volta de 1,6 milhões segundo informações noticiadas pelo G1[(12)].

Através da Lei n. 13.640, de 2018, foi criada determinações que estabelecem que os municípios devam se encarregar de regulamentar as atividades de aplicativos em seus territórios, ficando também com o dever de fazer fiscalização. Seu texto define os serviços dessas redes como "transporte remunerado privado individual de passageiros".

Ademais, em obra desenvolvida por Ricardo Antunes, denominada "Uberização, trabalho digital e Indústria 4.0", publicada em 2020[(13)], o autor estuda o acontecimento evidenciado pela transformação social liberada pela tecnologia e internet e discute este advento através do viés representado pela precarização da vida do trabalhador subsidiado pelos aplicativos que controlam seus serviços.

Antunes estabelece o contexto atual como "o processo no qual as relações de trabalho são crescentemente individualizadas e invisibilizadas, assumindo, assim, a aparência de 'prestação de serviços' e obliterando as relações de assalariamento e de exploração do trabalho"[(14)].

(12) LARA, Lorena. Brasil tem 1,6 milhão de pessoas trabalhando como entregadores ou motoristas de aplicativos. G1, 2023.

(13) ANTUNES, Ricardo. *Uberização, trabalho digital e Indústria 4.0*. 1. ed. São Paulo: Boitempo, 2020. p. 11.

(14) *Ibid.*

Seguindo esse entendimento, mesmo que a expansão das áreas de trabalho seja vistas, em um primeiro momento, sob um prisma positivo, pois abre margem a novos tipos de emprego — contribuindo com a redução do desemprego —, na interpretação do autor, isso é perigoso porque, ao invés da uberização representar uma contribuição determinantemente favorável a vida do trabalhador, ela se mostra como um fator que contribui também para a debilidade e insegurança em massa do trabalho e da sociedade, já que isso deturpa os meios de proteção que deveriam ser conferidos aos trabalhadores.

A uberização apresenta uma identidade criada em cima da ideia de autonomia e autogestão, promovendo a presunção de "independência" e "liberdade", muito sustentadas pelo princípio da não eventualidade do trabalho. Abílio, Amorim e Grohmann nomeiam os trabalhadores uberizados como "autogerentes subordinados", em vista de gerenciarem suas próprias ações através dos limites impostos pela plataforma controladora[(15)].

Com essa suposta autonomia, eles não recebem garantias ou proteção. Não possuem direitos trabalhistas, visto que não são considerados empregados sob a compreensão da CLT, e com isso, ficam em uma perspectiva invisível do trabalho. O trabalho, mesmo sendo um direito, também funciona como uma obrigação necessária para garantir sobrevivência e, por isso, sua informalidade pode ser perigosa.

Na uberização, o trabalhador angaria responsabilidade objetiva sobre qualquer erro orquestrado, assim como possíveis acertos[(16)]. O "salário" é percebido mediante produtividade, isto é, o número de corridas realizadas comanda os valores que serão recebidos ao fim de cada dia. Jornadas de trabalho ultrapassam os limites mínimos à saúde, como forma de se obter mais dinheiro ao final e muitas vezes pagar o aluguel ou financiamento do próprio veículo que é utilizado como instrumento de trabalho.

A forma de trabalho é marcada pela incerteza e ausência de clareza sobre seu verdadeiro perfil. É empregado? É autônomo? Isso tudo coloca o trabalhador em situação de ignorância sobre suas garantias.

Para Selma Venco[(17)], a uberização "extrapolou o transporte individual e alçou outros segmentos do mercado de trabalho e tornou-se a expressão máxima da agudização da desregulamentação do trabalho."

A partir desse pressuposto, observa-se cada vez mais a expansão da informalidade como forma de fuga do desemprego — cresceu 8,8% no 1º trimestre de 2023, segundo o IBGE —, sob a pena da falta de atenção jurídica "em suas cabeças". O trabalhador está disponível para o serviço.

No tocante a isso, a Reforma Trabalhista de 2017 forneceu maior precariedade para as relações de trabalho não só fomentando a uberização como também dando uma quase permissão para essas atividades sem a proteção da Lei.

Outrossim, várias ações tramitam nas Varas Trabalhistas e nos Tribunais do mundo, em que os trabalhadores postulam regularização da sua forma de trabalhar. Vem crescendo o número de pessoas incluídas no grupo, seja pelo desemprego desenfreado

---

(15) ABÍLIO, L. C.; AMORIM, H.; GROHMANN, R... *Uberização e plataformização do trabalho no Brasil*: conceitos, processos e formas. Sociologias, 23(57). p. 41.

(16) *Ibid.*

(17) VENCO, Selma. Uberização do trabalho: um fenômeno de tipo novo entre os docentes de São Paulo, Brasil? *Cad. Saúde Pública* [Internet]. 2019. p. 7.

que cresce semestralmente no país, seja pela forma de procurar uma fuga da estabilidade rotineira de suas casas.

Os Tribunais Regionais parecem ser mais receptivos quanto a criteriosa análise das condições de vínculo entre motoristas e plataforma. O TRT da Primeira Região, por exemplo, proferiu a seguinte decisão:

> "RECURSO ORDINÁRIO. **VÍNCULO DE EMPREGO CONFIGURADO**. MOTORISTA DE UBER. O avanço tecnológico ocorrido nas últimas décadas fez surgir novas relações de trabalho, como o labor desenvolvido por meio de plataformas digitais. **O antigo conceito de subordinação jurídica cedeu espaço a um novo modelo de subordinação, denominada de subordinação algorítmica**. As plataformas digitais atuam por meio de programas, os quais são compostos por sequências de algoritmos, que são um conjunto de instruções bem definidas, de raciocínios e operações, que servem para resolver problemas semelhantes ou descrever como se deve executar uma determinada tarefa. Na relação mantida entre as partes, **a tecnologia, por meio da qual a prestação de serviços é executada, é integralmente detida e controlada pela UBER**, e a comunicação direta entre o motorista e o cliente é mínima. Tudo é traçado e definido pela empresa ré, razão pela qual o controle da mão de obra decorrente dos algoritmos da plataforma eletrônica é até mais eficaz do que a subordinação tradicional. O motorista não pode estipular o valor da corrida, nem o modo que o serviço será pago, tampouco pode escolher o cliente que deseja livremente. É possível que o motorista recuse algumas corridas, mas, ele sofre punição no caso de este número ser considerado elevado pela UBER. **Os elementos dos autos confirmam a presença dos requisitos caracterizadores do vínculo empregatício, previsto no art. 3º da CLT, notadamente a subordinação algorítmica**, eis que a reclamada administra uma empresa que tem como objeto o transporte de pessoas — e não mera interligação entre usuários do serviço e os motoristas cadastrados no aplicativo — e que o reclamante lhe prestou serviços como motorista do aplicativo digital."[(18)]

A Oitava Turma do Tribunal Superior do Trabalho, também em disputa entre motorista de aplicativo do Rio de Janeiro e a plataforma Uber, manteve o reconhecimento da relação de emprego nos autos do processo n. TST RRAg 100853-94.2019.5.01.0067[(19)] confirmado a subordinação algorítmica, pois a empresa faz a gestão de seus algoritmos, que controlam os motoristas. Mesmo representando minoria, esta decisão ainda se mostra extremamente importante para o início de toda uma trajetória de consolidação de direitos e garantias desse segmento.

Em suma, o que se apreende de todas as transformações ligadas ao desenvolvimento da tecnologia, consubstanciada nas novas formas de fornecimento de serviços básicos é que permite que estes sejam muito mais confortáveis para quem os recebe, assim como auxilia aquele que fornece o serviço e contribui para a sociedade oferecendo sua mão de obra, perde proteção visto que presta trabalho às margens do desconhecido e duvidoso destino social.

3.1. O autogerenciamento subordinado

Ilustrando mais uma vez com Ludmila Abílio[(20)], os motoristas de aplicativo figuram como "espécimes" que autogerenciam seu trabalho no dia a dia, mas sempre agindo em conformidade com as determinações e regras impostas por um sistema maior, que é a plataforma em que estão cadastrados.

---

(18) TRT-1 — 0100984-20.2019.5.01.0051– Recurso Ordinário. Relator(a). Maria das Graças Cabral Viegas Paranhos — Julgamento: 25/05/2022 — Segunda Turma.

(19) TST RRAg — 100853-94.2019.5.01.0067. Relator: Ministro Alexandre de Souza Agra Belmonte — Julgamento: 19/12/2022 — Oitava Turma.

(20) ABÍLIO, L. C.; AMORIM, H.; GROHMANN, R.

Ricardo Antunes alardeia para o fato de essas plataformas comandarem o serviço exercido pelos subsidiados através do controle sobre a quantidade de corridas realizadas, a apropriação do valor maior angariado pelo trabalho prestado etc.

É o aplicativo que coloca em prática a gestão de como será o serviço, qual o preço ofertado para os clientes e como será a forma de pagamento. É ele que se responsabiliza pela remuneração do motorista. A conclusão tirada é que a plataforma é a verdadeira responsável por gerir e organizar a maneira que o trabalhador-motorista, realizará seu ofício, já que ele segue as regras e se subordina a um aplicativo.

Virginia Fontes elucida:

> Uber não é proprietária direta das ferramentas e meios de produção (o automóvel, o celular), **mas controla ferreamente a propriedade da capacidade de agenciar**, de tornar viável a junção entre meios de produção, força de trabalho e mercado consumidor, sem intermediação de um 'emprego'. **A empresa detém**, juntamente com outras grandes empresas ou proprietários, **a propriedade dos recursos sociais de produção.**"[(21)]

Nesse relato, observa-se que a realidade das plataformas digitais que conduzem os serviços de "táxi" é mascarada para gerar a ideia de autonomia quando, na verdade, essas mesmas plataformas estão funcionando como grandes empresas controladoras de seus "empregados". É, portanto, uma forma de controle que tenta se distanciar de ser controladora. Faz-se necessário uma clara aplicação do princípio da primazia da realidade aos casos, pois a realidade demonstra muito mais a característica de emprego do serviço do que aquilo que é realmente "ofertado" pelo marketing das plataformas.

Para Pedro Augusto Fernandes[(22)], na seara da conceituação administrativa, as empresas que são conhecidas como facilitadoras de serviços entre consumidor e atividade devem ser desvinculadas de relação comercial.

No entanto, observando a situação fática constata-se que não é o que ocorre, visto que as plataformas estão diretamente ligadas com a movimentação econômica que envolve a atividade de transporte de passageiros, ficando elas com parte dos ganhos conquistados por cada serviço prestado por um motorista que atua em nome dela.

Não há clareza específica sobre as funcionalidades definidas do aplicativo "mediador", isto é, o trabalhador se encontra com a visão turvada sobre as atividades da plataforma no que diz respeito ao gerenciamento das corridas e a efetiva forma de controle e com isso, não tem a exata noção das garantias trabalhistas em sua atividade, embora seja denominado de autônomo o que lhe norteia para as responsabilidades. As regras do serviço são a ele impostas, se colocando sob risco de sofrer retaliações com banimento da plataforma, por exemplo.

Mesmo assim, essas empresas de aplicativo se autonomeiam como mediadoras do trabalhador autônomo, que apenas utiliza o aplicativo como uma porta de entrada para obter "clientes". A Uber mesmo se proclama como plataforma de marketing e por isso, acaba sempre ocupando o polo passivo nas ações, sendo sua defesa apresentada

---

(21) FONTES, Virginia. *Capitalismo em tempos de uberização:* do emprego ao trabalho. Marx e o Marxismo v. 5, n. 8, 2017. p. 56.

(22) FERNANDES, Pedro Augusto Almeida. O conceito de "uberização do trabalho", seu veloz processo histórico e sua dimensão atual. Civitas — *Revista Científica do Curso de Direito do UNIBH*, vol. XV, n. 1, 2022.

por negar qualquer tipo de relação de emprego, a fim de se eximir de responsabilidades sobre qualquer encargo que possa vir a padecer em cima de seu nome.

O que se retira da situação apresentada pelo momento atual do trabalho é que os motoristas e outros trabalhadores de aplicativos estão sob a égide de uma insegurança jurídica desregrada, proposta pelo silêncio da legislação brasileira a respeito do novo e tecnológico grupo de trabalhadores advindos da chamada 4º revolução industrial(23).

Essa transformação na forma de realizar trabalho ao mesmo tempo em que traz facilidades para a sociedade, também gera reflexos na esfera trabalhista. O novo modelo de trabalhador não é visto como sujeito de direito, ficando ele suscetível e fragilizado dentro da esfera do mundo do trabalho.

CONCLUSÃO

A realidade das atividades em plataformas digitais é mascarada para gerar a ideia de autonomia quando, na verdade, essas mesmas plataformas estão funcionando como grandes empresas controladoras de seus "empregados", a quem chama de parceiro. É, portanto, uma forma de controle que tenta se desvirtuar do status de empregador controlador. A forma de atividade e o próprio controle algoritmo violam diversos princípios trabalhistas, sobretudo o princípio da primazia da realidade que advém do princípio maior da proteção. Faz-se necessário uma clara aplicação do princípio da primazia da realidade aos casos, pois a realidade demonstra muito mais a característica de emprego do que realmente aquele "ofertado" pelo marketing das plataformas, como parceiros e autônomos.

Não por outro motivo os tribunais trabalhistas do Brasil recebem diariamente diversas demandas tendo como objeto o pedido de reconhecimento de vínculo de emprego e, as decisões são diversas quanto à tutela da proteção trabalhista.

O novo modelo de trabalhador não é visto pelas plataformas e algumas decisões, como sujeito de direito, ficando ele suscetível e fragilizado dentro da esfera do mundo do trabalho. A Uber mesmo se proclama como plataforma de marketing e, por isso, em suas defesas na Justiça, nega qualquer tipo de relação de emprego.

A evolução corrente do desemprego no Brasil também fomentou esse tipo de atividade por plataformas e que, num primeiro momento, não é questionado pelo trabalhador que muitas vezes, aluga ou compra de forma financiada o veículo que serve como meio de trabalho, acarretando uma jornada exaustiva para fazer face às despesas e obter algum ganho para a própria subsistência. Tal fato vem sendo muito discutido em razão dos possíveis perigos e prejuízos à população que o motorista cansado e exausto pode oferecer.

Sem direitos trabalhistas, face ao discurso das empresas-aplicativos se autodenominaram como mera facilitadoras para que o cadastrado possa gerir seu trabalho da melhor forma, mesmo sabendo-se que há um gerenciamento que aparece no corte/bloqueio quando regra é desrespeitada; determinação do valor de cada corrida realizada; responsabilidade pelo pagamento realizado ao motorista, ficando com parte dos

(23) SAKURAI, R.; ZUCHI, J. D. As revoluções industriais até a indústria 4.0. *Revista Interface Tecnológica*, [S. l.], v. 15, n. 2, p. 480–491, 2018. DOI:10.31510/infa.v15i2.386. Disponível em: https://revista.fatectq.edu.br/interfacetecnologica/article/view/386.Acesso em: 23 fev. 2023.

lucros auferidos; impossibilidade de recusa de muitas corridas sob pena de bloqueio do motorista de aplicativo e etc.

Essas são formas de controle e, portanto, subordinação jurídica como entende algumas turmas ao julgarem as ações nos Tribunais Trabalhistas do Brasil. Fica evidente que a intenção de tais empresas é eliminar sua responsabilidade por qualquer lesão que possa afetar tanto os motoristas cadastrados quanto eventuais passageiros ou a sociedade.

Assim, o que se constata de tudo isso? É a enorme e exorbitante lacuna existente na legislação, que suscita ainda as discussões sobre o limbo jurídico que se encontram todas as pessoas que trabalha para uma plataforma, como brilhantemente definiu Selma Venco ao se referir a uberização, o movimento se tornou a potência que alça voo a intensificação do trabalho informal e desregulamentado[(24)].

Portanto, a uberização, mesmo que facilitadora da vida e mobilidade do cidadão em sociedade, representa também invisibilidade para aquele que atua atrás dos volantes ou mesmo pilotando as motos, quando se fala em motoboys ou entregadores. A ausência de uma legislação que regulamente esse grupo de trabalhadores gera insegurança jurídica e potencializando a invisibilidade.

REFERÊNCIAS

ABÍLIO, L. C.; AMORIM, H.; GROHMANN, R. *Uberização e plataformização do trabalho no Brasil:* conceitos, processos e formas. Sociologias, 23(57), 26–56. Disponível em: https://doi.org/10.1590/15174522-116484. Acesso em: 31 ago. 2022.

ANTUNES, Ricardo. *Uberização, trabalho digital e Indústria 4.0*. 1.ed. São Paulo: Boitempo, 2020.

BRASIL. *Decreto-Lei n. 5.452*, de 1º de maio de 1944. Consolidação das Leis do Trabalho. Disponível em: http://www.planalto.gov.br/ccivil_03/decreto-lei/del5452.htm. Acesso em: 08 nov. 2022.

CAVALCANTE, Z.V.; SILVA, M. L. S. da. A importância da revolução industrial no mundo da tecnologia. *VII EPCC — Encontro Internacional de Produção Científica*, 2011. Disponível em: http://rdu.unicesumar.edu.br/handle/123456789/6395. Acesso em: 23 fev. 2023.

DELGADO, Mauricio Godinho. *Curso de direito do trabalho:* obra revista e atualizada conforme a lei da reforma trabalhista e inovações normativas e jurisprudenciais posteriores. 18. ed. São Paulo: LTr, 2019.

FERNANDES, Pedro Augusto Almeida. O conceito de "uberização do trabalho", seu veloz processo histórico e sua dimensão atual. Civitas — *Revista Científica do Curso de Direito do UNIBH*, vol. XV, n. 1, 2022. Disponível em: https://revistas.unibh.br/dcjpg/article/view/3410. Acesso em: 18 maio 2023.

FONTES, Virginia. Capitalismo em tempos de uberização: do emprego ao trabalho. Marx e o Marxismo v.5, n.8, 2017. Disponível em: https://www.niepmarx.blog.br/revistadoniep/index.php/MM/article/view/220/177. Acesso em: 10 mar. 2023.

---

(24) VENCO, Selma (2019). p. 7.

LARA, Lorena. Brasil tem 1,6 milhão de pessoas trabalhando como entregadores ou motoristas de aplicativos. *G1*, 2023. Disponível em: https://g1.globo.com/trabalho-e-carreira/noticia/2023/04/13/brasil-tem-16-milhao-de-pessoas-trabalhando-como-entregadores-ou-motoristas-de-aplicativos.ghtml. Acesso em: 18 maio 2023.

RESENDE, Ricardo. *Direito do trabalho*. 8. ed. Rio de Janeiro: Forense. São Paulo: Método 2020.

SAKURAI, R.; ZUCHI, J. D. As revoluções industriais até a indústria 4.0. *Revista Interface Tecnológica*, [S. l.], v. 15, n. 2, p. 480-491, 2018. DOI:10.31510/infa.v15i2.386.Disponível em: https://revista.fatectq.edu.br/interfacetecnologica/article/view/386. Acesso em: 23 fev. 2023.

STONE, Brad. *The Upstarts*: Como a Uber, a Airbnb, e as killer companies do novo Vale do Silício estão mudando o mundo. Rio de Janeiro: Intrínseca, 2017.

VENCO, Selma. Uberização do trabalho: um fenômeno de tipo novo entre os docentes de São Paulo, Brasil? *Cad. Saúde Pública* [Internet]. 2019. Disponível em: https://doi.org/10.1590/0102-311X00207317. Acesso em: 02 abr. 2023.

Desigualdade de gênero – Perspectivas para o mercado de trabalho

Leandro Antunes de Oliveira(*)

Rachel Barroso(**)

Resumo: O artigo tem por objetivo ressaltar a importância de se ligar um sinal de alerta e demonstrar a desigualdade de gênero dentro do mercado de trabalho no Brasil. Com base no estudo, será demonstrado também, as consequências que isso pode trazer para o futuro das mulheres. Infelizmente, ainda que as mulheres tenham conseguido obter conquistas históricas, a disparidade salarial e a segregação ocupacional ainda são fenômenos muito característicos das relações de gênero na sociedade brasileira. Para entender a desigualdade de gênero no Brasil, parte-se do pressuposto de que é necessário buscar a explicação dentro da história. Inicialmente, entendendo onde e como iniciou a luta dessas mulheres por direitos que permanecem até hoje e por outros que foram suprimidos ou nem mesmo conquistados. A ideia é trazer uma linha do tempo de avanços e retrocessos, sobretudo, demonstrar que nem sempre a lei que garante os direitos consegue evitar a desigualdade de gênero na prática. Não basta falar somente sobre a desigualdade de gênero, será importante ainda discorrer sobre quando essas mulheres são colocadas no mercado de trabalho, além da falta de oportunidades, vivenciam muitas vezes uma rotina de assédio e esgotamento.

Palavras-chave: desigualdade de gênero, mulher, discriminação, assédio moral.

Abstract: The article aims to highlight the importance of turning on a warning signal and demonstrating gender inequality within the labor market in Brazil. Based on the study, it will also be demonstrated the consequences that this can bring to the future of women. Unfortunately, even though women have managed to achieve historic achievements, the wage gap and occupational segregation are still very characteristic phenomena of gender relations in Brazilian society. To understand gender inequality in Brazil, it is assumed that it is necessary to seek an explanation within history. Initially understanding where and how the struggle of these women began for rights that remain until today and for others that were suppressed or not even conquered. The idea is to bring a timeline of advances and setbacks, above all, to demonstrate that the law that guarantees rights is not always able to avoid gender inequality in practice. It is not enough to just talk about gender inequality, it will also be important to discuss when these women are placed in the job market, in addition to the lack of opportunities, they often experience a routine of harassment and exhaustion.

Keywords: gender inequality, woman, discrimination, bullying.

INTRODUÇÃO

Inicialmente é necessário que se faça, de forma bem sucinta, a definição do termo "gênero". Gênero seria o complexo de discursos e valores cunhados pela sociedade,

(*) Doutor em Direito pelo PPGD/UVA; Mestre em Direito. Advogado e Professor Universitário.

(**) Advogada. Especialista em Compliance Trabalhista; Pós-graduada em Processo Civil; Coordenadora Adjunta de Direito Trabalhista da ESA/RJ. Presidente da Comissão de Anticorrupção e Compliance da OAB/Barra da Tijuca.

por diversos mecanismos (escola, família, mercado de trabalho, religião etc.), para diferenciar homens e mulheres, definindo-lhes papéis e status sociais.(1)

Em termos de gênero e divisão sexual no meio ambiente de trabalho, a dupla jornada é uma experiência vivida praticamente por todas as mulheres, independente de classe social. A consequência que essa realidade traz para a maioria das mulheres é uma enorme desigualdade de oportunidades e de crescimento profissional.

A discriminação praticada contra as mulheres trabalhadoras não escolhe tempo, nem lugar. São práticas que se manifestam de uma forma bem peculiar em razão de uma estruturação sexista da sociedade.

O assédio moral é uma realidade sofrida pela maioria das mulheres que ultrapassam as barreiras do preconceito e da desigualdade para se colocar no mercado de trabalho.

O resultado da desigualdade de gênero vai muito além das oportunidades de emprego, muitas mulheres em determinado momento são obrigadas a fazer escolhas e necessitam abandonar o seu trabalho para poder cuidar da casa e dos filhos, tendo em vista que o salário oferecido não bastaria para custear a estrutura de uma creche por tempo integral e terceirizar o trabalho doméstico, que, vale destacar, sempre é realizado por empregadas do sexo feminino.

A partir daí, é necessário pontuar sobre a divisão sexual do trabalho, onde a ideologia patriarcal determinou que alguns trabalhos são exclusivamente femininos, principalmente os não remunerados, como exemplo dos trabalhos domésticos e cuidados com os filhos.

Conforme já dito, quando essas mesmas mulheres necessitam contratar mão de obra doméstica, essa função terceirizada também é exclusivamente feminina.

Propõe-se, então, ampliar o olhar para as mulheres, pois, quando elas resistem a todas as dificuldades e se mantém no mercado de trabalho, o resultado é uma notória desigualdade de salário, oportunidades e quase sempre esbarram com situações de assédio moral ou sexual.

1. A HISTÓRIA DA DESIGUALDADE

O trabalho das mulheres surgiu no período de industrialização, tornando-se mais acessível aos empregadores, pois era aproveitado em grande quantidade com salários muito mais baixos, deixando a mão de obra masculina em segundo plano. Nessa época, o emprego generalizado de mulheres e menores ultrapassou o trabalho dos homens, pois a máquina reduziu o esforço físico e tornou possível a utilização das "meias forças dóceis", não preparadas para reivindicar.(2) Ou seja, é possível perceber que a desigualdade social é um problema histórico. A mulher já iniciou no mercado de trabalho por ser uma opção de mão de obra mais barata.

Inclusive, segundo Angela Davis, as primeiras mulheres abolicionistas dos Estados Unidos, conhecidas como as irmãs Grimke, que lutaram pelo direito das mulheres,

(1) FERRITO, Bárbara. *Direito e desigualdade*. Uma análise da discriminação das mulheres no mercado de trabalho a partir dos usos dos tempos. Editora LTr, 2006, p. 7 — p. 31.

(2) BARROS, Alice Monteiro. *Curso de Direito do Trabalho*. Editora LTr, 2016, p. 51

pelo sufrágio universal e contra a escravidão, foram as pioneiras em associar a escravidão à opressão das mulheres.[(3)]

É necessário voltar ao passado para entender o presente, assim, é possível perceber que, apesar de todas as conquistas de direitos, ainda vivemos em uma sociedade que continua oprimindo as mulheres, sobretudo quando olhamos para dentro do ambiente de trabalho.

> Embora trabalhem e em proporção cada vez mais alta, a inserção das mulheres no mercado de trabalho tende a ser mais precária que a masculina em vários aspectos: elas ganham menos que os homens, têm uma taxa de desemprego maior, trabalham por menos horas e estão menos protegidas por direitos trabalhistas. Assim, a divisão sexual do trabalho não contempla apenas o trabalho doméstico, mas também o remunerado, direcionando mulheres para empregos menos socialmente valorizados porque associados à feminilidade.[(4)]

A partir daí, percebe-se que o problema que as mulheres vivem nos dias atuais ainda é uma herança do passado dominado pelo patriarcado.

É necessário quebrar paradigmas em relação à discriminação na divisão sexual do trabalho. Enquanto as mulheres se perdem em trabalhos domésticos e nos cuidados maternos, homens se atualizam com o noticiário, a literatura e se qualificam para o mercado de trabalho.

> Já vi mulheres cumprindo longos expedientes em empregos que desprezam só para poder comprar objetos caríssimos para a casa, o parceiro, os filhos, enquanto deixam em segundo plano outros talentos consideráveis. Já vi mulheres insistindo em limpar tudo dentro de casa antes de poder se sentar para escrever... e todas nós sabemos que há algo de curioso na limpeza doméstica... ela nunca termina. Um jeito perfeito de paralisar uma mulher.
>
> A mulher precisa ter o cuidado de não permitir que o excesso de responsabilidade (ou respeitabilidade) roube o tempo necessário para seus êxtases, improvisos e repousos criativos. Ela deve simplesmente fincar o pé e dizer não à metade do que ela acredita ser seu "dever". A arte não foi feita para ser criada somente em momentos roubados.[(5)]

É importante destacar também que a desigualdade social não possui nenhuma influência educacional. Estudos apontam que as mulheres se preocupam muito mais com a sua formação profissional do que a maioria dos homens, mesmo assim, contando com um nível educacional mais alto, elas ganham, em média, 76,5% do rendimento dos homens.[(6)]

---

(3) LERNER, Gerda. *A criação do patriarcado*: história da opressão das mulheres pelos homens. Tradução Luiza Sellera. Editora Cultrix, p. 17.

(4) RAMOS, Daniela Peixoto. *As mulheres e a política do dia a dia*. Edições do Demodê, 2021, p. 120.

(5) ESTÉS, Clarissa Pinkola. *Mulheres que correm com os lobos*. Editora Roco, p. 351.

(6) Disponível em: https://agenciadenoticias.ibge.gov.br/agencia-noticias/2012-agencia-de-noticias/noticias/20234-mulher-estuda-mais-trabalha-mais-e-ganha-menos-do-que-o-homem. Acesso em: 10 maio 2022.

Não tem como falar das mulheres e não traçar diferenças sobre classe e raça. A apresentação da mulher negra ao mercado de trabalho iniciou mais cedo, como consequência do trabalho escravo. De outro lado, a apresentação da mulher branca ao mercado de trabalho, como uma imposição do sistema patriarcal.(7)

É claro que, infelizmente, a realidade das mulheres negras no Brasil ainda é muito pior comparada às mulheres brancas, inclusive em relação a oportunidades de estudo. A dimensão educacional também revela a grande desigualdade existente entre as mulheres, segundo sua cor ou raça: 23,5% das mulheres brancas têm ensino superior completo, um percentual 2,3 vezes maior que o de mulheres pretas ou pardas (10,4%) que concluíram esse nível de ensino. Obviamente, isso vai refletir nas oportunidades de emprego.(8)

No Brasil, o desemprego feminino fica sempre acima do masculino e a informalidade é mais alta entre as mulheres. A taxa de desemprego das mulheres ao final do ano passado foi 54,4% maior que a dos homens. Dos 12 milhões de brasileiros desempregados, 6,5 milhões são mulheres e 5,4 milhões, homens.(9)

2. A LEGISLAÇÃO

É incontestável que já houve um grande avanço em relação ao direito das mulheres, mas também é certo que o tratamento e a oportunidade entre os gêneros persistem bem distante do que pode ser considerado o ideal.

Por óbvio, a falta de políticas públicas de cuidado com as crianças e também com os idosos implica que, na prática, todo esse encargo seja absorvido pela sociedade, recaindo de forma desproporcional sobre as mulheres e, consequentemente, prejudicando sua inserção laboral.(10)

A busca pela melhoria da condição social da trabalhadora cabe em primeiro lugar ao Estado. Devendo prover meios de fomento da igualdade material, sob todas as perspectivas: seja pela educação emancipadora; seja por estabelecer a mesma responsabilidade pela criação dos filhos, com a licença natalidade compartilhável entre pai e mãe; seja por fornecer condições materiais — berçários, creches e lavanderias públicas, restaurantes de baixo custo.(11)

Na época do trabalho nas indústrias, quando foi pensada a possibilidade da licença-maternidade e do afastamento da mulher para os cuidados maternos, a preocupação era justamente pesar no bolso dos empresários.

Em um momento bem recente, foi vivenciada uma situação semelhante e um exemplo muito claro sobre como as mulheres, sobretudo na maternidade, são vistas como um problema para a sociedade. Fazendo um comparativo com a época das

---

(7) MELO, Jólia Lucena da Rocha. *As mulheres e o Direito do Trabalho*. Direitos humanos e emancipação. Editora Lumen Juris, 2019, p. 69.

(8) Disponível em: https://agenciadenoticias.ibge.gov.br/agencia-sala-de-imprensa/2013-agencia-de-noticias/releases/20232-estatisticas-de-genero-responsabilidade-por-afazeres-afeta-insercao-das-mulheres-no-mercado-de-trabalho. Acesso em: 9 maio 2022.

(9) Disponível em: https://g1.globo.com/dia-das-mulheres/noticia/2022/03/08/mulheres-sao-a-maioria-dos-desempregados-457percent-das-que-tem-idade-de-trabalhar-estao-ocupadas.ghtml.

(10) RAMOS, Daniela Peixoto. *As mulheres e a política do dia a dia*. Edições do Demodê, 2021, p. 120.

(11) Disponível em: https://www.jorgesoutomaior.com/blog/a-contrarreforma-na-perspectiva-da-mulher-trabalhadora-quando-reformar-significa-precarizar. Acesso em: 10 maio 2022.

indústrias, durante a pandemia da Covid-19, tivemos a publicação da Lei n. 14.151/2021 que afastou as gestantes do trabalho presencial. Como algumas funções não poderiam ser exercidas em regime de teletrabalho, a mesma preocupação que surgiu quando iniciou a discussão sobre a possibilidade da licença-maternidade surgiu na pandemia em 2021. Diante disso, conclui-se que a mulher se torna um peso para o empregador justamente porque o Estado não tem um olhar sobre o que é realmente a maternidade.

É necessário compreender que a proteção da mulher grávida ultrapassa a da trabalhadora. Quando a lei protege e assegura os direitos da gestante, está protegendo a vida.

Vale lembrar que, apenas em 2016, a CLT possibilitou o empregado faltar um dia ao ano para levar o filho de até 6 anos ao médico (art. 473, XI, CLT), mas a Sociedade Brasileira de Pediatria (SBP) indica que seria necessária (quando o bebê tem até seis meses) pelo menos uma consulta ao mês, ou seja, doze consultas ao ano. Destacando que a lei fala sobre a possibilidade de falta sem prejuízo ao trabalho do empregado, sem distinção de gênero, mas que, em regra, essa responsabilidade recai para as mulheres[(12)]. Nessa situação, como ficariam as mães que não possuem o apoio do marido? Lembrando que no Brasil são mais de 11 milhões de mães solo, segundo dados do Instituto Brasileiro de Geografia e Estatística (IBGE).[(13)]

A maternidade é ligada diretamente à mulher, no entanto, não existe unicamente no corpo da mulher, é nele que ela se materializa. É necessário, com urgência, romper o pensamento que atribui à mulher todos os encargos da maternidade, desde a gestação até o cuidado, lembrando que se trata de uma questão social, no sentido de proteger a reprodução saudável da humanidade.[(14)]

Um dos fatores principais que contribui com essa desigualdade é a diferença exorbitante entre a licença-maternidade e a licença-paternidade. No Brasil, a licença-paternidade está prevista no artigo 7º, inciso XIX, que prevê tal licença a ser concedida nos termos fixados em lei. Contudo, como não houve a referida lei, a previsão ainda é de 5 dias conforme artigo 10, parágrafo 1º, do Ato das Disposições Constitucionais Transitórias.

A CLT prevê o afastamento do empregado de apenas um dia, em caso de nascimento do filho, artigo 473 da CLT (A MP 1.116/22 alterou para 5 dias, mas ao tempo da elaboração do texto a regra não tinha sido convertida em lei). No entanto, na prática, as empresas seguem o Ato das Disposições Constitucionais Transitórias e permitem o afastamento de cinco dias. Se a empresa estiver cadastrada no programa Empresa Cidadã, o prazo será estendido por 20 dias, ou seja, cinco dias, prorrogáveis por mais 15 dias.

O aumento da licença-paternidade como uma das hipóteses de transformação da desigualdade de gênero não possui uma solução prática, mas possui um valor simbólico que vai muito além, deixa claro que a conciliação entre a vida profissional e familiar não é um problema exclusivamente da mulher. O período que os pais ficam em casa após o nascimento do filho é ínfimo para que essa responsabilidade seja compreendida

(12) LORENTZ, Lutiana Nacur. *Perspectivas de gênero e o Sistema de Justiça Brasileiro.* Artigo: Licença parental: uma necessidade para a simetria de gêneros no Brasil. p. 225.

(13) Disponível em: https://www.brasildefato.com.br/2021/05/01/desemprego-medo-e-sobrecarga-a-realidade-de-maes-solo-na-pandemia. Acesso em: 10 maio 2022.

(14) Disponível em: https://www.jorgesoutomaior.com/blog/a-contrarreforma-na-perspectiva-da-mulher-trabalhadora-quando-reformar-significa-precarizar. Acesso em: 10 maio 2022.

e a responsabilidade dividida. Um aumento gradual da licença-paternidade seria um pequeno passo para avançar contra a desigualdade de gênero no ambiente laboral.

Existem projetos de lei em tramitação para o aumento da licença-paternidade, porém, as pautas femininas ainda são muito pequenas na política. Isso fatalmente se dá pelo baixo número de mulheres que ocupam o parlamento no Brasil. Em 2020, foi verificado um aumento significativo de mulheres na política, porém, ainda é considerado pouco para que essas pautas sejam consideradas prioridades.[(15)]

A Reforma Trabalhista também trouxe diversos debates no que diz respeito aos direitos das mulheres. O artigo 384 da CLT, embora expressamente revogado com a Lei n. 13.467/2017, ainda é motivo de discussões. Para muitos, o artigo 384 da CLT era inconstitucional, pois ofenderia o princípio da igualdade previsto na Constituição Federal. Contudo, tanto o Pleno do Tribunal Superior do Trabalho (TST, Tribunal Pleno, RR 154000-83.2005.5.12.0046, Ministro Relator Ives Gandra Martins Filho, Publicado em 13/02/09)[(16)], quanto o Superior Tribunal Federal (STF, Tribunal Pleno, RE 658.312, Ministro Relator Dias Toffoli, Publicado em 10/02/15)[(17)], já haviam decidido sobre a constitucionalidade do extinto artigo.

Um outro ponto que gerou discussão foi a alteração prevista na Reforma Trabalhista sobre a possibilidade da mulher gestante trabalhar em local insalubre. A questão chegou até o STF por meio de uma Ação Direta de Inconstitucionalidade ajuizada pela Confederação Nacional de Trabalhadores Metalúrgicos. O Supremo, em 29/05/2019, por 10 votos a 1, considerou inconstitucional o trecho da Reforma Trabalhista.

Todos os direitos conquistados pelas mulheres estão de acordo com o princípio da igualdade, pois, tal princípio pressupõe que as pessoas colocadas em situações diferentes sejam tratadas de forma desigual: "a regra da igualdade não consiste senão em repartir desigualmente aos desiguais, ne medida em que se desigualam. (...) Tratar com desigualdade a iguais, ou a desiguais com igualdade, seria desigualdade flagrante e não igualdade real"[(18)]. Entre tantos pedidos de igualdade para as mulheres, é óbvio que existe uma questão de desigualdade que precisa ser garantida com a legislação. A busca por essa garantia mínima é justamente o que se debate no presente artigo.

Além do aumento da licença-paternidade, uma das medidas que, em âmbito mundial, veio como forma de garantir a diminuição da desigualdade de gênero é a licença parental. A OIT defende a adoção da licença parental na linha da Convenção n. 156 de 3 de junho de 1981, e da sua Resolução n. 165 da OIT de 23 de junho de 1981: Recomenda-se incluir na legislação a noção de licença parental, remunerada e de duração adequada, que pode ser tirada após a licença-maternidade, por ambos os cônjuges, de modo sequencial e de forma compartilhada, sem a perda do emprego e conservando os direitos que derivam. Esse tipo de medida permitiria aos homens assumir maiores responsabilidades na criação dos/as filhos/as.[(19)]

(15) Disponível em: https://www.gov.br/mdh/pt-br/assuntos/noticias/2021/janeiro/governo-comemora--aumento-da-representatividade-feminina-na-politica. Acesso em: 21 set.

(16) Disponível em: https://www.migalhas.com.br/depeso/342736/intervalo-que-antecede-a-prorroga-cao-da-jornada-de-trabalho-da-mulher. Acesso em: 26 set.

(17) Disponível em: https://www.migalhas.com.br/depeso/342736/intervalo-que-antecede-a-prorrogacao-da-jornada-de-trabalho-da-mulher. Acesso em: 26 set.

(18) BARBOSA, Rui. *Oração aos moços*. 5. ed. Brasília: Caixa, 2015, p. 47-48.

(19) LORENTZ, Lutiana Nacur. *Perspectivas de gênero e o Sistema de Justiça Brasileiro*. Artigo: Licença parental: uma necessidade para a simetria de gêneros no Brasil. p. 234.

No Brasil, já existe a possibilidade da licença parental, prevista no artigo 392-B da CLT, porém, o pai só gozaria do período que seria da licença-maternidade em caso de morte da mãe.

Deve-se destacar que o presente artigo foi finalizado antes da publicação da Medida Provisória n. 1.116 de 4 de maio de 2022[20], que instituiu o Programa Emprega + Mulheres e Jovens e alterou a Lei n. 11.770/08, além de alterar diversos artigos da CLT.

Essa Medida Provisória foi publicada no dia 5 de maio de 2022 e trouxe um pacote de benefícios às empresas que optarem por aderir ao projeto.

A MP também trouxe finalmente a atualização do prazo para afastamento em caso de nascimento do filho previsto no parágrafo 3º do artigo 428 da CLT. Pela redação da MP, o prazo passa a ser de 5 dias e começa a contar do dia do nascimento do filho.

A MP tem benefícios muito interessantes para as mulheres, sobretudo no que tange à maternidade, porém, é necessário acompanhar a sua tramitação. É importante lembrar que a MP precisará ainda ser analisada pelo Congresso Nacional, que, como se sabe, em outras oportunidades, já afastou as tentativas de flexibilização de cota legal e, principalmente, não tem interesses em pautas femininas.

3. O ASSÉDIO MORAL

Muito embora no Brasil exista uma lei de combate à violência doméstica familiar, Lei Maria da Penha — Lei n. 11.340/2006, não há nenhuma lei especificamente voltada à proteção e igualdade da mulher no ambiente laboral. É claro que há uma evolução dos direitos das mulheres dentro da própria Consolidação das Leis Trabalhistas e na Constituição Federal, no entanto, é necessário evoluir ainda mais quando o assunto é igualdade de gênero.

A desigualdade de gênero, representada desde a vida doméstica até a vivência de meninas e mulheres no mercado de trabalho, é um desafio tão grande que figura como um dos 17 Objetivos de Desenvolvimento Sustentável (ODS) da Organização das Nações Unidas.[21]

Enquanto 40% das mulheres afirmam que já tiveram, em algum momento de sua trajetória profissional, seu trabalho excessivamente supervisionado, para os homens a porcentagem é de 16%. Também é maior para elas as vezes em que foram xingadas: 40% contra 13% entre eles. Mulheres também enfrentam desafios para serem ouvidas: 37% afirmam que suas opiniões ou pontos de vista não são levados em consideração, contra 16% entre homens. Ser elogiada de forma constrangedora por uma pessoa do sexo oposto ou receber convites para sair também é mais comum entre elas: 36% e 39%, respectivamente, contra 8% e 9% entre eles.[22]

---

(20) Disponível em: https://in.gov.br/en/web/dou/-/medida-provisoria-n-1.116-de-4-de-maio-de-2022-397571891. Acesso em: 5 maio 2022.

(21) Disponível em: https://gife.org.br/92-das-pessoas-acreditam-que-mulheres-sofrem-mais-situacoes-de-constrangimento-e-assedio-no-ambiente-de-trabalho-do-que-homens/. Acesso em: 10 maio 2022.

(22) Disponível em: https://gife.org.br/92-das-pessoas-acreditam-que-mulheres-sofrem-mais-situacoes-de-constrangimento-e-assedio-no-ambiente-de-trabalho-do-que-homens/. Acesso em: 10 maio 2022.

Há ainda muitas mulheres que não reconhecem as situações de assédio, entretanto, quando se apresentam os exemplos, 76% das mulheres reconhecem já ter sofrido algum tipo de assédio no ambiente de trabalho.[(23)]

Justamente com a intenção de explicar as concepções referentes à violência contra a mulher, e quais consequências podem trazer ao ambiente de trabalho, o Ministério Público do Trabalho criou uma cartilha chamada "O ABC da Violência Contra a Mulher no Trabalho".[(24)] A cartilha citada define assédio moral no trabalho:

> Consiste em condutas abusivas, reiteradas e sistemáticas, manifestadas por meio de comportamentos, palavras, gestos e agressões leves, que interferem na dignidade humana e direitos fundamentais das vítimas (liberdade, igualdade e direitos de personalidade de outrem), por meio da humilhação e constrangimento, e que resulta em prejuízo às oportunidades na relação de emprego ou na expulsão da vítima de seu ambiente de trabalho. O assédio moral pode ser classificado em horizontal, quando praticado entre colegas de trabalho; vertical descendente, quando a ofensa é praticada pelo superior hierárquico ou pelo próprio empregador; e vertical ascendente, quando perpetrada contra superiores hierárquicos. Em regra, ele ocorre de maneira mista.[(25)]

Ainda que não seja objeto de estudo desse artigo, é muito importante lembrar que, ano passado, uma pesquisa realizada pelo Tribunal Superior do Trabalho indicou que houve um aumento dos processos de assédio sexual em 21% no primeiro semestre de 2021.[(26)]

Deve-se destacar também que o primeiro tratado internacional sobre violência e assédio no mundo do trabalho entrou em vigor em 25 de junho de 2021 — dois anos depois de ter sido adotado pela Conferência Internacional do Trabalho (CIT) da OIT.[(27)]

É importante lembrar que na maioria das vezes esses mesmos direitos já previstos e conquistados pelas mulheres são vistos como um problema dentro do ambiente de trabalho e vão desencadear as situações de assédio moral. O maior exemplo é a licença-maternidade, diversas empresas não contratam mulheres justamente pelo fato delas engravidarem e gozarem dessa licença.

Basta uma simples pesquisa e é possível perceber que várias decisões na Justiça do Trabalho sobre o assédio moral durante a gestação já viraram notícias em sites jurídicos. Nessas ações, mulheres relatam situações absurdas vivenciadas na empresa após informar sobre a gravidez.

> O juízo de 1º grau e o TRT da 4ª região julgaram procedentes os pedidos da assistente, com fundamento nos depoimentos de testemunhas, que confirmaram o assédio moral praticado pela coordenadora. Ficou fixada a indenização por danos morais em R$ 2,9 mil e a rescisão indireta do contrato. Consta na decisão que uma das frases dirigidas por ela à empregada foi que o salário da

---

(23) Disponível em: https://gife.org.br/92-das-pessoas-acreditam-que-mulheres-sofrem-mais-situacoes-de-constrangimento-e-assedio-no-ambiente-de-trabalho-do-que-homens/. Acesso em: 10 maio 2022.

(24) Disponível em: https://mpt.mp.br/pgt/publicacoes/cartilhas/o-abc-da-violencia-contra-a-mulher-no-trabalho/display-file/arquivo_pdf. Acesso em: 10 maio 2022.

(25) Disponível em: https://mpt.mp.br/pgt/publicacoes/cartilhas/o-abc-da-violencia-contra-a-mulher-no-trabalho/display-file/arquivo_pdf. Acesso em: 10 maio 2022.

(26) Disponível em: https://noticias.r7.com/brasil/processos-de-assedio-sexual-sobem-21-no-1-semestre-de-2021-diz-tst-21082021. Acesso em: 10 maio 2022.

(27) Disponível em: https://www.ilo.org/brasilia/noticias/WCMS_806107/lang--pt/index.htm. Acesso em: 10 maio 2022.

> assistente era "dinheiro investido e jogado fora". Segundo o TRT, as situações narradas no depoimento foram graves o suficiente para justificar a rescisão indireta e a indenização, e a ausência de imediatidade não se aplica, pois, o assédio moral se configura com a conduta reiterada do superior hierárquico.[28]
>
> A mulher alegou que foi perseguida pela empresa após engravidar. Contou que faltou ao serviço para acompanhamento da gestação, apresentando atestados médicos, o que fez com que as vendas diminuíssem. Na época, foi encaminhada para o "quarto quartil" de sua equipe. Explicou que, de acordo com as exigências da própria empresa, as equipes são organizadas em "quartil", tratando-se o quarto destinado aos piores empregados. Ainda conforme denunciou, não tinha autonomia para ir ao banheiro e para beber água. Em abril de 2019, foi criada uma equipe para reunir e perseguir os funcionários que "tinham problemas em atingir as metas da empresa", o que incluía grávidas e lactantes. Como sua equipe era de baixa produtividade, corria o risco de ser dispensada por justa causa. Em razão do assédio moral sofrido, perdeu o interesse em permanecer na empresa. A autora se disse estressada, ansiosa e chorando muito.[29]

O assédio moral contra as mulheres grávidas dentro do ambiente de trabalho normalmente está disfarçado de uma cobrança excessiva. Algumas empresas pedem para que essas mulheres realizem tarefas que não condizem com a sua função. Há então uma série de atitudes que soam até como forma de "punição" pela decisão da maternidade dessas mulheres.[30]

No auge da pandemia do coronavírus essa desigualdade se tornou algo muito mais visível. As trabalhadoras tiveram a rotina afetada com a mudança da modalidade de trabalho para o *home office*, onde foi necessário misturar a jornada do trabalho remunerada com os trabalhos domésticos somados ainda com a responsabilidade da maternidade. Tudo isso resultou em um grande número de mulheres que chegaram ao máximo do esgotamento profissional, conhecido como síndrome de *burnout*.

Pensando na fase pré-contratual, até mesmo durante as entrevistas de emprego as mulheres são questionadas sobre a existência de filhos e a pretensão de se casar. Na fase contratual e na pós-contratual, também é plenamente verificável a existência de situações flagrantemente lesivas aos direitos de personalidade da mulher, por exemplo, a proibição de contrair matrimônio, de não engravidar, a exigência de maquiar-se, de usar determinado tipo de roupa sem que seja fornecida pela empresa e sem justificativa apropriada.[31] Há casos de empresas que exigem que as mulheres "usem" da sensualidade para atrair clientes.[32]

---

(28) Disponível em: https://www.migalhas.com.br/quentes/336623/funcionaria-da-renner-que-sofreu-assedio-moral-na-gravidez-consegue-rescisao-indireta. Acesso em: 5 maio 2022.

(29) Disponível em: https://www.csjt.jus.br/web/csjt/-/empregada-gestante-do-mg-recebe-indenizacao-de-assedio-moral-por-segregacao-no-trabalho. Acesso em: 10 maio 2022.

(30) Disponível em: http://www.abrat.adv.br/index.php/noticias/5862-trt3--empregada-gravida-que-sofreu-assedio-moral-sera-indenizada. Acesso em: 10 maio 2022.

(31) MELO, Jólia Lucena da Rocha. *As mulheres e o Direito do Trabalho*. Direitos Humanos e Emancipação. Editora Lumen Juris, 2019, p. 195.

(32) Disponível em: https://trt-2.jusbrasil.com.br/jurisprudencia/312151249/recurso-ordinario-ro-12547020145020055-sp-00012547020145020055-a28/inteiro-teor-312151261. "DANO MORAL. ASSÉDIO SEXUAL. VIOLAÇÃO DA DIGNIDADE DA TRABALHADORA. INDENIZAÇÃO DEVIDA. Obrigar trabalhadora a vestir roupas sensuais para atrair clientes ou para satisfazer a lascívia de superior hierárquico

A realidade é que as mesmas garantias que protegem as mulheres podem afastá-las do mercado de trabalho, bem como as empresas podem usar das especificidades do feminino quando percebem a possibilidade de obter alguma vantagem econômica.

A maior parte das mulheres que sofrem qualquer tipo de assédio no ambiente de trabalho opta por não denunciar por medo de perder o emprego e não conseguir voltar para o mercado.

Desta forma, conclui-se que o mercado de trabalho apresenta-se de forma opressiva para as mulheres que precisam aceitar as condições cotidianas de violência sexual, moral, psíquica, física e existencial.(33) A simples inserção da mulher no mercado de trabalho não significa o fim da desigualdade de gênero.

Existe uma enorme falta de compreensão sobre a multiplicidade do sujeito feminino nas relações de emprego, prova disso é que, no momento em que é possível quebrar essas barreiras, as mulheres alcançam posições de destaque.

O Brasil já teve a oportunidade de ter mulheres em cargos altamente relevantes: presidente da república, presidente de tribunal superior, e, na política, houve um aumento significativo no ano de 2020. E em todos esses momentos, as críticas direcionadas a essas mulheres iriam sempre de encontro às questões de gênero.

A proteção à mulher precisa ir além da figura exclusivamente materna, há uma urgência de olhar para a mulher além do gênero. O próprio Direito do Trabalho, no tocante às mulheres, esgota-se basicamente nas questões que dão proteção à maternidade.

Muitas vezes as mulheres sofrem com pequenas práticas sociais de discriminação diárias, são gestos, palavras ou comportamentos que, em um primeiro momento, podem ser considerados inofensivos. Essas microagressões são comuns na relação entre os gêneros.(34)

É extremamente importante destacar que as consequências para a vítima dessas agressões que caracterizam o dano moral são gravíssimas e muitas vezes irreparáveis.

> (...) o endurecimento e esfriamento das relações de trabalho; dificuldade para enfrentar as agressões e interagir em equipe; isolamento e internalização; sentimento de pouca utilidade, de fracasso e de "coisificação"; falta de entusiasmo pelo trabalho; falta de equilíbrio quanto às manifestações emocionais, por exemplo, com crises de choro ou de raiva; diminuição da produtividade; aumento do absenteísmo; demissão; desemprego; enfraquecimento da saúde; tensão dos relacionamentos afetivos e, mais grave, suicídio.(35)

A prática do assédio moral afronta diretamente artigos constitucionais, como exemplo, o artigo 1º, incisos III e IV da CRFB/88(36), e, em razão disso, viola princípios

---

constitui violação da dignidade humana (CF, artigos 1º, III, e 5º, X) ensejando direito a indenização (CC, artigos 186, 187 e 927). Recurso provido. (TRT-2 — RO: 00012547020145020055 SP 00012547020145020055 A28, Relator: Marcos César Amador Alves, Data de Julgamento: 07/10/2015, 8ª Turma, Data de Publicação: 14/10/2015)". Acesso em: 10 maio 2022.

(33) FERRITO, Bárbara. *Direito e desigualdade*. Uma análise da discriminação das mulheres no mercado de trabalho a partir dos usos dos tempos. Editora LTr, p. 70.

(34) FERRITO. *Idem*, p. 62.

(35) SCHMIDT, Martha Halfel Furtado Mendonça e MELO, Nehemias Domingos de. *Dano moral trabalhista*: doutrina e jurisprudência. 2. Ed. São Paulo. Atlas, 2007, p. 94.

(36) Disponível em: http://www.planalto.gov.br/ccivil_03/constituicao/constituicao.htm. Acesso em: 27 abr. 2022.

constitucionais do valor social do trabalho e da dignidade da pessoa humana, atingindo direitos fundamentais das mulheres trabalhadoras.[37]

É urgente que todos reconheçam essa violência velada no ambiente de trabalho contra o gênero feminino, muitas vezes adotada de forma inconsciente como consequência de um sistema machista. Só assim, será possível garantir que as mulheres estejam no mercado de trabalho com as mesmas oportunidades e, principalmente, sem qualquer tipo de discriminação e sofrimento.

CONSIDERAÇÕES FINAIS

Por tudo que foi exposto, é notório que mesmo com o aumento da participação das mulheres no mercado de trabalho, na maioria das vezes, elas ainda estão em uma posição mais vulnerável com salários menores e acabam na maioria das vezes ficando cerceadas do mercado de trabalho.

Ao longo do artigo também foi possível perceber que, mesmo com todo o avanço, ainda há muito para se conquistar quando o assunto é a igualdade de oportunidades entre homens e mulheres.

Não se pode esquecer do próprio contexto histórico das mulheres no mercado de trabalho, há ainda uma herança machista e escravocrata que domina o nosso sistema até os dias atuais.

Há pouco tempo tivemos casos emblemáticos de domésticas sendo resgatadas em condições precárias, vivendo em situações análogas à escravidão, dentro de casas consideradas de família em centros urbanos. Madalena Gordiano[38], Yolanda[39] e Madalena Santiago[40] são exemplos da escravidão vivenciada por mulheres negras no século XXI.

A grande reflexão que aqui fica é que não basta um avanço nas leis de proteção à mulher, é urgente e necessária uma mudança cultural. Isso só será possível a partir da educação, todos os dias. Iniciando uma reconstrução do padrão em que a cultura não dita regras em relação a como agir com mulheres e homens.[41]

REFERÊNCIAS

BARBOSA, Rui. *Oração aos moços*. 5. ed. Brasília: Caixa, 2015.

BARROS, Alice Monteiro. *Curso de Direito do Trabalho*. Editora LTr, 2016.

ESTÉS, Clarissa Pinkola. *Mulheres que correm com os lobos*. Editora Roco.

---

(37) MATHIES, Anaruez. *Assédio moral e compliance da relação de emprego*. Dos danos e dos custos e instrumentos de prevenção. Editora Juruá, p. 53

(38) Disponível em: https://brasil.elpais.com/internacional/2021-01-14/madalena-escrava-desde-os-oito-anos-expoe-caso-extremo-de-racismo-no-brasil-do-seculo-xxi.html. Acesso em: 3 abr. 2022.

(39) Disponível em: https://g1.globo.com/fantastico/noticia/2022/04/24/idosa-de-89-anos-e-submetida-a-trabalho-analogo-a-escravidao-por-cinco-decadas.ghtml. Acesso em: 9 abr. 2022.

(40) Disponível em: https://g1.globo.com/ba/bahia/noticia/2022/04/28/resgatada-apos-trabalho-analogo-a-escravidao-na-ba-se-assusta-apos-tocar-em-mao-de-reporter-receio-de-pegar-na-sua-mao-branca.ghtml. Acesso em: 9 abr. 2022.

(41) MELO, Jólia Lucena da Rocha. *As mulheres e o Direito do Trabalho*. Direitos humanos e emancipação. Editora Lumen Juris, 2019, p. 270.

FERRITO, Bárbara. *Direito e desigualdade*. Uma análise da discriminação das mulheres no mercado de trabalho a partir dos usos dos tempos. Editora LTr.

LERNER, Gerda. *A criação do patriarcado*: história da opressão das mulheres pelos homens. Tradução Luiza Sellera. Editora Cultrix.

LORENTZ, Lutiana Nacur. *Perspectivas de gênero e o Sistema de Justiça Brasileiro*. Artigo: Licença parental: uma necessidade para a simetria de gêneros no Brasil.

MATHIES, Anaruez. *Assédio moral e compliance da relação de emprego*. Dos danos e dos custos e instrumentos de prevenção. Editora Juruá.

MELO, Jólia Lucena da Rocha. *As mulheres e o Direito do Trabalho*. Direitos humanos e emancipação. Editora Lumen Juris, 2019.

RAMOS, Daniela Peixoto. *As mulheres e a política do dia a dia*. Edições do Demodê, 2021.

SCHMIDT, Martha Halfel Furtado Mendonça e MELO, Nehemias Domingos de. *Dano moral trabalhista*: doutrina e jurisprudência. 2. ed. São Paulo: Atlas, 2007.

Sites consultados:

https://agenciadenoticias.ibge.gov.br/agencia-sala-de-imprensa/2013-agencia-de-noticias/releases/20232-estatisticas-de-genero-responsabilidade-por-afazeres-afeta-insercao-das-mulheres-no-mercado-de-trabalho. Acesso em: 23 abr. 2022.

https://agenciadenoticias.ibge.gov.br/agencia-noticias/2012-agencia-de-noticias/noticias/20234-mulher-estuda-mais-trabalha-mais-e-ganha-menos-do-que-o-homem. Acesso em: 10 abr. 2022.

https://g1.globo.com/dia-das-mulheres/noticia/2022/03/08/mulheres-sao-a-maioria-dos-desempregados-457percent-das-que-tem-idade-de-trabalhar-estao-ocupadas.ghtm. Acesso em: 18 abr. 2022.

https://www.jorgesoutomaior.com/blog/a-contrarreforma-na-perspectiva-da-mulher-trabalhadora-quando-reformar-significa-precarizar. Acesso em: 18 abr. 2022.

https://www.brasildefato.com.br/2021/05/01/desemprego-medo-e-sobrecarga-a-realidade-de-maes-solo-na-pandemia. Acesso em: 18 abr. 2022.

https://www.jorgesoutomaior.com/blog/a-contrarreforma-na-perspectiva-da-mulher-trabalhadora-quando-reformar-significa-precarizar. Acesso em: 18 abr. 2022.

https://www.gov.br/mdh/pt-br/assuntos/noticias/2021/janeiro/governo-comemora-aumento-da-representatividade-feminina-na-politica. Acesso em: 1 abr. 2022.

https://www.migalhas.com.br/depeso/342736/intervalo-que-antecede-a-prorrogacao-da-jornada-de-trabalho-da-mulher — acesso em 26 de setembro. Acesso em: 30 abr. 2022.

https://www.migalhas.com.br/depeso/342736/intervalo-que-antecede-a-prorrogacao-da-jornada-de-trabalho-da-mulher. Acesso em: 30 abr. 2022.

https://gifc.org.br/92-das-pessoas-acreditam-que-mulheres-sofrem-mais-situacoes-de-constrangimento-e-assedio-no-ambiente-de-trabalho-do-que-homens/. Acesso em: 25 abr. 2022.

https://mpt.mp.br/pgt/publicacoes/cartilhas/o-abc-da-violencia-contra-a-mulher-no-trabalho/display-file/arquivo_pdf. Acesso em: 23 abr. 2022.

https://mpt.mp.br/pgt/publicacoes/cartilhas/o-abc-da-violencia-contra-a-mulher-no--trabalho/display-file/arquivo_pdf. Acesso em: 24 abr. 2022.

https://noticias.r7.com/brasil/processos-de-assedio-sexual-sobem-21-no-1-semestre-de-2021-diz-tst-21082021.

https://www.ilo.org/brasilia/noticias/WCMS_806107/lang--pt/index.htm. Acesso em: 24 abr. 2022.

https://www.migalhas.com.br/quentes/336623/funcionaria-da-renner-que-sofreu-assedio-moral-na-gravidez-consegue-rescisao-indireta. Acesso em: 21 abr. 2022.

https://www.csjt.jus.br/web/csjt/noticias3/-/asset_publisher/RPt2/content/id/718882. Acesso em: 21 abr. 2022.

http://www.abrat.adv.br/index.php/noticias/5862-trt3--empregada-gravida-que-sofreu-assedio-moral-sera-indenizada. Acesso em: 21 abr. 2022.

https://trt-2.jusbrasil.com.br/jurisprudencia/312151249/recurso-ordinario-ro-12547020145020055-sp-00012547020145020055-a28/inteiro-teor-312151261. "DANO MORAL. ASSÉDIO SEXUAL. VIOLAÇÃO DA DIGNIDADE DA TRABALHADORA. INDENIZAÇÃO DEVIDA. Obrigar trabalhadora a vestir roupas sensuais para atrair clientes ou para satisfazer a lascívia de superior hierárquico constitui violação da dignidade humana (CF, artigos 1º, III, e 5º, X) ensejando direito a indenização (CC, artigos 186, 187 e 927). Recurso provido. (TRT-2 — RO: 00012547020145020055 SP 00012547020145020055 A28, Relator: Marcos César Amador Alves, Data de Julgamento: 07/10/2015, 8ª Turma, Data de Publicação: 14/10/2015)". Acesso em: 1 maio 2022.

http://www.planalto.gov.br/ccivil_03/constituicao/constituicao.htm. Acesso em: 1 maio 2022.

https://brasil.elpais.com/internacional/2021-01-14/madalena-escrava-desde-os-oito-anos-expoe-caso-extremo-de-racismo-no-brasil-do-seculo-xxi.html. Acesso em: 2 maio 2022.

https://g1.globo.com/fantastico/noticia/2022/04/24/idosa-de-89-anos-e-submetida-a-trabalho-analogo-a-escravidao-por-cinco-decadas.ghtml. Acesso em: 2 maio 2022.

https://g1.globo.com/ba/bahia/noticia/2022/04/28/resgatada-apos-trabalho-analogo-a-escravidao-na-ba-se-assusta-apos-tocar-em-mao-de-reporter-receio-de-pegar-na-sua-mao-branca.ghtml. Acesso em: 2 maio 2022.

http://www.planalto.gov.br/ccivil_03/_Ato2019-2022/2022/Mpv/mpv1116.htm. Acesso em: 5 maio 2022.

O Judiciário Brasileiro e a (des)proteção da vida uberizada

Luana Cássia do Carmo Filgueiras (*)

Resumo: Atualmente no Brasil não há normas claras acerca da uberização e da relação de trabalho entre as partes envolvidas, o que deságua para análise do poder judiciário. Entretanto, as instâncias superiores do judiciário brasileiro tendem a não reconhecer o vínculo de emprego dos trabalhadores por plataformas, vulgo uberizados, reconhecendo sua autonomia nos contratos. No TST, onde encontramos maior divergência, é possível perceber o uso de terminologias próprias para a captura da subjetividade e, assim, justificar a interpretação adotada. Essa posição judiciária não é isolada e se compatibiliza com a postura adotada pelo Estado, até então, de desproteção da vida desses trabalhadores uberizados. Nesse contexto, o artigo traça uma análise reflexiva, entrelaçada com o conceito agambeniano de vida nua e biopolítica, e questiona a necessidade de proteção dos indivíduos singulares.

Palavras-chave: Trabalho por aplicativo. Precarização. Vida nua.

Abstract: Currently, in Brazil, there are no clear norms about uberization and the working relationship between the parties involved, which leads to analysis by the judiciary. However, the higher levels of the Brazilian judiciary tend not to recognize the employment relationship of platform workers, commonly known as uberized workers, recognizing their autonomy in contracts. In the TST, where we found greater divergence, it is possible to perceive the use of specific terminologies to capture subjectivity and, thus, justify the adopted interpretation. This judicial position is not isolated, and is compatible with the posture adopted by the State, until then, of lack of protection for the lives of these uberized workers. In this context, the article outlines a reflective analysis, intertwined with the agambenian concept of bare life and biopolitics, and questions the need for protection of unique individuals.

Keywords: Work by application. Precariousness. Bare life.

INTRODUÇÃO

A precarização da classe trabalhadora não é fenômeno recente, sendo proveniente de um legado histórico, escravocrata. Mesmo com a promulgação da Consolidação das Leis do Trabalho — CLT, há de se ponderar que tal consolidação legislativa teve o

---

(*) Advogada. Pós-graduada em Direito e Processo do Trabalho. Pós-graduada em Direito do Consumidor. Mestranda em Direito na UVA — Universidade Veiga de Almeida (linha de pesquisa: estado, cidadanias e mundialização das relações jurídicas), PPGD/UVA. Membro do Grupo de Pesquisa vinculado à FUNADESP, sob a coordenação da Profa. Benizete Ramos de Medeiro, vinculado ao PPGD/UVA.

condão de conciliar os trabalhadores e empregadores, apaziguando em alguma medida os embates entre as classes, com a inserção de direitos mínimos e alguma proteção social.

O fato de termos hoje grande avanço tecnológico não só nos permitiu mais facilidades no acesso de dados e na vida cotidiana, mas também viabilizou a alteração da morfologia do trabalho, com novas formas de precarização da classe trabalhadora. E, ao invés do Estado e instituições tomarem medidas de proteção à vida desses trabalhadores, a pauta neoliberal segue em sentido oposto, na visão do todo, do comum, enquanto permite descartar as vidas singulares.

Dito isso, o trabalho está dividido em seis partes, sendo a primeira introdutória. Na segunda parte é delineado como, ao longo dos governos, o Brasil se posicionou em defesa de pauta neoliberal, com a mitigação de direitos sociais e trabalhistas em prol de uma promessa de desenvolvimento do país.

A terceira parte faz um levantamento de como os tribunais superiores julgam a questão da uberização, no sentido de reconhecer ou não o vínculo de emprego e proteção de direitos.

A quarta parte relaciona como o uso da linguagem tem o condão de capturar a subjetividade dos indivíduos e traduzir narrativas, se aplicando, inclusive, ao judiciário, que em seus acórdãos assumem termos distintos para justificar seu posicionamento e entendimento da uberização.

A quinta parte relaciona a questão da proteção da vida, em especial dessa vida trabalhadora, no regime biopolítico do Estado Democrático de Direito, sob o prisma filosófico de Agamben, correlacionando com quem está presente nesse setor uberizado e desprotegido.

E, nas conclusões, sexta parte, são feitas ilações sobre a ausência de proteções legais aos uberizados e a necessidade de proteção da vida material individualizada.

1. BREVES APONTAMENTOS DO PROCESSO DE DEGRADAÇÃO DO TRABALHO NO BRASIL

Com a Lei Áurea em 1888 ocorreu a abolição da escravatura. Porém, mesmo após a abolição, a condição de exploração predatória dos trabalhadores continuou, num primeiro momento com o assalariamento da classe trabalhadora, mas sem garantias de direitos mínimos.

Tal grupo no Brasil sempre sofreu grande nível de precarização, sendo esta aceita pela sociedade brasileira, fortemente marcada pelo legado escravocrata. Tomando por base as fases de desregulação trabalhista apresentada pelo economista Marcio Pochmann(1), o Brasil apresentou quatro fases distintas de desregulação no mundo do trabalho.

Durante os anos de 1889 a 1930, prevaleceu a política de branqueamento populacional, como herança do pensamento imperial, e, principalmente nas regiões sul e sudeste, mediante tal política, houve uma intensa utilização de mão de obra imigrante, majoritariamente de europeus pobres que vinham ao Brasil sob a contratação em

(1) POCHMANN, Marcio. *O neocolonialismo à espreita:* mudanças estruturais na sociedade brasileira. São Paulo: Edições Sesc São Paulo, 2021.

"sistema de parceria", que na prática se apresentava como uma nova modalidade de escravidão por dívida.

Com a Revolução de 1930, que pôs fim à República Velha, findou o controle das oligarquias regionais brasileiras e teve início no mundo do trabalho brasileiro as regulamentações, ainda que de forma esparsa e fragmentada. A partir de 1930, ainda como forma de controle social e político, Getúlio Vargas desenvolveu leis voltadas à proteção dos trabalhadores, com a criação do Ministério do Trabalho, das Comissões Mistas de Conciliação, da carteira de trabalho, com a criação de inúmeras leis trabalhistas que culminaram na Consolidação das Leis do Trabalho — CLT em 1943, e a regulamentação e integração da Justiça do Trabalho ao judiciário em 1946. Ainda que somente em 1963 os trabalhadores rurais tenham sido integrados na regulação trabalhista, por meio do Estatuto do Trabalhador Rural, foi um período de importantes conquistas de direitos e normatizações.

Com a ascensão da ditadura militar nos deparamos com a primeira fase de desregulamentação social e trabalhista. Como um dos primeiros marcos da precarização, temos a implementação do FGTS em prejuízo da estabilidade no emprego, acarretando intensa instabilidade e rotatividade de empregos. Houveram tantas outras mais: como a política de arrocho salarial, que diminuiu o poder de compra dos trabalhadores, e a Lei Antigreve (Lei n. 4.330/1964), que limitou o poder reivindicativo da classe trabalhadora. Tais medidas contribuíram significativamente para a maximização da exploração da força de trabalho e acumulação predatória, corroborando com o agravamento da desigualdade de renda no país.

A terceira fase da desregulação trabalhista é apontada pela implementação de políticas neoliberais, principalmente a partir da década de 1990, onde os Governos de Fernando Collor de Mello, Itamar Franco e Fernando Henrique Cardoso (FHC) implantaram uma série de políticas, começando pelos bloqueios das cadernetas de poupança e reformas institucionais em prol da restruturação produtiva do Governo Collor, a privatizações e desestatizações nos governos seguintes de Itamar Franco e FHC. E sob a ideologia de que o Brasil deveria se modernizar e ganhar produtividade, cresceram medidas de flexibilização das leis trabalhistas, sob o mote de que tais leis eram excessivas e obstruíam o desenvolvimento do país.

Mais adiante adentramos na quarta fase da desregulamentação das leis sociais e trabalhistas, visualizada a partir da década de 2010, cujos grandes dois marcos da precarização de direitos podem ser vistos pela ampliação da terceirização e pela Reforma Trabalhista, com grande participação do Governo Temer, sucessor de Dilma Rousseff, após o impeachment desta em 2016.

Com a aprovação do Projeto de Lei n. 4.302/1998, transformado na Lei n. 13.429/2017, promovido no Governo Temer, foi permitida a terceirização para todas as atividades da empresa, inclusive atividades-fim, significando enorme retrocesso de garantias laborais.

Mas o maior golpe nos direitos trabalhistas e sociais veio com a Reforma Trabalhista — Lei n. 13.467/2017, a qual ingressou na Câmara dos deputados em 23/12/2016, sendo aprovada em definitivo pelo Senado em 11/07/2017, e que alterou mais de 117 artigos da CLT sem o devido debate e consulta aos órgãos e Sindicatos interessados.

Mesmo que nos Governos Lula (primeiro e segundo mandatos) e, em menor medida, no Governo Dilma Russeff, tenha ocorrido maior proteção aos direitos sociais e trabalhistas, com políticas para redução das desigualdades sociais, com a entrada do Governo Temer foi escancarado o desmonte de direitos trabalhistas e sociais que se agravaram no curso do Governo Bolsonaro.

Ainda nesta quarta fase da desregulamentação trabalhista, a partir de 2010, é possível perceber o surgimento e avanço das plataformas de tecnologia, vulgo aplicativos, na *Gig Economy* (economia dos bicos), que conectam os estabelecimentos, os trabalhadores e os consumidores, cuja dinâmica é amplamente conhecida pela terminologia de "uberização", dado o destaque da empresa precursora "Uber". Este modelo se encontra inserto na lógica de desconstituição do trabalho formal, na lógica precarizante neoliberalista, posto que sua racionalidade está pautada na desregulamentação, em afastar a incidência de direitos trabalhistas, previdenciários e sociais aos trabalhadores que utilizam tais plataformas, de forma a aferir o maior lucro possível às empresas de tecnologia, sem imputar responsabilidade às empresas e consumidores que utilizam os serviços dos aplicativos de transportes e entregas, colocando os trabalhadores que os utilizam numa zona cinzenta, num limbo jurídico, já que até a presente data carecem de leis regulamentadoras dessa atividade em território nacional.

A ausência legislativa sobre o tema chancela a degradação do trabalho, já que não há garantias mínimas assecuratórias ao trabalho decente, sequer havendo estabilidade de decisões quando o tema chega ao poder judiciário, posto que, como não há regulamentação formal, cada juízo interpreta sob a hermenêutica jurídica que lhe apresenta mais compatível com a ordem jurisdicional nacional, gerando todo o tipo de decisões: desde reconhecimento de vínculo de emprego, a entendimentos como se estes trabalhadores submetidos às plataformas sejam verdadeiros empreendedores.

Como analisa Boaventura de Souza Santos, o lado colonial não representa o ilegal, mas o "alegal", ou seja, o sem lei.[(2)]

2. DAS DECISÕES DOS TRIBUNAIS SUPERIORES QUANTO À "UBERIZAÇÃO"

Até a elaboração do presente artigo, o Tribunal Superior do Trabalho (TST) apresenta entendimentos distintos sobre a "uberização" e seus reflexos no reconhecimento do vínculo de emprego. Vejamos a posição do TST, por meio da divisão por Turmas:

Tabela 1 — Julgamentos no TST

Com reconhecimento do vínculo de emprego	Sem reconhecimento do vínculo de emprego
3ª Turma: Provido o Recurso de Revista, reconhecendo o vínculo empregatício entre as partes. Determinado o retorno dos autos à Vara do Trabalho de origem para examinar os demais pedidos deduzidos pelo reclamante. (RR-100353-02.2017.5.01.0066, 3ª Turma, Relator Ministro Mauricio Godinho Delgado, DEJT 11/04/2022).	1ª Turma: Conhecido e não provido o Agravo em Agravo de Instrumento em Recurso de Revista, mantendo o não reconhecimento do vínculo de emprego do motorista de aplicativo. (TST — Ag: 115407120185150131, Relator: Amaury Rodrigues Pinto Junior, Data de Julgamento: 22/06/2022, 1ª Turma, Data de Publicação: 27/06/2022).

(2) SANTOS, Boaventura de Sousa. Para além do Pensamento Abissal: Das linhas globais a uma ecologia de saberes. *Revista Crítica de Ciências Sociais*. Disponível em: <https://journals.openedition.org/rccs/753>. Acesso em: 4 jul. 2023.

Com reconhecimento do vínculo de emprego	Sem reconhecimento do vínculo de emprego
6ª Turma: Provido o Recurso de Revista para reconhecimento do vínculo de emprego com motorista de aplicativo. (RR-799-92.2021.5.08.0120, 6ª Turma, Relator Ministro Augusto Cesar Leite de Carvalho, DEJT 19/05/2023). Provido Recurso de Revista para reconhecimento do vínculo de emprego com motorista de aplicativo (RR-10502-34.2021.5.03.0137, 6ª Turma, Relator Ministro Augusto Cesar Leite de Carvalho, DEJT 12/05/2023).	4ª Turma: Conhecido e não provido o Recurso de Revista, mantendo o não reconhecimento do vínculo de emprego do motorista de aplicativo. (AIRR-10618-21.2021.5.03.0111, 4ª Turma, Relator Ives Gandra da Silva Martins Filho, DEJT 08/04/2022). Conhecido e não provido o Recurso de Revista, mantendo o não reconhecimento do vínculo de emprego do motorista de aplicativo. (RR: 10555.54.2019.5.03.0179, Relator: Ives Gandra Martins Filho, Data de Julgamento: 02/03/2021, 4ª Turma, Data de Publicação: 05/03/2021). Conhecido e não provido o Agravo em Agravo de Instrumento em Recurso de Revista, mantendo o não reconhecimento do vínculo de emprego do motorista de aplicativo. (TST — Ag-AIRR: 0020614.50.2020.5.04.0014, Relator: Alexandre Luiz Ramos, Data de Julgamento: 14/02/2023, 4ª Turma, Data de Publicação: 17/03/2023).
8ª Turma: Agravo de instrumento da ré conhecido e desprovido; Recurso de revista da ré conhecido e parcialmente provido. Mantido reconhecimento do vínculo de emprego com motorista de aplicativo. (RRAg-100853-94.2019.5.01.0067, 8ª Turma, Relator Ministro Alexandre de Souza Agra Belmonte, DEJT 03/02/2023).	5ª Turma: Conhecido e não provido o Agravo em Agravo de Instrumento em Recurso de Revista, mantendo o não reconhecimento do vínculo de emprego do motorista de aplicativo. (TST — Ag: 1001160.73.2018.5.02.0473, Relator: Breno Medeiros, Data de Julgamento: 04/08/2021, 5ª Turma, Data de Publicação: 20/08/2021).

Fonte: Elaborada pela autora com base na jurisprudência do TST, 2023.

Pela análise das decisões do TST, é possível perceber que o referido Tribunal Superior reconhece sua competência para analisar a matéria sobre o reconhecimento do vínculo de emprego e os direitos dos motoristas por aplicativos, inclusos no tema de discussão sobre a "uberização", ainda que suas Turmas estejam divididas entre o reconhecimento ou não do vínculo de emprego.

Como pode ser percebido no quadro comparativo, as 3ª, 6ª e 8ª Turmas do TST tendem a reconhecer o vínculo de emprego dos motoristas e entregadores por aplicativos com as plataformas, enquanto as 1ª, 4ª e 5ª Turmas do TST tendem a não reconhecer o referido vínculo, não raro pela justificativa da inexistência dos elementos do vínculo de emprego, entendendo haver plena autonomia na adesão e realização do trabalho pelos motoristas e entregadores.

Noutro giro, ainda em relação aos motoristas por aplicativos, o Superior Tribunal de Justiça (STJ) entendeu desde o julgamento do CC 164.544-MG, com relatoria do Ministro Moura Ribeiro, julgado em 28/08/2019 e publicado no DJe em 04/09/2019, que, naquela ação, a relação de trabalho não estaria caracterizada, sendo um contrato de natureza cível e, portanto, de competência da Justiça Estadual.

Ocorre que, nesta decisão do STJ, não eram objetos da lide a análise e o reconhecimento do vínculo de emprego, mas tão somente obrigação de fazer cumulada com reparação de danos materiais e morais, devido a discussão da suspensão aplicada pela plataforma Uber ser irregular, gerando prejuízos materiais e morais, que pedia reparação, além da reativação do serviço. Em momento algum foram questionados a validade ou invalidade do contrato assinado pelo motorista com a Uber e o reconhecimento de vínculo de emprego, sob a ótica da presença ou não dos elementos da relação de emprego.

Já no Supremo Tribunal Federal, no que se refere aos motoristas por aplicativo, se verifica mais recentemente a decisão monocrática, do Ministro Alexandre de Morais, que julgou procedente o pedido para cassar os atos proferidos pela Justiça do Trabalho no processo 0010140.79.2022.5.03.0110, quanto ao reconhecimento do vínculo de emprego entre um motorista e a plataforma Cabify, e determinou a remessa dos autos à Justiça Comum[(3)]. Este processo pende decisão do colegiado acerca do agravo regimental interposto em 05/06/2023.

Muito embora a ação CC 164.544-MG[(4)] julgada pelo STJ não tenha como objeto da lide o reconhecimento do vínculo de emprego, o relator Min. Alexandre de Morais a utilizou como parâmetro para apontar a competência da Justiça estadual sobre a matéria, utilizando a todo tempo expressões como "outras formas de relação de trabalho que não a relação de emprego", "terceirização", "contratos de parceria", "formas alternativas da relação de emprego", "vínculos distintos da relação de emprego", "motorista parceiro", "transportador autônomo", tão propriamente utilizadas para se referir àqueles que não possuem direitos trabalhistas garantidos.

3. DA LINGUAGEM COMO FATOR DA CAPTURA DA SUBJETIVIDADE NO PROCESSO DE PRECARIZAÇÃO

"Falar é, antes de mais nada, jurar, crer no nome"[(5)], e, tomando tal frase de referência, apontamos que o poder age sob o corpo por meio das palavras. Não há homem sem considerarmos linguagem e cultura, então a linguagem utilizada nas relações estabelecidas dentro da sociedade implica em relações de poder estabelecidas.

Tomando como referência do presente estudo as empresas de plataforma, como Uber e 99 Táxi, os contratos destas tratam os motoristas como alheios a qualquer vínculo laboral: a Uber trata como "parceiros independentes"[(6)], enquanto a 99 Táxi diz se tratar de "motoristas parceiros"[(7)]. Outras alcunhas também são utilizadas, como "parceiros", "colaboradores", "transportadores autônomos" etc.

---

(3) BRASIL. Supremo Tribunal Federal — *Rcl: 59795 MG*. Relator: Alexandre de Moraes, Data de Julgamento: 19/05/2023, Data de Publicação: Processo Eletrônico DJe-s/n DIVULG 23/05/2023 PUBLIC 24/05/2023. Disponível em: <https://www.stf.jus.br/arquivo/cms/noticiaNoticiaStf/anexo/RCL5979510decisao_monocratica21.pdf>. Acesso em: 3 jul. 2023.

(4) BRASIL. Superior Tribunal de Justiça. *Conflito de Competência CC 164.544-MG*. Relator Ministro Moura Ribeiro. Disponível em: <https://processo.stj.jus.br/jurisprudencia/externo/informativo/?acao=pesquisar&livre=UBER&>. Acesso em: 3 jul. 2023.

(5) AGAMBEN, Giorgio. *Estado de exceção: homo sacer II*. São Paulo: Boitempo, 2007.

(6) UBER. *Cadastro*. Disponível em: <https://www.uber.com/legal/pt-br/document/?country=brazil&lang=pt-br&name=general-terms-of-use>. Acesso em: 3 jul. 2023.

(7) 99. *Termos*. Disponível em: <https://99app.com/legal/termos/motorista/>. Acesso em: 3 jul. 2023.

Veja a linguagem de tratamento dos motoristas e entregadores: que antes das plataformas eram chamados de "empregados" e agora são chamados de "profissionais independentes", "mandatários", "parceiros", "colaboradores" etc. Essa diferenciação na terminologia, na linguagem, envolve mais que meras palavras, significa completa alteração das relações jurídicas e sociais, e se inclui na dinâmica de poder.

A alteração de "empregados" para "parceiros independentes", entre outros chamamentos, significa que este mesmo trabalhador deixou de ter as garantias celetistas, passando à posição de "empreendedor", quando na verdade jamais teve qualquer manifestação de vontade livre, consciente e independente de empreender, tampouco consegue estabelecer o preço do serviço que executa.

Então, a mudança da linguagem de "empregador" para "mediador", e de "empregado" para "parceiro independente", "colaborador" etc., revela verdadeira desproteção da classe trabalhadora, o que é viabilizada pela sua exclusão da Consolidação das Leis do Trabalho (CLT), sem pronunciamento seguro até então do Estado de Direito sobre tais relações, que se encontram numa zona cinzenta legislativa.

Por não haver definição legal e direta sobre a matéria, quando a apreciação chega ao judiciário encontra diversos posicionamentos, ainda que nas instâncias superiores. E, pela leitura dos acórdãos apontados no TST, a própria terminologia utilizada na narrativa do acórdão já aponta o direcionamento daquela Turma, pois não raro se estrutura em "parceiros", "colaboradores" ou "autônomos" quando a inclinação da Turma é pelo não reconhecimento do vínculo de emprego, considerando a relação de trabalho como relação civil, com paridade de pactuação entre as partes e, portanto, sem a interferência da Justiça do Trabalho ou garantia de direitos. Parafraseando Boaventura Santos, caracterizado "alegal".

Destaca ainda que esse aspecto "alegal", sem lei, reflete a conduta estatal que, por vezes, deixa de atuar para esconder suas reais justificativas e finalidades, que corroboram com o exercício e a defesa do poder do Estado e das instituições.

No mundo contemporâneo, a atuação estatal ocorre por meio da biopolítica, pela gestão da vida política calculada pela política de Estado, que protege determinados grupos enquanto "deixa morrer" outros, no sentido da desproteção estatal.

4. A DESPROTEÇÃO DOS UBERIZADOS, NUMA ANÁLISE AGAMBENIANA

Giorgio Agamben, filósofo italiano, escreve sua tese sob o foco da Europa, não na realidade do Brasil. Mas, é possível fazer uma análise comparativa aos nossos problemas, inclusive se refletirmos sobre o contexto moderno da "uberização", comum a todos os países.

Tomando Agamben como referencial teórico, em sua obra *Homo Sacer*[(8)], ele referencia a figura do antigo direito romano, o "homem sacro", no sentido de que este homem não poderia ser julgado pelos homens, porém, ele poderia ser invisibilizado, ser despido dos seus direitos como ser humano e abandonado à própria sorte, naturalizando assim para esse homem o estado de "desproteção".

A partir dessa figura, tal filósofo relaciona o exercício do poder soberano com a biopolítica e observa como a proteção política da vida pode ser abandonada, despida, restando apenas a vida biológica desprotegida, na qual cunha o conceito de "vida nua".

No conceito agambeniano de vida nua, a vida é abandonada aos auspícios do poder, sem direitos e garantias. A vida nua seria a separação da *Zoé* (vida simples

(8) AGAMBEN, Giorgio. *Estado de exceção: homo sacer II*. São Paulo: Boitempo, 2007.

biológica) em relação às formas de vida da *Bíos* (vida politicamente qualificada), ou seja, quando sujeita ao poder soberano, a vida política se reduz à vida biológica. E essa vida unicamente biológica, ainda que insacrificável (por não ter valor ritualístico à sociedade), é "matável", posto que se torna insignificante aos olhos da "*polis*", se torna insignificante ao coletivo estatal. Aquilo que Agamben chama de vida nua é uma produção específica do poder e não um dado natural.

Assim, a vida nua abordada por Agamben se relaciona com o estado de desproteção e ao estado de ilegalidade de quem é acuado em um terreno vago, submetido a viver em estado de exceção, o que me arrisco a correlacionar ao estado de "alegalidade" pensado por Boaventura Santos, onde a ausência de leis específicas e da própria interpretação hermenêutica do judiciário na proteção da vida dos trabalhadores uberizados confere uma situação de descartabilidade daqueles seres, como se a tais trabalhadores não houvesse importância para a *polis*, para o Estado, os deixando à sua própria sorte.

A vida nua no Brasil tem nome, corpo, gênero e classe social, e, embora não sejam abordadas pelo filósofo tais condições, é possível a relacionar com a nossa realidade, onde o corpo preto e de baixa escolaridade vive em estado de exceção permanente e ocupa em larga escala o setor de serviços, desregulamentado e modernamente tomado pela "uberização".

Conforme divulgado pela Pesquisa Nacional por Amostra de Domicílios Contínua (PNAD Contínua) em meados de 2022(9), no período apurado do 4ª trimestre de 2021, a ampla maioria dos trabalhadores por aplicativos, sejam motoristas, mototaxistas ou entregadores, era de homens pretos ou pardos.

Tabela 2 — Percentual de pessoas da *Gig Economy* do setor de transportes conforme o gênero e raça/cor — por subgrupo (em %)

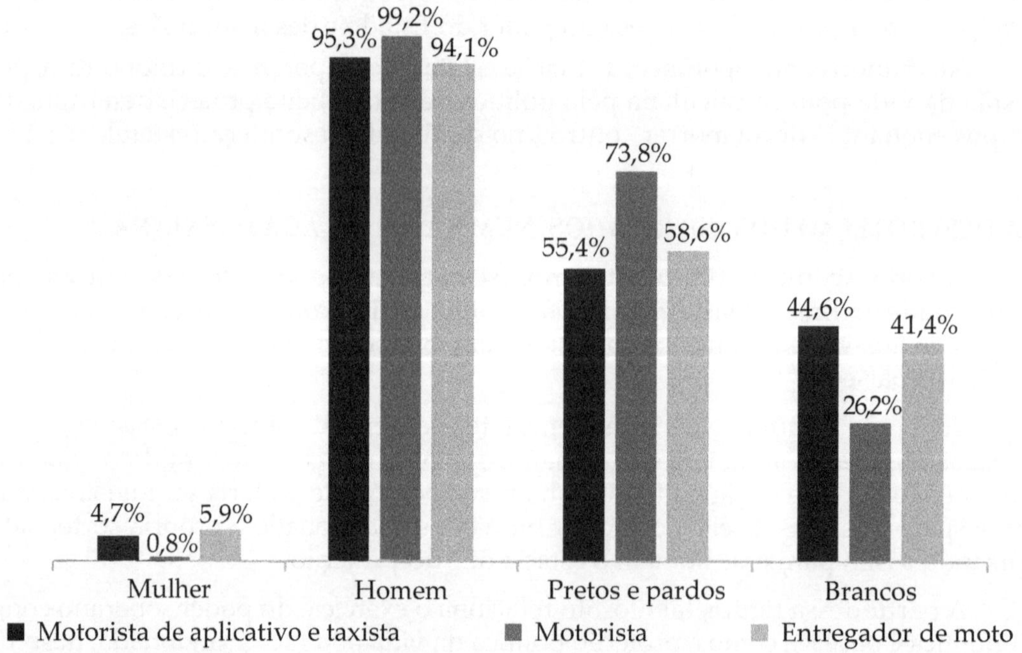

Fonte: PNAD Contínua, 4º trimestre de 2021 — IBGE.
Elaboração: Grupo de Conjuntura da Dimac/Ipea.

(9) IPEA. *Painel da Gig Economy no setor de transportes do Brasil*: quem, onde, quantos e quanto ganham: análise dos dados da PNAD Contínua/IBGE. Disponível em: <https://www.ipea.gov.br/portal/images/stories/PDFs/conjuntura/220510_cc_55_nota_14_gig_economy.pdf>. Acesso em: 3 jul. 2023.

E conforme o mesmo estudo, em relação ao nível de escolaridade, a média dos ocupados no Brasil com curso superior é de 22%, enquanto que aos trabalhadores por aplicativos mal passa os 10% no subgrupo dos motoristas, caindo a 2,1% quando abordado o subgrupo dos entregadores de moto.

Tabela 3 — Distribuição de escolaridade dos profissionais da *Gig Economy* do setor de transportes — por subgrupo (em %)

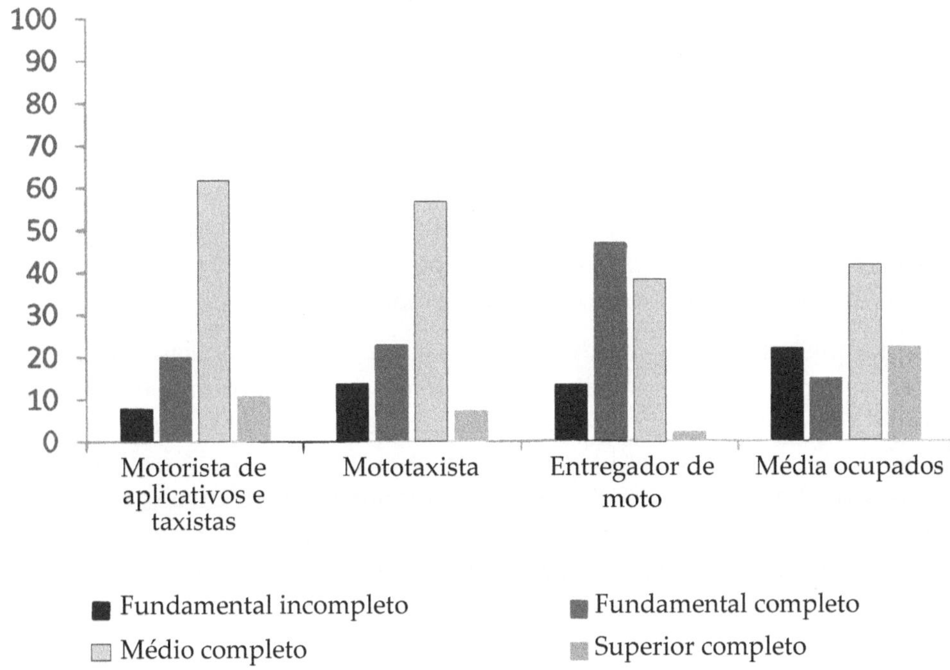

Fonte: PNAD Contínua, 4º trimestre de 2021 — IBGE.
Elaboração: Grupo de Conjuntura da Dimac/Ipea.

Pela análise das estatísticas da PNAD Contínua, elaborada pelo Instituto Brasileiro de Geografia e Estatística (IBGE), é possível perceber que pertencem ao grupo dos uberizados, majoritariamente, homens pretos ou pardos e de baixa escolaridade.

Esses corpos pretos e pardos, e de baixa escolaridade, estão há anos desprovidos de qualquer regulamentação sobre sua atividade laboral, sobrevivendo em suas vidas nuas, num constante estado de "alegalidade" estatal, como seres descartáveis.

5. CONCLUSÕES

Hoje, nos encontramos num espaço onde o Direito incide, mas o anômico também coexiste, posto que há na modernidade diversas relações que não estão reguladas, tampouco garantem direitos mínimos a determinadas categorias, estando estas numa zona cinzenta. E nessa zona cinzenta também estão as novas relações estabelecidas via aplicativos, pela *Gig Economy*, vulgo economia dos bicos ou uberização.

Essa ausência de regulamentação não é coincidente tão somente com a modernidade promovida pela tecnologia, pois, em outros campos como o teletrabalho, encontramos alguma regulamentação e proteção de direitos, ainda que insuficientes.

O Direito é o principal mecanismo na forma de organização social e proteção dos integrantes da sociedade, então haver lacunas nesse Direito importa em desproteger parte da população. E, quando há exclusão da politização da vida biológica, há efetiva exclusão de direitos, em exercício da biopolítica, segundo Agamben, deixando o Estado este grupo de entregadores marginalizados e em estado de precarização trabalhista e previdenciária.

Assim, é possível dizer que a precarização do trabalho e do ser social hoje se constitui estratégia política, e não fatalidade econômica, sendo produto da vontade política excludente que apoia o neoliberalismo, e chancelado, inclusive, pelo próprio poder judiciário, em especial pelas instâncias superiores, como demonstrado no recorte do presente artigo.

Esse regime é constituído por vontades (ativas ou passivas) de poderes políticos, são escolhas orientadas para preservar a dominação cada vez mais completa do trabalho e dos trabalhadores, corroborando com processos de legitimação de poder da camada dominante em detrimento dos corpos marginalizados, que comumente se constituem de negros ou pardos e de baixa escolaridade.[(10)]

Ainda que o Estado e o judiciário, em especial as instâncias superiores, não protejam esses corpos e as vidas desses trabalhadores, é importante termos em vista a materialidade singular de cada vida, que cada corpo quando morre é um mundo que acaba, e que, embora o neoliberalismo trate essas vidas como facilmente substituíveis, os seres humanos são singulares e, portanto, insubstituíveis, e por tal razão faz-se necessário o estranhamento dessa conduta neoliberalista para promoção de políticas econômicas e sociais mais protetivas aos seres humanos, insubstituíveis em sua materialidade.

REFERÊNCIAS

AGAMBEN, Giorgio. *Estado de exceção: homo sacer II.* São Paulo: Boitempo, 2007.

ANTUNES, Ricardo. *Uberização, trabalho digital e indústria 4.0.* 1. ed. São Paulo: Boitempo, 2020.

BALES, Kevin. *Gente descartável*: a nova escravatura na economia global. Caminho, 2001.

BRASIL. Supremo Tribunal Federal — *Rcl: 59795 MG*, Relator: Alexandre de Moraes, Data de Julgamento: 19/05/2023, Data de Publicação: Processo Eletrônico DJe-s/n DIVULG 23/05/2023 PUBLIC 24/05/2023. Disponível em: <https://www.stf.jus.br/arquivo/cms/noticiaNoticiaStf/anexo/RCL5979510decisao_monocratica21.pdf>. Acesso em: 3 jul. 2023.

BRASIL. Superior Tribunal de Justiça. *Conflito de Competência CC 164.544-MG*. Relator Ministro Moura Ribeiro. Disponível em: <https://processo.stj.jus.br/jurisprudencia/externo/informativo/?acao=pesquisar&livre=UBER&>. Acesso em: 3 jul. 2023.

CARVALHO, José Lucas Santos. *Trabalho escravo contemporâneo em disputa*: Direitos humanos, vida nua e biopolítica. Curitiba: Appris, 2020.

(10) DRUCK, Graça. Trabalho, precarização e resistências: novos e velhos desafios? In: *CADERNO CRH*, Salvador, v. 24, n. spe 01, p. 37-57, 2011. Disponível em: <https://www.scielo.br/pdf/ccrh/v24nspe1/a04v24nspe1.pdf>. Acesso em: 25 jul. 2023.

DRUCK, Graça. Trabalho, precarização e resistências: novos e velhos desafios? In: *CADERNO CRH*, Salvador, v. 24, n. spe 01, p. 37-57, 2011. Disponível em: <https://www.scielo.br/pdf/ccrh/v24nspe1/a04v24nspe1.pdf>. Acesso em: 25 jul. 2023.

IPEA. *Painel da Gig Economy no setor de transportes do Brasil*: quem, onde, quantos e quanto ganham: análise dos dados da PNAD Contínua/IBGE. Disponível em: <https://www.ipea.gov.br/portal/images/stories/PDFs/conjuntura/220510_cc_55_nota_14_gig_economy.pdf>. Acesso em: 3 jul. 2023.

POCHMANN, Marcio. *O neocolonialismo à espreita:* mudanças estruturais na sociedade brasileira. São Paulo: Edições Sesc São Paulo, 2021.

SANTOS, Boaventura de Sousa. Para além do Pensamento Abissal: Das linhas globais a uma ecologia de saberes. *Revista Crítica de Ciências Sociais*. Disponível em: <https://journals.openedition.org/rccs/753>. Acesso em: 4 jul. 2023.

UBER. *Cadastro*. Disponível em: <https://www.uber.com/legal/pt-br/document/?country=brazil&lang=pt-br&name=general-terms-of-use>. Acesso em: 3 jul. 2023.

99. *Termos*. Disponível em: <https://99app.com/legal/termos/motorista/>. Acesso em: 3 jul. 2023.

A economia política no itinerário da sociologia histórica: a construção do estado moderno no capitalismo

The political economy in the itinerary of historical sociology: the construction of the modern state in capitalism

Marcelo Gonçalves Marcelino (*)

Resumo: Esse artigo procura apresentar de forma introdutória os elementos constitutivos entre as relações que envolvem as formações pré-capitalistas na fase de transição entre o feudalismo medieval e o mercantilismo expansionista ultramarino de matriz europeia, conectando-os as formas estruturais embrionárias dos Estados nacionais modernos. Procura-se explicar de maneira concomitante como as estruturas macrodinâmicas do capitalismo comercial em expansão ensejaram a filosofia política e a filosofia da economia política nas suas formulações teóricas, presentes hoje inclusive. Essas abordagens que envolvem ao mesmo tempo as estruturas do poder político e social da classe dominante nacional e internacional ultrapassaram as barreiras do tempo histórico no que tange as estratégias de controle e dominação sobre as demais classes sociais subordinadas. O capitalismo monopolista de Estado nas suas formas de financeirização na fase do imperialismo é percebido na atualidade de 2023 com sua crise estrutural, como resultado da acumulação primitiva anterior e seus desdobramentos. No caso brasileiro em particular, a burguesia pratica a economia política necroliberal do imperialismo combinado com as estratégias da classe dominante, onde as famílias do capital exercem seu poder acumulado de longa data. A ambiciosa abordagem procura enfatizar que algumas dessas leituras apresentadas nesse artigo têm o objetivo de chamar a atenção para a pretensa necessidade crítica do olhar holístico nas incursões teórico-conceituais e quiçá metodológicas nas ciências humanas, em especial na filosofia e nas ciências sociais, utilizando do instrumental analítico da sociologia histórica, sociologia política e economia política.

Palavras-chave: economia política, filosofia, classe dominante, famílias.

Abstract: This article seeks to introduce, in an introductory way, the constitutive elements between the relations that involve pre-capitalist formations in the transition phase between medieval feudalism and overseas expansionist mercantilism of European matrix connecting them to the embryonic structural forms of modern national states. It seeks to explain concurrently how the macrodynamic structures of expanding commercial capitalism gave rise to political philosophy and the philosophy of political economy in their theoretical formulations, which are present even today. These approaches, which simultaneously involve the structures of political and social power of the national and international ruling class, have overcome the barriers of historical time in terms of the strategies of control and domination over the other subordinate social classes. State monopoly capitalism in its forms of financialization in the imperialism phase is perceived today in 2023 with its structural crisis, as a result of the previous primitive accumulation and its unfolding. In the Brazilian case in particular, the bourgeoisie practices the necroliberal political economy of imperialism combined with the strategies of the ruling class where the capital families exercise their accumulated power for a long time. The ambitious approach seeks to

(*) Graduado em Ciências Econômicas e Ciências Sociais pela UFPR, licenciado em Matemática pela UTFPR, Especialista em Sociologia Política e Mestre em Sociologia pela UFPR, Doutor em Sociologia pelo Programa de Pós-graduação em Sociologia (PPGS) da UFPR. Membro do NEP — Núcleo de Estudos Paranaenses, do NESEF — Núcleo de Educação Filosófica, ambos pela UFPR. Pesquisador, professor, escritor e consultor acadêmico.

emphasize that some of these readings presented in this article aim to draw attention to the supposed critical need for a holistic look in theoretical-conceptual and perhaps methodological incursions in the human sciences, especially in philosophy and social sciences using the instrumental analysis of historical sociology, political sociology and political economy.

KEYWORDS: political economy, philosophy, ruling class, families.

MOÇÃO PREAMBULAR REFLEXIVA EM TEMPOS DE PÓS-PANDEMIA

No capitalismo ultraliberal onde o Estado está capturado pela classe dominante e em consonância com as corporações transnacionais totalitárias, a imposição de doutrinas e estratégias de ações de ampla reprodução do capital à vida dos cidadãos está permanentemente ameaçada. A frase que remete uma reflexão me parece adequada na atual conjuntura: "A Covid-19 não escolhe classes sociais". Entretanto, os que mais sofrem proporcionalmente são os mais pobres em qualquer lugar do mundo.

Nesse momento, os mais ameaçados são o grande número de desvalidos, trabalhadores precarizados e todos aqueles não citados que por alguma razão estão excluídos de mínimos sistemas de proteção sociais. Em relação a essa reflexão cabe a passagem do sociólogo estadunidense Mike Davis que, apesar do contexto histórico ser diferente, chama a atenção para a similaridade do caso atual em questão.

Segundo Davis(1):

> Na mais sofisticada análise da mortalidade pandêmica feita até agora — um estudo de caso do vírus de 1918 em Sidney -, Kevin Cracken e Peter Curson revelaram que "a classe trabalhadora e os operários de fábrica tiveram as taxas de mortalidade mais pesadas", particularmente nos centros pobres das cidades, e que o desemprego previa tão bem a mortalidade quanto os fatores epidemiológicos mais convencionais, como a densidade de habitantes por quilômetro quadrado.

Mais de um século depois, estamos de joelhos enfrentando problemas de pandemia que perpassam as condições de saúde e que batem novamente na porta da desigualdade econômica e social produzida e exacerbada pelo capitalismo neoliberal agora em 2023.

A pandemia universal da Covid-19 impulsionou o debate secular acerca das ideias econômicas e, evidentemente, das estratégias de organização do sistema capitalista

(1) DAVIS, Mike. *O monstro bate à nossa porta*: a ameaça global da gripe aviária. Rio de Janeiro: Recorde, 2005.

mundial e do próprio sistema político e social macroestruturante, onde o Imperialismo capitaneado pelos EUA tem a sua hegemonia contestada.

O século XX marca a ascensão do capitalismo monopolista de Estado e as disputas pela hegemonia no Imperialismo. A primeira grande guerra, a construção do modelo "socialista" capitaneado pela então União Soviética e a crise do capitalismo liberal demarcam uma fronteira de espaços complexos de luta e processos imbricados de dominação em uma nova fase geopolítica universal.

A economia política está em disputa no sentido ideológico e concreto, onde o liberalismo clássico sofre uma derrota avassaladora, o "marxismo" da Nova Política Econômica (NEP) soviética da década de 1920 inspira modelos rígidos de planificação acelerada e o keynesianismo como alicerces intelectuais e de modelo de ação estratégica no rearranjo das forças produtivas e no plano político institucional.

Em 2023, três grandes escolas de pensamento na dinâmica da macroestrutura disputam ideias e visões de mundo onde a hegemonia na práxis política corresponde ao neoliberalismo. A plataforma ideológica de poder no projeto de globalização concentrada nos oligopólios transnacionais com forte penetração da financeirização corresponde à versão mais intensa do liberalismo clássico, também denominado neoliberalismo.

Reconfigurado na década de 1970 na esteira da derrocada do esgotamento fordista keynesiano na trava do seu ciclo de avanço reprodutivo, o neoliberalismo navegou favoravelmente com o final do padrão ouro de Bretton Woods, com os choques do petróleo de 1973 e 1979, mas também com os avanços das tecnologias nas áreas da informatização e das telecomunicações. O neoliberalismo passou a ser uma "solução" para a nova crise do capitalismo desde a década de 1930.

O rearranjo não apenas do avanço das tecnologias e do progresso técnico, mas das políticas de liberalização e desregulamentação dos mercados, em particular do mercado financeiro, permitiu que os ganhos de acumulação se deslocassem para outros segmentos da economia e fragilizassem ainda mais as organizações laborais.

Da década de 1980 em diante, o neoliberalismo se tornou o maior "vírus" da economia política que enfrentamos no sentido do avanço da macroestrutura da exploração capitalista na forma de tecnologias avançadas, Estado mínimo a serviço da dominação imperialista do "Consenso de Washington" e financeirização global que atingem um contingente colossal da população universal de forma predatória.

De acordo com Herbert Marcuse: "As contradições clássicas do capitalismo, particularmente a contradição geral entre o inaudito desenvolvimento das forças produtivas e da riqueza social, por um lado, e sua utilização destrutiva e repressiva, pelo outro, são hoje mais fortes do que em qualquer época do passado".

Nessa obra do mestre Marcuse, "O fim da utopia" (1969, p. 25), o autor analisava o capitalismo ainda numa ordem global distinta do atual momento, mas ainda conseguiu capturar a essência da lógica do capitalismo monopolista avançado.

O capitalismo, no seu estágio atual em tempos de pós-pandemia, expôs de forma mais nítida a sua natureza e organicidade perversa em níveis de exploração das forças produtivas e da produção de uma legião de excluídos no sistema social e político de representação

Com a intensificação da crise pós-pandêmica universal, o neoliberalismo apresenta ao mundo a sua face mais totalitária e ultrajante, onde as coerções institucionais e o viés brutal da dominação do aparato megaempresarial estatal são cada vez mais percebidos na prática diante da emergência da vida.

O momento atual coloca o debate sobre o futuro da sociedade, onde a salvaguarda keynesiana é chamada às pressas para socorrer a sociedade, mas principalmente o próprio capitalismo. Na raiz da questão, Marcuse chama a atenção para a profundidade do pensamento de Marx ao desenvolver a construção do capitalismo como um processo histórico materialista e dialético, onde as contradições apontadas por Marcuse formam a base de sua teoria e de toda uma escola do pensamento econômico a partir de Marx.

A burguesia transnacional não aceita nem mesmo as condições impostas pela Covid-19 no sentido de reorganizar as formas de simbiose entre a reconfiguração do sistema capitalista e as salvaguardas político institucionais dos Estados, no sentido de acordar menos ganhos no projeto de expansão capitalista em relação ao pacto social de mediação que conduza à repartição maior da acumulação nesse momento de crise sistêmica.

Mas essa negativa de aceitação, mesmo diante da crise colossal desse momento histórico, não ocorrerá da maneira aguardada por muitos a não ser pela cisão, mesmo que momentânea ou parcial entre a gama enorme de desempregados e desabrigados do sistema social em relação aos potentados detentores do capital em escala global. Geralmente, as condições impostas pelas corporações e pelo Estado dirigente caminham na direção da acumulação e reprodução ampliada do capital, onde o processo de dominação necessita atuar incessantemente.

Segundo Chomsky: "Os Estados, e claro, têm estruturas internas complexas, e as escolhas e decisões das lideranças políticas são influenciadas pelas concentrações internas de poder, ao passo que a população em geral é quase sempre marginalizada. Isso é verdadeiro até mesmo quando se aplica as sociedades mais democráticas, e obviamente as outras" (2017, p. 297).

Os EUA representam a face mais nítida dessa discussão, onde mesmo países ricos e hegemônicos colocam a sua população refém das políticas básicas de saúde e assistência social. O capitalismo ultraliberal não aceita a intervenção keynesiana nem mesmo no momento da crise da Covid-19, que colocou em xeque a continuidade do processo de acumulação e reprodução do capital.

A discussão sobre o sistema capitalista sob a gerência dos mecanismos neoliberais hegemônicos atua na comparação com o aparato de natureza distinta capitaneado pelo modelo antagonista chinês, onde a simbiose entre formas capitalistas tradicionais combinam mecanismos que correspondem à organização intervencionista de origem keynesiana e o planejamento estratégico projecionista, tendo como precursor o modelo soviético pós segunda guerra com os projetos de expansão aeroespaciais no acirramento da guerra fria, já entre o final da década de 1950 e início de 1960.

A Economia Política da crise fabricada pelo capitalismo na sua gênese e acelerada pelos mecanismos do avanço tecnológico combinada com as políticas de desmanche dos serviços públicos com entrega do patrimônio estatal e seus recursos naturais a serviço do imperialismo moldaram a estrutura do neoliberalismo, e que, no momento atual, se transformou no ultraliberalismo da necropolítica.

A crise atual forçou uma ruptura e ao mesmo tempo intensificou o problema de forma violenta ao colocar a população na maioria do planeta numa condição de enorme fragilização, seja pelas escassas condições de lidar com os problemas de saúde e ainda pelas mazelas sociais que produziu durante a pandemia.

A pandemia foi agravada amplamente pelas políticas neoliberais de ajuste fiscal impostas pelo mercado financeiro em grande medida, onde os desvios dos recursos orçamentários ocorrem por meio do pagamento de juros exorbitantes aos rentistas bilionários de todo o globo. As dívidas públicas dos países do terceiro mundo foram ampliadas para o quintal dos países desenvolvidos também ao longo do processo de expansão da predominância do capitalismo financeiro sobre o setor real da economia a partir da década de 1970, como havíamos mencionado, e alcançou seu ápice nesse atual estágio de desenvolvimento do capitalismo ultraliberal.

A alternativa colocada pelo Estado chinês de desenvolvimento combinando keynesianismo com a economia do projetamento, numa simbiose que aponta no que muitos autores denominam "socialismo de mercado" (expressão estranha à literatura marxista original), é uma grande discussão que senta à mesa da reflexão filosófica, onde a economia política certamente está inserida

Para avançarmos na discussão que envolve a filosofia da economia política se faz necessário e urgente que possamos aprofundar ainda mais esse debate e olhar as tragédias do mundo como resultado proposital ou não da interação entre os homens com a própria natureza.

INTRODUÇÃO

Há muito que as famílias históricas tradicionais pavimentam o seu itinerário de conquistas e dominação em vários momentos da sociedade com suas especificidades e elementos distintos. O embrião perverso da desigualdade entre os homens nasce das disputas e das disparidades no que tange ao controle dos meios e dispositivos materiais e subjetivos de dominação em períodos históricos dos mais variados. Esses processos que envolvem disputas, guerras e violência generalizada refletem, pelo menos em certa medida, como a humanidade organizou e moldou a sociedade capitalista contemporânea. Para compreendermos melhor esse processo de concentração de forças e de poder por grupos privilegiados ao longo da história, o recorte introdutório de tempo adotado nesse artigo busca enfatizar o período imediatamente anterior de transição entre o feudalismo e a instauração do modo capitalista industrial, levando em consideração os aspectos em comum e as diferenças existentes nas formações históricas e sociais.

A partir desse recorte introdutório, a continuidade da discussão procura relacionar a formação histórica do capitalismo com a abordagem da economia política e sua crítica que envolve uma leitura econômica, filosófica e sociológica no âmbito geral e específico no caso brasileiro, onde as famílias históricas e as mais recentes da classe dominante se adaptam às conjunturas políticas e à própria estrutura do macrossistema social sustentado pelo capitalismo. Sendo assim, procuramos encaminhar a discussão a partir dos aspectos históricos.

A luta política por meio da guerra sempre esteve presente desde muito, onde o controle sobre os domínios territoriais era condição necessária para alcançar, manter, e se possível expandir o poder, muito antes da construção dos primeiros Estados nacionais. A guerra entre os diversos governos europeus, onde cada qual controlava seus domínios, era constante, assim como as lutas no interior dos próprios reinos. A partir dessas batalhas e guerras distintas se estabeleciam governantes e governados em hierarquias distintas e ao mesmo tempo definiam formas específicas de coerções, influenciando assim as condições de vida da maioria da população subjugada.

Não apenas a posse da terra, como também a qualidade dessa, combinada com fatores climáticos naturais contribuíram para determinar as condições econômicas e políticas dos vários territórios, a partir do olhar da matriz europeia de observação. Portanto, não apenas as condições políticas impunham regras e leis em determinados reinos como também fatores externos ou naturais, além, claro, da construção histórica de uma série de costumes sociais, onde as religiões tiveram papel crucial nesse processo, em destaque a secular força do cristianismo como paradigma ideológico.

Todas as forças em conjunto determinam o poder e as relações de dominação hierárquicas, além, evidentemente, do modo de vida e das formas de organização e exploração da força do trabalho dos camponeses ao longo do tempo. Ao mesmo tempo, podemos compreender que a concentração de poderes em diversas sociedades nas mais variadas etapas de desenvolvimento histórico sempre ou quase sempre orbitou em torno de estruturas sociais lastreadas pelos núcleos familiares, onde o prestígio, a honra e a fidelidade estavam presentes, mesmo levando em consideração as traições e as desavenças inerentes às disputas pelo poder.

As classes dominantes não se resumem apenas a um núcleo central de poder onde ocorrem disputas internas pelo controle governamental ou do Estado na fase posterior, mesmo porque, ao longo dos séculos que antecedem a instauração da república burguesa, diversos setores concorriam pelo controle do domínio econômico e político. Trata-se de compreender que as classes dominantes mesmo na passagem das formas absolutistas para a república burguesa permaneciam em disputa pelo controle do Estado das mais variadas formas.

Essa abordagem não desconsidera a opressão realizada pelos poderosos sobre a maioria da população despossuída e subjugada por meio de coerções múltiplas de controle e dominação, ao contrário; os campos de luta são diversos, com a diferença de que a violência estatal passa a ser exercida com maior coesão contra a população quando os Estados nacionais se consolidam enquanto estruturas demarcadas de poder. Por outro lado, a intenção de considerar a partir dos fatos históricos que existem disputas no interior das classes dominantes passa pela necessidade de chamar a atenção para a realidade histórica de que o poder sempre despertou cobiças e formas estratégicas de controle, acumulação e reprodução dos processos de dominação dos poderosos.

Na expressão bourdiesiana de matriz marxiana, a classe dominante acumula "capitais" e os reproduz por meio das estratégias de poder, seja na forma dos mecanismos políticos pela via das instituições como também por meio do controle empresarial e da conquista de status e prestígios sociais. A partir das estratégias institucionais macroposicionais ocorrem outras, por meio das formas sociais de interação e conduta, como no compadrio e no casamento; elementos necessários para a transmissão hereditária e contínua de poder por gerações, como é notório ainda hoje, em especial no caso brasileiro. Mas antes dessas e outras abordagens concomitantes, o caminho sócio-histórico passa a ser uma indispensável ferramenta de abordagem do tema proposto.

1. ELEMENTOS SÓCIO-HISTÓRICOS CONSTITUTIVOS NA ABORDAGEM DA CONSTRUÇÃO DO ESTADO CAPITALISTA E DA INTRODUÇÃO AO DEBATE DA ECONOMIA POLÍTICA

As classes dominantes assumiram várias formas de inserção e dominação do aparato estatal e do controle social, principalmente a partir da transição do feudalismo tradicional para o capitalismo mercantil como parte mediadora e transformadora do

Estado moderno capitalista. Sendo assim, cabe observar passagens históricas importantes desse período que remontam às várias disputas no interior da classe dominante.

Segundo Elias[(2)]:

> No caso da hierarquia dos níveis sociais, talvez seja possível posicionar a nobreza como a camada dominante. Quando observamos a distribuição do poder, descobrimos que, séculos antes da Revolução, as formações sociais de origem burguesa e as formações sociais de origem nobre lutavam pela supremacia sem que nenhum dos dois grupos fosse capaz de derrotar definitivamente o outro, ou mesmo de obter sobre ele uma preponderância definitiva. Já foi mostrado, e não é preciso repetir, o quanto a ascensão da posição do rei como um centro de poder próprio está associado à possibilidade cada vez maior, para o soberano, de jogar uns contra os outros os grupos de origem burguesa e os grupos nobres, distanciando-se gradativamente de ambos ao manter o equilíbrio de tensões entre eles por meio de uma estratégia cuidadosamente planejada, aumentando desse modo suas próprias chances de poder.

A formação dos Estados nacionais ao longo dos séculos encontra nas disputas entre a burguesia ascendente, a nobreza feudal e ainda o clero a origem de uma longa transição entre o feudalismo medieval e a combinação de formas feudais tradicionais fundadas na base da produção agrícola convivendo com a base mercantil de exploração das relações de troca em larga escala, onde o capitalismo comercial encontra a sua maior expressão. A gênese dessas disputas encontra na posse da terra e suas formas distintas de exploração a fonte de toda a riqueza.

A riqueza da monarquia, do clero e mais tarde da burguesia se assentava na exploração da terra e de todos aqueles que a cultivavam. Para algumas das nações de formações estatais mais sólidas no início da construção do Estado moderno, a estratégia da acumulação de riquezas atravessou os oceanos e impulsionou a dinâmica concorrencial europeia. As formas mais organizadas e desenvolvidas das conquistas territoriais alhures abriram as portas da pilhagem e da devastação colonial principalmente a partir do avanço das incursões das grandes navegações envolvendo enormes empreendimentos ultramarinos.

O enriquecimento da burguesia mercantil por meio do comércio em larga escala, tendo os financistas como alicerce e como novos membros da classe dominante, rivalizou ainda mais com o poder tradicional da nobreza secular e do clero milenar e modificaram o cenário da classe dominante por meio dos séculos.

Segundo Huberman[(3)]:

> Ora, se recapitularmos o estabelecimento da sociedade feudal, veremos que a expansão do comércio, trazendo em consequência o crescimento das cidades, habitadas, sobretudo por uma classe de mercadores que surgia, logicamente conduziria a um conflito. Toda a atmosfera do feudalismo era a de prisão, ao passo que a atmosfera total da atividade comercial na cidade era a da liberdade.

---

(2) ELIAS, Norbert. *O processo civilizador*: formação do Estado e civilização. Rio de Janeiro: Jorge Zahar, 1993.

(3) HUBERMAN, Leo. *História da riqueza do homem*. Rio de Janeiro: LTC, 1986.

> As terras da cidade pertenciam aos senhores feudais, bispos, nobres, reis. Esses senhores feudais, a princípio, não vinham diferença entre suas terras na cidade e as outras terras que possuíam. Esperavam arrecadar impostos, desfrutar os monopólios, criar taxas e serviços, e dirigir os tribunais de justiça, tal como faziam em suas propriedades feudais. Mas isso não poderia acontecer nas cidades. Todas essas práticas eram feudais, baseadas na propriedade do solo e tinham de ser modificadas no que se relacionasse às cidades. As leis e a justiça feudais se achavam fixadas pelo costume e eram difíceis de alterar. Mas, o comércio, por sua própria natureza, é dinâmico, mutável e resistente às barreiras. Não se podia ajustar à estrutura feudal. A vida na cidade era diferente da vida no feudo e novos padrões tinham que ser criados.

O choque entre o mundo feudal tradicional a partir do alargamento das bases de influência da expansão comercial conjuntamente com as transformações das formas da organização urbana mercantil permitiu ao mesmo tempo a ascensão da burguesia na forma dos negócios comerciais em larga escala. Os banqueiros acumulam ainda mais riquezas no contexto do avanço do mercantilismo e, assim como a burguesia comercial, somam esforços na crescente escalada de disputas e confrontos entre as classes dominantes. A partir disso, a maior participação mercantil nos polos urbanos modificou na forma e no conteúdo a organização da sociedade europeia com maior vigor a partir da expansão dos negócios mercantis ultramarinos.

Por parte das populações mais excluídas da engrenagem de mercado das cidades que surgem a partir da expansão do comércio, a vida no campo mantinha uma série de costumes e laços sociais medievais não permitindo escapar da lógica tradicional. As várias formas de organização econômica e social típicas dessa fase histórica de transição refletem as características de um período que combina a ascensão mercantil e a manutenção de uma conservadora estrutura feudal. Nesse aspecto reside um inevitável confronto entre diversos interesses em disputa no "topo da cadeia alimentar" e que envolvem as já mencionadas burguesias mercantil e financeira, nobreza e clero, onde a correlação de forças entre esses grupos caminha conjuntamente com a necessidade de manter sob controle as hierarquias sociais como estratégia organizadora da vida social; não apenas como um modo de vida culturalmente assimilado e aceito como também uma maneira permanente de manter o domínio político sobre as camadas sociais subalternas.

Mas, o embate não se encerra apenas pela ótica das estratégias das classes dominantes como forma de manter o poder sobre as classes populares a despeito das disputas entre os próprios grupos dominantes. A pobreza e, em muitos casos, a miséria entre algumas populações em determinados territórios são fruto tanto das condições ambientais quanto dos ditames políticos por parte dos governantes ou administradores de determinadas regiões ainda sob a ordem estamental.

Entrementes, o processo de dominação envolve aspectos além da força política e militar em quaisquer sociedades e não deixaria de ser diferente no caso das sociedades embrionariamente de formação estatal, carregando ainda os germes da cultura medieval secular. As relações de intercâmbio envolvendo a moeda, o crédito, as manifestações e interações culturais, a ideologia e padrões de obediência baseados em costumes sociais já compartilhados historicamente exercem a sua força de persuasão e coerção interferindo fortemente nas relações de poder.

De acordo com Bertaux[4]:

> As próprias massas populares, portanto, sabiam reconhecer as verdadeiras causas da sua miséria. E aqui estamos no âmago da questão. A condição camponesa resulta de dois conjuntos de "fatores": os "fatores naturais" e os "fatores sociais" (essas expressões são apenas aproximações, por isso estão entre aspas). Os "fatores naturais" são, por um lado, as condições climáticas, e *também* a qualidade relativa do solo (terras boas e terras más); e, por outro lado, o nível atingido, nessa época histórica, pelas técnicas agrícolas (não apenas os instrumentos e as fontes de energia, mas as espécies animais e vegetais utilizadas, o tipo de afolhamento etc.). É óbvio que o nível das técnicas agrícolas não constitui em si um "fator natural": é o resultado de práticas sociais passadas. No entanto, em cada época histórica determinada, ele se apresenta como um elemento *dado* que não pode ser modificado de forma voluntarista.
>
> Ao contrário, os "fatores sociais" são potencialmente identificáveis de um dia para o outro: trata-se de relações sociais instituídas (portanto, passíveis de serem desinstituídas). Tudo aqui é questão de relações de força entre os diversos grupos sociais (incluindo-se nessas relações de força não apenas as forças das ramas, mas também a força do dinheiro, das ideias e da organização). Por coincidência, os "fatores sociais" que definem a condição camponesa são uma constelação de relações sociais centradas em torno de uma relação fundamental, a relação de extorsão do trabalho que existe entre, de um lado, a monarquia, a aristocracia, o clero, a burguesia e seus clientes, e, do outro lado, as "massas camponesas", que, além disso, são mais ou menos exploradas segundo a região, o modo de explorar, as relações de força locais.
>
> Os camponeses sabem perfeitamente que não podem agir sobre as condições climáticas, e muito pouco sobre as técnicas agrícolas. Sobram as relações que organizam sua exploração: curiosamente, eles têm a esperança de que elas possam ser transformadas. Nas épocas de fome, essa é a única esperança que ainda lhes sobra para não morrerem de fome.
>
> Ao contrário, do ponto de vista das classes dominantes da época, essas relações são absolutamente intransformáveis. Têm a seu favor o peso dos séculos passados, a força política das classes dominantes, a ação constante da Igreja que as legitima e, se for preciso, a atuação da força militar que sempre teve sucesso ao esmagar com sangue as revoltas camponesas.
>
> Ora, ao utilizar conceitos tão anódinos na aparência como "sistema feudal" (ou sistema senhorial), "sociedade do Antigo Regime", "estrutura de relações" etc., retomamos, sem perceber, o ponto de vista das classes dominantes da época. De um lado, esses conceitos nos são necessários para pensar a organização do conjunto das relações sociais; mas, por outro lado, tendem a reificar essa organização, a transformá-la numa coisa (um sistema), quando, de fato, não se trata de instituições históricas sustentadas por um poder político preciso, e que geram, ao serem colocadas em prática, um potencial formidável de *negação* dessa prática, desse poder, dessas instituições.

(4) BERTAUX, Daniel. *Destinos pessoais e estrutura de classe*: para uma crítica da antroponomia política. Rio de Janeiro: Zahar, 1979.

Mas, as formas de vida, incluindo aí a exploração do trabalho de base agrícola, da natureza e a própria organização política de forte dominação hierárquico-social na ordem estamental são as características gerais desse sistema feudal ainda em vigor, mesmo que o alcance e o dinamismo do comércio já tivessem atingido partes importantes dos territórios europeus, urbanizando regiões e expandindo cidades, principalmente com maior intensidade ainda nas vésperas das navegações mercantis ultramar.

Evidentemente que um sistema não pode ser interpretado como um aparato uníssono e integralmente coeso porque não reflete a realidade concreta das relações sociais nas suas mais variadas formas de manifestação e interação. Diante de uma série de conflitos econômicos e políticos, formas variadas de pensamento, manifestações culturais e religiosas imbricadas em hierarquias sociais estamentais que, apesar de tradicionais, estão em movimento.

Esse cenário cultural milenar, apesar da sua permanência em termos de costumes e hábitos sociais e formas de dominação ideológica e política passa a ser ameaçado principalmente a partir da penetração da ordem e da dinâmica mercantilista. Ao mesmo tempo, essas considerações sob qualquer época chamam a atenção no que tange a compreensão de que os sistemas macroestruturantes não podem ser pensados como um modelo rígido e de características fechadas.

Além da exploração e da violência contra os povos no interior dos territórios europeus, tomando esse espaço geográfico como um "tipo ideal" — que contribui na organização do pensamento analítico, verificou-se que a expansão do comércio em grande escala impulsionou também as formas e a intensidade da expropriação além dos territórios governados. O capitalismo mercantil para se expandir, acumular e reproduzir necessitou avançar para além das fronteiras, não apenas territoriais como marítimas em busca da riqueza da burguesia incipiente e das próprias nações com suas bandeiras específicas. A busca pela riqueza além-mar custou às nações dos países conquistadores valores monetários e recursos de monta, mas foram recompensadas por meio da exploração da mão de obra de milhões de indivíduos de nações e territórios longínquos, além da pilhagem dos recursos naturais e da exportação da violência em grande escala

A economia política clássica não adotou nas suas teorias as incursões analíticas que propusessem explicar o embrião da riqueza das nações e da burguesia que historicamente optou pela via da exploração do trabalho, do saque, da destruição dos recursos naturais e da violência generalizada (escravidão e genocídio). A partir dessa consideração, cabe ressaltar que o poder das classes dominantes ao longo da história passa pela violência, exploração e também pela concentração de recursos.

Segundo Wallerstein[5]

> A história do sistema-mundo moderno tem sido, em grande parte, a história de expansão dos povos e dos Estados europeus pelo resto do mundo. Essa é a parte essencial da construção da economia-mundo capitalista. Na maioria das regiões do mundo, essa expansão envolveu conquista militar, exploração econômica e injustiças em massa. Os que lideraram e mais lucraram com ela justificaram-na a seus olhos e aos do mundo com base no bem maior que representou para todos os povos. O argumento mais comum é que tal expansão

(5) WALLERSTEIN, Immanuel. *Capitalismo histórico, civilização capitalista*. Rio de Janeiro: Contraponto, 2001.

> disseminou algo invariavelmente chamado de civilização, crescimento e desenvolvimento econômico ou progresso. Todas essas palavras foram interpretadas como expressão de valores universais, incrustados no que se chama de lei natural. Por isso, afirmou-se que essa expansão não só foi benéfica para a humanidade como também historicamente inevitável. A linguagem utilizada para descrever essa atividade ora foi teológica, ora derivou de uma perspectiva filosófica secular.
>
> É claro que a realidade social do que ocorreu foi menos gloriosa do que o quadro a nós apresentado pelas justificativas intelectuais. A discrepância entre a realidade e as justificativas foi duramente sentida e expressa de várias maneiras pelos que pagaram o preço na vida pessoal e coletiva. Mas ela também foi notada por diversos intelectuais oriundos dos extratos dominantes. Assim, a história do sistema-mundo moderno envolveu igualmente um constante debate intelectual sobre a moralidade do próprio sistema. Um dos primeiros e mais interessantes debates ocorreu muito cedo, no século XVI, dentro do contexto da conquista espanhola de boa parte das Américas.
>
> Em 1492, Cristóvão Colombo, depois de longa e árdua viagem pelo oceano Atlântico a caminho da China, atracou em diversas ilhas do Mar do Caribe. Não encontrou a China, mas achou algo inesperado que hoje chamamos de Américas. Logo outros espanhóis seguiram seus passos. Em poucas décadas, os conquistadores espanhóis haviam destruído a estrutura política dos dois maiores impérios das Américas, o asteca e o inca. Imediatamente, um bando variegado de seus seguidores reivindicou a terra e procurou utilizar à força e impiedosamente o trabalho das populações desses impérios e do resto das Américas para lucrar com a terra de que se apossaram. Dali a meio século, grande parte da população indígena havia sido aniquilada pelas armas e pelas doenças. O número exato tem sido tema de debates tanto no século XVI quanto nos anos pós-1945. Hoje, a maioria dos especialistas acredita que se trata de um número extremamente grande.(6)

A economia política clássica na sua gênese procurou desenvolver a sua abordagem olhando os aspectos gerais da sua época no contexto da revolução industrial e ainda com muitas limitações no que tange as abordagens sociais. Se, a partir do ponto de partida da fase feudal-mercantilista, dermos um salto temporal rumo à etapa do capitalismo concorrencial dos séculos XVIII e XIX dos economistas burgueses Adam Smith e David Ricardo, poderemos ainda perceber a continuidade dos traços de exploração dos trabalhadores e da pilhagem colonial em larga escala.

Desta maneira, apesar das muitas diferenças evidentes entre o Estado mercantil-feudal e o capitalismo concorrencial, levando em consideração o modo de produção capitalista ainda na fase da construção das suas bases de consolidação e expansão das forças produtivas capitaneadas pela grande indústria, podemos perceber que, mesmo nessa fase de desenvolvimento, o denominado "sistema" capitalista ainda carecia de seguir um padrão homogêneo.

---

(6) Bartolomé de las Casas escreveu, em 1552, a *Brevissima relación de La destrucción de las Indias*. O relato devastador agitou a opinião pública da Espanha na época. A discussão pós-1945 sobre o declínio acentuado da população indígena é muito extensa. Uma obra importante é a de Sherburne F. Cook e Woodrow Borah, *Essays in Population History: Mexico and the Caribbean*, que provocou boa parte da recente discussão.

A abordagem liberal dos clássicos não considera com o devido rigor analítico o resultado das intensas lutas políticas e sociais, em especial nos últimos quinhentos anos de transição do feudalismo para o capitalismo comercial e industrial. É certo que as transformações profundas oriundas das revoluções burguesas em níveis econômicos, políticos e sociais desenvolveram as forças produtivas e ao mesmo tempo modificaram essas mesmas estruturas macrofundantes da sociedade capitalista. Esse processo histórico ocorreu com maior ênfase nesses dois últimos séculos e meio de capitalismo industrial a partir da matriz europeia; mas, sempre levando em consideração às contradições inerentes as etapas anteriores de desenvolvimento.

Segundo Sofri(7):

> No manuscrito sobre as *Formações Pré-Capitalistas*, Marx parte da afirmação de que a existência de um trabalho livre, transformado em mercadoria e pronto para ser trocado por dinheiro para que se possa reproduzir, é um pressuposto histórico fundamental da sociedade capitalista. Mas para que este pressuposto se verifique, é necessário que tenha-se dissolvido toda uma série de formas econômicas em que o trabalhador não está separado das condições objetivas da produção (meios de trabalho e material de trabalho). Tal condição de não-separação do trabalhador dos meios de produção é encontrada, de diferentes maneiras, em todas as formações econômicas pré-capitalistas.

A abordagem crítica marxiana, a visão liberal do capitalismo, procura discutir não apenas a partir de pressupostos históricos como também sociais quando insiste acertadamente em afirmar que o modo de produção capitalista industrial só poderá se viabilizar à medida que separa os homens dos seus meios de trabalho e produção.

É desta maneira, isto é, pela necessidade dos homens de venderem a sua força de trabalho, que no século XIX, principalmente a partir de meados em diante, a Europa irá experimentar o acirramento das lutas políticas em torno da luta de classes, da tomada de poder de Estado na França, da unificação dos Estados Nacionais europeus, das guerras civis nos EUA e ao mesmo tempo do avanço acentuado das forças produtivas, mesmo diante das suas contradições inerentes ao próprio sistema capitalista ainda em ascensão. Nesse período que data entre meados do século XIX e seu final, o capitalismo se expande além da Inglaterra e da França e passa a integrar outras formas de organização política estatal como na recém unificada Alemanha, Itália e além da Europa, como nos EUA e no Japão.

A grande obra da economia política sob o ponto de vista conservador reside na sua capacidade de permanecer atual como modelo ideológico e político na defesa dos interesses econômicos dos capitalistas e do sistema integrado de poder. Desta forma, apesar da contribuição dos clássicos da economia burguesa cabe apresentar o contraditório em termos holísticos olhando para as demais abordagens e autores.

A sociologia histórica e política procura recuperar os aspectos erguidos pela história onde os homens são os protagonistas. Se retomarmos o caminho da análise a partir da transição da etapa feudal-mercantilista como procura elaborar Marx e outros autores, a descoberta dos desdobramentos históricos resultará na abordagem anterior mencionada, isto é, aquela onde a construção do Estado moderno ocorreu em grande

---

(7) SOFRI, Gianni. *O modo de produção asiático*: história de uma controvérsia marxista. Rio de Janeiro: Paz e Terra, 1977.

medida pela via da exploração e da violência onde as classes dominantes disputavam o poder, em discordância da abordagem da economia política liberal.

Na retomada da abordagem crítica anterior no que tange aos aspectos sócio-históricos constitutivos do capitalismo, cabe ainda ressaltar comparativamente os momentos onde a sociologia histórica procura trazer para o presente um determinado momento histórico a partir do recorte temporal do feudalismo em transição para o capitalismo mercantil.

Nesse período histórico, a China era a grande nação de referência para o mundo, mas permaneceu geopoliticamente na órbita de influência asiática, enquanto que a volúpia colonial exportou a fórceps o modo de vida, o pensamento, a política e as formas violentas da economia mercantil de base predatória para as demais nações e povos do mundo por meio do poder dos canhões das embarcações navais.

Desde então, a grande maioria dos territórios das recentes e posteriores conquistas dos países ocidentais mais importantes da época partilhou e subjugou colônias por meio de estratégias geopolíticas de guerra e paz capitaneadas por essas nações de matriz europeia, onde os Estados ibéricos, a Grã-Bretanha, a França e a Holanda demarcaram as fronteiras do comércio, impuseram regimes políticos e formas de sociabilidade.

Para além das colônias nas Américas, África, Ásia e a Oceania, duas nações chamam a atenção não apenas pelo seu gigantismo populacional e territorial, mas principalmente pela sua capacidade de construir sociedades desenvolvidas a despeito de algumas disparidades que não cabem nesse artigo desenvolver. De qualquer maneira, a Índia e principalmente a China são consideradas duas nações importantes e referenciais, mesmo para os padrões ocidentais, mas que foram capturadas pelo império britânico já na fase de expansão do capitalismo concorrencial do século XIX.

Segundo Diamond[8]:

> Na Ásia oriental, a superioridade da China na produção de alimentos, na tecnologia, na escrita e na formação do Estado fez com que as inovações chinesas também contribuíssem bastante para o progresso das regiões vizinhas. Por exemplo, até o quarto milênio a.C., a maior parte do sudeste tropical da Ásia ainda era ocupada por caçadores-coletores que faziam ferramentas com lascas e seixos de pedra, que pertencem ao que se denomina tradição hoabinhiana, cujo nome vem de Hoa Binh, no Vietnã. Depois disso, as culturas agrícolas chinesas, a tecnologia neolítica, a vida em aldeias e a cerâmica semelhante à do sul da China difundiram-se no sudeste tropical da Ásia, provavelmente acompanhadas pelas famílias de língua do sul. As históricas expansões para o sul de birmaneses, laosianos e tais completaram a significação do sudeste tropical da Ásia. Todos esses povos modernos são ramificações recentes dos seus primos chineses do sul. Esse rolo compressor chinês era tão esmagador que os antigos povos do sudeste tropical da Ásia deixaram poucos traços nas populações modernas da região.

O desenvolvimento do capitalismo moderno a partir das grandes navegações dilapidou diversas formas de organização social, econômica e política de civilizações

---

(8) DIAMOND, Jared. *Armas, germes e aço*: os destinos das sociedades humanas. Rio de Janeiro: Record, 2001.

seculares ao longo desses últimos séculos e patrocinou uma série de devastações da natureza e de seres humanos. Mesmo no caso de uma nação historicamente desenvolvida como a China e mesmo a própria Índia, ainda na modernidade não foram poupadas pela lógica expansionista da coroa parlamentarista britânica quando da invasão ainda no século XIX provando das auguras do imperialismo. Ainda sobre o expansionismo, cabem algumas observações importantes no que tange as características, os contextos e as especificidades culturais e geopolíticas de cada nação e sociedade. Uma leitura mais atenta se faz necessária no campo das ideias onde as discussões entre os autores procuram embasar a abordagem teórica e conceitual sobre as classes sociais e a formação do Estado capitalista.

2. CLÁSSICOS DA SOCIOLOGIA NA DISCUSSÃO DAS CLASSES SOCIAIS NO ESTADO MODERNO

A construção dos Estados nacionais e das próprias classes sociais tal qual conhecemos atualmente foi moldada há muito desde as formações pré-capitalistas, em especial aquelas que transitaram entre a demarcação social feudal e a ascensão do sistema mercantil de dominação. Enquanto algumas poucas nações europeias conseguiram se projetar na direção das conquistas além-mar, outras permaneceram posicionadas como parceiras e alicerces desse processo de expansão. Países como a China, apesar do seu elevado grau de desenvolvimento e sua capacidade de influência de territórios que orbitavam a seu redor, não avançaram rumo às aventuras de exploração ultramarinas e foram sendo aos poucos capturadas pela gravitação eurocêntrica de poder à medida que o expansionismo central não cessou de aprofundar as suas estratégias de dominação.

De acordo com Weber[(9)]:

> Todas as formações políticas são de força. Mas a natureza e o grau da aplicação de força ou de ameaça desta, dirigidos para fora, contra outras formações similares, desempenham um papel específico para a estrutura e o destino das comunidades políticas. Nem toda a formação política é no mesmo grau "expansiva", no sentido de aspirar a um poder dirigido para fora, isto é, a dispositivos para a usurpação do poder político sobre outros territórios e comunidades, seja em forma de incorporação, seja em forma de dependência. As formações políticas são, portanto, complexos de força que, em grau diverso, se dirigem para fora. A Suíça, como formação política "neutralizada" pela garantia coletiva das grandes potências, além de ser, em parte, um país pouco desejado para a incorporação (por motivo diversos) e, em parte e sobretudo, estar protegida desse destino pela rivalidade mútua das comunidades vizinhas igualmente poderosas entre si, e a Noruega, país relativamente pouco ameaçado, apresentam essa tendência em grau menos do que a Holanda, possuidora de colônias, e esta menos do que a Bélgica, devido a seu império colonial, particularmente ameaçado, e à própria situação militarmente vulnerável em caso de uma guerra entre os vizinhos poderosos, e menos também do que a Suécia. As formações políticas, em seu comportamento dirigido para fora, podem apresentar, portanto, tendências mais "autonomistas" ou mais "expansivas", e este comportamento pode mudar.

(9) WEBER, Max. *História geral da economia*. São Paulo: Centauro, 2006.

No caso da China, a opção em permanecer circunscrita ao seu território e, no máximo em seu entorno, colocou o gigante país asiático à mercê do imperialismo britânico séculos depois das primeiras formações estatais do ocidente. Essa posição se mantém mesmo após a revolução chinesa de 1949, ou pelo menos em parte, principalmente a partir da morte de Mao Tse Tung em 1976, quando ocorre uma guinada na política econômica e nas estratégias do próprio partido comunista e da política externa, mesclando formas híbridas expansionistas no sentido econômico combinadas com uma permanente estratégia reservada em termos diplomáticos, apesar de fatores externos agora em 2020 exigirem uma mudança na postura e nas práticas geopolíticas. Essa última consideração reafirma as observações de Weber quanto à possibilidade de mudança nesse sentido.

De qualquer maneira, o acirramento da luta de classes que reflete nas disputas entre as nações e no interior dessas corrobora com a tese de Marx no sentido de compreender que os antagonismos no capitalismo ultrapassam as fronteiras entre os Estados nacionais e tende a provocar cada vez mais processos revolucionários e mudanças nas formas da organização da sociedade em tensões múltiplas e diversificadas. Claro que as disputas não estão circunscritas ao universo do modo de produção capitalista, mas sim, a toda e qualquer sociedade onde a exploração e as desigualdades estão presentes.

Com o passar do tempo, as sociedades pré-capitalistas foram desenvolvendo estratégias de dominação e poder, onde as armas, a ideologia e o poder econômico passaram a exercer uma força expansionista e acumuladora. A religião e a cultura de cada momento histórico também serviram como um dos alicerces de dominação e poder sob o controle dos governantes e agindo sobre as populações subjugadas.

A mentalidade, os costumes e a ideologia dominante foram sendo lapidados por meio do discurso oficial dos colonizadores pela via dos intelectuais — "porta vozes" dos Estados Nacionais dominantes. Os valores da tradição lastreados na honra e na lealdade, típicos do feudalismo, atravessaram séculos em nome do avanço das conquistas e pilhagens múltiplas dos territórios conquistados e da própria dominação e exploração dos indivíduos residentes no interior dessas nações ainda em formação.

Uma observação importante no tocante ao poder de persuasão e da ordem jurídica como aparato de dominação passa pela trajetória secular da construção histórico-cultural, onde os hábitos e costumes são moldados e internalizados por gerações.

A partir disso cabe a exposição de Weber(10):

> Uma área à qual a ordem jurídica está ligada por elos gradativos, mas ininterruptos, é a da "*convenção*" e também — o que queremos diferenciar conceitualmente — a do "costume". Entendemos por "*costume*" o caso de um comportamento tipicamente regular que é mantido dentro dos limites tradicionais unicamente por seu caráter de "habitual" e pela "imitação" irrefletida — uma "ação de massas", portanto, cuja continuação ninguém exige do indivíduo, em sentido algum. Por "convenção", ao contrário, entendemos o caso em que há uma influência em direção a determinado comportamento, mas não por meio de coação física ou psíquica alguma e, pelo menos em condições normais e imediatamente, por nenhuma reação senão a mera aprovação ou reprovação por um círculo de pessoas que constitui o "ambiente" específico do agente. Cabe fazer rigorosamente

(10) WEBER, Max. *Economia e sociedade*. Vol. 2. Brasília-DF: UNB, 2009.

> a distinção entre a "convenção" e o caso do "direito consuetudinário". Não queremos criticar esse conceito pouco útil. Segundo a terminologia usual, a vigência do direito consuetudinário significa precisamente a possibilidade de um aparato coativo intervir a favor da realização de uma norma vigente em virtude não de estatutos, mas de consenso. No caso da convenção, ao contrário, falta o "aparato coativo": o círculo estritamente delimitado (pelo menos relativamente) de pessoas que estão sempre prontas para a tarefa especial da coação jurídica (mesmo que essa se sirva de meios apenas "psíquicos"). Já a existência do mero "costume", livre de convenções, pode ter importância econômica de grande alcance. Particularmente a situação das necessidades econômicas, a base de toda "economia", é determinada em sentido mais amplo pelo mero "costume", do qual o indivíduo, pelo menos em certa extensão, poderia livrar-se sem encontrar desaprovação alguma, mas dificilmente o faz de fato, e cujas alterações se efetuam, em geral, apenas lentamente, por meio da imitação de outro "costume" qualquer de outro círculo de pessoas. Ainda veremos que o fato de se partilharem meros "costumes" pode ser importante para a constituição de comunidades sociais com atividades de troca e de *connubium*, e também exerce certa influência, dificilmente determinável em seu alcance, sobre o nascimento de sentimentos de comunidade "étnica", atuando assim em direção à formação de comunidades.

O papel do costume na base ideológica, política e econômica do feudalismo, principalmente nos aspectos que compreendem as tradições, ultrapassa as fronteiras das relações de troca, apesar de Weber chamar a atenção também para esse aspecto. As devoções, a honra, a fidelidade e o prestígio exercem um poder de dominação e subserviência elevado, principalmente na idade média, onde as religiões cristãs exercem um importante papel na manutenção dos costumes como forma de manter o controle da população. No contraponto das considerações subjetivas na forma como aponta Weber, uma importante passagem de Marx coloca a questão subjetiva de outra maneira, apesar de reconhecer evidentemente que esses fatores atuam de forma importante.

Segundo Marx[(11)]:

> As ideias da classe dominante são, em todas as épocas, as ideias dominantes, ou seja, a classe que é o poder **material** dominante da sociedade é, ao mesmo tempo, o seu poder **espiritual** dominante. A classe que tem à sua disposição os meios para a produção material dispõe assim, ao mesmo tempo, dos meios para a produção espiritual, pelo que lhe estão assim, ao mesmo tempo, submetidas em média as ideias daqueles a quem faltam os meios para a produção espiritual. As ideias dominantes não são mais do que a expressão ideal das relações materiais dominantes, as relações materiais dominantes concebidas como ideias; portanto, das relações que precisamente tornam dominante uma classe, portanto, as ideias do seu domínio. Os indivíduos que constituem a classe dominante, também têm, entre outras coisas, consciência, e daí que pensem; na medida, portanto, em que dominam como classe e determinam todo o conteúdo de uma época histórica, é evidente que o fazem em toda a sua extensão, e portanto, entre outras coisas, dominam também como pensadores, como produtores de ideias, regulam a produção e a distribuição de ideias do seu tempo; que, portanto, as suas ideias são as ideias dominantes da época.

(11) MARX, Karl; ENGELS, Friedrich. *A ideologia alemã*: teses sobre Feuerbach. São Paulo: Centauro, 2002.

Os valores e as condutas humanas, histórica e dialeticamente são elementos constitutivos da construção da sociedade. Os costumes e os hábitos dos seres humanos em determinadas sociedades no seu tempo histórico não pulsam a partir das ações individuais, ao contrário; são formas imbricadas e complexas produzidas nas interações das trocas e disputas na sociedade e não de maneira isolada. Os valores cristãos na idade média, assim como as formas de pensamento religioso, são compartilhados e reproduzidos socialmente, assim como seus costumes e práticas.

Segundo Bourdieu[(12)]:

> Tomemos, por exemplo, sua concepção do campo religioso em termos de um campo de forças onde se enfrentam o corpo de agentes altamente especializados (os sacerdotes), os leigos (os grupos sociais cujas demandas por bens de salvação os agentes religiosos, procuram atender) e o "profeta" enquanto encarnação típica do agente inovador e revolucionário que expressa, mediante um novo discurso e por uma nova prática, os interesses e reivindicações de determinados grupos sociais. As posições que esses grupos ocupam configuram um campo de batalha ideológica, expressão da luta de classes e do processo prevalecente de dominação. O alvo explicativo consiste em abranger as configurações particulares que o campo religioso assume em diversas formações sociais, tendo sempre como quadro de referência o campo de forças propriamente religiosas no interior do qual se defrontam os representantes religiosos dos grupos dominantes e dominados, e cuja dinâmica depende das transformações por que passa a estrutura social, seja pelo surgimento de novos grupos com interesses determinados, seja pela ruptura ou crise do sistema de dominação, seja pelas novas alianças entre grupos e ou frações que detêm o papel hegemônico.

O processo e as formas de dominação ocorrem na própria dialética das disputas entre as frações da classe dominante, os camponeses, os líderes clericais e também os inimigos externos. Na idade média, as instituições religiosas cumpriam um papel estratégico de dominação, assim como a burguesia mercantil e a nobreza ligada à terra no sentido de garantir a manutenção do poder. A luta de classes que apontam Marx e Bourdieu já existia bem antes da entrada em vigor do capitalismo industrial moderno.

A conquista e a exploração das colônias e da grande maioria dos próprios indivíduos e agrupamentos políticos e sociais, a partir da perspectiva das nações exploradoras, marcaram a violência do Estado como forma de controlar, pela via das coerções física, moral e religiosa, as hierarquias socioeconômicas. O avanço do capitalismo comercial por meio do mercantilismo ultramarino propiciou o acúmulo de "capitais" (segundo o conceito bourdiesiano) durante gerações da classe dominante, principalmente dos grupos pertencentes à burguesia comercial e financeira, e ainda mais tarde industrial.

Na fase de expansão do capitalismo e da transição das monarquias para a república burguesa, o poder da igreja passa a se esvaziar ao longo dos séculos e uma parte da nobreza se adapta às transformações do capitalismo ainda na fase mercantil para o industrial do final do século XVIII por meio das estratégias tradicionais do casamento e agora também a partir das alianças com a burguesia incipiente. As alianças entre os

---

(12) BOURDIEU, P. A. *Distinção*: Crítica social do julgamento. São Paulo: Edusp; Porto Alegre, RS: Zouk, 2008.

reinos por meio do casamento e da união de sangue real, assim como as disputas entre as nações e as guerras de invasão entre potências nesses últimos séculos, são partes integrantes das estratégias sociais e políticas da classe dominante e também das lutas e conquistas pelo poder.

Essas observações acima com as devidas citações auxiliares mostram que a construção do capitalismo ocorre num determinado processo histórico e sob condições antagônicas e adversas, num campo de luta contínuo, onde cabem incursões teóricas necessárias à compreensão do objeto a ser estudado; no caso das instituições e das famílias inseridas num espectro amplo de luta de classes e de disputas concorrenciais entre os variados e complexos campos que envolvem os interessem da classe dominante.

A violência, como componente do controle e da dominação, sempre esteve presente e ocorreu pela via da conquista externa e também por meio dos mandatários dos poderes locais, regionais e nacionais a serviço de finalidades estatais das mais variadas e muitas vezes em conluio ou associação com agentes externos a mando dos conquistadores ou colonizadores.

Cabe ressaltar que o capitalismo se expandiu pela Europa também pela força das armas interna e externamente e no que tange as lutas específicas domésticas de cada sociedade. Diversas abordagens sócio-históricas chamam a atenção a respeito do crescente aparelhamento e controle do monopólio da força por parte dos Estados ao longo dos últimos séculos mais especificamente.

Segundo Tilly[(13)]:

> A criação de forças armadas por um governante gerou uma estrutura de estado duradoura. E isso aconteceu não só porque o exército se tornou uma organização expressiva dentro do estado, mas também porque a sua criação e manutenção induziram a instalação de organizações complementares: tesouro, serviços de abastecimento, mecanismos de recrutamento, órgãos de coleta de impostos e muitas outras. O principal organismo de arrecadação de impostos da monarquia prussiana recebeu o nome de Comissariado Geral da Guerra. No final do século XVII, os sucessivos governos republicanos e monárquicos da Inglaterra, preocupados em rebater o poder naval holandês e francês, transformaram os estaleiros reais na maior indústria concentrada do país. Tais organizações construtoras de impérios, como a Companhia holandesa das Índias Orientais, converteram-se em elementos de enorme influência em seus governos nacionais (DUFFY, 1980). De 990 d.C. em diante, as principais mobilizações para a guerra propiciaram os melhores ensejos para os estados se expandirem, se consolidarem e criarem novas formas de organização política.

A construção dos Estados nacionais, em particular na Europa como centro da gravitação universal, ocorreu pela obra concomitante do avanço da exploração e expropriação das colônias além-mar de um lado e pelo outro pela via da construção das armas e dos empreendimentos navais. As armas, que insuflaram os confrontos entre as nações europeias expansionistas e também as próprias invasões coloniais como alicerces para a acumulação no modelo mercantil e ainda não capitalista, são cruciais para o desenvolvimento das nações da Europa nos últimos séculos.

---

(13) TILLY, Charles. *Coerção, capital e Estados europeus*. São Paulo: Editora da Universidade de São Paulo, 1996.

O autor aponta corretamente que as armas servem tanto para a defesa e as conquistas nas disputas coloniais quanto como motor do desenvolvimento das forças produtivas de cada país, tendo como exemplo a transformação de estaleiros reais em uma grande indústria concentrada no caso da Inglaterra. Isso remonta às disputas entre a tríade mais poderosa entre o final do século XVII para o XVIII — Holanda, Inglaterra e França. Essa disposição para a guerra é um elemento contínuo de longa duração histórica, mesmo na atualidade em pleno século XXI e que abarca diversas dimensões das disputas entre as nações.

Nesse pano de fundo, o germe do capitalismo brotou e assim pariu as diversas formas de dominação dos povos e nações oprimidas. As famílias históricas no poder dialeticamente estão imbricadas na correlação de forças das disputas e também da construção do capitalismo, onde a crítica da economia política procura explicar e intervir nos aspectos que envolvem a formação dos Estados nacionais e da própria sociedade repleta de contradições e desigualdades.

CONSIDERAÇÕES FINAIS

A leitura das ciências humanas a partir da convergência de diversas áreas de conhecimento não reflete apenas uma relativa tendência da abordagem acadêmica holística, mas, sim, o resultado dos desdobramentos de uma enorme efervescência nas estruturas sociais, políticas, culturais e econômicas diante da crise do imperialismo ou da crise estrutural do capitalismo monopolista de Estado. Mas essa abordagem multidisciplinar ainda permanece muito tímida nas universidades em níveis de programas de pós-graduação com projetos de pesquisa nas variadas áreas das ciências humanas e sociais. São projetos ou trabalhos muito recortadamente fechados nos seus objetos investigáveis. Por outro lado, coexistem com um aumento perceptível de uma abordagem mais integrada de outras áreas de conhecimento, em grande medida devido às exigências de um mundo mais dinâmico e complexo. Nas últimas duas décadas, a complexidade do mundo capitalista que envolve o mundo material e suas reproduções concretas e subjetivas incorporou evidentemente a produção científica.

O desenvolvimento de uma abordagem crítica no sentido acadêmico passa pela apresentação de uma exposição introdutória e convergente das ciências sociais sobre temas de grande dimensão e alcance intelectual. Desta forma, esse trabalho procura instigar as questões relativas às formas pelas quais a sociologia histórica e a sociologia política trataram o tema da construção do Estado moderno, onde fatores políticos, sociais e econômicos organizaram a sociedade no interior do capitalismo mercantil na transição do feudalismo para o capitalismo industrial e a própria modernidade.

Esse processo que procura discutir essa dimensão histórica, sociológica e mesmo filosófica dos desdobramentos sociais e políticos reside na matriz eurocêntrica de abordagem desse complexo emaranhado de interações. Algumas comparações com a Rússia, Índia e, principalmente, a China foram realizadas no sentido de procurar trazer a discussão no campo da estrutura social e política de algumas dessas especificidades territoriais e nacionais, onde a cultura geopolítica e a formação familiar da macroestrutura social revelam pontuais diferenças e convergências.

A economia política aparece como um processo histórico, social e econômico repleto de contradições internas, conflitos sociais e guerras entre nações e está inserida nos grandes temas da sociologia política e histórica. A hereditariedade nas formas estruturais aparece como uma organização macroestruturante histórica, mesmo antes da sociedade medieval já apontada por Marx, quando remete a sociedade de gens como sendo estruturada desde a Roma antiga.

A nobreza, o clero, a burguesia mercantil e financeira, além das massas de camponeses e trabalhadores explorados, são o produto histórico e social das intensas lutas milenares, onde o mundo material e a cultura organizacional foram constituídos, lapidados e transformados durante essa trajetória de longa duração. As ideias econômicas do mercantilismo e da fisiocracia são o produto e o resultado dos avanços e contradições da luta de classes em diversas fases da humanidade, onde muitas formas de organização cultural, política e social resistem apesar das mudanças.

Diante dessas diversas lutas, a força do mercantilismo se impôs e fez impulsionar a engrenagem predatória do mercantilismo da conquista colonial ultramarina. As nações conquistaram terras, violentaram povos, inclusive internamente, e enriqueceram com a pilhagem colonial. Essa formação pré-capitalista, a base do mercantilismo desde o interior dos domínios territoriais das províncias até a expansão ultramarina, forjou as formas de acumulação e reprodução da estrutura do capitalismo comercial.

Essa organização recente do Estado moderno de matriz europeia conquistou a fórceps os domínios territoriais, onde nações como Portugal, Espanha, França, Holanda e Inglaterra disputaram desde então o protagonismo na esfera geopolítica de dominação e ao mesmo tempo modificou e expandiu o aparato da escravidão colonial e também da expropriação das terras internas aos próprios países, como na Inglaterra.

As classes dominantes também disputaram o seu protagonismo político, mas as famílias do poder estiveram sempre presentes desde as tradicionais até a burguesia recente e se adaptaram às conjunturas e às formas estruturais em curso na dinâmica na entrada da revolução industrial. A filosofia do pensamento econômico do período como o mercantilismo e a fisiocracia, apesar de ter possibilitado muitos avanços intelectuais, não conseguiu compreender criticamente que a própria gênese de toda a riqueza — a terra — já estava engendrada sob a lógica estrutural do capital, e que, portanto, a própria teoria do valor estaria sendo interpretada de maneira enviesada.

A fisiocracia a partir da teoria do valor permitiu que clássicos da economia política como Adam Smith e David Ricardo elaborassem as suas teorias, até mesmo Marx, um século após, com a crítica da economia política. Esse período da história tão rico do pensamento econômico e da filosofia política faz parte do momento da construção do Estado moderno e da economia política sob a égide do capitalismo industrial em ascensão.

No caso brasileiro, a classe dominante passa por várias etapas de metamorfose em diversos momentos da organização econômica, política e social, mas que desde a sua gênese teve a posse da terra como embrião desse processo, mesmo na fase do capitalismo industrial dependente. A economia política brasileira durante séculos pautou-se pela exploração da terra e, atualmente, em 2023, percebemos que grande parte da elite política do legislativo e do judiciário são proprietários de grandes extensões do latifúndio.

O compadrio, o casamento e todas as demais estruturas de parentesco dominam e controlam os aparelhos de Estado e as demais conexões com o setor privado e o imperialismo. A importância de estabelecer conexões que envolvem a economia política e a sociologia histórica na macroestrutura do capitalismo deve ser compreendida como uma agenda de pesquisa necessária à compreensão dos fenômenos sociais, políticos e econômicos com o auxílio da metodologia que explica a classe dominante por meio das estratégias de base familiar na condução dos processos que envolvem a economia política histórica no Brasil, desde a colônia à república burguesa contemporânea em tempos de pandemia e crises política e econômica universal e brasileira.

A síntese desse trabalho procurou adotar uma estratégia de abordagem teórica que envolvesse a discussão dessas dimensões macroestruturantes, onde a sociologia histórica e a economia política dialogam incessantemente. A tradição clássica da sociologia das grandes obras procurou ser recuperada nessa introdução teórica que inclui o debate entre o patrimonialismo e sua dimensão familiar, onde a classe dominante organizou o seu poder e seu projeto de dominação ainda no século XXI. As duas primeiras décadas do século XXI só podem ser compreendidas à medida que recuperamos essas passagens dos processos sócio-históricos de longa duração, principalmente a partir da transição das estruturas hierárquicas feudais para o mundo moderno do capitalismo industrial do século XIX e agora na fase da crise estrutural desse mesmo capitalismo, na fase aguda de degradação do imperialismo que afeta o Brasil e todo o mundo contemporâneo.

REFERÊNCIAS

BERTAUX, Daniel. *Destinos pessoais e estrutura de classe*: para uma crítica da antroponomia política. Rio de Janeiro: Zahar, 1979.

BOURDIEU, P. A. *Distinção*: Crítica social do julgamento. São Paulo: Edusp; Porto Alegre, RS: Zouk, 2008.

CHOMSKY, Noam. *Quem manda no mundo*. São Paulo: Planeta, 2017.

DAVIS, Mike. *O monstro bate à nossa porta*: a ameaça global da gripe aviária. Rio de Janeiro: Recorde, 2005.

DIAMOND, Jared. *Armas, germes e aço*: os destinos das sociedades humanas. Rio de Janeiro: Record, 2001.

ELIAS, Norbert. *O processo civilizador*: formação do Estado e civilização. Rio de Janeiro: Jorge Zahar, 1993.

HUBERMAN, Leo. *História da riqueza do homem*. Rio de Janeiro: LTC, 1986.

MARCUSE, Herbert. *O fim da utopia*. Rio de Janeiro: Paz e Terra, 1969.

SOFRI, Gianni. *O modo de produção asiático*: história de uma controvérsia marxista. Rio de Janeiro: Paz e Terra, 1977.

TILLY, Charles. *Coerção, capital e Estados europeus*. São Paulo: Editora da Universidade de São Paulo, 1996.

WALLERSTEIN, Immanuel. *Capitalismo histórico, civilização capitalista*. Rio de Janeiro: Contraponto, 2001.

WEBER, Max. *Economia e sociedade*. Vol. 2. Brasília-DF: UNB, 2009.

WEBER, Max. *História geral da economia*. São Paulo: Centauro, 2006.

O limite do poder fiscalizador do empregador em relação à ergonomia nos contratos de trabalho *home office*

The limitoftheemployer'ssupervisorypower in relationtoergonomics in home office workcontracts

Marta Cristina de Faria Alves(*)

Resumo: Este aborda a evolução dos contratos de trabalho pós-pandemia, com o crescimento do trabalho na modalidade de *home office* e a necessidade de fiscalização, pelo empregador, das condições de trabalho ergonômico sobre as limitações impostas ao empregador para fiscalizar a execução das tarefas pelo empregado, diante do direito constitucional à privacidade e intimidade.

Palavras-chave: Trabalho em casa; Saúde do trabalhador; Fiscalização; Ergonomia; Privacidade.

Abstract: This articleseeks to explain the evolution of post-pandemic employment contracts, with the growth of home office work and the need for supervision, by the employer, of ergonomic working conditionson the limitations imposed on the employer to supervise the execution of tasks by the employee, given the constitution alright to privacy and intimacy.

Keywords: Home Office; Employee health; Oversight; Ergonomics; Privacy.

1. INTRODUÇÃO

O trabalho em casa, chamado usualmente de *home office*, não é uma novidade e foi se expandindo com a inovação tecnológica e a globalização. Com a necessidade de empresas multinacionais de externalizar seus serviços e adquirir novos mercados e novos espaços, alguns setores econômicos como telecomunicações, mercado financeiro, publicidade, empresas de tecnologia, dentre outros, passaram a utilizar essa modalidade de contratação já há algum tempo. Contudo, o trabalho em casa se tornou uma realidade para a maioria das empresas e das funções no início da pandemia da COVID-19, sem que houvesse uma evolução paulatina e escorada em planejamento

(*) Mestranda em Direito pela Universidade Veiga de Almeida (UVA).

prévio. As adaptações iniciais foram realizadas de forma precária, tendo em vista o isolamento social e a impossibilidade de empregadores e empregados ajustarem o novo meio ambiente de trabalho.

Ultrapassado o período de pandemia e do isolamento social, o modelo de *home office* se manteve em muitas empresas. Sendo assim, o presente artigo pretende explicar sobre as novas necessidades de controle do meio ambiente de trabalho em domicílio, especialmente sob o aspecto ergonômico, já que, muito embora a Norma Regulamentadora 17 (NR-17) tenha sido criada em 1978, a sua análise passou a ser obrigatória a partir da alteração da NR-1 e a implementação do PGR (Programa de Gerenciamento de Risco).

Por fim, veremos sobre os limites do poder de fiscalização do empregador nesse novo ambiente de trabalho, considerando o direito constitucional de inviolabilidade de domicílio e quais medidas podem ser adotadas pelas empresas para mitigar os riscos ergonômicos no *home office*.

2. REFORMA TRABALHISTA E TELETRABALHO

A reforma trabalhista (Lei n. 13.467/17) inseriu a regulamentação do teletrabalho na CLT (Consolidação das Leis do Trabalho), conceituando-o como a "prestação de serviços preponderantemente fora das dependências do empregador, com a utilização de tecnologias de informação e de comunicação"[1]. Nos dispositivos que versavam sobre o teletrabalho havia uma confusão entre os institutos do teletrabalho e do trabalho remoto. Na verdade, o trabalho remoto é gênero e o teletrabalho é uma de suas modalidades, assim como o *home office* (trabalho em casa).

Naquele momento, a preocupação do legislador era garantir a formalização desse tipo de contrato, permitindo um modelo de flexibilização de trabalho que já existia na prática, ainda que sem segurança jurídica, com isenção do controle de jornada e a possibilidade de pactuação sobre as despesas decorrentes do trabalho remoto. Essa seria uma evolução originada, principalmente, da globalização e do trabalho em empresas multinacionais. Como apontam Camilla Bemergui e Guilherme Oliveira[2]:

> O teletrabalho já era uma realidade para muitos trabalhadores do mundo. Segundo o Bureau of Labor Statistics, do Departamento de Teletrabalho dos Estados Unidos, já em 2015, 24% da força de trabalho dos Estados Unidos fez alguma parcela do seu trabalho desde suas residências.

E nessa mesma legislação se previu a obrigatoriedade de o empregador instruir o empregado sobre os riscos ocupacionais dessa modalidade de trabalho e a execução das medidas preventivas aplicáveis, trazendo ao trabalhador, por sua vez, a obrigação de "seguir as instruções fornecidas pelo empregador"[3].

---

(1) Art. 75-B. Considera-se teletrabalho a prestação de serviços preponderantemente fora das dependências do empregador, com a utilização de tecnologias de informação e de comunicação que, por sua natureza, não se constituam como trabalho externo.

(2) BEMERGUI, Camilla de Vilhena e OLIVEIRA, Guilherme Camargo. *Teletrabalho e ergonomia.* In: MANNRICH, Nelson (org.). São Paulo: Mizuno, 2021. p. 378.

(3) Art. 75-E. O empregador deverá instruir os empregados, de maneira expressa e ostensiva, quanto às precauções a tomar a fim de evitar doenças e acidentes de trabalho.

O que se defendia sobre essa modalidade contratual na época era o aumento da produtividade e da qualidade de vida do empregado, que não perderia horas no deslocamento ao local de trabalho e teria mais convívio familiar, a possibilidade de flexibilizar a jornada para aproveitar melhor o dia e também a possibilidade de trabalhar com outros mercados fora do país, sem olvidar, ainda, do aspecto da inclusão social de trabalhadores que não conseguiriam se deslocar ao trabalho, seja por uma limitação fisiológica, seja por algum impedimento momentâneo, atendendo a empresa a sua função social.

Contudo, mesmo após a nova legislação, esse modelo de trabalho remoto, mais especificamente o *home office*, não tinha muita adesão das empresas nacionais por exigir investimento ou alteração da forma de trabalho, o que até então não se justificava na maioria das atividades econômicas, e também diante da escassa legislação sobre aspectos práticos e operacionais na execução dos contratos. O *home office* somente se tornou usual com o advento da pandemia da COVID-19 e a imposição do isolamento social, mas com uma legislação provisória e específica, que era constantemente alterada. Sendo assim, a regularização efetiva desses contratos somente foi possível com o fim da pandemia e a estabilização da legislação trabalhista sobre a matéria.

3. EVOLUÇÃO DO CONTRATO DE TRABALHO PÓS-PANDEMIA: *HOME OFFICE*

A pandemia da COVID-19 exigiu uma rápida e profunda transformação nas relações de trabalho. Os empregados se viram obrigados a trabalhar em casa e o empregador precisou viabilizar a produção e a fiscalização de forma remota. Muito embora já houvesse antes a celebração de contratos de teletrabalho e de trabalho remoto, em que fosse permitido ao empregado trabalhar fora das dependências do empregador, essa não era uma prática comum e continuada. Nesse sentido, vale destacar as ponderações dos autores já citados[(4)]:

> A eclosão da pandemia do novo Coronavírus ampliou o alcance do teletrabalho à quase totalidade das chamadas funções administrativas, já que seriam as funções tantas quantas possíveis a terem a si implementadas o trabalho remoto. No Brasil, houve regulamentação sob demanda (como tem sido a tônica determinada pela COVID-19, antes novidades diuturnas) relativa à organização do trabalho pela portaria 20, de 18 de julho de 2020 (Secretaria do Trabalho do Ministério da Economia). (...) O distanciamento social como uma das medidas mais eficazes na tentativa de frear o alastramento do vírus impôs a medida a setores antes acostumados à estrutura institucional da empresa, com um local de trabalho, em que se concentrava a direção em diversos níveis de coordenação (financeira, negócios, operacional, logística, etc.). Isso significou que milhões de pessoas foram colocadas subitamente em *home office*, levando, apenas, seus computadores pessoais e, talvez, alguma educação postural.

Ultrapassado o período de adaptação e das constantes mudanças decorrentes da pandemia, muitas empresas resolveram manter o trabalho em *home office*, entendendo que seria um modelo mais eficiente e benéfico para todos os envolvidos. O legislativo,

---

Parágrafo único. O empregado deverá assinar termo de responsabilidade comprometendo-se a seguir as instruções fornecidas pelo empregador.

(4) *Id.*, 2022. p. 378-379.

por sua vez, vem incentivando essa modalidade de trabalho, especialmente para pessoas com deficiência e com filhos que exijam cuidado especial. Na Lei n. 14.442/22, foi acrescido à CLT o art. 75-F, que determina que os empregadores priorizem "empregados com deficiência e empregados com filhos ou criança sob guarda judicial até 4 (quatro) anos de idade na alocação em vagas para atividades que possam ser efetuadas por meio do teletrabalho ou trabalho remoto"[(5)]. E posteriormente, sobreveio a Lei n. 14.457/22, que objetivou garantir a preferência de teletrabalho, trabalho remoto ou trabalho à distância para empregada ou empregado com filho com deficiência, de qualquer idade, ou nos demais casos com filho de até seis anos[(6)]. Entretanto, juntamente com essa nova forma de trabalho e produção surgiram novos problemas, dentre eles o controle desse novo meio ambiente de trabalho.

O meio ambiente do trabalho "exige normas de caráter repressivo e, principalmente, preventivo, tendo em vista que os danos ambientais dificilmente podem ser reparados em sua totalidade"[(7)]. E no caso do trabalho remoto surgiu uma especial preocupação com a ergonomia no desempenho das atividades, já que nem sempre era possível manter um mobiliário adequado ou fiscalizar se as orientações posturais eram cumpridas.

4. MEIO AMBIENTE DE TRABALHO, ERGONOMIA E FISCALIZAÇÃO

O direito à saúde está previsto na Constituição Federal[(8)], que também garante ao empregado o direito à "redução dos riscos inerentes ao trabalho, por meio de normas de saúde, higiene e segurança"[(9)]. "Os instrumentos e meios de execução do trabalho estão inexoravelmente ligados ao ambiente de trabalho que, a seu turno, devem ser tutelados pelo empregador"[(10)]. Nas palavras da saudosa doutrinadora Alice Monteiro de Barros[(11)]:

> Quando o empregado é admitido pelo empregador, leva consigo uma série de bens jurídicos (vida, saúde, capacidade de trabalho, etc.), os quais deverão ser protegidos por este último, com adoção de medidas de higiene e segurança para prevenir doenças profissionais e acidentes no trabalho. O

(5) Art. 75-F. Os empregadores deverão dar prioridade aos empregados com deficiência e aos empregados com filhos ou criança sob guarda judicial até 4 (quatro) anos de idade na alocação em vagas para atividades que possam ser efetuadas por meio do teletrabalho ou trabalho remoto.

(6) Art. 7º Na alocação de vagas para as atividades que possam ser efetuadas por meio de teletrabalho, trabalho remoto ou trabalho a distância, nos termos do Capítulo II-A do Título II da Consolidação das Leis do Trabalho, aprovada pelo Decreto-Lei n. 5.452, de 1º de maio de 1943, os empregadores deverão conferir prioridade:

I — às empregadas e aos empregados com filho, enteado ou criança sob guarda judicial com até 6 (seis) anos de idade; e

II — às empregadas e aos empregados com filho, enteado ou pessoa sob guarda judicial com deficiência, sem limite de idade.

(7) MELO, Sandro Nahmias e LEITE, Karen Rosendo de Almeida. *Direito à desconexão do trabalho*. 2. ed. São Paulo: LTr, 2021. p. 24.

(8) Art. 6º São direitos sociais a educação, a saúde, a alimentação, o trabalho, a moradia, o transporte, o lazer, a segurança, a previdência social, a proteção à maternidade e à infância, a assistência aos desamparados, na forma desta Constituição. (Redação dada pela Emenda Constitucional n. 90, de 2015)

(9) Art. 7º, XXII, da CRFB.

(10) OLIVEIRA NETO, Célio Pereira. Trabalho em ambiente virtual: causas, efeitos e conformação. 2. ed. São Paulo: LTr, 2022. p. 172.

(11) BARROS, Alice Monteiro de. *Curso de direito do trabalho*. 10. ed. São Paulo: LTr, 2016. p. 693.

> empregador deverá manter os locais de trabalho e suas instalações de modo que não ocasionem perigo à vida e à saúde do empregado. A falta de saúde do empregado gera a incapacidade, e se decorrente de ato ilícito ou de um risco gerado pelas condições de trabalho, a responsabilidade civil do empregador por dano material e/ou moral é uma técnica utilizada para reparar o dano e proteger a incapacidade, independentemente de seguro contra acidente feito por ele (art. 7º, XXVIII da Constituição).

A fiscalização do ambiente de trabalho é um dever legal[12] e deve ser realizada de acordo com as normas regulamentadoras do Ministério do Trabalho. Ainda que os documentos de avaliação de riscos da empresa contenham informações e regras detalhadas, é obrigação legal do empregador fiscalizar se os empregados estão cumprindo as regras que eliminam o risco identificado.

No caso do empregado que trabalha em sua própria residência, a maior preocupação em relação aos riscos ocupacionais é ergonômica. A utilização correta e a conservação do mobiliário, a correção e a consciência postural ao longo da jornada, a iluminação ou até mesmo as pausas necessárias ao longo do dia são questões de difícil controle pelo empregador de forma remota, assim como a ergonomia cognitiva, essencial para a saúde mental do trabalhador. Como nos explica Célio Oliveira Neto[13]:

> As tutelas maiores devem ser dedicadas à fiscalização no que tange à ergonomia da execução das atividades e dos equipamentos de trabalho, atentando-se ao trabalho repetitivo, ao excesso de jornada e ao número de horas em frente à tela do computador, mormente diante das dificuldades de controle.
>
> Aqui é cabível, pois, mediante regras claras, e visando à preservação da saúde do empregado, que o empregador forneça mobiliário e equipamentos adequados ao desempenho das atividades, e ao empregado cabe aceitá-los até o limite em que viole de modo demasiado o seu direito à intimidade e privacidade, ou ataque outros direitos da personalidade, tal como o direito ao lazer.
>
> Na linha do cumprimento dos deveres de saúde e segurança, o empregador deve treinar e orientar quanto à postura e uso dos equipamentos que disponibilizar para o trabalho, não se eximindo da realização dos exames de admissão, periódicos e de demissão, nos termos das normas regulamentadoras em conformidade com o PCMSO e PPRA da empresa, adequados ao posto de trabalho efetivamente ocupado pelo empregado.

As regras sobre ergonomia no ambiente de trabalho estão previstas na NR-17[14] e desde janeiro de 2022 a avaliação desse risco se tornou obrigatória no PGR (programa

(12) (CLT) Art. 157 — Cabe às empresas:
I — cumprir e fazer cumprir as normas de segurança e medicina do trabalho; (...)

(13) OLIVEIRA NETO, Célio Pereira. *Trabalho em ambiente virtual:* causas, efeitos e conformação. 2. ed. São Paulo: LTr, 2022. p. 309.

(14) 17.1.1 Esta Norma Regulamentadora — NR visa estabelecer as diretrizes e os requisitos que permitam a adaptação das condições de trabalho às características psicofisiológicas dos trabalhadores, de modo a proporcionar conforto, segurança, saúde e desempenho eficiente no trabalho.
17.1.1.1 As condições de trabalho incluem aspectos relacionados ao levantamento, transporte e descarga de materiais, ao mobiliário dos postos de trabalho, ao trabalho com máquinas, equipamentos e ferramentas manuais, às condições de conforto no ambiente de trabalho e à própria organização do trabalho.

de gerenciamento de risco), objetivando, principalmente, identificar motivos fisiológicos ou psicológicos que causem desconforto ao trabalhador. Ela indica a necessidade de adaptar o ambiente de trabalho às características psicofisiológicas do empregado, mas não há referência expressa ao teletrabalho. Diante da ausência de norma legislativa ou do executivo sobre os deveres e limites impostos ao empregador nos contratos em *home office* e da difícil separação entre trabalho e vida privada nesse ambiente, as empresas se veem diante do desafio de adotar formas de controle que sejam restritas à atividade laboral e às ferramentas de trabalho, sem ferir os direitos fundamentais do empregado.

Ainda que o empregador tenha oferecido todos os treinamentos necessários, mobiliário adequado e orientações sobre pausas e postura, como seria possível fiscalizar o ambiente de trabalho remoto, quando este for na modalidade *home office*? O único consenso doutrinário sobre tal questionamento é de que essa fiscalização está limitada pelo Direito Constitucional à privacidade e intimidade do trabalhador, assim como a inviolabilidade do seu domicílio.

5. DIREITO CONSTITUCIONAL À PRIVACIDADE E A LIMITAÇÃO DA FISCALIZAÇÃO NO *HOME OFFICE*

A Constituição Federal garante a todo cidadão a inviolabilidade da vida privada, da intimidade e de seu domicílio[15]. "A intimidade é a esfera essencial, o abrigo com o qual o próprio sujeito realiza suas escolhas no âmbito da vida privada."[16], portanto, extrai-se que é dever do Estado proteger o indivíduo de interferências externas que violem esse direito. Nas palavras do professor Cleyson Mello[17]:

> Os direitos fundamentais individuais, nos quais se inserem os direitos à intimidade e à vida privada, fazem parte do rol das cláusulas pétreas, consoante o disposto no art. 60, § 4º, inc. IV, da CF/88, sendo, portanto, núcleos centrais imutáveis do sistema constitucional pátrio, não podendo o constituinte derivado aprovar Emenda Constitucional que vise abolir ou apresente tendência a abolir esses direitos.
>
> Os direitos fundamentais são, outrossim, uma projeção da dignidade da pessoa humana, princípio constitucional fundante do Estado Democrático de Direito brasileiro, esculpido no art. 1º, III, da Constituição vigente. Assim, os direitos à vida privada e à intimidade são consequência imediata da consagração da dignidade da pessoa humana.
>
> A dignidade, na condição de valor e princípio fundamental, atrai o conteúdo de todos os direitos fundamentais, bem como exige e pressupõe o reconhecimento e proteção desses direitos.

---

(15) Art. 5º (...)

X — são invioláveis a intimidade, a vida privada, a honra e a imagem das pessoas, assegurado o direito a indenização pelo dano material ou moral decorrente de sua violação;

XI — a casa é asilo inviolável do indivíduo, ninguém nela podendo penetrar sem consentimento do morador, salvo em caso de flagrante delito ou desastre, ou para prestar socorro, ou, durante o dia, por determinação judicial;

(16) MELLO, Cleyson de Moraes. *Direitos Fundamentais.* 1. ed. Rio de Janeiro: Processo, 2022. p. 233.

(17) BARROS, Juliana Augusta Medeiros de. *A utilização de meios eletrônicos no ambiente de trabalho:* a colisão entre os direitos à intimidade e à privacidade do empregado e o poder diretivo do empregador. Belo Horizonte: PUC-Minas Gerais, p. 63.

"Se de um lado a privacidade encontra-se historicamente ligada à proteção da propriedade e do direito de não ser importunado por meio de seus bens, a intimidade está relacionada à proteção do livre desenvolvimento e resguardo da personalidade"[(18)]. Sendo assim, o domicílio do empregado é um espaço livre da interferência de terceiros, até mesmo do Estado e mesmo quando há interesse coletivo, ressalvadas as hipóteses legais previstas no art. 5º, inciso XI, da CRFB[(19)].

Partindo dessa premissa, seria certo afirmar que o empregador não pode fiscalizar o ambiente de trabalho do empregado quando ele trabalhar em sua residência? A resposta mais evidente seria que não, mesmo que o dever ao meio ambiente de trabalho seguro também esteja previsto na Constituição. A problemática pode se agravar ainda mais quando os instrumentos de trabalho forem do empregado e não fornecidos pela Empresa. Como pontua Talita Cardim[(20)]:

> Quando há utilização de instrumento particular do empregado, não é legítima a intromissão de qualquer forma de vigilância ou controlo. A intromissão na esfera íntima do empregado, justificada pelo exercício do poder de direção, apresentar-se-ia como um verdadeiro abuso do direito de fiscalizar. E atualmente a vigilância e controlo *eletrônico* tem ocorrido através da instalação de software específico que permite recolher, tratar e arquivar todos os dados e adquirir perfis dos trabalhadores. A potencialidade e licitude ou ilicitude do controlo está associada ao tipo de programa instalado para controlo e a quais dados são recolhidos e como são utilizados. "Nem tudo que é tecnicamente possível é juridicamente admissível".

Entretanto, a doutrina vem relativizando isso quando o próprio empregado autorizar, disponibilizando dados, fotos e informações que permitam ao empregador averiguar se todas as medidas protetivas estão corretamente implementadas. E há quem entenda, também, que isso nem seria necessário. Considerando os termos do art. 75-E, da CLT, trazido pela Reforma trabalhista, bastaria ao empregador o "cumprimento da obrigação primordial de instruir os empregados quanto à necessidade de observância das normas de segurança e higiene do trabalho, a fim de precaver o surgimento de doenças e de acidentes, fornecer o mobiliário adequado, orientá-los quanto à postura adequada, pausas para descanso etc."[(21)].

Logo, o que se extrai da doutrina e da jurisprudência até o momento é que essa limitação do poder fiscalizatório do empregador traz a necessidade de cooperação do empregado e até mesmo o ônus de que demonstre que está atendendo as

---

(18) GARCIA, Rafael de Deus. Os direitos à privacidade e à intimidade: origem, distinção e dimensões. *Revista da Faculdade de Direito do Sul de Minas*, Pouso Alegre, v. 34, n. 1: 1-26, jan./jun. 2018, p. 13.

(19) Art. 5º (...)

XI — a casa é asilo inviolável do indivíduo, ninguém nela podendo penetrar sem consentimento do morador, salvo em caso de flagrante delito ou desastre, ou para prestar socorro, ou, durante o dia, por determinação judicial;

(20) CARDIN, Talita Corrêa Gomes. *Novas tecnologias e o direito à privacidade no teletrabalho em domicílio:* análise jurídica de um direito fundamental em ameaça. p. 105.

(21) BRASIL. Tribunal Regional do Trabalho da 2ª Região (15ª Turma) ROT 1001964-26.2016.5.02.0242. ESTABILIDADE POR DOENÇA PROFISSIONAL, INDENIZAÇÕES DO PERÍODO ESTABILITÁRIO E POR DANOS MORAIS (...). Disponível em: https://pje.trt2.jus.br/consultaprocessual/detalhe-processo/1001964-26.2016.5.02.0242/2#3597519. Acesso em: 01 jul. 2023, p. 4.

determinações do empregador. Nesse sentido, vale conferir o acórdão proferido no processo 10019642620165020242, pelo Tribunal Regional do Trabalho de São Paulo:

> Não se poderia exigir da reclamada uma fiscalização efetiva à residência da reclamante, a fim de perquirir acerca de suas condições reais de labor, tampouco um acompanhamento cotidiano das atividades por ela executadas. O teletrabalho retira do empregador a possibilidade de cumprimento desta obrigação e a Lei n. 13467/2017, prevendo a discussão em tela, incluiu na CLT o artigo 75-A, que não se aplica à hipótese, por força do direito intertemporal, mas cujo teor vale a pena transcrever: "Art. 75-E. O empregador deverá instruir os empregados, de maneira expressa e ostensiva, quanto às precauções a tomar a fim de evitar doenças e acidentes de trabalho. Parágrafo único. O empregado deverá assinar termo de responsabilidade comprometendo-se a seguir as instruções fornecidas pelo empregador."
>
> Sendo assim, competia à reclamante demonstrar quais eram suas efetivas condições de trabalho, a rotina cumprida, suas atribuições, seu posto de trabalho, mobiliário e equipamentos utilizados etc. Seria isenta deste ônus se a atividade desempenhada, por sua natureza, fosse de risco acentuado, ou seja, aquela que, por sua natureza, permitisse a presunção de elevado potencial de acarretar danos à saúde do trabalhador.
>
> Mas a reclamante não produziu prova alguma quanto à questão, deixou de demonstrar que as condições laborais serviram de suporte para a conclusão pericial, ou de que trabalhava em condições excessivamente desgastante, da existência dos fatores de risco e do excesso de movimentos repetitivos. Com isso, não se desincumbiu a obreira do ônus de provar o fato constitutivo de seu direito e ao perito declarou que seu local de trabalho foi parcialmente modificado, impedindo a diligência do vistor para verificação[22].

6. CONSIDERAÇÕES FINAIS

Diante da análise da legislação, da doutrina e da jurisprudência, foi possível observar que o dever do empregador em garantir um meio ambiente de trabalho seguro e saudável permanece nos contratos de trabalho em *home office*. Contudo, considerando a limitação imposta pela Constituição Federal, não será possível ao empregador fiscalizar o local de trabalho do empregado.

Isso faz com que a análise dos riscos ocupacionais, em especial a ergonômica, seja realizada com dados comparativos, para que seja possível ao empregador fornecer estrutura e mobiliários a serem utilizados pelo empregado em seu domicílio. E o acompanhamento que se faz, então, é mais informativo e orientador. Caberá à empresa regularmente indagar ao trabalhador sobre a conversação do que foi fornecido, se eventuais pausas e exercícios posturais estão sendo seguidos, se as horas de desconexão são respeitadas e se há alguma nova queixa que possa gerar adoecimento e esteja relacionada com o trabalho.

Diante de um tema tão recente e dos desafios advindos da constante evolução da forma de trabalho à distância, a doutrina e a jurisprudência precisarão utilizar os princípios da razoabilidade e da proporcionalidade para avaliar a aparente colisão entre violação à intimidade do empregado *x* poder diretivo do empregador, criando mecanismos para proteger a saúde do trabalhador sem que haja lesão aos direitos constitucionalmente garantidos e sem gerar ao empregador, por sua vez, um ônus impossível de ser cumprido.

---

(22) BRASIL. Tribunal Regional do Trabalho da 2ª Região (15ª Turma) ROT 1001964-26.2016.5.02.0242. ESTABILIDADE POR DOENÇA PROFISSIONAL, INDENIZAÇÕES DO PERÍODO ESTABILITÁRIO E POR DANOS MORAIS (...). Disponível em: https://pje.trt2.jus.br/consultaprocessual/detalhe-processo/1001964-26.2016.5.02.0242/2#3597519. Acesso em: 01 jul. 2023, p. 5.

Afinal, já está evidenciado que o trabalho realizado em casa permite a inclusão de diversos profissionais que tinham dificuldade com o deslocamento, como por exemplo, os deficientes físicos e as mães e pais que cuidam de filhos com alguma doença incapacitante, e, portanto, deve ser estimulado por toda a sociedade, inclusive pelo Judiciário, não se admitindo que seja mais um fator de insegurança jurídica no Brasil.

7. REFERÊNCIAS

ARAUJO, Carlos Mauricio Lociks de. Globalização e transformações no direito do trabalho no Brasil. *Revista dos Estudantes de Direito da UNB*, p. 173-205. Disponível em: https://periodicos.unb.br/index.php/redunb/article/view/20430/18861. Acesso em: 03 jan. 2023.

BARROS, Alice Monteiro de. *Curso de direito do trabalho*. 10. ed. São Paulo: LTr, 2016.

BARROS, Juliana Augusta Medeiros de. *A utilização de meios eletrônicos no ambiente de trabalho*: a colisão entre os direitos à intimidade e à privacidade do empregado e o poder diretivo do empregador. Belo Horizonte: PUC-Minas Gerais, 2009.

BRASIL. *Decreto-Lei n. 5.452*, de 1º de maio de 1943. Aprova a Consolidação das Leis do Trabalho. Rio de Janeiro, 1943.

BRASIL. Constituição da República Federativa do Brasil de 1988. Brasília, DF. *Diário Oficial*, 1988.

BRASIL. Lei n. 14.442, de 2 de setembro de 2022. Dispõe sobre o pagamento de auxílio-alimentação ao empregado e altera a Lei n. 6.321, de 14 de abril de 1976, e a Consolidação das Leis do Trabalho, aprovada pelo Decreto-Lei n. 5.452, de 1º de maio de 1943. Brasília, DF: *Diário Oficial da União*, 2022.

BRASIL. Lei n. 14.457, de 21 de setembro de 2022. Institui o Programa Emprega + Mulheres; e altera a Consolidação das Leis do Trabalho, aprovada pelo Decreto-Lei n. 5.452, de 1º de maio de 1943, e as Leis ns. 11.770, de 9 de setembro de 2008, 13.999, de 18 de maio de 2020, e 12.513, de 26 de outubro de 2011. Brasília, DF: *Diário Oficial da União*, 2022.

BRASIL. *Tribunal Regional do Trabalho da 2ª Região* (15ª Turma) ROT 1001964-26.2016.5.02.0242. ESTABILIDADE POR DOENÇA PROFISSIONAL, INDENIZAÇÕES DO PERÍODO ESTABILITÁRIO E POR DANOS MORAIS (...). Disponível em: https://pje.trt2.jus.br/consultaprocessual/detalhe-processo/1001964-26.2016.5.02.0242/2#3597519. Acesso em: 01 jul. 2023

BEMERGUI, Camilla de Vilhena e OLIVEIRA, Guilherme Camargo. *Teletrabalho e ergonomia*. In: MANNRICH, Nelson (org.). São Paulo: Mizuno, 2021

CARDIN, Talita Corrêa Gomes. Novas tecnologias e o direito à privacidade no teletrabalho em domicílio: análise jurídica de um direito fundamental em ameaça. In: VEIGA, Fábio da Silva; VIGLIONE, Filippo; DURANTE, Vincenzo. *Direitos Fundamentais na Perspectiva Ítalo-Brasileira*, Porto/Padova: Instituto Ibero-americano de Estudos Jurídicos e Universitàdi Padova, 2021.

DE ARAUJO, Carlos Mauricio Lociks. Globalização e transformações no Direito do Trabalho no Brasil. *Revista dos Estudantes de Direito* da Unb. p. 173-205.

EFING, Antonio Carlos e TAMIOZZO, Henrico Cesar. Resenha: "A quarta revolução industrial", de Klaus Schwab. *Revista de Direito Econômico e Socioambiental*. vol. 11, n. 1, p. 309-312, janeiro/abril 2020.

GARCIA, Rafael de Deus. Os direitos à privacidade e à intimidade: origem, distinção e dimensões. *Revista da Faculdade de Direito do Sul de Minas*, Pouso Alegre, v. 34, n. 1: 1-26, jan./jun. 2018

MELLO, Cleyson de Moraes Mello. *Direitos Fundamentais.* 1. ed. Rio de Janeiro: Processo, 2022.

MELO, Maria Rachel da Silva de e GOLDSCHMIDT, Rodrigo. O teletrabalho e a pessoa com deficiência no âmbito da reforma trabalhista. *Revista do Tribunal Regional do Trabalho da 12ª Região* | v. 22 n. 31 2019.

MELO, Sandro Nahmias e LEITE, Karen Rosendo de Almeida. *Direito à desconexão do trabalho.* 2. ed. São Paulo: LTr, 2021.

OLIVEIRA, Álvaro Borges de Oliveira, SIRVENT, José Francisco Chofre e BENEDELLI, Rachel. Transnacionalidade dos princípios da não-violação de privacidade na internet. *Revista Seqüência*, n. 52, p. 145-162, jul. 2006.

OLIVEIRA NETO, Célio Pereira. *Trabalho em ambiente virtual:* causas, efeitos e conformação. 2. ed. São Paulo: LTr, 2022.

SILVA, Gabriela Rangel da e STAACK, André Luiz. A reforma trabalhista (Lei n. 13.647/17) e o teletrabalho: avanços e retrocessos. In *Direito do trabalho e meio ambiente do trabalho I* [Recurso eletrônico on-line] organização CONPEDI/ UFBA. Coordenadores: Elcio Nacur Rezende; Maria Aurea Baroni Cecato; Rodrigo Garcia Schwarz. Florianópolis: CONPEDI, 2018. p. 102-117.

Análise jurídica do trabalho à distância no cenário atual

Legal analysis of remote working the current scenario

Nildes Carvalho da Silva (*)

RESUMO: O presente artigo se propõe a realizar uma análise jurídica do trabalho à distância, destacando suas vantagens e desafios no cenário atual. Com a rápida evolução tecnológica e a pandemia de Covid-19 impulsionando a adoção do trabalho remoto, tornou-se essencial compreender as questões legais que envolvem essa modalidade de trabalho. As vantagens do trabalho à distância incluem maior flexibilidade de horários, redução de custos operacionais para as empresas, acesso a talentos globalmente e melhor conciliação entre vida profissional e pessoal para as pessoas que trabalham. Além disso, a possibilidade de trabalhar remotamente pode aumentar a satisfação e produtividade das pessoas que trabalham.

No entanto, também surgem desafios que requerem uma análise jurídica aprofundada. Questões relacionadas a horas de trabalho, direitos trabalhistas, responsabilidades das empresas em relação à segurança e saúde da pessoa que trabalha, além da proteção de dados pessoais são alguns dos temas cruciais a serem abordados. Este estudo buscará examinar como as legislações trabalhistas se adaptaram ao trabalho remoto e como as empresas têm enfrentado essas questões legais. Além disso, serão discutidas propostas para garantir uma regulamentação equilibrada que proteja os direitos das pessoas que trabalham e ao mesmo tempo incentive a produtividade e a inovação nas organizações.

PALAVRAS-CHAVE: trabalho, distância, pandemia, vantagens, desafios.

SUMMARY: This article aims to conduct a legal analysis of remote work, highlighting its advantages and challenges in the current scenario. With the rapid technological advancements and the Covid-19 pandemic driving the adoption of remote work, it has become essential to understand the legal issues surrounding this mode of work. The advantages of remote work include increased flexibility in working hours, reduced operational costs for companies, access to global talent, and better work-life balance for employees. Additionally, the possibility of working remotely can enhance employee satisfaction and productivity. However, there are also challenges that require in-depth legal analysis. Issues related to working hours, labor rights, company responsibilities regarding worker safety and health, and the protection of personal data are some of the crucial topics to be addressed. This study will examine how labor law shave adapted to remote work and how companies have been addressing these legal issues. Furthermore, proposals will be discussed to ensure a balanced regulation that protects workers' rights while also encouraging productivity and innovation with inorganizations.

KEYWORDS: work, distance, pandemic, advantages, challenges.

(*) Advogada. Doutoranda em Direito pela Universidade Federal de Buenos Aires da Argentina (UBA). Mestranda em Direito pela Universidade Veiga de Almeida (UVA) PPGD/UVA. Professora universitária e avaliadora da Revista Jurídica de Direito e Dialogicidade da Universidade Regional do Cariri (URCA). Presidente da Associação Brasileira de Defesa dos Direitos Previdenciários, Acidentários e Consumidor (ABPREV BRASIL). Fundadora, Idealizadora do Projeto e primeira Presidente de duas comissões da OAB-BA: Comissão de Direito Previdenciário da OAB-BA, e Comissão de Estudos em Assistência Judiciária Gratuita e Perícias Forenses da OAB-BA. Membra efetiva do Instituto dos Advogados da Bahia (IAB) e da Comissão de Estudos de Legislação, Doutrina e Jurisprudência (IAB); Membra da Associação Baiana de Advogados Trabalhistas (ABAT).

SUMÁRIO: 1. Introdução. 2. Contextualização do trabalho à distância no cenário atual. 3. Propostas de regulamentação e melhores práticas no trabalho à distância. 3.1. Propostas de regulamentação e melhores práticas. A. Sugestões para aprimorar as legislações trabalhistas no contexto do trabalho remoto: B. Melhores práticas para empresas que adotam o trabalho à distância. C. Impacto das políticas de prevenção e segurança no trabalho remoto. 4. Considerações finais. Referências.

INTRODUÇÃO

O trabalho à distância, também conhecido como teletrabalho ou *home office*, tem se tornado uma prática cada vez mais comum nas últimas décadas, impulsionado pelo avanço tecnológico e pelas mudanças nas dinâmicas organizacionais. Essa modalidade de trabalho permite que os profissionais realizem suas atividades fora do ambiente físico do escritório, utilizando meios de comunicação e tecnologias digitais para se conectarem com suas equipes e executarem suas tarefas.

A possibilidade de trabalhar remotamente traz consigo diversas vantagens tanto para os trabalhadores quanto para as empresas. A flexibilidade de horários e a eliminação do deslocamento até o local de trabalho são alguns dos aspectos positivos que têm atraído profissionais e empregadores para essa forma de atuação.

Contudo, junto com as vantagens, surgem também desafios e impactos na vida da pessoa que trabalha. A falta de distinção clara entre vida profissional e pessoal pode levar a uma intensificação do trabalho, com jornadas mais longas e dificuldade em estabelecer limites saudáveis. Além disso, a socialização e o convívio presencial com colegas de trabalho podem ser reduzidos, afetando a dinâmica da equipe e o bem-estar emocional das pessoas que trabalham.

Nesta análise, iremos explorar os efeitos do trabalho à distância na vida dos profissionais, abordando tanto os aspectos positivos quanto os desafios que essa modalidade apresenta. Serão discutidos temas como a saúde mental e física das pessoas que trabalham(1), a importância do equilíbrio entre vida profissional e pessoal, bem como as adaptações necessárias nas políticas e regulamentações trabalhistas para garantir a proteção e os direitos dos teletrabalhadores.

Esclarecemos que usaremos e daremos preferência, quando não for texto de lei ou jurisprudência, a expressão "pessoas que trabalham" ao invés de usar as palavras "trabalhadores"," funcionários", "empregados", "associados" ou "colaboradores"(2), que são termos mais específicos, que se referem a pessoas que estão empregadas, e,

(1) Sim, é correto usar os termos "pessoa que trabalha" e/ou "pessoas que trabalham" como uma alternativa para "trabalhadores", "pessoas que trabalham", "colaboradores" ou "empregados". Na língua portuguesa, existem diversas formas de expressar uma ideia, e todas essas opções podem ser usadas de maneira correta e compreensível. A escolha do termo usado neste contexto possui a intenção da autora em sua escrita e objetiva fazer uma abordagem mais inclusiva e de gênero, englobando todas as "pessoas que trabalham", e por entender ser uma escolha adequada na era digital. Em qualquer caso, é importante garantir que a expressão escolhida seja clara e precisa, para evitar ambiguidades na comunicação.

(2) Os autores, DELGADO, Mauricio Godinho; DELGADO, Gabriela Neves (2017). *A Reforma Trabalhista no Brasil*. São Paulo: LTr, usam os termos usados na norma celetista "trabalhadores", "pessoas que trabalham", "colaboradores" ou "empregados".

exercendo uma atividade remunerada em uma empresa ou organização, usaremos também "pessoas que trabalham".

Por outro lado, a expressão "pessoas que trabalham" é mais abrangente e pode ser usada de forma mais genérica para referir-se a qualquer indivíduo que esteja envolvido em alguma forma de atividade laboral, seja como empregado formal, trabalhador autônomo, freelancer, entre outros, como forma de acompanhar as mudanças da era digital.

Além disso, serão apresentadas algumas estratégias e práticas que as empresas e os profissionais podem adotar para enfrentar os desafios do trabalho à distância, promovendo um ambiente de trabalho saudável e produtivo. A análise jurídica também será abordada, considerando as legislações trabalhistas vigentes e a necessidade de atualização para acompanhar as mudanças no mundo do trabalho.

Em suma, esta análise busca compreender de forma abrangente os efeitos do trabalho à distância na vida da pessoa que trabalha, considerando suas implicações na saúde, bem-estar e qualidade de vida dos profissionais. O objetivo é fornecer uma visão aprofundada sobre essa modalidade de trabalho, suas oportunidades e desafios, para contribuir com a promoção de um ambiente laboral mais equilibrado e humano.

1. CONTEXTUALIZAÇÃO DO TRABALHO À DISTÂNCIA NO CENÁRIO ATUAL

A Constituição Federal de 1988, no art. 7º, XXVII, assegura a proteção à pessoa que trabalha como um valor humano, diante do desenvolvimento tecnológico e dos processos de substituição de sua mão de obra, barata e produtiva. Além disso, proíbe a distinção entre trabalho manual, técnico e intelectual, ou entre os profissionais respectivos. No art. 6º, classifica o trabalho como direito social.(3)

A chegada das novas tecnologias dá início à Quarta Revolução Industrial, alicerçada na inteligência artificial, o que torna necessária a sua regulamentação no Direito do Trabalho, de forma a acompanhar as evoluções tecnológicas para a produção de bens. Isso visa garantir o giro da economia e a lucratividade das empresas, como fundamentos do Estado Democrático de Direito (art. 1º, IV) e da ordem econômica na república (art. 170). No entanto, isso não deve ocorrer às custas do desequilíbrio financeiro da pessoa que trabalha, enfrentando péssimas condições laborais, o que fere a sua dignidade e expõe a riscos à segurança e à saúde no trabalho.(4)

Em uma era cada vez mais digital, surge o conceito da Indústria 4.0, considerada a 4ª Revolução Industrial. O termo foi usado pela primeira vez na Hannover Messe, em 2011, pelo governo alemão, que buscava promover mudanças em relação à maneira como as fábricas operavam. Esse conceito se baseia na descentralização de processos, a partir do uso da automação, *big data*, internet das coisas, *wi-fi*, *web* e outras tecnologias.

Segundo Sakuda (2001, p. 37), a tecnologia acompanha o trabalho desde a revolução industrial, ou seja, há bastante tempo. Segundo o autor do termo, o norte-americano Jack Nilles, em 1976, ao definir o termo "*telecommuting*" ou "teletrabalho", ele se refere

---

(3) BRASIL. Lei n. 13.467, de 13 de julho de 2017. Altera a Consolidação das Leis do Trabalho (CLT), aprovada pelo Decreto-Lei n. 5.452, de 1º de maio de 1943, e as Leis ns. 6.019, de 3 de janeiro de 1974, 8.036, de 11 de maio de 1990, e 8.212, de 24 de julho de 1991, a fim de adequar a legislação às novas relações de trabalho. *Diário Oficial da União*, Brasília, DF, 14 jul. 2017. Disponível em: <http://www.planalto.gov.br/ccivil_03/decreto-lei/Del5452.htm>. Acesso em: 7 jun. 2023.

(4) KALIL, Renan Bernardi. *A regulação do trabalho via plataformas digitais*. São Paulo: Blucher, 2020, p. 308.

a "levar o trabalho às pessoas que trabalham, em vez de levar estes ao trabalho"; ou seja, atividades periódicas realizadas fora do escritório central, um ou mais dias por semana, seja em casa ou em um centro de telesserviço. Já o "*teleworking*" ou telesserviço é "qualquer alternativa para substituir as viagens ao trabalho por tecnologias de informação (como telecomunicações e computadores)".[5]

Atualmente, estamos testemunhando uma revolução sem precedentes no ambiente de trabalho, impulsionada pela era digital. Essa transformação está redefinindo a forma como as empresas operam, como os profissionais interagem e como o trabalho é realizado. A fusão do mundo digital com o ambiente de trabalho está mudando radicalmente a dinâmica empresarial e promovendo uma nova era de eficiência, inovação e conectividade.

Uma das mudanças mais marcantes é a crescente adoção do trabalho remoto e do teletrabalho. Com avanços tecnológicos, tornou-se possível executar diversas funções profissionais fora do ambiente tradicional do escritório. Por meio de ferramentas de comunicação e colaboração, como videochamadas, e-mails e plataformas de compartilhamento de documentos, as equipes podem colaborar mesmo estando em locais geograficamente distintos. Essa flexibilidade proporcionou maior equilíbrio entre vida pessoal e profissional, bem como a oportunidade de atrair talentos de qualquer parte do mundo.

Outro aspecto transformador é o surgimento de tecnologias inteligentes e automatizadas. A inteligência artificial, o aprendizado de máquina e a automação estão sendo incorporados em diversos processos de trabalho, agilizando tarefas repetitivas e melhorando a tomada de decisões. Isso permite que os profissionais se concentrem em atividades mais criativas e estratégicas, enquanto as máquinas realizam as tarefas mais operacionais e previsíveis.

A era digital também trouxe uma mudança significativa na comunicação interna das empresas. As hierarquias rígidas estão sendo substituídas por abordagens mais horizontais e colaborativas. As redes sociais corporativas e as ferramentas de comunicação interna permitem que as pessoas que trabalham se comuniquem de forma mais rápida e eficiente, independentemente de suas posições na empresa, incentivando a troca de ideias e a inovação.

Além disso, o acesso a dados e informações em tempo real possibilitou uma análise mais aprofundada dos processos de negócios. As empresas agora têm a capacidade de tomar decisões mais informadas e baseadas em evidências, melhorando sua competitividade e adaptabilidade em um ambiente de mercado em constante mudança.

Contudo, é importante reconhecer que, assim como em qualquer revolução, a era digital também traz desafios. A necessidade de proteger os dados e a privacidade das pessoas que trabalham e clientes tornou-se uma prioridade essencial. A capacitação das pessoas que trabalham para lidar com as novas tecnologias e o desenvolvimento de habilidades digitais também são desafios significativos que as empresas enfrentam.[6]

---

(5) DALLABRIDA, Priscilla R. Iriguchi, (1997, p. 14), *apud* SAKUDA, L. O (2001, p. 37). *Teletrabalho*: desafios e perspectivas. Dissertação de pós-graduação EAESP/FGV. Fonte: Biblioteca Digital FGV. Disponível em: <https://bibliotecadigital.fgv.br/dspace/bitstream/handle/10438/4832/1200101410.pdf>. Acesso em: 1 jun. 2023.

(6) DALLABRIDA, Priscilla R. Iriguchi, (1997, p. 14), *apud* SAKUDA, L. O (2001, p. 37). *Teletrabalho*: desafios e perspectivas. Dissertação de pós-graduação EAESP/FGV. Fonte: Biblioteca Digital FGV. Disponível

Considerações legais específicas em relação ao país podem variar, pois cada localidade possui sua própria legislação trabalhista e regulamentos relacionados ao trabalho à distância e à saúde mental das pessoas que trabalham. Abaixo estão alguns exemplos de aspectos legais que podem ser relevantes em diferentes países:

No Brasil, a legislação trabalhista aborda o trabalho remoto por meio da Lei n. 13.467/2017 (Reforma Trabalhista) e da Lei n. 12.551/2011. A saúde mental das pessoas que trabalham é protegida pela Norma Regulamentadora n. 17, que estabelece diretrizes ergonômicas para o trabalho, incluindo a prevenção de riscos psicossociais. O empregador é responsável por garantir um ambiente de trabalho seguro, incluindo medidas de prevenção do adoecimento psicológico, tema que será mais abaixo objeto de análise.(7)

É fundamental que os empregadores e as pessoas que trabalham estejam familiarizados com a legislação aplicável em seu país e cumpram os requisitos estabelecidos para garantir a proteção da saúde mental das pessoas que trabalham no trabalho à distância.

Essa jornada em constante evolução, se abraçada com sabedoria e determinação, certamente abrirá caminho para um futuro promissor e empolgante no ambiente de trabalho digital.(8)

Antes da Reforma Trabalhista de 2017, o teletrabalho foi inicialmente regulamentado no Brasil pela Lei n. 12.551/2011, que alterou a redação do art. 6º, vejamos:

> Art. 6º Não se distingue entre o trabalho realizado no estabelecimento do empregador, o executado no domicílio do empregado e o realizado a distância, desde que estejam caracterizados os pressupostos da relação de emprego.(9)

Nessa lei, o teletrabalho era conhecido como "trabalho a distância" e foi definido como a prestação de serviços fora das dependências do empregador, de forma preponderante ou não, com a utilização de tecnologias de informação e comunicação que não exigissem a presença física do empregado no local de trabalho.

Essa definição deixava claro que o teletrabalho era aquele em que o empregado executava suas atividades de forma remota, utilizando meios tecnológicos para

---

em: <https://bibliotecadigital.fgv.br/dspace/bitstream/handle/10438/4832/1200101410.pdf>. Acesso em: 1 jun. 2023.

(7) Nos Estados Unidos, não existe uma legislação específica que regule o trabalho remoto. No entanto, a Lei de Normas Trabalhistas Justas (Fair Labor Standards Act) exige que as pessoas que trabalham remotos sejam pagos de acordo com as leis de salário mínimo e horas extras. Em relação à saúde mental, a Lei de Equidade de Saúde Mental e Vícios (Mental Health Parity and Addiction Equity Act) exige que os planos de saúde forneçam cobertura igualitária para serviços de saúde mental. Na União Europeia, a legislação trabalhista varia entre os países-membros. No entanto, tem várias diretrizes que tratam do assunto, entanto, a Diretiva 2019/1152 estabelece direitos mínimos para os trabalhadores em termos de previsibilidade e transparência dos horários de trabalho, incluindo para o trabalho remoto. Além disso, a Diretiva Quadro sobre Saúde e Segurança no Trabalho (89/391/CEE) exige que os empregadores garantam a saúde e segurança das pessoas que trabalham, incluindo a saúde mental. Directiva-quadro relativa à SST. Disponível em: https://osha.europa.eu/pt/legislation/directives/the-osh-framework-directive/the-osh-framework-directive-introduction. Acesso em: 20 jun. 2023.

(8) MEDEIROS, Benizete Ramos; REIS, Michelly Brandão (2022). *O teletrabalho em tempo de pandemia*: direito ao trabalho digno e meio ambiente adequado.

(9) BRASIL. Lei n. 13.467, de 13 de julho de 2017. Altera a Consolidação das Leis do Trabalho (CLT), aprovada pelo Decreto-Lei n. 5.452, de 1º de maio de 1943. Disponível em: <http://www.planalto.gov.br/ccivil_03/decreto-lei/Del5452.htm>. Acesso em: 7 jun. 2023.

a comunicação e realização do trabalho, sem precisar estar fisicamente presente no estabelecimento do empregador.

No ano de 2012, quando foi publicada a Súmula n. 428 pelo TST,[10] essa súmula dispunha sobre o teletrabalho e estabelecia que a prestação de serviços em regime de teletrabalho excluía o direito a horas extras, uma vez que não era possível controlar a jornada de trabalho da pessoa que trabalha de forma efetiva. Possui como objetivo igualar a subordinação telemática à subordinação direta (clássica) e, conforme jurisprudência, solucionar a questão das horas extras realizadas ao trabalho externo (art. 62, I, da CLT).[11]

Ocorreu alguma alteração na redação posterior da Súmula n. 428 do TST, no item II: Jornada de trabalho — o uso de aparelho de intercomunicação, a exemplo de bip, 'pager' ou aparelho celular, pelo empregado, por si só, não caracteriza o regime de sobreaviso, uma vez que o empregado não permanece em sua residência aguardando, a qualquer momento, convocação para o serviço. Aplicação analógica da CLT, art. 244, § 2º, CLT, art. 58 (redação alterada na sessão do Tribunal Pleno realizada em 14/09/2012).[12]

A Reforma Trabalhista, implementada pela Lei n. 13.467/2017, trouxe algumas mudanças importantes para o teletrabalho no Brasil, para a Consolidação das Leis do Trabalho (CLT), aprovada pelo Decreto-Lei n. 5.452, de 1º de maio de 1943, e as Leis ns. 6.019, de 3 de janeiro de 1974, 8.036, de 11 de maio de 1990, e 8.212, de 24 de julho de 1991, a fim de adequar a legislação às novas relações de trabalho. O conceito de teletrabalho permaneceu praticamente o mesmo, mas foram incluídas novas disposições na legislação trabalhista.

Uma das principais alterações foi a inclusão do art. 75-A na CLT, que trata da prestação de serviços pelo empregado em regime de teletrabalho, que passou a definir o teletrabalho conforme o art. 75-B:

> Considera-se teletrabalho a prestação de serviços preponderantemente fora das dependências do empregador, com a utilização de tecnologias de informação e de comunicação que, por sua natureza, não se constituam como trabalho externo. [...][13]

Além disso, a Reforma Trabalhista também trouxe a possibilidade de formalizar o regime de teletrabalho por meio de contrato individual entre empregado e empregador, estabelecendo os termos e condições dessa modalidade de trabalho. Também foi estabelecido que as despesas relacionadas ao teletrabalho fossem objeto de negociação entre as partes, sendo que o empregador não seria responsável pelo reembolso de despesas da pessoa que trabalha nesse modelo, exceto se houver previsão contratual específica.[14]

---

(10) Processo n. TST-AIRR-2034-08.2013.5.02.0067, 8ª Turma, Ministra Relatora: Dora Maria da Costa, Data de Julgamento: 17/02/2016.

(11) PACHECO, F. L.; DESTE, J. A. *O teletrabalho na legislação brasileira e sua multidisciplinaridade*: aspectos teóricos e práticos. Belo Horizonte, MG: Leme; São Paulo: Mizuno, 2021, p. 25.

(12) Processo n. TST-AIRR-2034-08.2013.5.02.0067, 8ª Turma, Ministra Relatora: Dora Maria da Costa, Data de Julgamento: 17/02/2016.

(13) BRASIL. Lei n. 13.467, de 13 de julho de 2017. Altera a Consolidação das Leis do Trabalho (CLT), aprovada pelo Decreto-Lei n. 5.452, de 1º de maio de 1943. Disponível em: <http://www.planalto.gov.br/ccivil_03/decreto-lei/Del5452.htm>. Acesso em: 7 jun. 2023.

(14) Redação antes da Lei n. 14.442/2022 e a alteração do art. 62 da CLT, sobre teletrabalho: "Art. 75-C. A prestação de serviços na modalidade de teletrabalho deverá constar expressamente do contrato individual de trabalho, que especificará as atividades que serão realizadas pelo empregado.

É importante notar que a Reforma Trabalhista trouxe algumas mudanças significativas nas relações de trabalho no Brasil, e o teletrabalho foi uma das modalidades que passou por alterações para se adequar às novas realidades e necessidades do mercado de trabalho.

No Brasil, o trabalho *home office* é conhecido como "trabalho em regime de teletrabalho" ou "trabalho remoto". A regulamentação específica sobre o teletrabalho foi estabelecida pela Lei n. 13.467/2017, também conhecida como a Reforma Trabalhista, que introduziu alterações na CLT, como fundamentado anteriormente. Em seu livro "*O teletrabalho na legislação brasileira e sua multidisciplinaridade: aspectos teóricos e práticos*", Pacheco e Deste (2021, p. 30)[15] definem o termo teletrabalho que:

> [...] existe uma certa nebulosidade no que tange à diferenciação do teletrabalho de outras modalidades de trabalho à distância, igualmente denominado trabalho remoto, e no que tange à expressão *home office*. Esta expressão está reservada às hipóteses em que o trabalho seja prestado na residência do empregado, podendo ou não caracterizar a figura do teletrabalho, a depender do recurso telemático. [...]
>
> Em síntese, pode-se afirmar que o teletrabalho é uma espécie do gênero trabalho a distância (remoto), enquanto este corresponde a todo trabalho em que o empregado preste o serviço em ambiente separado daquele em que funciona a empresa, já que o trabalho em domicílio é aquele realizado na residência do empregado.

Além disso, é importante mencionar que, devido à pandemia de Covid-19, muitas empresas e empregadores tiveram que adotar o trabalho remoto para garantir a continuidade das operações. Durante esse período, medidas provisórias e leis emergenciais foram implementadas para flexibilizar as regras trabalhistas e facilitar a adoção do teletrabalho.[16]

A Lei n. 14.442, promulgada em setembro de 2022, em estado de pandemia, trouxe importantes alterações à Consolidação das Leis do Trabalho (CLT) no que diz respeito ao teletrabalho, também conhecido como trabalho remoto ou *home office*. Segue a Lei n. 14.442/2022 e a alteração do art. 62 da CLT sobre teletrabalho[17]:

> "Art. 62. [...] III — os empregados em regime de teletrabalho que prestam serviço por produção ou tarefa. [...]." (NR)
>
> "Art. 75-B. Considera-se teletrabalho ou trabalho remoto a prestação de serviços fora das dependências do empregador, de maneira preponderante ou não, com a utilização de tecnologias de informação e de comunicação, que, por sua natureza, não configure trabalho externo.

---

§ 1º Poderá ser realizada a alteração entre regime presencial e de teletrabalho desde que haja mútuo acordo entre as partes, registrado em aditivo contratual. [...]. (NR)" (BRASIL, 2023).

(15) PACHECO, F. L.; DESTE, J. A. *O teletrabalho na legislação brasileira e sua multidisciplinaridade*: aspectos teóricos e práticos. Belo Horizonte, MG: Leme; São Paulo: Mizuno, 2021, p. 25.

(16) STÜRMER, Gilberto; FINCATO, Denise. *Teletrabalho e Covid-19*. Disponível em: <https://www.pucrs.br/direito/wp-content/uploads/sites/11/2020/06/2020_6_22-direito-covid-19-ppgd-artigos_e_ensaios-teletrabalho_e_covid-19.pdf>. Acesso em: 19 jun. 2023.

(17) BRASIL. Lei n. 13.467, de 13 de julho de 2017. Altera a Consolidação das Leis do Trabalho (CLT), aprovada pelo Decreto-Lei n. 5.452, de 1º de maio de 1943. Disponível em: <http://www.planalto.gov.br/ccivil_03/decreto-lei/Del5452.htm>. Acesso em: 7 jun. 2023.

> § 1º O comparecimento, ainda que de modo habitual, às dependências do empregador para a realização de atividades específicas que exijam a presença do empregado no estabelecimento não descaracteriza o regime de teletrabalho ou trabalho remoto. [...];
>
> § 5º O tempo de uso de equipamentos tecnológicos e de infraestrutura necessária, bem como de softwares, de ferramentas digitais ou de aplicações de internet utilizados para o teletrabalho, fora da jornada de trabalho normal do empregado não constitui tempo à disposição ou regime de prontidão ou de sobreaviso, exceto se houver previsão em acordo individual ou em acordo ou convenção coletiva de trabalho. [...]
>
> Art. 75-C. [...] § 3º O empregador não será responsável pelas despesas resultantes do retorno ao trabalho presencial, na hipótese de o empregado optar pela realização do teletrabalho ou trabalho remoto fora da localidade prevista no contrato, salvo disposição em contrário estipulada entre as partes." (NR)

A legislação estabelece regras específicas para o teletrabalho, garantindo direitos e deveres tanto para empregados quanto para empregadores que atuam nesse regime. Entre as alterações, destaca-se o art. 62 da CLT, que permite que algumas funções trabalhem sem direito a hora extra e sem direito a ser ressarcidos pelas despesas resultantes. Além disso, a lei esclarece que o compartilhamento das dependências do empregador para atividades específicas que exigem a presença do empregado não caracteriza o regime de teletrabalho ou trabalho remoto.

A legislação brasileira retroagiu na garantia do trabalho renumerado dignamente, e merece crítica, pois usa de discriminação, quando o assunto é pagamento de horas extras para teletrabalho:

Uma possível crítica à legislação é a permissão para que algumas funções em teletrabalho trabalhem sem direito a hora extra. Isso pode ser considerado um retrocesso, uma vez que o trabalho remoto pode levar a jornadas de trabalho menos delimitadas e uma maior dificuldade em separar a vida pessoal da vida profissional. A falta de pagamento de horas extras pode prejudicar a saúde e o bem-estar das pessoas que trabalham, que podem se ver obrigados a trabalhar além da jornada regular sem a devida remuneração.

Outra crítica é a diferenciação entre pessoas que trabalham em teletrabalho e aquelas que realizam trabalhos presenciais. Ao não garantir o pagamento de horas extras para os trabalhadores remotos, a legislação acabou criando uma situação de desigualdade e discriminação no tratamento desses profissionais em relação aos que realizam suas atividades presencialmente.

Em última análise, é importante que a legislação brasileira continue evoluindo para acompanhar as mudanças no mundo do trabalho e garantir a proteção e os direitos das pessoas que trabalham, independentemente de sua modalidade de trabalho. A igualdade de tratamento entre trabalhadores presenciais e remotos e a remuneração justa pelas horas extras são aspectos cruciais para assegurar relações de trabalho justas e equitativas.

É importante destacar que, apesar da flexibilidade que o teletrabalho pode proporcionar, é fundamental que empregadores e empregados estejam atentos aos aspectos legais para garantir que os direitos de ambas as partes sejam respeitados, com as devidas precauções a fim de evitar doenças e acidentes de trabalho, conforme a CLT, art. 75-E.

A Convenção n. 177 da Organização Internacional do Trabalho (OIT) é uma importante norma internacional que aborda o trabalho em casa. Adotada em 1996, a convenção tem como objetivo garantir proteção e condições justas para os trabalhadores que executam atividades remuneradas em suas próprias residências.

Essa convenção estabelece que os trabalhadores em casa devem receber tratamento igualitário ao dos trabalhadores em locais convencionais. Assegura-se que esses trabalhadores tenham direito à remuneração justa, jornada de trabalho adequada, repouso semanal e férias, assim como a proteção social e condições de segurança e saúde no trabalho.

Além disso, a Convenção n. 177 da OIT destaca a importância da consulta e cooperação entre governos, empregadores e trabalhadores para implementar e monitorar as disposições da convenção, e o fortalecimento do trabalho decente em nível global.

Afirma a OIT, antes da crise da Covid-19, e segundo o relatório em inglês "*Working from home: From invisibility to decente work*" ("O trabalho em domicílio: da invisibilidade ao trabalho decente"), que revela a desproteção social das pessoas que trabalham em casa, já que não possuem o mesmo nível que os outros trabalhadores, bem como a falta de sindicalização e a cobertura de acordo coletivo, já que têm deficiência na aplicação de política abrangente sobre trabalho em domicílio.[18]

Existe um problema a ser enfrentado, chamado regulamentação do trabalho em domicílio, já que a legislação atual é deficiente, conforme informa a Convenção n. 177. O autor do relatório, Janine Berg, economista sênior, é categórico quando afirma que a inteligência artificial veio para ficar.[19]

Inteligência artificial é uma tecnologia utilizada extensivamente no nosso dia a dia e um conceito que pertence à computação e consiste na capacidade que máquinas (físicas, softwares e outros sistemas) têm de interpretar dados externos, aprender a partir dessa interpretação e utilizar o aprendizado para resolver tarefas específicas e atingir objetivos determinados.

Neste sentido, Ricardo Antunes traz à luz a precarização do trabalho terceirizado no Brasil, realizado pelo proletariado dito "informal" ou "digital" do setor de serviços, e a devastação do trabalho, promovida pelo capitalismo global, tanto na indústria como no agronegócio, originando com isso a sociedade do adoecimento no trabalho, frente à cumplicidade do sindicalismo negocial.[20]

A corroborar o acima afirmado, a professora Teresa Moreira trata da necessidade de qualificar os profissionais frente à sua deficiência na formação básica em conhecimento de tecnologia, análise de dados e matemática/estatística/algoritmos, para que possam desempenhar as novas funções trazidas pela transformação digital em uma velocidade luz, pois as máquinas e os algoritmos inteligentes assumem desde tarefas repetitivas e rotineiras até as cognitivas, o que gera, em parte, a baixa produtividade do país. A U.E. em 8.04.2019, no documento "*Orientações éticas para uma IA de confiança*", estabeleceu a necessidade de defender o respeito pela autonomia humana, a transparência, a privacidade e a proteção de dados pessoais das pessoas, assegurando

(18) GENEBRA (OIT Notícias): As pessoas que trabalham em casa, cujo número está aumentando drasticamente devido à propagação da pandemia de Covid-19, precisam ser melhor protegidas, afirma a Organização Internacional do Trabalho (OIT) em um novo relatório. Uma vez que o trabalho em domicílio acontece na esfera privada, ele muitas vezes é "invisível". *Convenio sobre el trabajo a domicilio.* Ginebra, 20 jun. 1996. Tradução livre. Disponível em: <https://www.ilo.org/brasilia/noticias/WCMS_766231/lang--pt/index.htm>. Acesso em 13 jul. 2023.

(19) *Ibid.*

(20) ANTUNES, Ricardo. *O privilégio da servidão* [recurso eletrônico]: o novo proletariado de serviços na era digital. 1. ed. São Paulo: Boitempo, 2018.

a defesa da igualdade e a proibição da discriminação[21]. Há a necessidade de assegurar políticas públicas ativas e proativas.[22]

Na contemporaneidade, o modo de produção vem passando por drástica transformação, anunciando-se a extinção dos empregos. A moda (ou talvez a única alternativa) é ser empreendedor. A classe operária perde sua aparência clássica ou nasce um novo modelo de escravidão ora digital. Nascem novas formas de trabalho supostamente desregulamentadas, eivadas por um forte movimento de precarização, tendo como consequências o desemprego estrutural.

Podemos dizer que hoje a pessoa que trabalha pode trabalhar do outro lado do mundo, tudo isso, graças às plataformas digitais. Uma plataforma digital é um sistema ou infraestrutura *online* que permite a interação e troca de valor entre diferentes participantes, como empresas, indivíduos ou organizações. Essas plataformas são baseadas na internet e oferecem diversos serviços, recursos ou produtos para seus usuários. Exemplos de plataformas digitais populares incluem e destacam-se os tipos de trabalho denominados *crowdwork* (trabalho em massa), dos quais a Amazon e a Uber. Esses são apenas alguns exemplos, mas há uma infinidade de plataformas digitais com diferentes propósitos, conectando provedores e consumidores em diversas áreas de negócios e atividades.

A utilização das plataformas digitais pelas pessoas que trabalham nessas novas formas de prestar trabalho gera impactos em sua saúde, que desenvolve uma sensação de ansiedade e estresse, pois tem que estar constantemente *online*, ou seja, sem se desconectar. A pessoa que trabalha tem que estar constantemente *online* para conseguir uma tarefa, e ninguém dá atenção a esse problema da falta de desconexão. Outro problema é a permanente disponibilidade, já que a pessoa que trabalha não é uma máquina.

Assim, se faz necessário falar desse novo direito à desconexão, quando se trata do trabalho em domicílio, discutido pela OIT, no relatório intitulado em inglês "*Working from home: from invisibility to decente work*" ("O trabalho em domicílio: da invisibilidade ao trabalho decente"), que mostra a desigualdade dos direitos das pessoas que trabalham em casa, frente à desproteção social, quando confrontados com as demais pessoas que trabalham no ambiente físico da empresa.[23]

A pandemia da Covid-19 teve expressivo efeito no Judiciário, partes e advogados(as), advindos das novas mudanças tecnológicas na prestação de serviços jurisdicionais, que acabou impactando a vida das pessoas que trabalham, frente ao fechamento da justiça e implantação das audiências virtuais, a partir do uso intensivo da tecnologia. Conforme determinação do CNJ e da Corregedoria Geral da Justiça do Trabalho, a audiência virtual somente poderá prosseguir com a presença e a concordância das partes nela envolvidas, de seus advogados(as), procuradores e do MPT, contudo, muitos magistrados insistem em realizar as audiências sem a presença dos advogados, que não aceitaram a modalidade telepresencial, no sentido de adiantar sua pauta de audiências[24].

---

(21) MOREIRA, Teresa Alexandra Coelho. Algumas considerações sobre segurança e saúde das pessoas que trabalham no Trabalho 4.0. In: *O futuro do trabalho*: os efeitos da revolução digital na sociedade. CARELLI, Rodrigo de Lacerda; CAVALCANTI, Tiago Muniz; FONSECA, Vanessa Patriota (org.). Brasília, DF: Escola Superior do MPT (ESMPU), 2020, p. 273.

(22) *Ibid.*

(23) ANTUNES, Ricardo. *O privilégio da servidão* [recurso eletrônico]: o novo proletariado de serviços na era digital. 1. ed. São Paulo: Boitempo, 2018.

(24) CNJ (2020). Disponível em: https://www.cnj.jus.br/InfojurisI2. Acesso em: 20 jul. 2023.

Claro que se faz necessário compreendermos que esse trabalho à distância com o teletrabalho trouxe vantagens e desvantagens para as empresas. Segundo Priscilla R. Iriguchi Dallabrida[25], sua pesquisa revelou o seguinte:

Vantagens para a empresa: ganhos de produtividade, redução de custos; competitividade na atração e retenção de competências (talentos em locais distantes); aumento na qualidade do trabalho (na visão da empresa, menos *stress*).

Já as desvantagens para a empresa incluem: dificuldade de supervisão; possibilidade de enfraquecimento da cultura organizacional; necessidade de investimento com infraestrutura; riscos com a segurança da informação.

Por outro lado, para as pessoas que trabalham em *home office* possui as seguintes vantagens: redução dos deslocamentos entre residência e o trabalho; diminuição de custos; aumento na produtividade e criatividade; maior satisfação e motivação com o trabalho; maior segurança e preservação da saúde e do bem-estar. Porém, há também desvantagens, como o impacto na saúde, possíveis riscos ergonômicos e de segurança (mobiliário inadequado, podendo causar desconforto e lesões), conflitos familiares e extensão da jornada de trabalho, gerando desequilíbrio entre vida profissional e particular.

Frente ao modelo de permanente disponibilidade, gera a precariedade destas formas de prestar serviços, aliada à falta de previsibilidade, à intensificação e ao controle constante e permanente, aliado ao fato de trabalhar sem autonomia, sendo monitorado por robôs, o que gera o ciberassédio, pressões da própria inteligência artificial e afeta a vida da pessoa que trabalha. Isso pode levar ao desenvolvimento de *propostas de regulamentação e melhores práticas no trabalho à distância.* A seguir, faremos uma breve análise.

2. PROPOSTAS DE REGULAMENTAÇÃO E MELHORES PRÁTICAS NO TRABALHO À DISTÂNCIA

O trabalho à distância, também conhecido como trabalho remoto ou *home office*, é, na verdade, conforme explicado anteriormente, espécie do trabalho à distancia e tem se tornado uma prática cada vez mais comum em diversas empresas, impulsionada por avanços tecnológicos e, mais recentemente, pela pandemia de Covid-19.[26]

Essa modalidade oferece vantagens como maior flexibilidade, redução de custos operacionais e acesso a talentos globais. No entanto, a adoção do trabalho à distância também traz consigo uma série de responsabilidades e desafios para as empresas.

Uma das principais responsabilidades das empresas é garantir a segurança e saúde da pessoa que trabalha no ambiente remoto. Legislações e normas relacionadas à segurança no trabalho devem ser aplicadas também ao trabalho à distância, assegurando que o colaborador tenha um ambiente ergonômico e seguro para desenvolver suas atividades. Isso inclui fornecer equipamentos adequados, orientações para postura correta e prevenção de lesões por esforço repetitivo.[27]

---

(25) DALLABRIDA, Priscilla R. Iriguchi, (1997, p. 14), *apud* SAKUDA, L. O (2001, p. 37). *Teletrabalho*: desafios e perspectivas. Dissertação de pós-graduação EAESP/FGV. Fonte: Biblioteca Digital FGV. Disponível em: <https://bibliotecadigital.fgv.br/dspace/bitstream/handle/10438/4832/1200101410.pdf>. Acesso em: 1 jun. 2023.

(26) COVID-19. World Health Organization. Disponível em: https://covid19.who.int/. Acesso em: 20 jul. 2022.

(27) PINTO, Almir P. XXVII — Proteção em face da automação, na forma da lei. In: *Comentários à Constituição de 1988 em matéria de direitos sociais trabalhistas*. São Paulo: LTr, 2019.

Além disso, é fundamental que as empresas adotem medidas de proteção de dados pessoais e segurança da informação, especialmente no contexto do trabalho remoto. Com o acesso a informações sensíveis fora do ambiente físico da empresa, a proteção de dados se torna ainda mais relevante. É preciso implementar políticas e procedimentos claros para garantir a confidencialidade, integridade e disponibilidade dos dados, bem como o consentimento adequado para coleta e uso de informações pessoais.

No Brasil, a Lei Geral de Proteção de Dados (LGPD), Lei n. 13.709, de 14 de agosto de 2018, estabelece que é responsabilidade das empresas garantir a proteção e o tratamento adequado dos dados pessoais de seus clientes e pessoas que trabalham (pessoa natural ou pessoa jurídica de direito público ou privado) e nos meios digitais (art. 1º), com objetivo de proteger os direitos fundamentais de liberdade e de privacidade e o livre desenvolvimento da personalidade da pessoa natural (o consentimento: art. 7º, I, da LGPD e do conjunto dos incisos II, V, VI e IX, do art. 7º, da LGPD). O Tribunal Superior do Trabalho possui uma súmula que:

> veda à exigência de CID (Informativos ns. 114 e 191 do TST), pois esses informativos entenderam pela nulidade de cláusula de convenção coletiva de trabalho que exige a obrigatoriedade da inserção do CID (Classificação Internacional de Doenças) no atestado médico da pessoa que trabalha.(28)

A lei estabelece princípios e regras para o tratamento de dados pessoais, tais como: a necessidade de consentimento dos titulares dos dados para o tratamento; a transparência na coleta e uso dos dados; a finalidade específica do tratamento; a garantia de acesso e correção dos dados pelos titulares; e a segurança das informações coletadas.

A LGPD tem uma relação significativa com o trabalho à distância, também conhecido como teletrabalho ou *home office*. Isso ocorre porque o trabalho remoto envolve o processamento e compartilhamento de informações pessoais e sensíveis de pessoas que trabalham, clientes e parceiros, tornando a proteção de dados uma questão crítica.

Em resumo, a LGPD impacta o trabalho à distância, pois exige que as empresas adotem medidas para proteger a privacidade dos dados pessoais de seus colaboradores e clientes, mesmo em um ambiente remoto, e adotem boas práticas de proteção de dados para evitar sanções e preservar a confiança dos seus clientes e pessoas que trabalham.(29)

Outra questão importante é o impacto na saúde mental e bem-estar das pessoas que trabalham no trabalho à distância. A falta de separação entre vida profissional e pessoal, a sensação de estar sempre conectado e a solidão resultante do isolamento podem levar a altos níveis de estresse e ansiedade. As empresas têm a responsabilidade de fornecer apoio psicológico e programas de bem-estar para as pessoas que trabalham, visando garantir um ambiente de trabalho saudável e equilibrado.(30)

---

(28) VASCONCELLOS J., P. C. A. de; FERREIRA, V. S. Impactos da Lei Geral de Proteção de Dados Pessoais nas relações de trabalho: a necessidade de implantação do programa de compliance. *Síntese*. V. 31, n. 375, 2020, p. 25-39.

(29) ALVES, A. C.; ESTRELA, C. G. Consentimento do trabalhador para o tratamento de seus dados pelo empregador: análise da subordinação jurídica, da higidez da manifestação de vontade e da vulnerabilidade do trabalhador no contexto da LGPD. *Síntese*. V. 31, n. 375, 2020.

(30) SILVA, Nildes Carvalho da. *Temas de direito do trabalho, processo do trabalho e direito à saúde*: abordagem à luz dos princípios jurídicos e dos direitos fundamentais. Coordenadores: SOUZA, Wilson Alves de Souza; ALOY, Viridiana Díaz. Dois de Julho, 2015, p. 103-128.

2.1. Propostas de regulamentação e melhores práticas

A. Sugestões para aprimorar as legislações trabalhistas no contexto do trabalho remoto:

1. Definição clara de regras para o trabalho remoto: As legislações trabalhistas devem estabelecer critérios específicos para caracterizar o trabalho remoto, definindo as condições sob as quais ele pode ser adotado, bem como os direitos e responsabilidades tanto da pessoa que trabalha quanto da empresa.

2. Jornada de trabalho flexível: É essencial garantir que a jornada de trabalho no trabalho remoto seja flexível e que não haja excesso de horas trabalhadas. Legislações devem estipular limites para a jornada, respeitando o direito à desconexão e evitando a sobrecarga da pessoa que trabalha.

3. Direito à desconexão: As legislações devem garantir o direito da pessoa que trabalha de se desconectar do trabalho fora do horário de expediente, protegendo sua saúde mental e bem-estar.

B. Melhores práticas para empresas que adotam o trabalho à distância:

1. Fornecer recursos e suporte tecnológico: As empresas devem oferecer às pessoas que trabalham os equipamentos e recursos tecnológicos necessários para realizar suas atividades remotamente, garantindo a segurança e eficiência do trabalho.

2. Promover ações de saúde e bem-estar: É importante que as empresas adotem iniciativas que promovam a saúde mental e bem-estar das pessoas que trabalham, como programas de suporte psicológico, atividades de relaxamento e incentivo à prática de exercícios físicos.

3. Comunicação efetiva: Estabelecer uma comunicação clara e eficiente entre pessoa que trabalha e pessoa que trabalha é essencial para garantir o alinhamento das expectativas e metas, bem como para manter um ambiente de trabalho colaborativo, mesmo à distância.

C. Impacto das políticas de prevenção e segurança no trabalho remoto:

1. Redução de riscos ocupacionais: As políticas de prevenção e segurança devem ser estendidas ao trabalho remoto, garantindo que as pessoas que trabalham tenham um ambiente seguro e adequado para realizar suas atividades, evitando riscos ergonômicos e acidentes.

2. Investimento em capacitação: As empresas devem investir em treinamentos e capacitações para as pessoas que trabalham que atuam remotamente, fornecendo orientações sobre segurança da informação, proteção de dados e boas práticas para o trabalho à distância.

3. Monitoramento e *feedback*: Estabelecer mecanismos de monitoramento e *feedback* constante sobre o trabalho remoto pode ajudar a identificar eventuais problemas e promover ajustes necessários para garantir a eficiência e bem-estar das pessoas que trabalham.

Em conclusão, o trabalho à distância trouxe novas perspectivas para o ambiente corporativo, trazendo vantagens e desafios. As empresas devem assumir suas responsabilidades em relação à segurança e saúde das pessoas que trabalham, bem como à proteção de dados e à saúde mental. Ao adotar boas práticas, as empresas podem promover um ambiente de trabalho seguro, saudável e produtivo para todas as pessoas que trabalham, independentemente de sua localização física.

CONSIDERAÇÕES FINAIS

A análise jurídica do trabalho à distância revela que essa modalidade de trabalho apresenta tanto vantagens como desafios no cenário atual. As vantagens incluem maior flexibilidade de horários, redução de custos operacionais para as empresas, acesso a talentos globalmente e melhor conciliação entre vida profissional e pessoal para os trabalhadores. O trabalho remoto também pode aumentar a satisfação e produtividade das pessoas que trabalham, proporcionando benefícios significativos para as partes envolvidas.

Por outro lado, os desafios estão relacionados às responsabilidades das empresas em relação à segurança e saúde do trabalhador, à proteção de dados pessoais e segurança da informação, bem como nos possíveis impactos na saúde mental e bem-estar das pessoas que trabalham. É fundamental que as empresas e os órgãos governamentais estejam atentos a essas questões e adotem medidas adequadas para garantir um ambiente de trabalho seguro, justo e saudável.

Para lidar com esses desafios, propõem-se aprimoramentos nas legislações trabalhistas que abordem o trabalho remoto de maneira específica, garantindo direitos e responsabilidades claras para ambas as partes. Além disso, a implementação de melhores práticas nas empresas, como fornecer suporte tecnológico adequado, promover a saúde e bem-estar das pessoas que trabalham e estabelecer uma comunicação eficiente, contribuirá para um ambiente de trabalho remoto mais positivo e produtivo.

Nesse sentido, o diálogo e a cooperação entre governo, empresas e trabalhadores são cruciais para encontrar soluções equilibradas que atendam aos interesses de todas as partes envolvidas. O trabalho à distância veio para ficar e seu crescimento no cenário atual exige uma abordagem jurídica adequada que garanta a proteção dos direitos das pessoas que trabalham e o desenvolvimento sustentável das empresas.

Em suma, com uma regulamentação sólida e o compromisso das empresas em adotar as melhores práticas, o trabalho à distância pode ser uma forma eficaz de conciliar as necessidades das pessoas que trabalham com as demandas do mercado, promovendo a inovação, a produtividade e o bem-estar de todos os envolvidos. A análise jurídica é fundamental para garantir que esse cenário evolua de forma justa e equitativa, oferecendo oportunidades e vantagens para todos no cenário atual em constante transformação.

REFERÊNCIAS

ALVES, Amauri Cesar; ESTRELA, Catarina Galvão. Consentimento do trabalhador para o tratamento de seus dados pelo empregador: análise da subordinação jurídica, da higidez da manifestação de vontade e da vulnerabilidade do trabalhador no contexto da LGPD. *Síntese*. V. 31, n. 375, 2020.

ANTUNES, Ricardo. *O privilégio da servidão* [recurso eletrônico]: o novo proletariado de serviços na era digital. 1. ed. São Paulo: Boitempo, 2018.

BRASIL. Lei n. 13.467, de 13 de julho de 2017. Altera a Consolidação das Leis do Trabalho (CLT), aprovada pelo Decreto-Lei n. 5.452, de 1º de maio de 1943, e as Leis ns. 6.019, de 3 de janeiro de 1974, 8.036, de 11 de maio de 1990, e 8.212, de 24 de julho de 1991, a fim de adequar a legislação às novas relações de trabalho. D.O. da União, Brasília, DF, 14 jul. 2017. Disponível em: <http://www.planalto.gov.br/ccivil_03/decreto-lei/Del5452.htm>. Acesso em: 7 jun. 2023.

______. Alterado pela Lei n. 14.442, de 2 de setembro de 2022. Disponível em: <https://www.in.gov.br/en/web/dou/-/lei-n-14.442-de-2-de-setembro-de-2022-427260638>. Acesso em: 7 jun. 2023.

CNJ (2020). Disponível em: https://www.cnj.jus.br/InfojurisI. Acesso em: 5 jul. 2023.

COVID-19. World Health Organization. Disponível em: https://covid19.who.int/. Acesso em: 20 jul. 2022.

DALLABRIDA, Priscilla R. Iriguchi (1997, p. 14), *apud* SAKUDA (2001, p. 37). Disponível em: https://monografias.brasilescola.uol.com.br/administracao-financas/home-office-uma-alternativa-segura-diante-da-pandemia-covid-19. Acesso em: 5 jul. 2022.

DELGADO, M. G.; DELGADO, G. N. *A Reforma Trabalhista no Brasil*. São Paulo: LTr, 2017.

Directiva-quadro relativa à SST. Disponível em: https://osha.europa.eu/pt/legislation/directives/the-osh-framework-directive/the-osh-framework-directive-introduction. Acesso em: 20 jun. 2023.

KALIL, Renan Bernardi. *A regulação do trabalho via plataformas digitais*. São Paulo: Blucher, 2020, p. 308.

MEDEIROS, Benizete Ramos; REIS, M. B. *O teletrabalho em tempo de pandemia*: direito ao trabalho digno e meio ambiente adequado. 2022.

MOREIRA, T. A.C. Algumas considerações sobre segurança e saúde das pessoas que trabalham no Trabalho 4.0. In: *O futuro do trabalho*: os efeitos da revolução digital na sociedade.

OIT. *World Health Organization*. Disponível em: <https://www.ilo.org/brasilia/noticias/WCMS_783190/lang--pt/index.htm>. Notícias de 26.04.2021, vejamos os dados alarmantes da pesquisa e a pandemia. Acesso em: jan. 2022.

______. Convenio C177, de 20 de junio de 1996. Disponível em: <https://www.ilo.org/brasilia/noticias/WCMS_766231/lang--pt/index.htm>. Acesso em: 13 jul. 2023.

Organização Mundial da Saúde (OMS). (2020). *Coronavirus disease (Covid-19) pandemic*. Disponível em: https://www.who.int/emergencies/disease/novel-coronavirus-2019. Acesso em: 25 jul. 2023.

PACHECO, Fábio Luiz; DESTE, J. A. *O teletrabalho na legislação brasileira e sua multidisciplinaridade*: aspectos teóricos e práticos. Belo Horizonte, MG: Leme; São Paulo: Mizuno, 2021.

PINTO, Almir P. XXVII. Proteção em face da automação, na forma da lei. In: *Comentários à Constituição de 1988 em matéria de direitos sociais trabalhistas*. São Paulo: LTr, 2019.

SAKUDA, L. O. (2001). *Teletrabalho*: desafios e perspectivas. Dissertação de pós-graduação EAESP/FGV. Fonte: Biblioteca Digital FGV. Disponível em: <https://bibliotecadigital.fgv.br/dspace/bitstream/handle/10438/4832/1200101410.pdf>.

SILVA, Nildes Carvalho da. *Temas de direito do trabalho, processo do trabalho e direito à saúde*: abordagem à luz dos princípios jurídicos e dos direitos fundamentais. Coordenadores: SOUZA, Wilson A. de S.; ALOY, V. D. Dois de Julho, 2015, p. 103-128.

STÜRMER, Gilberto; F. D. *Teletrabalho e Covid-19*. Disponível em: <https://www.pucrs.br/direito/wp-content/uploads/sites/11/2020/06/2020_6_22-direito-covid-19-ppgd-artigos_e_ensaios-teletrabalho_e_covid-19.pdf>. Acesso em: 19 jun. 2023.

VASCONCELLOS J., Carlos A. P. de; FERREIRA, V. S. Impactos da Lei Geral de Proteção de Dados Pessoais nas relações de trabalho: a necessidade de implantação do programa de compliance. *Síntese*. V. 31, n. 375, 2020. p. 25-39.

As reformas trabalhista e previdenciária e efeitos da pandemia de Covid-19

Labor and social security reforms and the effects of the Covid-19 pandemic

Pablo Adriano Antunes (*)

RESUMO: O presente artigo tem por objetivo apresentar uma análise jurídica sobre as origens do direito trabalho e da seguridade social, com foco nos direitos fundamentais e efeitos da pandemia de Covid-19, e uma análise particular das alterações trazidas pela Lei n. 13.467/2017, que dispõe sobre a Reforma Trabalhista, e a Emenda Constitucional n. 103/2019, que instituiu a Reforma da Previdência. Legislações que causaram muito desconforto entre os trabalhadores e segurados, neste último, em especial aqueles que não atingiram os requisitos para receber benefícios dentro das regras anteriores. Realiza-se uma breve análise da história do trabalho e da previdência no Brasil e no mundo, até o surgimento das regras pátrias atuais. Discorre-se acerca dos direitos fundamentais, direitos sociais, para adiante analisar de forma concreta algumas das mudanças trazidas no âmbito trabalhista e previdenciário, e averiguar se estariam de acordo com o direito e com as acepções de justiça, e se ferem aqueles considerados direitos fundamentais.

PALAVRAS-CHAVE: Direitos fundamentais. Reforma trabalhista. Direito da Seguridade Social. Reforma da previdência. Pandemia de Covid-19.

ABSTRACT: This article aims to present a legal analysis of the origins of labor law and social security, focusing on fundamental rights and the effects of the Covid-19 pandemic, and a particular analysis of the changes brought about by Law n. 13,467/2017, which deals with the Labor Reform, and Constitutional Amendment n. 103/2019, which instituted the Pension Reform. Legislation that caused a lot of discomfort among workers and policy holders, in the latter, especially those who did not meet the requirements to receive benefits with in the previous rules. A brief analysis of the history of work and social security in Brazil and in the world is carried out, until the emergence of the current national rules. It discusses fundamental rights, social rights, in order to analyze in a concrete way some of the changes brought about in the labor and social security sphere, and to find out if they are in accordance with the law and with the meanings of justice, and if they hurt those considered rights fundamental.

KEYWORDS: Fundamental rights. Labor reform. Social Security Law. Social Security Reform. Covid-19 pandemic.

SUMÁRIO:

(*) Mestre em Direito pela Universidade Veiga de Almeida, PPGD/UVA. Especialista em Ciências Jurídicas pela Escola da Magistratura do Estado de Santa Catarina. Especialista MBA em Direito da Economia e da Empresa pela Fundação Getúlio Vargas. Especialista em Direito Previdenciário pela Faculdade de Direito Professor Damásio de Jesus. Advogado atuante. Docente do Curso de Direito da Universidade do Planalto Catarinense — UNIPLAC.

1. INTRODUÇÃO

Os direitos fundamentais, as legislações trabalhistas e previdenciárias em alguns momentos confundem-se, porque possuem funções de proteção. Para tanto, necessário se faz o estudo do surgimento do direito do trabalho e do direito previdenciário, até chegar à atualidade, que certamente serão um marco histórico tamanhas as modificações e supressões de direitos. Além das alterações legislativas, os anos de 2020 e 2021 surgiram com muitos reflexos aos trabalhadores, quando do impacto advindo da pandemia da Covid-19, em que direitos assistenciais precisaram ser estendidos.

No Brasil, a previdência social, com a reforma instituída pela Emenda Constitucional n. 103/2019, trouxe modificações tamanhas, que poderão afastar de alguns cidadãos a possibilidade de aposentadoria por insuficiência de contribuições, o que poderá acarretar, a longo prazo, na necessidade por estes de benefícios assistenciais. Percebeu-se no direito previdenciário uma evolução crescente de vantagens, desde seus primeiros regramentos, até que, em via contrária, os direitos passaram a ser suprimidos, com benefícios extintos e novas regras que modificaram cálculos para a redução dos valores, aumento do tempo de trabalho ou contribuição e exigência de idade mínima.

Infelizmente, a realidade trazida com a pandemia do novo coronavírus, na mesma vertente, fez reduzir a possibilidade da continuidade de empregos, consequentemente, impossibilidade de contribuições previdenciárias e renda própria, fazendo com que considerável parcela da classe de trabalhadores passasse a depender da assistência pública para sobreviver.

Com a possibilidade do colapso do sistema previdenciário, por outro lado, as alterações legislativas podem ser vistas como única forma de manter o sistema da seguridade social funcionando, uma vez que, sem caixa para cobrir os benefícios, de nada serviriam as leis que mantivessem todos os direitos.

Por sua vez, a reforma trabalhista veio com o condão de manter e aumentar a oferta de empregos, enquanto diminui as responsabilidades dos empregadores.

Como ponto de partida, exploram-se os aspectos históricos do surgimento do direito do trabalho e previdenciário, até chegar às regras atuais, para então explorar os conceitos de direitos fundamentais e sociais, até apresentar algumas modificações trazidas pelas reformas implantadas, tão criticadas pelas regras que trazem muita angústia aos trabalhadores e segurados, porque detentores somente de uma expectativa de direito, enquanto não atingidas todas as condições para alcançar o almejado direito adquirido.

2. ASPECTOS HISTÓRICOS DO DIREITO DO TRABALHO, DO DIREITO PREVIDENCIÁRIO E DA ASSISTÊNCIA SOCIAL

2.1. Surgimento do trabalho, do direito do trabalho, do direito previdenciário e assistencial

O labor sempre esteve presente na vida do homem. Talvez de outras formas, mas sempre necessário o empenho, movimento, esforço. A necessidade do alimento não lhe permite ficar inerte.

La Fontaine, com a fábula da cigarra e a formiga, demonstrava que até mesmo entre os animais existia organização e ordem para a realização do trabalho. Ao mesmo tempo, passava a mensagem de que a falta do labor poderia levar ao infortúnio.

No início, a necessidade de produzir ferramentas para auxiliar no plantio e caça, também para se defender e preservar a vida.

O trabalho se dá desde o início da evolução do homem, o que exigia a realização de muitas tarefas, dentre estas, descobre a possibilidade de armazenar, guardar o alimento para os dias mais duros, com as dificuldades trazidas pelo clima ou mesmo o perigo no ataque de outras tribos ou animais selvagens.

> O trabalho é inerente ao homem, tanto que desde a Antiguidade o homem primitivo busca de forma incessante meios de satisfazer suas necessidades, como por exemplo, saciar sua fome, abrigar-se e defender-se, através de uma forma de trabalho. Assim, pode-se destacar que o trabalho é tão antigo quando o homem e este utilizava-se de suas mãos como instrumento da luta pela sobrevivência.(1)

O pensar o futuro, guardar para depois, traz a ideia de prevenção, prever que existirão desafios, de onde, etimologicamente, percebe-se a origem da palavra previdência, onde se procura enxergar além, preparar-se para os dias que se seguirão.

"Os fatos históricos são fontes materiais do Direito na medida em que os acontecimentos levam o legislador a produzir a norma."(2)

Percebe-se, portanto, que os acontecimentos históricos, especialmente quando o homem passa a viver em sociedade, seja ela qual for, fizeram evoluir direitos, escritos ou não, a partir de uma evolução que procurou a proteção para o labor e para os períodos futuros.

O produto do labor primitivo era destinado ao próprio agente ou ao seu grupo. Com o passar do tempo, passou a ser destinado a terceiros, por vezes sem qualquer remuneração ou direitos, ocorrendo várias formas de escravidão, até que tais relações de labor passaram a ser reguladas, iniciando-se o direito do trabalho.

O direito do trabalho nasceu com a Revolução Industrial no século XIX, onde os trabalhadores passaram a buscar seus direitos e melhores condições de trabalho nas indústrias, já que eram expostos a situações desagradáveis e insalubres no ambiente de trabalho.(3)

"Dar ao homem direitos é colocar o Direito a serviço de sua liberdade. As prerrogativas humanas tornam-se, portanto, direitos do homem, quando elas têm um estatuto jurídico."(4)

A Declaração Universal dos Direitos Humanos em 1948 é tida como grande marco com relação à revolução dos direitos, abrangendo não só o direito ao trabalho, mas também a proteção contra o desemprego, direito à sindicalização e direito à remuneração justa:

---

(1) CASTRO, Brunna Rafaely Lotife. A evolução histórica do Direito do Trabalho no mundo e no Brasil. *JusBrasil*, [sem local definido], out. 2013.

(2) LEITÃO, André Studart; MEIRINHO, Augusto Grieco Sant'Anna. *Manual de direito previdenciário*. 2. ed. São Paulo: Saraiva, 2014, p. 25.

(3) SILVA, Paula Jaeger da. Evolução histórica do direito do trabalho. *Revista Páginas de Direito*, Porto Alegre, out. 2018.

(4) ISRAEL, Jean Jacques. *Direito das liberdades individuais*. São Paulo: Manole, 2005, p. 12.

> A Declaração da ONU abrange sob sua égide uma lista muito maior de pretensões e liberdades. Ela inclui não só direitos políticos básicos, mas também o direito ao trabalho, o direito à educação, a proteção contra o desemprego e a pobreza, o direito de sindicalização e mesmo o direito a uma remuneração justa e favorável. É um avanço radical, muito além dos limites estritos da Declaração americana de 1776 ou da proclamação francesa de 1789.[(5)]

O direito do trabalho e a seguridade social evoluíam também no Brasil, tendo-se como direitos sociais, essencialmente: o direito de greve, consagrado pela alínea 7 do Preâmbulo de 1946; o direito ao emprego e à liberdade de trabalho, afirmados pela alínea 5 do Preâmbulo de 1946; e o direito à previdência social e o direito à saúde que constam da alínea 11.[(6)]

Quanto aos direitos de seguridade, de início, previdência e assistência se confundiam. Buscava-se a proteção dos cidadãos, proteção esta que precisava ser regulada pelo Estado:

> Em verdade, a marcha evolutiva do sistema de proteção, desde a assistência prestada por caridade até o estágio em que se mostra como um direito subjetivo, garantido pelo Estado e pela sociedade a seus membros, é o reflexo de três formas distintas de solução do problema: a da beneficência entre as pessoas; a da assistência pública; e a da previdência social, que culminou no ideal de seguridade social.[(7)]

A proteção, contudo, não estava somente a cargo do Estado. Assim, desde as épocas mais remotas já existia proteção de caráter privado, de fundos mutualistas, pela qual um grupo de pessoas se reuniria de forma voluntária para tratar de proteção contra riscos sociais[(8)].

Acerca do mutualismo presente nas civilizações antigas, como Grécia e Roma, tem-se que:

> Nas antigas civilizações, em especial Grécia e Roma, foram instituídas associações também de caráter mutualista, cuja finalidade principal estava voltada para arrecadação de recursos com intuito de cobrir custos com funerais de seus associados. Tais associações foram se espalhando e se desenvolvendo no decorrer dos anos, no entanto, sem nenhuma segurança jurídica ou técnica para seus associados, reflexos de um Estado liberal da época. Começa-se a falar em assistência privada.[(9)]

Na Inglaterra, em 1601, marcada pelo Estado Liberal, o qual intervia minimamente na vida dos cidadãos, uma das poucas manifestações sobre proteção social na

(5) SEN, Amartya. *A ideia de justiça*. São Paulo: Cia. das Letras, 2001, p. 415.

(6) ISRAEL, Jean Jacques. *Direito das liberdades individuais*. São Paulo: Manole, 2005.

(7) CASTRO, Carlos Alberto Pereira de; LAZZARI, João Batista. *Manual de direito previdenciário*. 23. ed. Rio de Janeiro: Forense, 2020, p. 5.

(8) IBRAHIM, Fábio Zambitte. *Curso de direito previdenciário*. 7. ed. Rio de Janeiro: Impetus, 2006.

(9) NEVES, Gustavo Bregalda. *Manual de direito previdenciário*: direito da seguridade social. São Paulo. Saraiva, 2012, p. 18.

pré-modernidade se deu com a Lei dos Pobres (*Poor relief act*), que instituía auxílios e socorros públicos aos necessitados[(10)].

Porém, apenas ao final do século XIX, os Estados começaram a priorizar a ideia de proteção social. Em épocas anteriores, as manifestações existentes possuíam um caráter de assistência mútua e caridade entre os membros de grupos, pois, em que pese a proteção social tenha começado a integrar os ordenamentos jurídicos ao final do século XIX, a preocupação com os infortúnios sempre fez parte das civilizações[(11)].

Assim, é possível visualizar, portanto, "[...] que não estamos mais diante de uma simples associação mutualista, mas, de outra banda, de uma instituição com caráter universal"[(12)].

Com a revolução industrial, a proteção começa a se estender, surgindo na Alemanha, em 1883, o seguro-doença, seguido do seguro-acidente, em 1884, de invalidez e velhice, ambos em 1889. Estes seriam o marco inicial da previdência social no mundo[(13)].

Importante, porém, ressaltar que, entre o lapso temporal compreendido entre a Lei dos Pobres (1601) e a instituição do seguro-doença (1883), a Declaração dos Direitos do Homem e do Cidadão, em 1789, trazia a ideia de que a seguridade social era um direito de todos, o que universalizou o direito à proteção social[(14)].

Entretanto, também se tem o entendimento de que o marco inicial da previdência social no mundo seria o advento das constituições sociais, especialmente a mexicana, em 1917, e a de Weimar, da Alemanha, em 1919[(15)].

Já no Brasil, as questões sociais, assim como na Europa, ocorreram de forma lenta. Enquanto a revolução industrial amadurecia na Inglaterra entre os anos de 1820 a 1830, o Brasil deixava de ser colônia, declarando sua independência, tendo, porém, economia arcaica, baseada no latifúndio e trabalho escravo. Antes mesmo da revolução industrial, o país já se via marcado por desigualdades sociais, principalmente, na distribuição de renda à sociedade brasileira. A Constituição de 1824 fazia menção à garantia dos socorros públicos, em norma meramente programática; o Código Comercial, de 1850, trazia a garantia por três meses à percepção de salários do preposto acidentado, sendo que desde 1835 já existia o Montepio Geral da Economia dos Servidores do Estado (MONGERAL) — primeira entidade de previdência privada no Brasil[(16)].

Descreve-se acerca das primeiras regras de proteção social no âmbito nacional:

> O embrião do sistema de proteção social no país, citado pela maioria da doutrina, foi a construção da Santa Casa de Misericórdia de Santos, que, em 1543, já prestava serviços assistenciais aos carentes e necessitados. Também

---

(10) LEITÃO, André Studart; MEIRINHO, Augusto Grieco Sant'Anna. *Manual de direito previdenciário*. 2. ed. São Paulo: Saraiva, 2014.

(11) CASTRO, Carlos Alberto Pereira de; LAZZARI, João Batista. *Manual de direito previdenciário*. 23. ed. Rio de Janeiro: Forense, 2020.

(12) VIANNA, João Ernesto Aragonés. *Curso de direito previdenciário*. 3. ed. São Paulo: Atlas, 2010, p. 6.

(13) LEITÃO, André Studart; MEIRINHO, Augusto Grieco Sant'Anna. *Manual de direito previdenciário*. 2. ed. São Paulo: Saraiva, 2014.

(14) VIANNA, João Ernesto Aragonés. *Curso de direito previdenciário*. 3. ed. São Paulo: Atlas, 2010.

(15) SETTE, André Luiz Menezes Azevedo. *Direito previdenciário avançado*. 2. ed. Belo Horizonte: Mandamentos, 2005.

(16) CASTRO, Carlos Alberto Pereira de; LAZZARI, João Batista. *Manual de direito previdenciário*. 23. ed. Rio de Janeiro: Forense, 2020.

há o registro histórico da criação de Montepios (regime mutual privado), entidades beneficentes e ações esparsas do Estado em prol de determinados segmentos sociais.[17]

O Decreto n. 4.682, publicado em 24 de janeiro de 1923, conhecido como a Lei Eloy Chaves, é considerado o marco da previdência social no Brasil. Esse Decreto criou Caixas de Aposentadoria e Pensões dos Ferroviários no âmbito nacional. O sistema era mantido pelos trabalhadores e empresas e não pelo Estado[18].

Com o passar do tempo, a Lei de Chaves abrangeu aos portuários e aos marítimos com o Decreto n. 5.109, por volta do ano de 1926. Em seguida, com o Decreto de n. 5.485, no ano de 1928, foram incluídas, por meio das Caixas de Aposentadoria e Pensões, as pessoas que trabalhavam nas empresas particulares prestadoras de serviço telegráficas e radiotelegráficas[19].

Percebe-se que, em sua evolução, os benefícios passam a atingir os demais trabalhadores, não ficando restritos àqueles que, de certo modo, exerciam suas atividades para espécies de empresas públicas.

A seguridade social, como passou a ser chamado o conjunto integrado de ações para a proteção à saúde, assistência e previdência social, somente foi regulamentada e conquistada no Brasil, pelo Estado Social de Direito com a Constituição de 1988, pois, até então, a sociedade era composta por um Estado absolutista e liberal, nos quais as ações governamentais de previdências positivas eram tímidas[20].

Novas normas surgiram, com a tendência de ampliar e regulamentar os direitos constantes da Carta Magna, como a Lei n. 8.213/91, e, posteriormente, o Decreto n. 3.048/99.

Havia uma tendência de ampliação de direitos, uma proteção do Estado que mais tarde foi vista como de inviável continuidade pela questão atuarial. Um sistema possivelmente fadado ao colapso financeiro, que acabou por resultar na reforma da previdência, com o advento da Emenda Constitucional n. 103/2019. Insta esclarecer que os valores arrecadados com as contribuições são integralmente utilizados para os pagamentos dos benefícios, destinados principalmente para os cidadãos que não mais contribuem para a Seguridade Social.

3. OS DIREITOS FUNDAMENTAIS, AS REFORMAS TRABALHISTA E PREVIDENCIÁRIA E A PANDEMIA DE COVID-19

3.1. Os direitos fundamentais e os direitos sociais

Previstos em normas declaratórias, os direitos fundamentais são bens ou vantagens destinados aos indivíduos[21], direitos básicos como saúde, educação, lazer, previdência e assistência social, dentre outros.

---

(17) OLIVEIRA, Lamartino França de. *Direito previdenciário*. 2. ed. São Paulo. RT, 2006, p. 21.

(18) SANTOS, Marisa Ferreira dos. *Direito previdenciário esquematizado*. In: LENZA, Pedro (Coord.). 4. ed. São Paulo: Saraiva, 2019.

(19) VIEIRA, Marco André Ramos. *Manual de direito previdenciário*. 5. ed. Niterói: Impetus, 2005.

(20) AMADO, Frederico. *Direito previdenciário*: coleção sinopses para concursos. 7. ed. Salvador: Juspodivm, 2015.

(21) MESSA, Ana Flávia. *Direito constitucional*. 5. ed. São Paulo: Rideel, 2018.

Apesar de muitos estudiosos reconhecerem os direitos fundamentais enquanto direito fundamentalmente positivado como algo recente, é tamanha a influência da Antiguidade, dos ensinamentos dos pensadores e filósofos gregos e romanos, por meio da filosofia e religião, enquanto pregados ensinamentos acerca da igualdade do homem diante de Deus. Em especial, o pensamento jusnaturalista, em que o homem, pelo simples fato de existir, seria titular de direitos indissociáveis pelo ser, como o direito à vida e à liberdade.[22]

É certo que a história também nos mostra que tais direitos e proteções nem sempre foram estendidos a todos. Escravos, mulheres, pessoas de raças, cores, religiões diferentes, viveram períodos em que não eram reconhecidos como iguais, sem que os direitos hoje conhecidos como fundamentais lhes fossem entregues.

Com seus ideais de liberdade, igualdade e fraternidade, a Revolução Francesa, no século XVIII, fez nascer por parte do Estado obrigações que serviram como marco para os direitos fundamentais. Direitos como o de reunião, propriedade, livre-expressão, passaram a existir por excelência, ao se obstaculizar a intervenção estatal. A partir da Revolução Industrial, surgiu o Estado Social, em que se viu a necessidade da criação de direitos sociais básicos, para barrar a exploração dos trabalhadores, trazendo-lhes proteção, surgindo também direitos culturais e econômicos. A partir do século XX, os direitos fundamentais passam a ter como base o indivíduo, visto em coletividade, quando surgem as preocupações com o meio ambiente, quando os riscos passam a ser vistos de forma global.[23]

Todavia, não significa dizer que mesmo hoje os direitos fundamentais se revelem suficientes, pois ocorrem omissões por parte do Estado, ou ainda, ações deficientes, que fazem com que a proteção positivada na norma constitucional não se concretize.[24]

Percebe-se, portanto, que os direitos fundamentais estão diretamente ligados à necessidade da sociedade de impor limites ao poder do Estado, numa tentativa de garantir direitos básicos essenciais.

O texto constitucional brasileiro não traz um elenco taxativo de direitos fundamentais, mas uma enumeração aberta, cuja não tipicidade vem desde a Constituição de 1981, contudo, além daqueles direitos explícitos, existem os direitos subentendidos destes, decorrentes do regime e dos princípios constitucionais, além daqueles oriundos dos tratados internacionais firmados pelo Brasil.[25]

Deve-se, portanto, interpretar que o legislador disse menos do que queria, posto que, na interpretação, há de prevalecer o espírito, não a letra, conforme já ensinavam os romanos.[26]

Quanto aos direitos sociais, existem correntes que não os reconhecem como verdadeiros direitos fundamentais, mas como garantias institucionais. Tal tese vem sendo refugada, porque cada vez mais se reconhece nos direitos sociais a natureza de direitos fundamentais, ao lado de direitos individuais, políticos e do direito à nacionalidade.

---

(22) MELLO, Cleyson de Moraes; MOREIRA, Thiago. *Direitos fundamentais e dignidade da pessoa humana*. Rio de Janeiro: Freitas Bastos, 2015.

(23) DRAGO, Guilherme Dettmer. *Manual de direito constitucional*. Caxias do Sul, RS: Educs, 2019.

(24) CAMPOS, Carlos Alexandre de Azevedo. *Estado de coisas inconstitucional*. Salvador: Juspodivm, 2017.

(25) MESSA, Ana Flávia. *Direito constitucional*. 5. ed. São Paulo: Rideel, 2018.

(26) FERREIRA FILHO, Manoel Gonçalves. *O poder constituinte*. 6. ed. São Paulo: Saraiva, 2014.

Tratam-se de direitos com conteúdos que permitem a possibilidade de exercer de forma eficaz a todos os direitos e liberdades.[27]

São direitos que viabilizam à pessoa uma subsistência mínima e digna, dando aos indivíduos a possibilidade de se desenvolver. Uma trava à atuação do Estado, com a imposição de uma prestação positiva em favor do interesse do cidadão, não podendo, portanto, o Estado sequer se omitir para a promoção dos interesses dos indivíduos.[28]

Tais direitos estão previstos especialmente no art. 6º da Constituição da República Federativa do Brasil de 1988:

> Art. 6º São direitos sociais a educação, a saúde, a alimentação, o trabalho, a moradia, o transporte, o lazer, a segurança, a previdência social, a proteção à maternidade e à infância, a assistência aos desamparados, na forma desta Constituição.

Assim, cabe ao Estado promover e fornecer serviços que visem promover o trabalho, a previdência social, a saúde, a educação, o lazer, e demais relacionados pela própria Constituição.

Já o art. 7º trata dos direitos dos trabalhadores urbanos e rurais, elencando tanto direitos trabalhistas quanto previdenciários.

Acerca dos valores sociais do trabalho e da livre-iniciativa, enquanto fundamentos, tem-se que:

> O sistema econômico adotado é o capitalismo baseado numa relação da harmonia e cooperação entre a mão de obra e os detentores do capital. A Constituição Federal, ao mencionar o trabalho como fundamento, reforçou a ideia de que a proteção alcança o empregador e o trabalhador. O trabalho é importante, pois além de condição de sobrevivência humana e gerador de riquezas, ajuda no crescimento do país e serve de instrumento para garantia dos direitos sociais.[29]

O trabalho move o mundo. A economia depende essencialmente do trabalho em todas as suas escalas, razão pela qual deve ser promovido, permitindo ao trabalhador exercer suas atividades mediante todas as proteções possíveis por parte do Estado, por se tratar de direito fundamental. Do mesmo modo, deve ter para si a proteção social, a proteção previdenciária, com benefícios que lhe protejam na doença, na idade avançada, estendendo essa proteção aos seus dependentes.

3.2 A reforma trabalhista e a pandemia de Covid-19

A Lei n. 13.467/2017 trouxe consideráveis alterações, que, ao entrar em vigor, fez reduzir direitos trabalhistas, de modo a flexibilizar o contrato de trabalho e dificultar o acesso dos trabalhadores às demandas judiciais.

Trouxe a possibilidade de prevalência das negociações sindicais sobre proteções legais.

---

(27) SILVA, José Afonso da. *Aplicabilidade das normas constitucionais*. 3. ed. São Paulo: Malheiros, 1998.

(28) HACK, Érico. *Direito constitucional*: conceitos, fundamentos e princípios básicos. Curitiba: InterSaberes, 2012.

(29) MESSA, Ana Flávia. *Direito constitucional*. 5. ed. São Paulo: Rideel, 2018.

> A pressa em aprovar cerca de cem alterações na CLT — para aproveitar as condições políticas favoráveis que se apresentaram aos reformistas defensores dos interesses do empresariado — fez com que se abandonassem os cuidados de técnica legislativa e o cauteloso e necessário exame preventivo de constitucionalidade. O resultado é uma lei teratológica, criada para "proteger o empregador", que contém inúmeras incongruências e inconstitucionalidades.[(30)]

Parte da doutrina considera suas mudanças inconstitucionais. Um retrocesso em que se extinguem direitos conquistados ao longo dos anos.

Percebe-se, porém, que o legislador buscou aperfeiçoar a relação em si das partes, vislumbrando-se uma maior comunicação entre estas, flexibilizando as normas pertinentes a determinado contrato de trabalho para que este melhor se adeque a cada categoria.

> A verdadeira mudança que a Lei da Reforma almeja é ideológica, sob dois eixos: a) encurtar o manto protetor do Estado sobre o trabalhador; b) dar leveza às relações de trabalho, com as facilidades de negociação direta entre patrões e empregados em um primeiro passo, em outro passo facultando a negociação dos direitos da categoria pelo sindicato.[(31)]

As proteções a que se chegou nas legislações anteriores à reforma trabalhista atingiram tamanho patamar em que os litígios trabalhistas traziam certo desequilíbrio, pendendo por demais para a classe trabalhadora. Pode-se dizer que tais proteções desestimulavam a criação de empregos.

Em contrapartida, desestimulavam também que os empregadores oferecessem prêmios ou estímulos extras, uma vez que vários destes deveriam compor a remuneração para todo tipo de encargo.

O trabalho tem valor por demais elevado nos tempos modernos. Tem papel principal na manutenção da ordem e projeção de futuro, substituindo o caos pela ordem. Seus efeitos: o aumento da riqueza e a eliminação da miséria. O trabalho deve ser a condição natural do ser humano, enquanto o desemprego, a anormalidade.[(32)]

A situação de pandemia de Covid-19 fechou empresas, encerrou negócios, rescindiu empregos. Milhares de pessoas precisaram se reinventar, ampliando-se consideravelmente o trabalho remoto. Empregados precisaram trabalhar de casa para que pudessem manter o emprego e a renda para a sobrevivência.

O trabalho remoto não surgiu com a pandemia. Existe há muito tempo, porém, em nenhum outro momento foi tão utilizado.

> O interesse por essa nova modalidade de trabalho surgiu pela junção de vários fatores, entre os quais a crise energética, principalmente a petrolífera,

(30) ZIMMERMAN, Cirlene Luiza *et al. Reforma trabalhista interpretada.* 2. ed. Caxias do Sul: Editora Plenum, 2017.

(31) LIMA, Francisco Menton Marques de; LIMA, Francisco Péricles Rodrigues Marques de. *Reforma trabalhista*: entenda ponto por ponto. São Paulo: LTr, 2017, p. 9.

(32) ZYGMUNT, Bauman. *Modernidade líquida.* Trad. DENTZIEN, Plínio. Rio de Janeiro: Jorge Zahar Ed., 2001.

a diminuição de preço dos computadores pessoais e o aparecimento da "telemática", objetivando reduzir o *commuting*, ou seja, o deslocamento casa-trabalho e vice-versa ou, ainda, *telecommuting*, substituindo o transporte físico do trabalhador pela telecomunicação.[33]

Muitas empresas, inclusive o próprio judiciário brasileiro, já caminhavam para esta nova realidade, o que acabou por facilitar as adaptações necessárias, sem que se percam, porém, os requisitos para a manutenção da relação de trabalho.

Porém, o trabalho remoto não é uma realidade que se possa adaptar a todas as atividades laborativas. Ainda que passado o período crítico de isolamento da pandemia de Covid-19, é comum observar pontos comerciais que não tiveram suas portas reabertas, empresas que não retomaram suas atividades, falência e desemprego.

Esperava-se que a reforma trabalhista, apesar de reduzir os direitos, viesse movimentar a economia com maior geração de emprego e renda. Direitos trabalhistas nada servem para aqueles que se encontram em situação de desemprego.

É comum dos países mais desenvolvidos a redução de direitos para os trabalhadores e intervenção mínima do Estado. Apesar disso, percebem-se melhores salários, o que se traduz em maior poder de compra, maior conforto e menores índices de desemprego.

Por outro lado, a insegurança na manutenção de emprego permite situações de desconforto para o empregado, que acaba ainda mais submisso, por questões de necessidade.

3.3. A reforma da previdência e a pandemia de Covid-19

A Emenda Constitucional n. 103/2019 trouxe alterações significativas para os segurados do Regime Geral de Previdência, do qual fazem parte a maioria dos brasileiros.

Dentre tantas mudanças, a princípio, sem vantagens diretas aos segurados, pelo contrário, teve-se como principais: a criação de uma idade mínima para as aposentadorias voluntárias do RGPS, inclusive a especial; a alteração do critério de carência para novos filiados ao RGPS do sexo masculino, com o aumento de 15 para 20 anos; a mudança na apuração do salário de benefício, que passa a ser igual à média de todos os salários de contribuição desde julho de 1994; o critério de cálculo da renda mensal inicial das aposentadorias, inclusive a por invalidez, salvo a acidentária; a alteração no direito à pensão por morte, auxílio-reclusão e salário-família; a previsão de aposentadoria de empregados públicos com cessação do vínculo de emprego, inclusive por atingimento da idade "compulsória" aplicada a ocupantes de cargos; e regras mais restritivas de acumulação de benefícios, especialmente de aposentadoria e pensão, entre outras regras incluídas[34].

Alguns benefícios foram praticamente extintos, com regras de transição que para muitos sequer trarão vantagens. Muitos segurados foram ou serão prejudicados com as novas regras.

---

(33) SILVA, Leonardo Rabelo de Matos; LOUREIRO, Marcus Lannes; GRISOLIA, Bruna Adnet. Mobile: o novo empregado. *Anais do XVII Congresso Nacional do CONPEDI*, Brasília — DF, nov. 2008.

(34) CASTRO, Carlos Alberto Pereira de; LAZZARI, João Batista. *Manual de direito previdenciário*. 23. ed. Rio de Janeiro: Forense, 2020.

Veja-se, por exemplo, a extinção da aposentadoria por tempo de contribuição, que trouxe regras de transição para os segurados inscritos antes da EC 103/2019. Dentre estas regras de transição, a menos prejudicial exige cumprimento de pedágio de 50% (cinquenta por cento) do tempo faltante até a vigência da Reforma, em 13.11.2019, regra que "beneficia" somente aqueles que estavam no máximo há dois anos para completar o tempo mínimo exigido. Além disso, trouxe mudanças na forma de cálculo, mudanças estas que na maioria dos casos práticos reduzem significativamente o valor a que teria direito o segurado, se atingido o tempo necessário antes da reforma.

Tem-se, portanto, que a mais branda regra de transição para a aposentadoria por tempo de contribuição, trazida com a reforma, exige mais do que as modificações oriundas da Emenda Constitucional n. 20, de 1998, quando se extinguia a chamada aposentadoria proporcional, porém, com pedágio de 40% (quarenta por cento) do tempo faltante, que poderia atingir a todos, não somente aqueles que estivessem no máximo os próximos dois anos, como o fez a regra atual.

Para aqueles que estivessem distantes mais do que 24 (vinte e quatro) meses de atingir o tempo mínimo de contribuição para a aposentadoria por tempo, a atual reforma foi ainda mais cruel, pois exige o cumprimento de acréscimo de 100% (cem por cento) de tempo faltante até a data da EC 103/2019, além de também exigir idade mínima.

Tanto as novas normas, quanto as regras de transição, visaram estender o tempo de contribuição, adiar a aposentadoria, modificar a forma de cálculo, que não mais retira do cômputo de média os 20% (vinte por cento) menores salários de contribuição, e passaram para a maioria dos benefícios a exigência do cumprimento de 35 (trinta e cinco) anos de contribuições para as mulheres, e 40 (quarenta) anos para os homens, como forma de atingir a média de 100% (cem por cento), para o cálculo da RMI (Renda Mensal Inicial).

O que nos parece mais sensível à população, que causa tantos dissabores, é o fato de que tais mudanças vieram como regras que mudam não só no início ou no meio da partida, mas também no final, gerando angústias porque as expectativas eram por demais diferentes.

Todos os benefícios tiveram impactos com as novas regras. A aposentadoria por idade, que passou a exigir como carência do homem 20 (vinte) anos, mantendo em 15 (quinze) para as mulheres, porém, aumentando a idade exigida destas para os 62 (sessenta e dois) anos. Passou o cálculo a não mais retirar os 20% (vinte por cento) menores valores, ao auferir a média de contribuições. A pensão por morte passou a ser fracionada conforme o número de dependentes, e o valor base, quando não aposentado o instituidor ou não falecer em virtude de acidente do trabalho, será calculado com base na aposentadoria por incapacidade permanente, que também passou a seguir a regra do coeficiente de 60% (sessenta por cento), para contribuições de até 20 (vinte) anos para os homens, e 15 (quinze) anos para as mulheres. Mudanças drásticas.

Retomam-se os questionamentos se tais mudanças ferem o direito ou a justiça, ou ainda, impactam com relação aos direitos fundamentais e direitos socais. Pois ferem em muito as expectativas dos trabalhadores.

Princípio muito invocado no direito previdenciário, o da solidariedade, faz com que seja percebida a necessidade de que todos deverão contribuir com o sistema da Seguridade Social.

Esta solidariedade, se corretos os argumentos utilizados para a reforma, de que seriam gerados incrementos na economia, e de que o sistema entraria em colapso não fossem tomadas medidas para limitar e reduzir as despesas com a seguridade, parece necessária também, a ponto de que deverão os segurados se conformar com tais restrições de direitos. Reali[35] menciona a solidariedade na divisão do trabalho e sua relação com o Estado:

> A solidariedade resultante da divisão do trabalho e o princípio da integração, que marca uma tendência geral no desenvolvimento dos círculos sociais, são condições objetivas condicionantes da ordem jurídica positiva, mas não a realizam sem o poder, sem o elemento volitivo, representado pela decisão.

Portanto, a solidariedade deve ser observada quando pensadas as possíveis injustiças trazidas pela reforma da previdência. A lei alterada para suprimir direitos.

Tanto que a solidariedade se observa nos benefícios assistenciais, como o Benefício de Prestação Continuada (BPC), ou o próprio auxílio-emergencial, criado especialmente para o período de pandemia da Covid-19. É certo que não se imaginava tamanho acontecimento, em que mais empregos foram perdidos e as economias sofreram grandes impactos. O BPC teve ampliado de forma provisória seu atendimento, quando passou a exigir como renda *per capita* o valor de meio salário-mínimo para sua concessão, o dobro previsto desde sua criação. Os reflexos são sentidos de várias formas. Com as regras trazidas pela Reforma, muitos daqueles que tiveram cessados seus empregos perderam a qualidade de segurado, de forma que, sem empregos formais ou novas contribuições, tornam-se candidatos ao recebimento de benefícios assistenciais. Ainda que retomado o trabalho, restarão brechas de contribuição que, por conta das alterações da EC n. 103/2019, serão sentidas como impacto financeiro no valor dos benefícios, por conta de reduzir os períodos de contribuição.

Todavia, o colapso do financiamento da seguridade social deve ser levado em consideração. A população está envelhecendo, ao passo em que ocorre a diminuição da taxa de fecundidade/nascimentos. Ocorre no Brasil particularmente pelo fenômeno da precarização da mão de obra, da informalidade dos mercados, minando a fonte básica dos recursos, ou seja, as contribuições vertentes sobre a folha de pagamentos de empregados — fenômeno este agravado pela "reforma trabalhista", levada a efeito a partir da Lei n. 13.467, de 2017[36].

Apesar de reduzir direitos, não se poderia dizer que violados direitos fundamentais, porque a maioria dos benefícios não deixou de existir.

Assim, talvez se possa ver a Reforma da Previdência Social como um mal necessário, como aquele advindo da Reforma Trabalhista. Ou, como já se disse, a aplicação de uma menor injustiça, de forma a evitar uma injustiça maior, que seria a interrupção dos pagamentos dos benefícios por falta de arrecadação ou situações de desemprego em massa. Um conflito que se absorve em menores angústias, determinado pela lei, amparado pelo direito.

---

(35) REALE, Miguel. *Teoria do direito e do Estado*. 5. ed. São Paulo: Saraiva, 2000, p. 113.

(36) CASTRO, Carlos Alberto Pereira de; LAZZARI, João Batista. *Manual de direito previdenciário*. 23. ed. Rio de Janeiro: Forense, 2020.

CONSIDERAÇÕES FINAIS

A proteção ao trabalho e à seguridade social surgiu e evoluiu para a melhor distribuição de direitos sociais aos trabalhadores e à população em geral. Os benefícios são criados para atender as necessidades como forma de manter um equilíbrio social.

As reformas trabalhista e previdenciária trouxeram mudanças significativas, infelizmente, alterações que visam suprimir direitos.

Os impactos da pandemia da Covid-19 vieram para agravar os prejuízos trazidos pelas reformas, em especial, àqueles segurados que não puderam se manter no mercado de trabalho ou necessitaram interromper suas contribuições.

Apesar disso, benefícios assistenciais foram ampliados e segue a esperança de que tudo passe, para que a situação se normalize com relação à economia, com a geração de emprego e renda, de forma que a população possa voltar a garantir seu sustento e contribuir com o sistema, que funciona com base na solidariedade.

O que se pode concluir é que tanto a legislação trabalhista quanto a previdenciária precisam acompanhar a realidade econômica e social do país, mesmo que restrinja direitos anteriormente estabelecidos, porque necessário impedir situações de desemprego, e o colapso financeiro, decorrente de gastos superiores à própria arrecadação. Assim, por mais injusto que possa parecer, se reais os números apresentados pelos governantes, tem-se como necessárias as mudanças, para a garantia de que maiores injustiças não ocorram no futuro. Não se pode, entretanto, permitir que direitos fundamentais sejam suprimidos, o que causaria um desequilíbrio no sistema e degradação dos trabalhadores empregados.

REFERÊNCIAS

AMADO, Frederico. *Direito previdenciário*: coleção sinopses para concursos. 7. ed. Salvador: Juspodivm, 2015.

CAMPOS, Carlos Alexandre de Azevedo. *Estado de coisas inconstitucional*. Salvador: Juspodivm, 2017.

CASTRO, Brunna Rafaely Lotife. A evolução histórica do Direito do Trabalho no mundo e no Brasil. *JusBrasil*, out. 2013. Disponível em: <https://brunnalotife.jusbrasil.com.br/artigos/111925458/a-evolucao-historica-do-direito-do-trabalho-no-mundo-e-no-brasil>. Acesso em: 4 jul. 2023.

CASTRO, Carlos Alberto Pereira de; LAZZARI, João Batista. *Manual de direito previdenciário*. 23. ed. Rio de Janeiro: Forense, 2020.

DRAGO, Guilherme Dettmer. *Manual de direito constitucional*. Caxias do Sul, RS: Educs, 2019.

FERREIRA FILHO, Manoel Gonçalves. *O poder constituinte*. 6. ed. São Paulo: Saraiva, 2014.

HACK, Érico. *Direito constitucional*: conceitos, fundamentos e princípios básicos. Curitiba: InterSaberes, 2012.

IBRAHIM, Fábio Zambitte. *Curso de direito previdenciário*. 7. ed. Rio de Janeiro: Impetus, 2006.

ISRAEL, Jean Jacques. *Direito das liberdades individuais*. São Paulo: Manole, 2005.

LEITÃO, André Studart; MEIRINHO, Augusto Grieco Sant'Anna. *Manual de direito previdenciário*. 2. ed. São Paulo: Saraiva, 2014.

LIMA, Francisco Menton Marques de; LIMA, Francisco Péricles Rodrigues Marques de. *Reforma trabalhista*: entenda ponto por ponto. São Paulo: LTr, 2017.

MELLO, Cleyson de Moraes; MOREIRA, Thiago. *Direitos fundamentais e dignidade da pessoa humana*. Rio de Janeiro: Freitas Bastos, 2015.

MESSA, Ana Flávia. *Direito constitucional*. 5. ed. São Paulo: Rideel, 2018.

NEVES, Gustavo Bregalda. *Manual de direito previdenciário*: direito da seguridade social. São Paulo: Saraiva, 2012.

OLIVEIRA, Lamartino França de. *Direito previdenciário*. 2. ed. São Paulo: RT, 2006.

REALE, Miguel. *Teoria do direito e do Estado*. 5. Ed. São Paulo: Saraiva, 2000.

SANTOS, Marisa Ferreira dos. *Direito previdenciário esquematizado*. In: LENZA, Pedro (Coord.). 4. ed. São Paulo: Saraiva, 2019.

SEN, Amartya. *A ideia de justiça*. São Paulo: Cia. das Letras, 2001.

SETTE, André Luiz Menezes Azevedo. *Direito previdenciário avançado*. 2. ed. Belo Horizonte: Mandamentos, 2005.

SILVA, José Afonso da. *Aplicabilidade das normas constitucionais*. 3. ed. São Paulo: Malheiros, 1998.

SILVA, Leonardo Rabelo de Matos; LOUREIRO, Marcus Lannes; GRISOLIA, Bruna Adnet. Mobile: o novo empregado. *Anais do XVII Congresso Nacional do CONPEDI*, Brasília — DF, nov. 2008.

SILVA, Paula Jaeger da. Evolução histórica do direito do trabalho. *Revista Páginas de Direito*, Porto Alegre, out. 2018. Disponível em: <https://www.paginasdedireito.com.br/index.php/artigos/384-artigos-out-2018/7832-evolucao-historica-do-direito-do-trabalho>. Acesso em: 4 jul. 2023.

VIANNA, João Ernesto Aragonés. *Curso de direito previdenciário*. 3. ed. São Paulo: Atlas, 2010.

VIEIRA, Marco André Ramos. *Manual de direito previdenciário*. 5. ed. Niterói: Impetus, 2005.

ZIMMERMAN, Cirlene Luiza *et al*. *Reforma trabalhista interpretada*. 2. ed. Caxias do Sul: Editora Plenum, 2017.

ZYGMUNT, Bauman. *Modernidade líquida*. Trad. DENTZIEN, Plínio. Rio de Janeiro: Jorge Zahar Ed., 2001.

O direito social ao trabalho digno

The social right to dignified work

Rogério Renzetti (*)

Guilherme de Luca (**)

Resumo: O estudo analisará as questões de dignidade da pessoa humana no ambiente de trabalho. Para tanto, responderá o seguinte questionamento: Nos dias atuais, os mecanismos de legislação vigentes visam a efetiva tutela da dignidade da pessoa humana no ambiente laboral? Para responder tal questão, parte-se o estudo acerca da análise sobre a democracia, trazendo diversos debates acerca da compreensão e a ideia de que a cidadania está interligada a direitos e obrigações, obtendo-se primários e essenciais pelos quais se faz a concepção desse direito, sendo ligados a pensamentos e estudos políticos e teóricos. A pesquisa tem como objetivo geral analisar os prismas da dignidade humana no ambiente laboral. Por sua vez, de forma específica, verificará, ainda, os entraves apresentados no trabalho escravo contemporâneo e o papel do direito na referida regulamentação. Utiliza-se a metodologia de pesquisa dedutiva, valendo-se a compreensão na análise de textos e artigos jurídicos, bem como na comparada bibliográfica atual.

Palavras-chave: Dignidade humana. Trabalho digno. Escravidão contemporânea.

Abstract: The study will analyze issues of human dignity in the workplace. To do so, it will answer the following question: Nowadays, do the current legislation mechanisms aim at the effective protection of the dignity of the human person in the work environment? To answer this question, the study starts with the analysis of democracy, bringing several debates about the understanding and the idea that citizenship is intertwined with rights and obligations, obtaining primary and essential by which the conception of this is made. law, being linked to political and theoretical thoughts and studies. The general objective of the research is to analyze the prisms of human dignity in the work environment. In turn, in a specific way, it will also verify the obstacles presented in contemporary slave labor and the role of law in said regulation. The deductive research methodology is used, making use of the understanding in the analysis of legal texts and articles, as well as in the current bibliographic comparison.

Keywords: Human dignity. Decent Work. Contemporary slavery.

Sumário:

(*) Doutorando e Mestre em Direito pelo PPGD/UVA. Especialista em Direito e Processo do Trabalho pela Escola de Magistratura da Justiça do Trabalho no Estado do Rio de Janeiro. Bacharel em Direito. Advogado. Master em Programação Neurolinguística (PNL). Professor do curso em Ciências Jurídicas no Centro Universitário IBMR (Grupo Ânima). Advogado Orientador do NPJ e Professor na Uninassau-RJ. Professor do CERS Cursos Online e em cursos preparatórios para concursos públicos na área jurídica, pós-graduação, preparatórios para o Exame de Ordem dos Advogados do Brasil e prática para Advogados na modalidade presencial e online. Membro do Grupo de Pesquisa vinculado à FUNADESP, sob a coordenação da Profa. Benizete Ramos de Medeiros, vinculado ao PPGD/UVA.

(**) Mestre em Teoria Geral do Direito e do Estado pelo Centro Universitário Eurípides de Marília — Univem/SP. Professor Universitário (IBMR/RJ, UNISUAM/RJ) e em cursos preparatórios (Alfacon/PR). Especialista em Direito e Processo do Trabalho. Especialista em Marketing e mídias digitais.

INTRODUÇÃO

O presente estudo fará uma análise sobre as questões de dignidade da pessoa humana no ambiente de trabalho. Para tanto, responderá o seguinte questionamento: Nos dias atuais, os mecanismos de legislação vigentes visam a efetiva tutela da dignidade da pessoa humana no ambiente laboral?

Para responder tal questão, parte-se o estudo acerca da análise sobre a democracia, trazendo diversos debates acerca da compreensão e a ideia de que a cidadania está interligada a direitos e obrigações, obtendo-se primários e essenciais pelos quais se faz a concepção desse direito, sendo ligados a pensamentos e estudos políticos e teóricos. A sua importância decorre da efetivação e garantia de direitos e deveres.

Por sua vez, falar em democracia, interliga-se ao imperioso estudo acerca da dignidade do trabalho, sendo este reconhecido como um valor intrínseco da pessoa humana, deita raízes no pensamento clássico e ideário cristão.

Nesta esteira, o presente estudo demonstrará como os direitos sociais estão relacionados ao trabalho, fazendo-se necessária a compreensão das duas histórias, posto que o desenvolvimento de ambas originara os direitos fundamentais sociais do trabalho.

Apontar-se-á sobre o valor social do trabalho, demonstrando-se importante, inicialmente, entender a história do trabalho, posto que influencia o valor social do trabalho, o qual, por sua vez, influenciou, com o passar dos tempos, a criação e desenvolvimento das normas trabalhistas, ou seja, a história do Direito do Trabalho.

Outro ponto de destaque, que será discorrido ao longo desta compreensão, diz respeito às questões do trabalho escravo contemporâneo, que, de antemão, percebe-se discorrer sobre uma variedade de violações dos direitos humanos, não se limitando a um atentado contra a liberdade pessoal da vítima. O que se faz é negar ao trabalhador os direitos básicos que o distinguem dos demais seres vivos. Antes de se atentar contra a liberdade, violenta-se a dignidade.

A pesquisa tem como objetivo geral analisar os prismas da dignidade humana no ambiente laboral. Por sua vez, de forma específica, verificará, ainda, os entraves apresentados no trabalho escravo contemporâneo e o papel do direito na referida regulamentação.

Utiliza-se a metodologia de pesquisa dedutiva, valendo-se a compreensão na análise de textos e artigos jurídicos, bem como na comparada bibliográfica atual.

1. A CENTRALIDADE DA DIGNIDADE DA PESSOA HUMANA NA ORDEM JURÍDICA

Tal como a cidadania, a dignidade da pessoa humana, fundamento e reconhecidamente princípio da Constituição Federal de 1988, conforme artigo 1º, inciso III, também encontra evolução histórica de acordo com as sociedades. Nesse sentido:

> [...] uma linha de desenvolvimento que remonta a Roma antiga, atravessa a Idade Média e chega até o surgimento do Estado liberal, a dignidade — *dignitas* — era um conceito associado ao status pessoal de alguns indivíduos ou à proeminência de determinadas situações. Como status pessoal, a dignidade representava a posição política ou social derivada primariamente da

titularidade de determinadas funções públicas, assim como o reconhecimento geral de realizações pessoais ou de integridade moral.[1]

Apesar de se ter a ideia de um conceito evolucional da dignidade humana como direito conquistado após lutas e períodos nefastos da humanidade, observa-se que há doutrinadores que defendam a dignidade com nascimento na religião.

Já Ingo W. Sarlet, acerca do assunto, diz que o "valor intrínseco da pessoa humana deita raízes no pensamento clássico e ideário cristão". Assim, apesar de não se ter "dados seguros" acerca do exposto, Ingo Sarlet observa que tanto no Antigo Testamento, quanto no Novo Testamento, há diversos trechos onde se mostra que o ser humano foi criado à imagem e semelhança de Deus, ou seja, nascendo dotado de valor próprio que lhe é predestinado e intrínseco, sendo ilegal sua transformação em objeto ou instrumento de outrem.[2]

Apesar do reconhecimento da vertente da qual reconhece a dignidade com nascimento na religião, tem-se que o conceito de dignidade como um atributo do ser humano foi alterado a partir do século XVIII, por meio do movimento iluminista, onde a religião foi retirada do "plano de centro das atenções", tornando-se o homem o centro da humanidade.

Imannuel Kant[3] ensina que o homem pode ser entendido como um fim em si mesmo, sendo vedado seu tratamento como objeto ou acessório estatal, tendo em vista a dignidade da pessoa humana. Assim, o homem deve ser tratado com respeito e considerado um ser individual, merecedor de tratamento digno.

Tal entendimento passou por modificações com o decorrer do tempo, alcançando sua defasagem máxima durante a Segunda Guerra Mundial, momento em que o homem foi coisificado, sendo possível sua destruição moral e vital.

Aliás, consta esclarecer que a dignidade humana volta a ressurgir posteriormente à Segunda Guerra Mundial, quando a ideia de dignidade da pessoa humana migra paulatinamente para o mundo *jurídico*, em razão de dois movimentos. O primeiro movimento acerca da dignidade humana seria provindo da cultura "pós-positivista, que reaproximou o Direito da filosofia moral e da filosofia política, atenuando a separação radical imposta pelo positivismo normativista", e o segundo movimento "consistiu na inclusão da dignidade da pessoa humana em diferentes documentos internacionais e Constituições de Estados democráticos".[4]

Apesar do exposto, Barroso revela que, apesar da dignidade humana ter sido convertida em um conceito jurídico, ainda se tem a dificuldade de lhe prover um "conteúdo mínimo, que a torne uma categoria operacional e útil, tanto na prática doméstica de cada país quanto no discurso transnacional".[5]

---

(1) BARROSO, Luíz Roberto. *A dignidade da pessoa humana no direito constitucional contemporâneo.* A construção de um conceito jurídico à luz da jurisprudência mundial. Tradução: Humberto Laport de Mello. 3ª reimpressão. Belo Horizonte: Fórum, 2014, p. 13-14.

(2) SARLET, Ingo Wolfgang. *Dignidade da pessoa humana e direitos fundamentais.* Porto Alegre: Livraria do Advogado, 2001, p. 60.

(3) KANT, Immanuel. *Fundamentação da metafísica dos costumes e outros escritos.* Tradução de Leopoldo Holzbach, São Paulo: Martin Claret, 2004, p. 52.

(4) BARROSO, Luís Roberto. *Op. cit.*, p. 4.

(5) *Ibid.*, p. 4.

Pois bem. Após a guerra, nasceu grande movimento contra as barbaridades nazistas e fascistas, consagrando-se a dignidade da pessoa humana como valor internacional, momento em que os países começaram a reconhecê-la também em seus planos internos.

Neste sentido, diversas nações colocaram em suas Constituições a dignidade humana como fundamento do Estado ou princípio constitucional, podendo-se, por exemplo, lembrar a Constituição italiana de 1947 e a lei fundamental alemã de 1949.

Em 1948, a Declaração Universal dos Direitos Humanos de 10 de dezembro de 1948 trouxe grande importância para a dignidade, colocando-a em seu primeiro dispositivo, o qual prevê que: "todos os seres humanos nascem livres e iguais em dignidade e direitos. Dotados de razão e consciência, devem agir um para com os outros em espírito e fraternidade".

Ademais, ressalta-se que o preâmbulo da Declaração Universal de Direitos Humanos, de modo universal, trouxe o "reconhecimento da dignidade inerente a todos os membros da família humana e dos seus direitos iguais e inalienáveis".

De forma não diferente, o preâmbulo do Pacto Internacional dos Direitos civis, políticos, bem como econômicos, sociais e culturais, promulgado em 1966, observou a dignidade da pessoa humana, trazendo o sentido de cidadãos como integrantes da família humana.

Com tais pactos e declarações, o valor da dignidade da pessoa humana se agigantou, passando a compor diversos documentos garantidores de direitos e deveres.

Assim, vistos os principais aspectos acerca do nascimento da dignidade da pessoa humana, passar-se-á, agora, à análise da mesma quanto ao Ordenamento Jurídico Brasileiro.

Em plano nacional, vê-se a Constituição Federal Brasileira, promulgada em 1988, a qual previu em sua escrita, de forma expressa, a dignidade da pessoa humana, colocando-a em lugar privilegiado, ou seja, no 1º artigo, inciso III, compondo um dos fundamentos da República Federativa do Brasil. Sendo assim, a dignidade passou a ser um dos pilares da CF/88 e do Estado Democrático de Direito, orientando, inclusive, direitos constitucionais e infraconstitucionais.

Dada a importância da dignidade, surgiu uma discussão acerca da sua maior importância em face ao direito à vida. Nesse sentido, vê-se quem observa que a vida é o direito mais fundamental encontrado na Constituição Federal (e até na Declaração Universal de Direitos do Homem/Humanos — DUDH), já que constitui pré-requisito a existência e exercício de todos os demais direitos.(6)

José Cretella Junior, em sua explanação sobre a CF/1988, diz que: "Bastaria que se tivesse dito 'o direito' ao invés de 'a inviolabilidade do direito à vida'". Nesse sentido, se a "vida é um direito" garantido pelo Estado, esse direito é inviolável, embora não "inviolado". "Se eu digo que é 'inviolável' (a correspondência, a intimidade, a residência, o sigilo profissional), '*ipso facto*', estou querendo dizer que se trata de rol de bens jurídicos dotados de inviolabilidade (inviolabilidade da correspondência, da intimidade, da residência, do sigilo profissional)".(7)

---

(6) MORAES, Alexandre de. *Direito constitucional*. 29. ed. São Paulo: Atlas, 2013, p. 61.

(7) CRETELLA JÚNIOR, José. *Comentários à Constituição Brasileira de 1988*. v. I, arts. 1º a 5º, LXVII. Rio de Janeiro: Editora Forense Universitária, 1988, p. 182-183.

Ressalta-se ainda que, no pensamento de Cretella Junior, o direito à vida é o primeiro dos direitos invioláveis assegurados pela Constituição, obtendo dois sentidos: "(a) o 'direito a continuar vivo, embora se esteja com saúde' e (b) 'o direito de subsistência', remontando o primeiro à integridade física da pessoa humana e o segundo ao direito de prover a existência por meio do trabalho honesto.[(8)]

Pontes de Miranda, analisando o direito à vida, integridade física e psíquica, diz que: "O direito à vida é inato; quem nasce com vida, tem direito a ela. O direito à vida passa à frente do direito à integridade física ou psíquica (...)", "(...) o direito de personalidade à integridade física cede ao direito de personalidade à vida e à integridade psíquica".[(9)]

De todo o debate, depreende-se a ideia de que o direito à vida é importante, porém, sem dignidade não há de se falar em vida. Sendo assim, nasce a ideia de direito à vida digna. Pérez Luño observa, nesta esteira, que a dignidade da pessoa humana: "foi na história, e é atualmente, o ponto de referência de todas as faculdades que tratam do reconhecimento e afirmação da dimensão moral da pessoa"[(10)]. Indo além:

> [...] o caráter único e insubstituível de cada ser humano, portador de um valor próprio, veio a demonstrar que a dignidade da pessoa existe singularmente em todo indivíduo; e que, por conseguinte, nenhuma justificativa de utilidade pública ou reprovação social pode legitimar a pena de morte.[(11)]

Observa-se, assim, que tanto a DUDH quanto a CF/88 defendem, portanto, o direito à vida, cabendo ao Estado assegurar esse direito em dupla acepção, quais são: a) o direito de permanecer vivo; b) o direito de se ter uma vida digna como forma de subsistência.

Certo é que o legislador constituinte teve o cuidado de colocar a dignidade da pessoa humana no primeiro artigo da CF/88, de forma proposital, em lugar de destaque, demonstrando sua importância face a todos os direitos narrados na normativa, inclusive o direito à vida.

Aqui, então, torna-se necessária a conceituação da dignidade da pessoa humana, para entendimento do que esta representa para o ser humano. Importante destacar que tal conceituação é despretensiosa, posto que há clara dificuldade em se conceituar tal princípio.

José Afonso da Silva define ainda a dignidade como um valor supremo, que protege e atrai o conteúdo de todos os outros direitos fundamentais e humanos, desde o direito à vida[(12)].

Ademais, tem-se que a dignidade nasce com a origem dos direitos fundamentais, representando e fundamentando a essencialidade dos mesmos.

---

(8) CRETELLA JÚNIOR, José. *Comentários à Constituição Brasileira de 1988*. v. I, arts. 1º a 5º, LXVII. Rio de Janeiro: Editora Forense Universitária, 1988, p. 182-183.

(9) PONTES DE MIRANDA, Francisco Cavalcanti. *Tratado de Direito Privado*. Parte Especial, Tomo VII. 3. ed., reimpressão. Rio de Janeiro: Editor Borsoi: 1971, p. 14-29.

(10) PÉREZ LUÑO, Antonio Enrique. *Derechos humanos, estado de derecho y constitución*. 8. ed. Madri: Tecnos Editora, 2003, p. 49.

(11) COMPARATO, Fábio Konder. *A afirmação histórica dos direitos humanos*. São Paulo: Saraiva, 2008, p. 64.

(12) SILVA, José Afonso da. *Curso de Direito Constitucional Positivo*. 33. ed. atual. São Paulo: Malheiros, 2010, p. 105.

Ainda sobre a dignidade da pessoa humana, tem-se que essa remonta, de forma especial, à proteção dos direitos fundamentais, com dupla dimensão constitutiva:

> (...) a dignidade da pessoa humana assegura o reconhecimento e proteção dos direitos fundamentais, revestida de "dupla dimensão constitutiva": de uma parte, o valor impede a prática de ato administrativo, legislativo ou jurisdicional que contravenha a dignidade da pessoa humana, sob pena de invalidade; de outra parte, o valor impõe a promoção de condições materiais indispensáveis à existência digna, de sorte a preservar o mínimo existencial de cada pessoa humana, bem assim funciona como critério substantivo do método de ponderação, uma vez que garante que a solução de conflitos de direitos fundamentais prestigie a dignidade da pessoa humana, com repercussão no quadro de superação da clássica antinomia entre Direito Privado e Direito Público.[13]

Como se observa, inclusive, na passagem abaixo, exposta por Alice Monteiro de Barros[14], o nascimento do trabalho tem ligação com a dignidade humana:

> Sustenta-se que os primeiros trabalhos foram os da Criação. É o que se infere do Pentateuco, mais precisamente do livro Gênesis, que narra a origem do mundo: "Deus acabou no sétimo dia a obra que tinha feito; e descansou... (Gen. 2, 2.). O trabalho não tem aqui conotação de fadiga e o repouso é desprovido do sentido de recuperação de esforços gastos. Do mesmo livro Gênesis consta que "...o Senhor Deus tomou o homem e o colocou no paraíso de delícias para que o cultivasse e guardasse..." (Gen. 2: 15). Verifica-se dessa passagem que, mesmo antes do pecado original, Adão já trabalhava. O trabalho é uma possibilidade de continuar a obra criadora de Deus. Com o pecado original, a doutrina cristã destaca não o trabalho em si, mas a fadiga, o esforço penoso nele contido, como se constata do mesmo livro Gênesis, 3, 17-19: "Porque deste ouvido à voz de tua mulher, e comeste da árvore, de que eu tinha te ordenado que não comesses, a terra será maldita por tua causa; tirarás dela o sustento com trabalhos penosos, todos os dias da tua vida. Ela te produzirá espinhos e abrolhos, e tu comerás a erva da terra. Comerás o pão com o suor do teu rosto até que voltes à terra, de que foste tomado; porque tu és pó, e em pó te hás de tomar". O homem está, pois, condenado a trabalhar para remir o pecado original e resgatar a dignidade que perdera diante de Deus. O trabalho tem um sentido reconstrutivo [...]

2. O DIREITO SOCIAL AO TRABALHO DIGNO

A história do trabalho e a história do Direito do Trabalho se diferem, sendo objetos distintos. Na história do trabalho[15], o intuito é conhecer a infraestrutura social e

(13) MORAES, Guilherme Braga da Peña de. *Readequação constitucional do Estado moderno*: transformações do conceito de Estado no Direito Constitucional do limiar século XXI. Dissertação de Mestrado. Programa de Pós-Graduação em Direito do Departamento de Direito da PUC-RJ. 2005. p. 65.

(14) BARROS, Alice Monteiro de. *Curso de direito do trabalho*. 10. ed. São Paulo: LTr 80, 2016, p. 45.

(15) O trabalho pode ser considerado como o conjunto de atividades desempenhadas por uma pessoa que pode ser remunerada ou assalariada.

como o trabalho se desenvolveu nos diferentes sistemas de produção, ao passo que o Direito do Trabalho tem por objeto a estrutura normativa e a finalidade do trabalho, com aplicação de normas para dirimir conflitos e preservar o *status dignitas* do trabalhador.

É correto afirmar que para o estudo dos direitos sociais relacionados ao trabalho, faz-se necessário o estudo das duas histórias, posto que o desenvolvimento de ambas originara os direitos fundamentais sociais do trabalho. De forma similar, para o estudo do valor social do trabalho, demonstra-se importante, inicialmente, entender a história do trabalho, posto que influenciou o valor social do trabalho, o qual, por sua vez, influenciou, com o passar dos tempos, a criação e desenvolvimento das normas trabalhistas, ou seja, a história do Direito do Trabalho.

Desta forma seguirá o estudo no presente tópico, iniciando-se pela objetiva e delimitada análise da história do trabalho, para significar o valor social do trabalho, demonstrando que este influenciou diretamente a criação de normas trabalhistas e os direitos fundamentais sociais do trabalho. Ao final, ver-se-á o valor social do trabalho com fundamentos na Constituição Federal de 1988.

Pois bem. O trabalho existe desde o início da humanidade, o qual era feito como método de sobrevivência, sem retribuição pecuniária. Com o avançar dos séculos, o trabalho ficou marcado como uma atividade que era desenvolvida de forma negativa, com olhares pejorativos, posto que trazia sofrimento e era sinônimo de realização de trabalhos pesados, tarefas atualmente reconhecidas como indignas.

A primeira forma de trabalho propriamente dita, a qual também não continha retribuição pecuniária, porém trazia riqueza e ganhos para os "empregadores", foi a escravidão. O escravo não era reconhecido como sujeito de direitos, mas sim como uma propriedade de seu adquirente.

A exemplo disso, na Grécia e na Itália antiga, o trabalho, além de possuir sentido pejorativo, compreendia força física, posto que realizados por escravos. A dignidade, naquela época, existia tão somente para os que exerciam direitos de cidadania, reconhecidos como *politas*, na Grécia; e *cives*, na Roma antiga.

Na Grécia, os *politas* — nomenclatura dada aos cidadãos que exerciam direitos de cidadania da *Pólis* — praticavam atos democráticos, decidindo sobre o desenvolvimento da cidade, ao passo que na Itália eram os *cives* que faziam atos democráticos. Em Atenas, por exemplo, existiam votos diretos, sendo que em Roma o voto era direito das centúrias — infantaria do exército — que possuíam valores diferentes nas votações. Importante destacar que o órgão principal de Roma era o Senado, considerado como um órgão administrativo da Monarquia romana. Destes atos democráticos, reconhecidos como um dos primeiros atos de cidadania, eram excluídos os escravos, os quais tão somente ficavam com o trabalho bruto e sem direitos.

A escravidão durou séculos, passando por diversos momentos históricos, como Egito Antigo, Grécia Antiga, Roma Antiga, idade média, períodos coloniais, dentre outros. No Brasil, *in verbis*, reconhecido como um país muito jovem, a escravidão durou três séculos, datados casos de 1550 até 1888, ano que fora oficialmente extinta a escravidão via Lei Áurea.[16] Apesar da existência da escravidão, outros métodos de trabalho indignos subsistiram, os quais serão vistos a seguir.

---

(16) Apesar da extinção da escravidão em 13 de maio de 1888, sabe-se que casos continuaram a existir, e persistem, em menores proporções, até hoje, porém de forma ilegal e criminosa.

Na época feudal, houve a servidão, posto que os senhores feudais proviam proteção militar e política a seus servos, ao passo que os mesmos os retribuíam com serviços em suas terras. Assevera-se que os servos não podem ser reconhecidos como sujeitos de direito, posto que não lhes eram garantidos o direito de liberdade e dignidade, com a existência de punição severa em caso de desacato.

Em outro momento, surgiu as corporações de ofício, onde se tinha os mestres, os aprendizes e os companheiros. Os mestres eram proprietários de oficinas, os companheiros eram trabalhadores remunerados e os aprendizes eram jovens, geralmente de 12 a 14 anos, os quais recebiam dos mestres o ensino do ofício, ficando sob responsabilidade dos mesmos, os quais, além de jornadas abusivas, eram submetidos, em caso de descumprimento de ordens, a castigos, inclusive corporais.

Com o edito de extinção, em 1776, das corporações de ofício, iniciou-se um breve período de lacuna até a extinção total de todas, que ocorreu por volta de 1789, com a Revolução Francesa. Somente com o período revolucionário se conseguiu suprimir todas as corporações de ofício, que foram consideradas contrárias ao ideal de liberdade. A Revolução Francesa, de um olhar político, foi um marco histórico importante para a civilização, posto que cooperou com o fim de determinados abusos, porém, em outro contexto, trouxe a possibilidade de opressão dos mais fracos, não sendo eficaz no campo social. Nesse sentido:

> Sob a afirmação da igualdade perante a lei, a Revolução adotou o princípio do respeito absoluto à autonomia da vontade, cuja consequência foi a não intervenção estatal nas relações contratuais (*laissez-faire*), consagrando, assim, o liberalismo econômico, facilitando a exploração do trabalhador.(17)

Com a Revolução Industrial, houve mudança na forma de se fazer o sistema de produção, bem como a nova aplicação da teoria liberal, onde não mais poderia o Estado intervir na relação privada. Tal fato também facilitou a exploração do trabalho, posto que se objetivava, a todo custo, a obtenção de lucro, diminuição de gastos na produção, com consequente diminuição de salário, submissão excessiva, jornadas exaustivas, falta de dignidade no ambiente laboral e nas condições de vida dos trabalhadores.

Apesar da condição indigna narrada até este momento, houve, de alguma forma, avanço no valor social do trabalho nestes séculos de exploração via escravidão, servidão ou trabalho indigno. Com a transição da oficina para a fábrica, no período da Revolução Industrial, viu-se a necessidade de avanço ainda maior na valorização do trabalho, ainda não suficiente, porém continua, a qual concebeu, no século XIX, o Direito do Trabalho, com as primeiras normas protetivas. Como todos os momentos revolucionários, tal direito só nasceu com rebeliões e lutas sociais.

Certo é que durante a evolução histórica do trabalho humano, logicamente ligada à evolução da sociedade e do próprio homem, vários foram os modos de trabalho e métodos de produção utilizados, os quais passaram a gerar riqueza e auxiliar, ainda

(17) CASAGRANDE, Lilian Patrícia Direitos sociais dos trabalhadores [dissertação]: os desafios da proteção diante do *dumping* social. Dissertação (mestrado) — Universidade Federal de Santa Catarina, Centro de Ciências Jurídicas. Programa de Pós-Graduação em Direito. Programa de Mestrado em Direito. — Florianópolis, SC, 2013. 170 p. *Apud* SÜSSEKIND, Arnaldo. *Direito constitucional do trabalho*. 4. ed. Rio de Janeiro: Renovar, 2010. p. 7-8.

mais, o desenvolvimento humano. Porém, praticamente todos os momentos, até os dias hodiernos, foram marcados por abusos contra o trabalhador.

Com o advento do Capitalismo — sistema econômico baseado na produção com fins lucrativos —, o qual se perpetua até hoje na grande maioria do mundo, o homem iniciou sua busca a outras formas de produção não utilizadas anteriormente, as quais trouxeram o pensamento de que a melhor utilização do tempo seria importante para a otimização do trabalho humano, posto que, consequentemente, produzir-se-ia mais e, como um efeito cascata, gerar-se-ia mais riqueza e empregos.

Com a otimização do trabalho humano, duas correntes produtivistas se agigantaram e foram cognominadas como modo de produção fordista e toyotista.

Antes de se entrar na explicação dos modos de produção alusivos acima, faz-se necessário entender que tais modos foram originados de um só "pai", o modo de produção taylorista. Neste sentido, para melhor entendimento:

> Taylor introduziu na indústria o conceito de eficiência no processo econômico. Fazendo uso do cronômetro, eliminou do trabalho os tempos mortos que o retardam. A tarefa de cada trabalhador é dividida nos menores componente operacionais visivelmente identificáveis. Cada componente é medido para apurar o menor tempo atingível sob condições de desempenho ótimas. O trabalho do operário é um trabalho de mera execução.[18]

Iniciando-se pela análise do sistema fordista de produção, tem-se que esse é caracterizado especialmente pela produção em série, onde o sistema organizacional do trabalho é essencial. Deve-se, para a produção em série, ter-se uma harmonia entre todos os setores de produção, para que em poucos minutos ou horas o trabalho do produto seja concluído, tal como visto no processo de montagem de automóveis. Henry Ford, criador dos automóveis Ford, idealizador inicial do que se chamaria sistema fordista de produção, utilizou-se das ideias de Taylor, criador do modo taylorista, principalmente no tocando ao fracionamento e gerenciamento da produção industrial.

Paulo Henrique Tavares Silva[19], ao observar o sistema fordista, revela que a implantação do modelo fordista se mostrou como a dação de um formato à extração da mais-valia do trabalhador, assumindo-se a sua feição relativa. Nesse sentido, a mais-valia é uma forma de organização do trabalho, destinado ao aumento da produção, consistente em:

> [...] aumentar a produtividade do trabalho, diminuindo o tempo necessário à reprodução da força de trabalho, o que pode ser obtido através de uma melhor organização da produção, ou pela introdução de técnicas produtivas mais eficientes (cooperação, divisão do trabalho, máquinas mais modernas etc.)[20]

(18) ROMITA, Arion Sayão. O princípio da igualdade e a reestruturação produtiva. *Revista dos Tribunais*, ano 31, n. 120, outubro-dezembro de 2005.

(19) SILVA, Paulo Henrique Tavares. *Valorização do trabalho como princípio constitucional da ordem econômica*: interpretação crítica e possibilidade de efetivação. Curitiba: Juruá, 2003, p. 45.

(20) *Ibid.*, p. 45.

Em outras palavras:

> Como funcionava a empresa taylorista e fordista em seu processo produtivo? Tratava-se de uma produção cronometrada, com ritmo controlado, produção homogênea, buscando, como disse Ford, que a opção do consumidor fosse escolher entre um carro Ford preto modelo T ou um carro Ford preto modelo T. A produção, por ser homogênea, produzida em ritmo seriado e em linhas rígidas, geraria uma produção em massa, tendendo a um barateamento dos preços e desse modo ampliando o consumo também de massa, cujos salários operários também foram incrementados.[(21)]

Correto afirmar que o modelo fordista otimizou e impulsionou a produção acelerada de veículos, posto que a oferta não se encontrava proporcional à demanda. Fora implementado, para isso, esteiras rolantes, tecnologia eletromecânica e a desnecessidade de mão de obra qualificada, posto que qualquer trabalhador conseguiria efetuar o trabalho e, consequentemente, todos se tornaram substituíveis. A partir deste momento, o capital começou a determinar o ritmo de produção e não mais o trabalho do homem, que até então era praticamente artesanal.

A Ford, reconhecida como novo modelo de produção, cooperou para o avanço dos valores sociais do trabalho, posto que implementou jornada de oito horas diárias e salários bons para seus funcionários, apesar da cobrança excessiva na produção em massa. Tais fatores positivos possibilitaram maior qualidade de vida ao empregado do modelo fordista e um maior convívio familiar e social, ao contrário do que era visto no modelo taylorista.

O fordismo imperou até o final dos anos 60, momento em que começou a ver um modelo nipônico tomar a frente, principalmente após os anos 70, onde houve o choque do petróleo. O modelo nipônico foi cognominado como toyotismo, posto que provindo da montadora de automóveis Toyota.

O toyotismo utilizou todos os pontos bons que o fordismo se valia para a produção de automóveis, porém, com um diferencial: maior flexibilidade na produção, algo totalmente diverso da Ford, a qual era rígida.

Assim, fortaleceu-se o trabalho em equipe, com melhoramento contínuo do sistema de produção, utilizando o método *just in time.* Ao contrário dos demais modelos, o toyotismo trabalhava com estoques baixos, adquirindo matéria-prima e regendo a produção de acordo com a demanda.

Entretanto, houve também diversos pontos negativos para o trabalho em si, posto que a contratação de mão de obra seguia o aquecimento do mercado, havendo grande flutuação de funcionários na empresa, sem grande estabilidade. Assim, fez-se com que o labor passasse a ter *status* de mercadoria, desagregando valor ao trabalho, fato que era combatido desde o início do capitalismo industrial e desde a fundação da Organização Internacional do Trabalho – OIT.

Portanto, o que se viu nesse recorte histórico foi que o modelo taylorista, conhecido por sua intensa subordinação e cobrança, foi atenuado pelo fordismo, sendo que foi prosseguida pelo toyotismo, com outras variações negativas. Porém, infere-se

---

(21) SILVA, Maria Ozanira da; YAZBEK, Maria Carmelita (orgs.). *Políticas públicas de trabalho e renda no Brasil Contemporâneo.* São Paulo: Cortez, 2006, p. 42.

destacar que os três sistemas apresentados obtinham como intuito único o lucro, não demonstrando grandes preocupações com os trabalhadores. Inclusive, pontos positivos, como a jornada de oito horas diárias implementada pelo sistema fordista, também visavam o lucro, posto que a produtividade aumentaria.

Por todos os fatores apresentados até aqui, criou-se os valores sociais do trabalho. Importante destacar que os fatores foram apresentados de forma delimitada, posto que há demais períodos históricos que também basearia a elevação do trabalho e do direito do trabalho para o *status* de ferramenta fundamental à garantia da dignidade da pessoa humana.(22)

Pois bem. Dado todos os motivos históricos onde se viu trabalhadores serem tratados de forma indigna, o que de forma contínua veio melhorando com o passar dos tempos, iniciou-se a inclusão dos valores sociais do trabalho e direitos do trabalho em declarações, pactos internacionais e constituições internas de países. *In verbis*, é possível ver no Pacto de San José da Costa Rica e na Declaração Universal de Direitos Humanos a importância que, no século XX, já se dava ao trabalho.

Não diferente ocorreu no Brasil, que, em 1988, inaugurou a Constituição Federal contendo em seu artigo 1º os fundamentos da República Federativa do Brasil, trazendo em plano especial e de destaque os valores sociais do trabalho.

Não obstante, colocou-se em plano diferencial os direitos do trabalhador, reconhecidos como direitos sociais nos artigos 6º ao 11, onde se vê direitos individuais e coletivos para fins de proteção do trabalhador, com regras específicas, as quais tomam validade de cláusula pétrea, a fim de evitar a flexibilização e mitigação dos direitos básicos e mínimos ali previstos. Criou-se, então, direitos e valores basilares para o trabalho, engrandecendo-o após períodos de descaso e utilização abusiva.

O acesso ao trabalho consiste em importante instrumento de concretização da dignidade humana, sendo indispensável à configuração da sociedade inclusiva que caracteriza um Estado Democrático de Direito. Trata-se de direito social que reafirma a própria condição de cidadão, uma vez que, dentro de uma perspectiva contemporânea, a noção de cidadania pressupõe o acesso a direitos sociais e econômicos que possibilitem ao cidadão o desenvolvimento de todas as suas potencialidades.

O trabalho é a atividade humana diretamente relacionada com a própria vida, pois assegura a sobrevivência do indivíduo, garantindo a sua dignidade. Trata-se de direito social fundamental, cuja reivindicação é essencial, fazendo parte de todas as declarações de direito contemporâneas. Não é sem razão que a Declaração Universal dos Direitos Humanos, em seu art. 23.1, indica o trabalho como direito fundamental, ao dispor que: "Todo homem tem direito ao trabalho, à livre escolha do emprego, a condições justas e favoráveis ao trabalho e à proteção contra o desemprego.

---

(22) A dignidade da pessoa humana é o valor e o princípio subjacente ao grande mandamento, de origem religiosa, do respeito ao próximo. Todas as pessoas são iguais e têm direito a tratamento igualmente digno. A dignidade da pessoa humana é a ideia que informa, na filosofia, o imperativo categórico kantiano, dando origem a proposições éticas superadoras do utilitarismo: a) uma pessoa deve agir como se a máxima da sua conduta pudesse transformar-se em uma lei universal; b) cada indivíduo deve ser tratado como um fim em si mesmo, e — não como um meio para realização de metas coletivas ou de outras metas individuais. As coisas têm preço; as pessoas têm dignidade. Do ponto de vista moral, ser é muito mais do que ter. BARROSO, Luís Roberto. *A dignidade da pessoa humana no Direito Constitucional contemporâneo*: natureza jurídica, conteúdos mínimos e critérios de aplicação. Versão provisória para debate público. Mimeografado, dezembro de 2010, p. 152.

> "O trabalhador não é, apenas, um ser laborioso e produtivo, alguém que se dedica a cumprir escrupulosamente as múltiplas obrigações emergentes do contrato de trabalho, vendendo as suas energias laborais com o fito de obter um determinado rendimento patrimonial; antes e mais do que trabalhador, ele é uma pessoa e um cidadão, ainda que, ao celebrar e executar o contrato de trabalho, ele fique colocado sob a autoridade e direcção de outrem, inserindo-se no respectivo âmbito de organização."

À luz do artigo 11º do Código do Trabalho de Portugal, contrato de trabalho é aquele pelo qual uma pessoa singular se obriga, mediante retribuição, a prestar a sua atividade a uma ou mais pessoas, no âmbito da organização e sob a sua autoridade.

Por ser o empregador o titular da atividade econômica e dotado de alteridade (assunção dos riscos do negócio), a ordem jurídica lhe confere um complexo de poderes para que possa empreender a organização e a fiscalização da dinâmica empresarial. São os chamados poderes empregatícios ou poderes do empregador.

Entre os poderes do empregador, destaca-se o poder diretivo: diz respeito não apenas à organização técnica, mas também à boa ordem na empresa, buscando assegurar um padrão mínimo de moralidade e de garantia pessoal. É dever do empregador a manutenção da higidez material e moral do meio ambiente laboral, velando pela tutela da integridade física e psíquica de seus empregados. O respeito ao direito à inviolabilidade da dignidade, da intimidade, da vida privada e da honra dos empregados é um desdobramento desta garantia pessoal.

O exercício do poder diretivo encontra limite nos fundamentos e princípios constitucionais, assim como nos direitos fundamentais, com destaque para os direitos da personalidade, concebidos como direitos subjetivos que projetam a personalidade humana.

O trabalho é direito social previsto no artigo 6º, o qual deve ser interpretado de forma sistêmica com o artigo 1º, inciso III, em busca da unidade constitucional. Logo, todo o cidadão tem direito a um trabalho digno ou decente, que seja instrumento de concretização de sua dignidade e cidadania. Preconiza ainda o artigo 170, *caput*, que a ordem econômica, fundada na valorização do trabalho humano e na livre-iniciativa, tem por fim assegurar a todos existência digna, conforme os ditames da justiça social, observados, entre outros, os princípios da função social da propriedade (inciso III), da defesa do meio ambiente (inciso VI) e da busca do pleno emprego (inciso VIII). Todos estes fundamentos, objetivos e direitos fundamentais impõem limites ao exercício do poder diretivo do empregador, evitando-se o abuso de direito.

Assegurar o direito ao trabalho é atribuir concretude à dignidade, enquanto qualidade intrínseca a todo ser humano. É possibilitar o acesso do cidadão a instrumento indispensável à sua subsistência, à sua identificação no seio social, assim como à realização de seus sonhos e desejos. Quando o legislador constituinte estabelece o direito social ao trabalho, leia-se ao trabalho digno, não albergando as condições laborais aviltantes à dignidade da pessoa humana do trabalhador, como as que caracterizam o trabalho escravo contemporâneo.

3. TRABALHO ESCRAVO CONTEMPORÂNEO

A escravidão moderna compreende uma variedade de violações dos direitos humanos, não se limitando a um atentado contra a liberdade pessoal da vítima. O que se faz é negar ao trabalhador os direitos básicos que o distinguem dos demais seres vivos. Antes de se atentar contra a liberdade, violenta-se a dignidade.

O escravo contemporâneo encontra-se em situação vulnerável, sem qualquer perspectiva de realizar outra atividade que garanta sua sobrevivência e sem o grau de conhecimento mínimo que lhe permita questionar as péssimas condições de trabalho que lhe são oferecidas. Assim, para a caracterização do trabalho em condição análoga à de escravo, o que deve ser observado é o grau de domínio que exerce o tomador dos serviços em relação ao trabalhador; a sujeição que o primeiro impõe ao segundo[23]. Tudo isso leva a um estado em que sua vontade é anulada, acarretando uma situação de sujeição.

Na Convenção n. 29 da OIT[24], configura-se o trabalho forçado ou obrigatório, não somente com a ausência de livre consentimento do trabalhador, mas também quando o caráter obrigatório da prestação de serviços decorra da anulação de sua vontade, por qualquer circunstância. A vulnerabilidade da vítima do trabalho escravo contemporâneo impõe um estado de sujeição que acarreta o cerceamento da liberdade de locomoção e de autodeterminação por meio de mecanismos de coação psicológica e/ou física.

Características do trabalho escravo contemporâneo:

a) condições degradantes de trabalho são as que configuram desprezo à dignidade da pessoa humana, pelo descumprimento dos direitos fundamentais do trabalhador, em especial os referentes à higiene, saúde, segurança, moradia, repouso, alimentação ou outros relacionados a direitos da personalidade, decorrentes de situação de sujeição que, por qualquer razão, torne irrelevante a vontade do trabalhador;

b) violação à liberdade: o regime de servidão por dívidas corresponde à violação da liberdade de disposição do salário pelo trabalhador, por meio de descontos abusivos, em razão de dívidas contraídas, impedindo o rompimento da relação de trabalho;

c) jornada exaustiva: pode ser definida como a que, por circunstâncias de intensidade, frequência, desgaste ou outras, cause prejuízos à saúde física ou mental do trabalhador, agredindo sua dignidade, e decorra de situação de sujeição que, por qualquer razão, torne irrelevante a sua vontade[25]. Tão importante quanto o excesso de trabalho é a análise da natureza da atividade, das condições do trabalho, do ritmo, da frequência, do desgaste, das características psicofisiológicas do trabalhador e, enfim, da impossibilidade de recomposição das energias de trabalho entre jornadas.

O Governo Federal brasileiro assumiu a existência do trabalho escravo contemporâneo perante o país e a Organização Internacional do Trabalho (OIT) em 1995. Assim, o Brasil se tornou uma das primeiras nações do mundo a reconhecer oficialmente a ocorrência do problema em seu território. De 1995 até 2021, mais de 57 mil trabalhadores foram libertados de situações análogas à de escravidão em atividades nas zonas rural e urbana. Confira o depoimento de um trabalhador escravizado.

---

(23) ESCRAVO NEM PENSAR. *O trabalho escravo no Brasil.* Disponível em: <https://escravonempensar.org.br/o-trabalho-escravo-no-brasil/>. Acesso em: 19 jul. 2023.

(24) ORGANIZAÇÃO INTERNACIONAL DO TRABALHO: OIT .Convenção n. 29, Aprovada na 14ª reunião da Conferência Internacional do Trabalho (Genebra — 1930), entrou em vigor no plano internacional em 1º. 5.32.

(25) ESCRAVO NEM PENSAR. *O trabalho escravo no Brasil.* Disponível em: <https://escravonempensar.org.br/o-trabalho-escravo-no-brasil/>. Acesso em: 19 jul. 2023.

> No Brasil, 95% das pessoas submetidas ao trabalho escravo são homens. Geralmente, as atividades para as quais esse tipo de mão de obra é utilizado exigem força física, por isso os aliciadores buscam principalmente homens e jovens. Por outro lado, mulheres também são recorrentemente expostas a essa prática criminosa. Apesar de representarem somente 5% dos resgatados na média nacional, há contextos em que as mulheres compreendem parcela significativa do total, como no setor têxtil em São Paulo, além de estarem sujeitas à subnotificação em atividades como o trabalho doméstico e sexual[26].

Os dados oficiais do Programa Seguro-Desemprego registrados de 2003 a 2020 indicam que, entre os trabalhadores libertados, 68% são analfabetos ou não concluíram nem o 5º ano do Ensino Fundamental. Há também uma disparidade racial relevante entre os escravizados: mais da metade (58%) é negro; 45% são pardos; 13% outros. Os trabalhadores rurais libertados são, em sua maioria, migrantes internos, que deixaram suas casas com destino à região de expansão agrícola e se empregaram em atividades como a pecuária, a produção de carvão, o desmatamento e o cultivo de cana-de-açúcar, soja, algodão, café e outras lavouras.

Já no meio urbano, desde 2010, tem crescido o número de trabalhadores escravizados em setores como a confecção têxtil, os quais são, em sua maioria, migrantes internacionais oriundos de países da América Latina, como Bolívia, Paraguai e Peru. No geral, os trabalhadores submetidos ao trabalho escravo são migrantes, brasileiros ou de outros países, que deixam seus locais de origem atraídos por falsas promessas de trabalho e/ou migram forçadamente em razão de condições socioeconômicas precárias.

Com o objetivo de erradicar o trabalho escravo, o Estado brasileiro tem historicamente centrado esforços na repressão ao crime, dedicando-se a medidas como a fiscalização de propriedades privadas, a restituição dos direitos dos trabalhadores resgatados e a punição administrativa, econômica e criminal dos empregadores flagrados utilizando-se dessa prática.

CONCLUSÃO

O princípio da dignidade humana nutre e perpassa todos os direitos fundamentais que, em maior ou menor medida, podem ser considerados como concretizações ou exteriorizações suas. E sendo o direito ao trabalho um direito fundamental, deve pautar-se na dignidade da pessoa humana.

Por conseguinte, quando a Constituição da República assegura o direito social ao trabalho, deve ser compreendido como o trabalho digno ou decente. Primeiro, em razão do nexo lógico existente entre direitos fundamentais e o alicerce do Estado de Direito Democrático, que é a dignidade da pessoa humana. Segundo, porque apenas o trabalho exercido em condições dignas pode ser considerado um eficaz instrumento de viabilização da emancipação do trabalhador e de reafirmação de sua cidadania e identidade social.

A ideia de dignificação do trabalho está intimamente associada à da obrigatoriedade da retribuição e à da sua proteção e ambas resultam, sem margem para dúvidas, do princípio da proteção do trabalhador.

(26) ESCRAVO NEM PENSAR. *O trabalho escravo no Brasil*. Disponível em: <https://escravonempensar.org.br/o-trabalho-escravo-no-brasil/>. Acesso em: 19 jul. 2023.

É deste princípio que resulta a necessidade de tutelar o trabalhador e de dignificação do seu trabalho, a qual passa, imperiosamente, pela garantia de que quem trabalha tem direito a uma retribuição e que esta deve ser justa e condigna, de forma a garantir ao trabalhador e à sua família o mínimo de dignidade na sua vida extra laboral.

REFERÊNCIAS

BARROS, Alice Monteiro de. *Curso de direito do trabalho*. 10. ed. São Paulo: LTr 80, 2016.

BARROSO, Luíz Roberto. *A dignidade da pessoa humana no direito constitucional contemporâneo*. A construção de um conceito jurídico à luz da jurisprudência mundial. Tradução: Humberto Laport de Mello. 3ª reimpressão. Belo Horizonte: Fórum, 2014.

CASAGRANDE, Lilian Patrícia. Direitos sociais dos trabalhadores [dissertação]: os desafios da proteção diante do *dumping* social. Dissertação (mestrado) — Universidade Federal de Santa Catarina, Centro de Ciências Jurídicas. Programa de Pós-Graduação em Direito. Programa de Mestrado em Direito. — Florianópolis, SC, 2013. 170 p. *Apud* SÜSSEKIND, Arnaldo. *Direito constitucional do trabalho*. 4. ed. Rio de Janeiro: Renovar, 2010.

COMPARATO, Fábio Konder. *A afirmação histórica dos direitos humanos*. São Paulo: Saraiva, 2008.

CRETELLA JÚNIOR, José. *Comentários à Constituição Brasileira de 1988*. v. I, arts. 1º a 5º, LXVII. Rio de Janeiro: Editora Forense Universitária, 1988.

ESCRAVO NEM PENSAR. *O trabalho escravo no Brasil*. Disponível em: <https://escravonempensar.org.br/o-trabalho-escravo-no-brasil/>. Acesso em: 19 jul. 2023.

KANT, Immanuel. *Fundamentação da metafísica dos costumes e outros escritos*. Tradução de Leopoldo Holzbach. São Paulo: Martin Claret, 2004, p. 52.

MORAES, Alexandre de. *Direito Constitucional*. 29. ed. São Paulo: Atlas, 2013.

MORAES, Guilherme Braga da Peña de. *Readequação constitucional do Estado moderno*: transformações do conceito de Estado no Direito Constitucional do limiar século XXI. Dissertação de Mestrado. Programa de Pós-Graduação em Direito do Departamento de Direito da PUC-RJ. 2005.

PÉREZ LUÑO, Antonio Enrique. *Derechos humanos, estado de derecho y constitución*. 8. ed. Madri: Tecnos Editora, 2003.

PONTES DE MIRANDA, Francisco Cavalcanti. Tratado de Direito Privado. Parte Especial, Tomo VII. 3. ed., reimpressão. Rio de Janeiro: Editor Borsoi, 1971.

ROMITA, Arion Sayão. O princípio da igualdade e a reestruturação produtiva. *Revista dos Tribunais*, ano 31, n. 120, outubro-dezembro de 2005.

SARLET, Ingo Wolfgang. *Dignidade da pessoa humana e direitos fundamentais*. Porto Alegre: Livraria do Advogado, 2001.

SILVA, José Afonso da. *Curso de Direito Constitucional Positivo*. 33. ed. atual. São Paulo: Malheiros, 2010.

SILVA, Maria Ozanira da; YAZBEK, Maria Carmelita (orgs.). *Políticas públicas de trabalho e renda no Brasil Contemporâneo*. São Paulo: Cortez, 2006.

SILVA, Paulo Henrique Tavares. *Valorização do trabalho como princípio constitucional da ordem econômica*: interpretação crítica e possibilidade de efetivação. Curitiba: Juruá, 2003.

A saúde mental e física do teletrabalhador em *home office* pós pandemia

The mental and physical health of teleworkers in home office post pandemic

Thayene Melo Fernandes (*)

Resumo: O presente artigo discute sobre o surgimento e o aumento dos prejuízos causados pelas doenças ocupacionais, que atingem a saúde mental e física dos trabalhadores em *home office* no período da pandemia e pós pandemia, sendo contextualizado com o avanço da tecnologia da informação e com a reforma trabalhista que aconteceu no Brasil no ano de 2017, advinda da Lei n. 13.467/2017, que trouxe diversas adições e modificações ao texto da CLT. Entre elas, algumas inclusões referentes ao título do teletrabalho.

Palavras-chave: doenças ocupacionais, síndrome de burnout, ergonomia, trabalhador, *home office*, tecnologia.

Abstract: This article, discusses the emergence and increase in damage caused by occupational diseases, that affect the mental and physical health of home office workers during the pandemic and post-pandemic period, being contextualized with the advancement of information technology, and the reform which took place in Brazil in 2017, resulting from Law 13,467/2017, which brought several additions and modifications to the text of the CLT. Among them, some inclusions referring to the title of telework.

Keywords: occupational diseases, burnout syndrome, ergonomics, worker, home office, technology.

INTRODUÇÃO

O referido texto tem o objetivo de elucidar como o constante crescimento da tecnologia e da globalização, aliado aos meios de produção capitalista, vem impulsionando cada vez mais várias mudanças substanciais na vida dos trabalhadores, em suas diversas formas de trabalho em um mundo contemporâneo.

Um cenário econômico e social borbulhando, aliado aos avanços tecnológicos no setor de telecomunicações, rompeu barreiras de tempo e espaço entre o trabalhador e o seu local de trabalho.

Com isso, gradativamente foram surgindo novas formas de contratação e flexibilização do trabalho, e as que vem ganhando cada vez mais destaque desde a pandemia da Covid-19 são o teletrabalho e o *home office*.

(*) Advogada. Pós-graduada em Direito e Processo do Trabalho e Direito Previdenciário; Mestranda pelo programa de pós-graduação *stricto sensu* da Universidade Veiga de Almeida PPGD/UVA. Membro do Grupo de Pesquisa vinculado à FUNADESP, sob a coordenação da Profa. Benizete Ramos de Medeiros, vinculado ao PPGD/UVA.

Os termos teletrabalho e *home office* não são equivalentes. Exatamente nos últimos três anos, concentram-se os olhares para a espécie de trabalho em *home office* — trabalho em domicílio –, uma vez que, com o surgimento da pandemia da Covid-19, essa modalidade aumentou exponencialmente por causa das orientações que surgiram sobre o distanciamento social para evitar a propagação do vírus.

Associada à ocorrência da pandemia e pós pandemia, trazemos uma das principais problemáticas atuais referentes a esses novos modelos de trabalho, relativa à saúde mental e física desse grande grupo de trabalhadores que, após a pandemia da Covid-19, afetou não só o Brasil, como o mundo todo.

1. CONCEITO DE TELETRABALHO E *HOME OFFICE*

O teletrabalho possui como característica relevante a prestação de serviços fora do estabelecimento empresarial por meio da tecnologia da comunicação e aparelhos como computadores, tablets ou celulares. Essa atividade tem que ser prestada de um lugar fora da empresa ou do estabelecimento, longe do empregador, permitindo essa separação física entre um e outro.

Embora o termo teletrabalho seja utilizado comumente como sinônimo de trabalho em domicílio, com este não se confunde, isso porque o trabalho em domicílio é uma espécie do gênero teletrabalho. Vejamos, portanto, que o teletrabalho:

> [...] é uma espécie de trabalho à distância, e não de trabalho em domicílio. A razão é simples: o teletrabalho não se limita ao domicílio, podendo ser prestado em qualquer lugar. Na verdade, o teletrabalho ocorre em ambiente virtual e, como tal, é situado no espaço, não se alterando, portanto, a definição de localidade que, no Direito do Trabalho, é estabelecido segundo eficácia da Lei trabalhista no espaço.(1)

A norma que trata desse assunto foi editada em 2011, com a promulgação da Lei n. 12.551, que alterou o artigo 6º da CLT (Consolidação das Leis do Trabalho) para poder disciplinar o exercício da jornada em teletrabalho no Brasil, declarando no seu *caput*:

> Art. 6º Não se distingue entre o trabalho realizado no estabelecimento do empregador, o executado no domicílio do empregado e o realizado a distância, desde que estejam caracterizados os pressupostos da relação de emprego.(2)

Já no parágrafo único do mesmo artigo, o legislador se preocupou em equiparar os meios telemáticos e informatizados de comando, controle e supervisão, aos meios pessoais e diretos de subordinação jurídica.

Seguindo essa linha, em 2017, tivemos a Reforma Trabalhista trazida pela Lei n. 13.467/2017, na qual houve a regulamentação do teletrabalho no Brasil. Foi inserido na CLT o Capítulo II-A, que trata especificamente do teletrabalho em seus artigos 75-A a 75-E, cujo conceito foi traduzido pelo legislador no artigo 75-B, que foi alterado em 2022 pela Lei n. 14.442, segundo o qual: "Considera-se teletrabalho ou trabalho remoto a prestação de serviços fora das dependências do empregador, de maneira preponderante

(1) LEITE, Carlos Henrique Bezerra. *Curso de Direito do Trabalho*. 11. ed. 2019, p. 233.
(2) Disponível em: https://www.planalto.gov.br/ccivil_03/decreto-lei/del5452.htm. Acesso em: 27 jun. 2023.

ou não, com a utilização de tecnologias de informação e de comunicação, que, por sua natureza, não configure trabalho externo".

Por fim, existem várias terminologias empregadas ao trabalho à distância no Brasil. Segundo Teresa Coelho, as mais comuns são teletrabalho, *home office* e trabalho remoto. Nos Estados Unidos, o teletrabalho é chamado de *remote working* ou *telecommuting*. Já no âmbito Europeu é conhecido como *telework*.[3]

Agora vejamos o conceito de trabalho em *home office*, segundo o EAD PUCPR:

> O *home office* significa escritório em casa. Assim como o termo sugere, *home office*, é exatamente ter uma estrutura de trabalho no ambiente doméstico, local onde todas as suas atividades profissionais são realizadas.[4]

Esse modelo de trabalho é uma tendência mundial que, após a pandemia, ganhou mais adeptos tanto por parte dos candidatos a uma vaga de emprego, quanto por parte dos trabalhadores. Esses profissionais têm um aumento da produtividade por trabalharem fora do ambiente das empresas e também mais autonomia para gerir suas demandas, além de poder contar com o conforto da sua própria casa.[5]

Apesar disso, o trabalho em *home office* nunca teve uma participação tão relevante no mercado de trabalho, como ocorreu após o advento da pandemia. Foi com a eclosão da crise sanitária que essa modalidade experimentou um aumento considerável e repentino.

Segundo dados divulgados no G1, com base no estudo realizado pelo IBGE em 2018, ou seja, antes da pandemia, o Brasil possuía cerca de 3.850 trabalhadores em *home office*. Em 2019, o quantitativo aumentou para 4.595 milhões de trabalhadores. Já em 2020 — início da pandemia no Brasil — este número alavancou para 8.594 milhões, ou seja, praticamente o dobro.[6]

Entretanto, não são somente privilégios que essas pessoas encontram. O aumento do *home office* trouxe também diversas doenças relacionadas a esse tipo de trabalho que não são muito faladas atualmente, porém, merecem atenção. É exatamente por esse motivo que o presente artigo busca compreender melhor, por meio de pesquisas acadêmicas, as causas e possíveis soluções encontradas para a melhoria da condição de vida e de trabalho dos trabalhadores em *home office*.

2. SAÚDE MENTAL E FÍSICA DO TRABALHADOR EM *HOME OFFICE*

Após a pandemia e o aumento do trabalho em *home office*, a quantidade de afastamentos previdenciários por doenças mentais e de comportamento alavancaram rapidamente. Dados do Ministério do Trabalho e da Previdência Social evidenciam

(3) MOREIRA, Teresa Coelho. Artigo: Revolução 4.0. *Revista do Tribunal Regional do Trabalho da 15ª Região*, n. 56, 2020.

(4) Blog EAD PUCPR. Artigo: *Trabalho* home office: o que é, como funciona e profissões. 2021. Disponível em: https://ead.pucpr.br/blog/trabalho-home-office#:~:text=Assim%20como%20o%20termo%20sugere,algumas%20varia%C3%A7%C3%B5es%20do%20home%20office. Acesso em: 27 jun. 2023.

(5) Disponível em: https://ead.pucpr.br/blog/trabalho-home-office#:~:text=Assim%20como%20o%20termo%20sugere,algumas%20varia%C3%A7%C3%B5es%20do%20home%20office. Acesso em: 27 jun. 2023.

(6) Disponível em: https://g1.globo.com/economia/concursos-e-emprego/noticia/2019/12/18/home-office-bateu-recorde-no-brasil-em-2018-diz-ibge.ghtml. Acesso em: 27 jun. 2023.

que, comparado a 2019, o ano de 2020 teve um aumento de 29% de concessões de auxílio-doença.(7)

A reportagem publicada pelo G1 informa que transtornos depressivos foram a maior causa de afastamentos previdenciários em 2020, com um aumento de 97% em relação ao ano anterior, seguida por "esquizofrenia paranoide" (83%), transtorno bipolar (82%) e transtorno do pânico (73%). De acordo com os profissionais entrevistados nessa matéria, o aumento de transtornos mentais relacionados ao teletrabalho se deve muito ao aumento substancial de carga de trabalho que essa modalidade de jornada proporciona e também ao acúmulo de funções.

Devido ao aprofundamento dos estudos relacionados às doenças ocupacionais, este artigo irá abordar especificamente as doenças mentais e físicas ligadas aos trabalhadores em *home office*. Entre as doenças mentais, estão a síndrome de burnout. E entre as doenças físicas, estão as advindas da ergonomia.

2.1. Síndrome de burnout

A síndrome de burnout, como doença mental que é, tem a definição mais aceita quando embasada na perspectiva sociopsicológica, como estabelece Hugo Cardoso:

> A síndrome de burnout pode ser considerada uma resposta crônica aos estressores interpessoais advindos da situação laboral, uma vez que o ambiente de trabalho e sua organização podem ser responsáveis pelo sofrimento e desgaste que acometem os trabalhadores. Nessa mesma direção, o burnout é constituído por três dimensões, que são exaustão emocional, despersonalização e baixa realização pessoal do trabalho.(8)

Ainda de acordo com Cardoso, a principal causa desta doença é justamente o excesso de trabalho. Esta síndrome pode afetar diferentes profissionais e de qualquer faixa etária. Algumas atividades profissionais são mais propensas ao seu desenvolvimento, como no âmbito do assistencialismo, professores e profissionais da saúde. Segundo o Ministério da Saúde, os profissionais que estão mais sujeitos são, principalmente, aqueles da área de serviço ou cuidadores, quando em contato direto com os usuários, como os trabalhadores da educação, da saúde, policiais, assistentes sociais e agentes penitenciários.(9)

Neste cenário, percebe-se que trabalhadores que sofrem muita pressão no seu dia a dia, lidando com aumento de jornada e com excessos de tarefas, ou ainda que enfrentem um ambiente instável com colegas e superiores, estão mais predispostos a desenvolverem a doença.

---

(7) Disponível em: https://g1.globo.com/economia/noticia/2021/10/16/pandemia-faz-crescer-concessoes-de-auxilio-doenca-para-doencas-psicologicas.ghtml. Acesso em: 27 jun. 2023.

(8) CARDOSO, H. F.; BAPTISTA, M. N.; SOUSA, D. F. A. & JÚNIOR, E. G. (2017). Síndrome de burnout: análise da literatura nacional entre 2006 e 2015. *Revista Psicologia: Organizações e Trabalho*, 17(2), 121-128. doi: 10.17652/rpot/2017.2.12796.

(9) CARDOSO, H. F.; BAPTISTA, M. N.; SOUSA, D. F. A. & JÚNIOR, E. G. (2017). Síndrome de burnout: análise da literatura nacional entre 2006 e 2015. *Revista Psicologia: Organizações e Trabalho*, 17(2), 121-128. doi: 10.17652/rpot/2017.2.12796.

Segundo Zanatta e Lucca:

> Os sintomas de burnout podem ser de cunho psicossomático, psicológico e comportamental e geralmente produzem consequências negativas nos níveis individual, profissional e social.(10)

De acordo com a psicóloga Mary Sandra Carlotto:

> Em geral, os indivíduos apresentam-se emocional e fisicamente exaustos, estão frequentemente irritados, ansiosos ou tristes. Além disso as frustrações emocionais podem desencadear úlceras, insônia, dores de cabeça e hipertensão, além de abuso no uso do álcool e medicamentos, promovendo problemas familiares e conflitos sociais.(11)

O diagnóstico da síndrome de burnout é feito pelos profissionais de saúde — psiquiatras e psicólogos — que conseguem identificar o problema e orientar a melhor forma de tratamento conforme cada caso.

Já o tratamento da doença é feito basicamente com psicoterapia, mas também pode envolver medicamentos antidepressivos. O tratamento geralmente surte efeito entre um e três meses, mas pode perdurar por mais tempo conforme o caso específico.

A prática regular de exercícios físicos também pode ajudar bastante no controle do estresse e no combate à doença. Após o diagnóstico médico, é altamente recomendado que o trabalhador tire férias e desenvolva atividades de lazer com amigos e familiares.

Já a melhor forma de prevenir a síndrome são estratégias que diminuam o estresse e a pressão no trabalho, por exemplo, fazer atividades que fujam da rotina diária, como lazer em praias ou passear, definir objetivos na vida profissional e pessoal, evitar consumo de bebidas alcoólicas, entre outros.

Por fim, para prevenir a síndrome de burnout é fundamental manter o equilíbrio entre o trabalho, lazer, família, vida social e atividades físicas.(12)

Nesse contexto, em janeiro de 2022, a OMS — Organização Mundial da Saúde incluiu a síndrome de burnout como fenômeno ocupacional (doença de trabalho), recebendo o código Z73.0 e classificando-a como um transtorno mental e do comportamento relacionado ao trabalho.

Nessa perspectiva, o cuidado com o tempo de trabalho, a produtividade e a desconexão, o maior isolamento em relação aos colegas de trabalho, são cuidados que carecem atenção não somente do trabalhador, mas também do empregador que é quem

---

(10) ZANATTA, Aline Bedin; LUCCA, Sergio Roberto de. Prevalência da síndrome de burnout em profissionais da saúde de um hospital oncohematológico infantil. *Revista da Escola de Enfermagem da USP*, v. 49, p. 0253-0258, 2015.

(11) CARLOTTO, Mary Sandra. Psicóloga, doutoranda em Psicologia Social pela Universidade de Santiago de Compostela e professora no Departamento de Psicologia da ULBRA. *Psicologia em Estudo*, Maringá, v. 7, n. 1, p. 21-29, jan./jun. 2002.

(12) Ministério da Saúde: *Síndrome de burnout*. Disponível em: https://www.gov.br/saude/pt-br/assuntos/saude-de-a-a-z/s/sindrome-de-burnout#:~:text=S%C3%ADndrome%20de%20Burnout%20ou%20S%C3%ADndrome,justamente%20o%20excesso%20de%20trabalho. Acesso em: 18 jul. 2023.

dirige a prestação de serviços (art. 2º da CLT) e tem, em decorrência desse direito, o dever de fiscalizar e zelar pela saúde de seus subordinados.

2.2 A ergonomia no trabalho em *home office*

O termo "ergonomia" deriva das palavras gregas "*ergon*" (trabalho) e "*nomos*" (leis ou regras), foi utilizado pela primeira vez pelo inglês Murreal e passou a ser adotado oficialmente em 1949. Portanto, a ergonomia pode ser definida como o estudo das leis ou regras que regem o trabalho, visando otimizar a interação entre os seres humanos e os sistemas, equipamentos e ambientes em que eles trabalham, com o objetivo de melhorar o desempenho, a segurança e o bem-estar dos indivíduos.[13]

Um ambiente de trabalho desorganizado, com problemas de iluminação, ventilação, máquinas quebradas, com trabalhadores insatisfeitos e sem treinamento, pode causar uma infinidade de doenças ocupacionais ou provocar acidentes de trabalho, influenciando diretamente à capacidade produtiva e à saúde do trabalhador, e é por isso que a ergonomia do trabalho é importante.

Neste artigo em específico, será falado da ergonomia no trabalho em *home office* e a relação humano-computador. Na questão dos instrumentos de trabalho, em suma, podemos dizer que a ergonomia é a adaptação dos dispositivos à pessoa que está operando. Com a revolução tecnológica e o grande aumento de trabalho no modelo *home office*, os computadores se tornaram o principal instrumento de trabalho e a sua usabilidade se tornou o foco principal.

Quanto mais otimizados o computador e o sistema forem, maior será a eficácia e eficiência do seu operador. Com os computadores cada vez mais presentes nos ambientes de trabalho, alguns problemas de saúde relacionados ao seu uso passaram a se tornar mais comuns.

As lesões por esforço repetitivo, ou simplesmente LER, podem ser causadas pelo desempenho de atividades contínuas, como a intensa digitação. A LER instala-se lentamente no organismo humano e muitas vezes passa desapercebida ao longo de toda uma vida de trabalho, e, quando é percebida, já existe um severo comprometimento da área afetada. As medidas preventivas para essas lesões derivam de estudos de adaptação e ajustes do meio ambiente de trabalho.

Outro problema é a postura. Passar o dia inteiro sentado em uma posição incorreta pode trazer grandes consequências para a coluna e demais membros, sobretudo superiores, gerando dores musculares e outras lesões como LER e DORT. De acordo com fisioterapeutas, a postura correta é fundamental para evitar dores ou lesões mais sérias. Para manter uma boa posição de trabalho, é necessário utilizar uma cadeira com encosto adequado e apoio para os braços, a fim de manter uma postura adequada para utilizar o computador e o teclado. Além disso, os pés devem estar apoiados ao chão ou em algum tipo de suporte, de maneira a reduzir a pressão causada sobre as costas. Ao digitar, os braços devem estar em posição reta, com os antebraços apoiados e o cotovelo em ângulo reto.

Por fim, todos esses problemas de saúde incentivaram a criação de equipamentos adaptados ao conforto do trabalhador, como mouses, cadeiras e teclados ergonômicos.

(13) LAVILLE, Antoine. *Ergonomia*. 1ª ed., 16 de novembro de 2006. Introdução. São Paulo: Editora EPU.

Com isso, o dever de fornecer equipamentos adequados e fiscalizar o devido e correto uso é do empregador, isso por analogia ao disposto no parágrafo segundo do art. 158 da CLT, que se vincula ao poder de direção, fiscalização e organização do empregador (art. 2º da CLT). Portanto, não basta a legislação estabelecer que "o empregador deverá instruir os empregados, de maneira expressa e ostensiva, quanto às precauções a tomar a fim de evitar doenças e acidentes de trabalho", conforme dispõe o art. 75-E da CLT alterada, é necessário fornecer equipamentos adequados e cobrar o uso correto.

É forçoso concluir, embora o discutido disposto no art. 75-D(14) estabeleça que a aquisição e a manutenção dos equipamentos sejam objetos de pacto entre as partes, sabe-se que, no Brasil, os contratos de emprego são de adesão, não havendo na prática a livre pactuação de cláusulas, logo, se a responsabilidade recai sobre o empregado, não necessariamente ele vai investir em mobiliários ergonomicamente corretos, mesmo porque esses devem ser precedidos de análise das necessidades pelo profissional da engenharia do trabalho.

CONCLUSÃO

O trabalho em *home office* é uma realidade que veio para ficar. Essa prática ganhou destaque especialmente durante a pandemia da Covid-19, quando muitas empresas adotaram o trabalho remoto como uma medida de segurança para seus funcionários. No entanto, o trabalho em *home office* já era uma realidade para muitos profissionais antes desse período.

Algumas vantagens do trabalho em *home office* incluem a flexibilidade de horários, a eliminação de deslocamentos e a possibilidade de conciliar melhor a vida profissional e pessoal. Por outro lado, existem desafios como as doenças ocupacionais, mentais e físicas causadas pelo excesso de jornadas e o alto número de responsabilidades.

Para tornar o trabalho em *home office* mais produtivo e saudável, é importante ter um espaço de trabalho adequado, estabelecer horários definidos, manter uma comunicação clara com a equipe, fazer pausas regulares e cuidar da saúde física e mental.

Antes de sermos trabalhadores, somos humanos, e é nesse ponto que muitas das vezes perdemos a mão e deixamos de nos cuidar. Protelando cada vez mais os cuidados que necessitamos, acabamos acometidos pelas doenças ocupacionais que vão surgindo. A síndrome de burnout está cada vez mais atingindo os trabalhadores, uma doença que já é falada há mais de uma década conseguiu chegar ao século XXI atingindo um número cada vez maior de trabalhadores.

Junto a ela, veio também as diversas doenças advindas da ergonomia, sendo as mais frequentes aquelas decorrentes da má postura e ausência de equipamentos e controles adequados, gerando a LER e a DORT, dentre outras.

Com isso, se faz necessário concluir que a fiscalização desses meios de trabalho e do tempo e a produtividade são necessários, já que o risco da atividade econômica é do empregador, conforme estabelecido na própria CLT e, nessa esteira, também o fornecimento de mobiliários adequados, com redução da carga de trabalho, pois não se pode

---

(14) Art. 75-4. As disposições relativas à responsabilidade pela aquisição, manutenção ou fornecimento dos equipamentos tecnológicos e da infraestrutura necessária e adequada à prestação do trabalho remoto, bem como ao reembolso de despesas arcadas pelo empregado, serão previstas em contrato escrito.

admitir a melhoria quanto a redução do tempo com deslocamento e o fato de se estar num ambiente familiar e, de outro lado, potencializar adoecimentos.

REFERÊNCIAS

BRASIL. *Decreto-lei n. 5.452/43*. Aprova a Consolidação das Leis do Trabalho. Disponível em: https://www.planalto.gov.br/ccivil_03/decreto-lei/del5452.htm. Acesso em: 27 jun. 2023.

Blog EAD PUCPR. Artigo: *Trabalho home office*: o que é, como funciona e profissões. 2021. Disponível em: https://ead.pucpr.br/blog/trabalho-home-office#:~:text=Assim%20como%20o%20termo%20sugere,algumas%20varia%C3%A7%C3%B5es%20do%20home%20office. Acesso em: 27 jun. 2023.

CARDOSO, H. F.; BAPTISTA, M. N.; SOUSA, D. F. A. & JÚNIOR, E. G. Ano: 2017. Síndrome de burnout: Análise da literatura nacional entre 2006 e 2015. *Revista Psicologia: Organizações e Trabalho*, 17(2), 121-128. doi: 10.17652/rpot/2017.2.12796. São Paulo.

CARLOTTO, Mary Sandra. Psicóloga, doutoranda em Psicologia Social pela Universidade de Santiago de Compostela e professora no Departamento de Psicologia da ULBRA. *Psicologia em Estudo*, Maringá, v. 7, n. 1, p. 21-29, jan./jun. 2002.

LAVILLE, Antoine. *Ergonomia*. 1ª ed. 16 de novembro de 2006. Introdução. São Paulo: Editora EPU.

LEITE, Carlos Henrique Bezerra. *Curso de Direito do Trabalho*. 11. ed. São Paulo: Editora Saraiva, 2019, p. 233.

MOREIRA, Teresa Coelho. Artigo: Revolução 4.0. *Revista do Tribunal Regional do Trabalho da 15ª Região*, n. 56, 2020.

ZANATTA, Aline Bedin; LUCCA, Sergio Roberto de. Prevalência da síndrome de burnout em profissionais da saúde de um hospital oncohematológico infantil. *Revista da Escola de Enfermagem da USP*, v. 49, p. 0253-0258, 2015.

Sites pesquisados:

Biblioteca virtual em saúde: https://bvsms.saude.gov.br/lesoes-por-esforcos-repetitivos-ler/#:~:text=Denomina%2Dse%20Les%C3%A3o%20do%20Esfor%C3%A7o,fazer%20croch%C3%AA%2C%20digitar%2C%20etc. Acesso em: 4 jul. 2023.

Como cuidar da postura no home office: https://www.educamaisbrasil.com.br/cursos-e-escolas-tecnicas/tecnico-em-secretariado/noticias/como-cuidar-da-postura-no-home-office. Acesso em: 28 jun. 2023.

G1: https://g1.globo.com/economia/concursos-e-emprego/noticia/2019/12/18/home-office-bateu-recorde-no-brasil-em-2018-diz-ibge.ghtml. Acessado em: 27 jun. 2023.

G1: https://g1.globo.com/economia/noticia/2021/10/16/pandemia-faz-crescer-concessoes-de-auxilio-doenca-para-doencas-psicologicas.ghtml. Acesso em: 27 jun. 2023.

Ministério da Saúde: Síndrome de burnout: https://www.gov.br/saude/pt-br/assuntos/saude-de-a-a-z/s/sindrome-de-burnout#:~:text=S%C3%ADndrome%20de%20Burnout%20ou%20S%C3%ADndrome,justamente%20o%20excesso%20de%20trabalho. Acesso em: 18 jul. 2023.